谨以此书

纪念新中国成立

七十周年暨改革

开放四十周年

黄熙龄敬书

二〇一九年七月时年八十又八

黄选能

男，汉族，社会科学副研究员，1932年1月出生于江苏启东县的一个教师兼农民家庭。1948年7月东南中学师资班毕业后任小学教师。1949年10月调县里工作，参与创建县民众教育馆。1950年3月入党。1951年2月调苏北党校学习。学习结束后，留苏北区党委宣传部工作。江苏省建立后，先后任省委纪委、组织部文书和秘书。1965年后至离休，曾历任句容、丹徒县委副书记、书记，镇江市委副书记、地委常委，副专员，省辖市副市长、市政协主席等职。担任县委书记、副市长期间，都开创了工作的新局面。在分管城市建设工作中，因工作出色得到广大市民的充分肯定，被冠以“中山路精神”并誉为“马路市长”；在政协工作十年中，坚持充分发挥政协的职能作用及整体优势，坚持在党政领导与支持下为民多办实事，期间还主持编撰出版了《桥梁专家茅以升》《爱国统一战线综论》《镇江乡情》《镇江宗教》《镇江市志》等书籍十余部。

實踐集

黄选能文集

黄选能 著

江苏大学出版社
JIANGSU UNIVERSITY PRESS
镇江

图书在版编目(CIP)数据

实践集：黄选能文集 / 黄选能著. —镇江：江苏大学出版社，2020.6
ISBN 978-7-5684-1368-8

Ⅰ. ①实… Ⅱ. ①黄… Ⅲ. ①社会科学－文集 Ⅳ. ①C53

中国版本图书馆 CIP 数据核字(2020)第 089713 号

实践集：黄选能文集
Shijian Ji：Huang Xuanneng Wenji

著　　者/黄选能
策　　划/蔡永祥
责任编辑/林　卉
出版发行/江苏大学出版社
地　　址/江苏省镇江市梦溪园巷 30 号(邮编：212003)
电　　话/0511-84446464(传真)
网　　址/http：//press.ujs.edu.cn
排　　版/镇江文苑制版印刷有限责任公司
印　　刷/扬州皓宇图文印刷有限公司
开　　本/718 mm × 1 000 mm　1/16
印　　张/26
字　　数/416 千字
版　　次/2020 年 6 月第 1 版　2020 年 6 月第 1 次印刷
书　　号/ISBN 978-7-5684-1368-8
定　　价/88.00 元

如有印装质量问题请与本社营销部联系(电话：0511-84440882)

镇江滨江住宅小区竣工（1987 年）

镇江江滨住宅小区竣工（1987 年）

参加整治古运河劳动（1990 年）

镇江博物馆建馆 30 周年留影纪念（1988 年）

镇江芙蓉楼落成典礼（1992 年）

与焦山定慧寺方丈茗山法师在一起（1988 年）

中山路通车仪式（1985 年 7 月 1 日）

在开发南郊座谈会上（1985 年）

解决金山大雄宝殿建设中的问题（1985 年）

赴京举办镇江文物精华展（1985 年）

赴京汇报句容宝华山隆昌寺修缮情况（1984 年）

镇江医专升格为医学院时留影纪念（1984 年）

视察西津渡工程（1983 年）

捐助科教基金授牌仪式（1993 年）

纪念茅以升百年诞辰活动（1993 年）

茅以升家乡工程奖颁奖大会留影（1993 年）

镇江商业城开业庆典活动（1996 年）

夕阳红摄影爱好小组

黄选能担任副市长期间主持的市政建设工程项目

镇江市工人文化宫建设时全貌（1990 年）

镇江市区黄山南路建设（1985 年）

建成后的金山大雄宝殿全景（1987 年）

南山风景区内道路建设（1985 年）

金山公共厕所改造工程（1985 年）

镇江火车站广场建设工程（1987 年）

胜利路公共厕所改造工程（1987 年）

香港《大公报》报道镇港合资镇江商业城开业（1996 年）

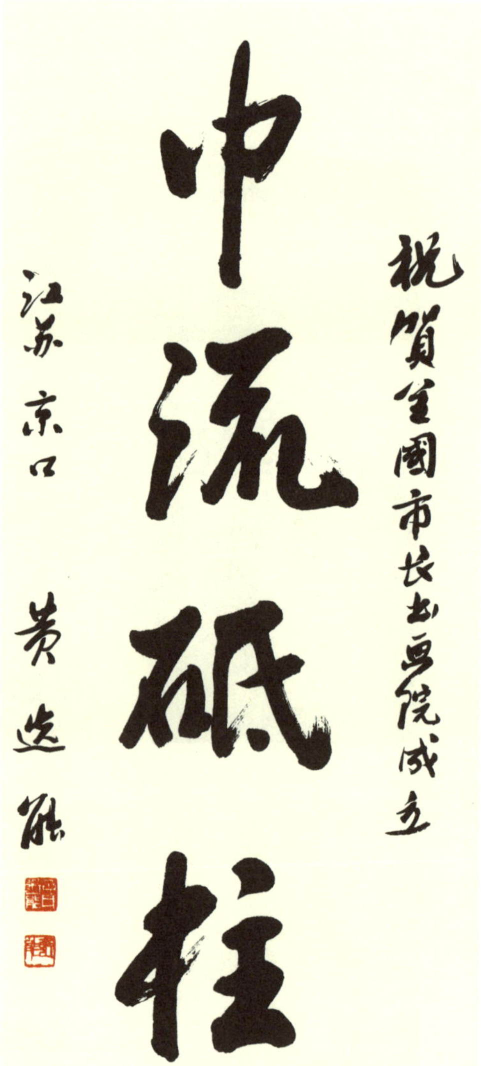

黄选能书法作品（一）

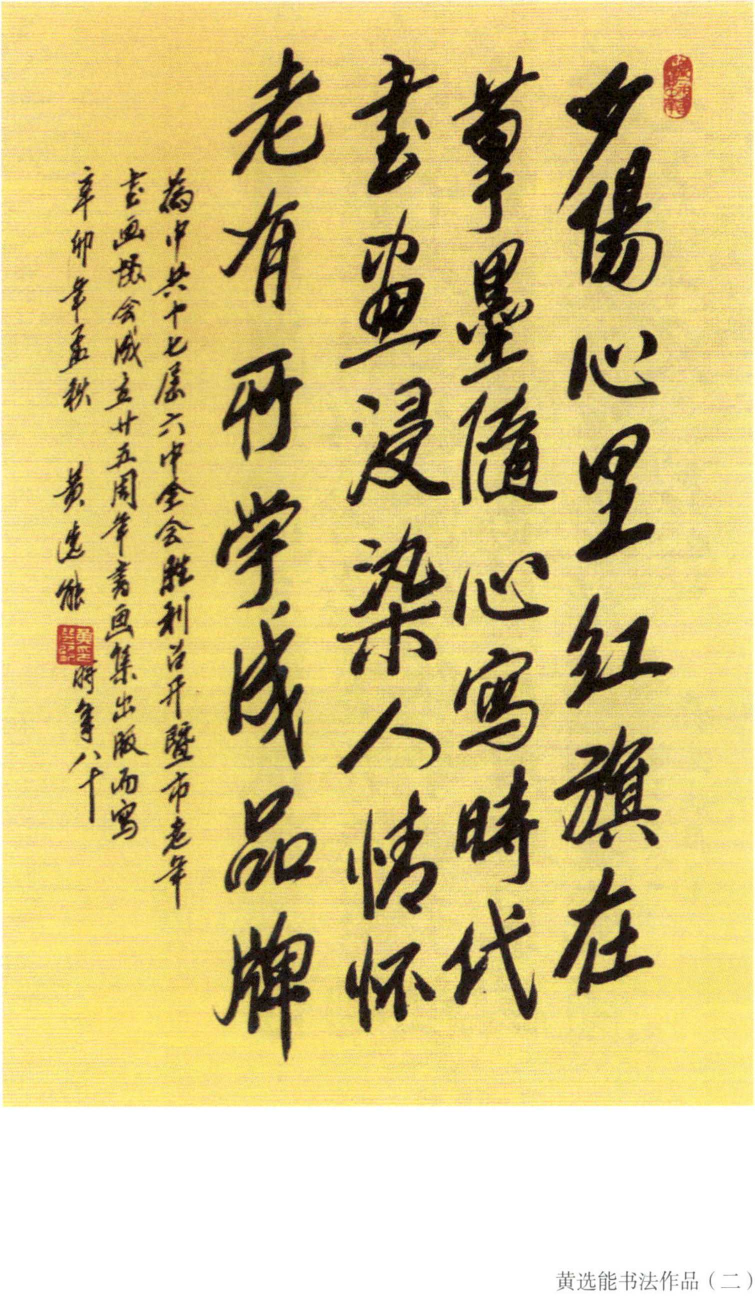
夕陽心里紅旗在
筆墨隨心寫時代
書畫浸染人情怀
老有所学成品牌
为中共十七届六中全会胜利召开暨市老年书画联会成立廿五周年书画集出版而写
辛卯年孟秋
黄选能时年八十

黄选能书法作品（二）

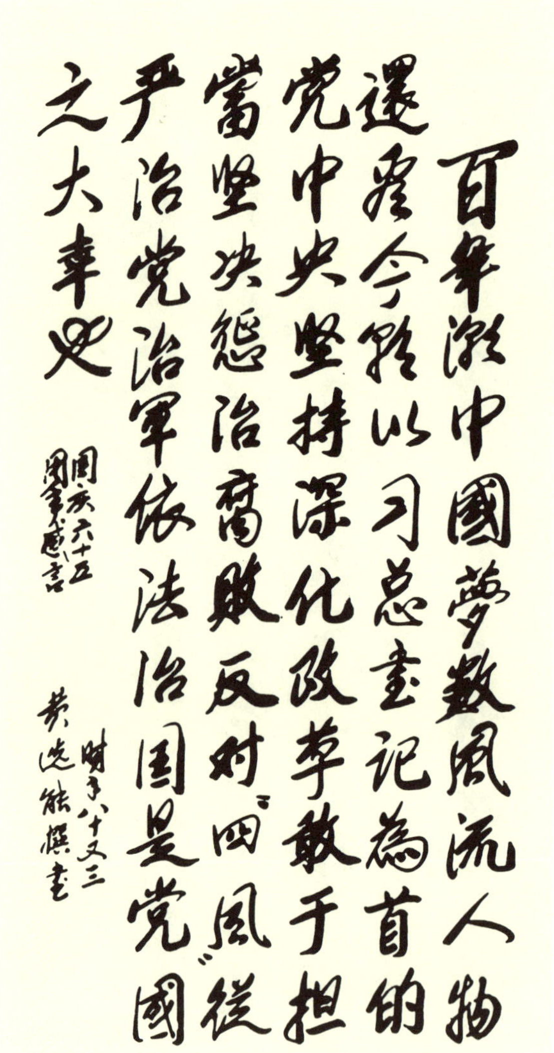
百年激中國夢數風流人物
還看今朝以习总書記為首的
党中央堅持深化改革敢于担
當堅决懲治腐败反对四風從
严治党治軍依法治国是党國
之大幸也
国庆六十五周年感言
时年八十又三
黄选能撰書

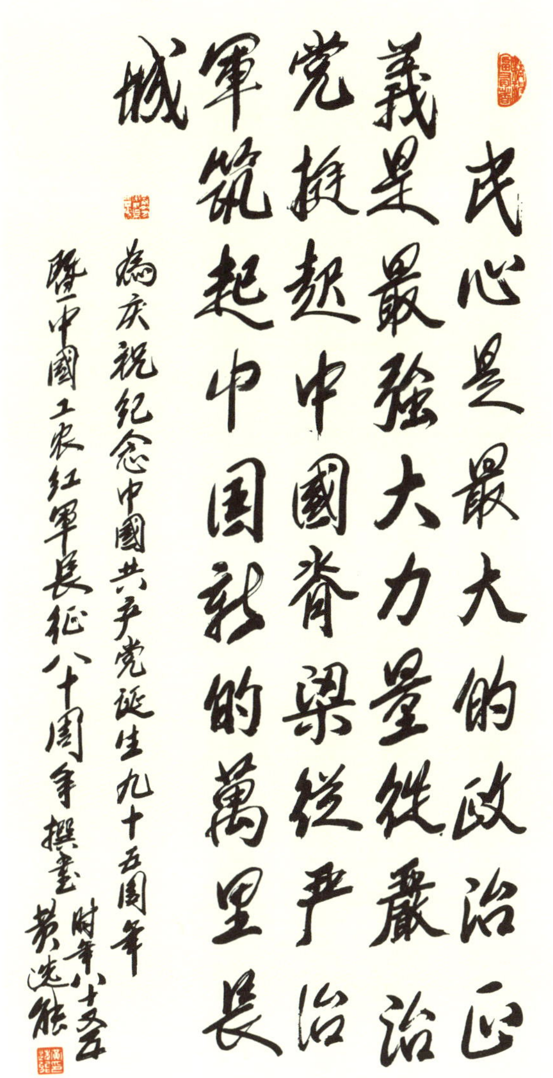
民心是最大的政治正
義是最強大力量從嚴治
党撐起中國脊梁從严治
軍築起中国新的萬里長
城
為庆祝纪念中國共产党诞生九十五周年
暨中國工农红軍長征八十周年撰書
时年八十又五
黄选能

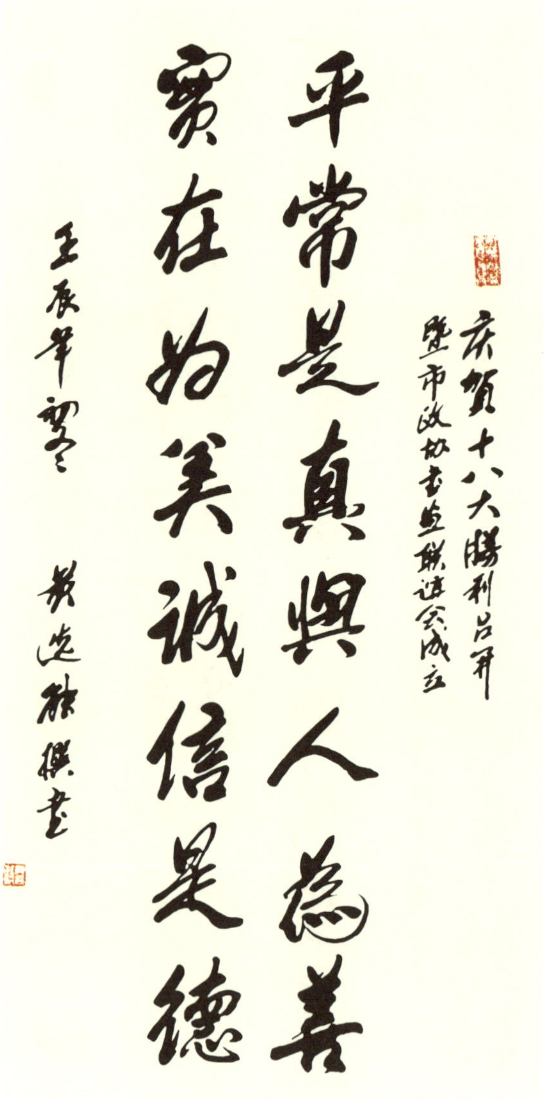
平常是真與人爲善
實在爲美誠信是德
庆賀十八大勝利召开
壬辰年
黄选能撰書

自序

我在镇江市副市长和政协主席职务任上的约二十年，正处于中共十一届三中全会后的一个伟大变革时代，即邓小平同志提出的改革开放、解放思想的时代，正是要做好新时期人民政府和政协工作的阶段。更为重要的是，这个时代需要人们解放思想，大胆探索，勇于创新，有所作为，在实践中总结提高，在前进中开拓创新。我的印象是，当时整个局面就是怕犯错误，工作中只要无错、无害于人民，得过且过就行了，做太平“官”的思想比较普遍。这里就引出了一个如何做“官”，如何做事与做人的问题，有两种完全不同的世界观、人生观、价值观。比做“官”更重要的是认认真真做事，还要堂堂正正做人。做“官”不是拿官腔、摆官架、显官气、耍官威，而是不怕困难、艰苦奋斗，密切联系群众，依靠群众办好实事、取得实效。既要自己带头苦干，又要带领大家有所作为。要做好人，又不要做“老好人”；既要与人为善，又要坚持原则，用人之长、容人之短。做“官”是一时一地的事，我们要珍惜这个难得的机会与挑战，敢于担当，多干些创造性的工作，多解决些难办而又急需要办的事情，多发挥主动性。真正做到为官一任，造福一方；万不可只为个人，只图虚名，只为做更大的“官”。如果越来越会做“官”了，一定就越来越会“做人”了，为人民做事的精力也就更少或没有了。这样的“官”，可能是多了城府，但也一定程度上失去了人性，终究不是好“官”，也不算是好人；好人不一定是好官，但好官一定是好人。像焦裕禄、孔繁森那样全身心地为人民做事，连自己的生命都搭上了，这才是做“官”、做人、做事的榜样，也是我们学习的榜样。

再回忆我个人的经历，想当年（1948 年）可以说是一个热血中学生，因为战争，学校办不下去了，老师与校长号召16岁以上的学生参加革命，我当时正是16周岁，就凭一股子革命热情参加了革命。在共产党的领导与教育下，我如饥似渴地学习马列主义和毛泽东著作及其他进步革命书籍，加之1953年22岁时就被调到江苏省委纪律检查委员会、组织部门工作的有利条件，逐渐懂得一点马列主义、毛泽东思想的基本原理，也写下了不少文稿，当然这不可能成为个人的作品，只能成为组织上的文书档案；但在省级机关工作的15年里，我也写了不少文章，公开发表于诸多种报刊。这些公开发表的文章，当时自己也剪贴下来，或把报刊保存下来，由于经历“文化大革命”期间被抄家直至坐牢三年的劫难，所有材料都散失了。因此，这本文集的材料都是组织上给我平反以后工作实践的记录。既是对我个人的慰藉，也是对人民的真实回报。如今得以成书出版，应归功于当时政府和政协的光荣集体；也应感谢镇江人民对我工作的支持与肯定。特别是党中央提出了在全党进行“不忘初心、牢记使命”的主题教育后，我在加紧收集整理这方面材料的过程中，也得到了政府、政协有关领导和同志的帮助，在此谨表谢忱和敬意！

学然后知不足，我现已年近九旬，仍觉自己理论、学术、实践经验都不够深厚。殷切期望同仁、读者不吝赐教。是为序。

2019年12月22日

目录

慈善事业

理论探索

文史笔存

第二部分(附录)：反响与回应

第一部分

实践与心声

城市建设

镇江的过去、现在与未来[①]

历史文化名城镇江地处江苏中部、长江下游南岸。镇江的过去、现在和未来是什么样呢?

一、重要的天然地理位置

1983 年 3 月，经国务院批准，撤销了镇江行政公署建制，建立市管县，镇江市由原地辖市升为省辖市，管辖丹阳、句容、扬中、丹徒四个县和京口、润州两个区，拥有人口 248 万，面积 3800 平方千米。镇江的地理位置十分重要。

据记载，西周时此处是宜侯的封地，故名宜，是吴文化的发祥地，也是吴国早期政治、经济中心；春秋时改称朱方；战国时属楚，又名谷阳；秦始皇统一天下后又名丹徒；汉末，孙权在此建都筑铁瓮城，改称京城；后又称京口、南徐、延陵、润州等。北宋时建镇江府，始称镇江，并沿用至今，意为“镇守长江”之要冲。故有词曰：“一水横陈，连岗三面，做出争雄势。”

镇江扼守大江南北咽喉，自古是兵家必争之地。两千多年前，吴楚竭力争夺这个江南重镇。孙权一度建都于此。唐宋时，在此设置海军节度使。南宋偏安江南，在这里派重兵驻守。鸦片战争时期，清王朝腐败，历史上被称为“铁瓮城”的镇江，虽经军民英勇抵抗，仍被英侵略者占领。恩格斯在《英军对华的新远征》一文中曾高度评价了镇江军民抗击英帝国主义的英勇功绩。抗日战争初期，新四军第一、第二支队和先遣支队，在陈毅、张鼎丞、粟裕等同志的率领下挺进苏南，在镇江地区开创了茅山抗日根据地，威震敌

① 本文发表于《城乡建设》1987 年 10 月 5 日。

胆。著名的韦岗战役就是挺进苏南的第一个胜仗。后来镇江丹北地区等人民武装日益壮大，为新四军北上抗日创造了有利条件。中华人民共和国成立后，镇江也一直是上海的护卫之地，更是南京的门户。

二、众多的人文史迹，秀丽的自然风光

镇江具有丰富的人文史迹，文物古迹从新石器时代到现代的各个历史阶段，均有大量的地下挖掘实物和遗迹可寻。首先，历代众多的政治家、文学家、书画家在镇江登山临水，题咏留迹。《全唐诗》中所收咏诵京口山水的诗篇就有百篇之多，李白、骆宾王、王湾、孟浩然、刘禹锡、张祐、杜牧、李德裕、苏轼、辛弃疾等都在此留下诗篇；南朝昭明太子萧统曾邀集当时的文士名流，在南山编成了我国最早的一部诗文总集《昭明文选》；南朝文学理论家刘勰在镇江撰写了中国第一部体系完整的文学理论巨著《文心雕龙》；北宋卓越的科学家沈括晚年定居镇江，完成了名闻世界的科学巨著《梦溪笔谈》；北宋书画家米芾撰写了绘画品鉴巨著《画史》，并师法镇江南山山水，创作了大量山水画，开创了著名的米氏山水画派；明末园林建筑艺术家计成撰写了世界造园学名著《园冶》；等等。这些都是宝贵的文化遗产。

中华人民共和国成立后，镇江市重视文物古迹的维护工作，特别是中共十一届三中全会以后，镇江市积极采取措施，保护和修复名胜古迹，确定市级文物保护单位 38 处，并逐年增加维护修缮名胜古迹的投资。到 1986 年，已先后完成修缮国务院规定开放的著名寺庙、古塔、古墓等共达 100 多项。

在整修、保护好原有名胜古迹的同时，政府还重视考古发掘和文物征集工作。镇江博物馆通过多年的考古发掘和文物征集工作，收藏新石器时期至明清时期的文物近 3 万件。其中西周时吴国早期青铜器、六朝时造型优美的瓷器、900 多件文饰优美的唐代银器等，都是稀世之珍。1985 年 5 月 8 日，镇江文物精华展在北京历史博物馆举办，200 多件文物珍品引起首都各界人士的浓厚兴趣。

镇江市政府除对人文古迹十分重视整修、维护、挖掘之外，也十分重视现代人文史迹的收集、整理和建设。近几年来，先后建成了茅山革命纪念馆、韦岗战斗胜利纪念碑等现代史迹。

镇江“三山”名闻遐迩。金山以秀丽而闻名，传世 1600 多年的佛教禅宗

古刹金山寺依山而筑，人称“寺裹山”。山顶有砖木结构的慈寿塔，山后有白龙洞、法海洞。北固山向以雄峙而闻名，兀立江边，悬崖绝壁，以险峙称奇，甘露寺冠于山顶，人称“寺冠山”。相传，此地是三国时刘备招亲的地方。宋代辛弃疾曾高歌北固亭：“何处望神州？满眼风光北固楼……”南朝梁武帝萧衍登临北固山，曾写下了“天下第一江山”六个大字。焦山位于金山、北固山之东北，矗立于滔滔大江之中，这里是万里长江中唯一自然景观之地，它以雅秀见长。历史悠久的定慧寺坐落在焦山的中部，山上树木葱郁，人自远处看不见山中的寺庙屋宇，故称“山裹寺”。山中最为突出的是宝墨轩碑林和南朝至清朝的摩崖石刻，近500块摩崖石刻成为研究我国书法的重要文物，所以焦山又被称为“书法岛”。

镇江市除了沿江三山——金山、北固山、焦山胜景之外，还有南郊风景区。南郊群山连绵，层峦叠嶂，气象壮观。米芾隐居此山中40载，他以“城市山林”四个字概括了南郊景观的神采。1986年起，镇江市集资对该风景区进行整修，先后修缮和重建了昭明太子读书台、增华阁、玉蕊亭、济祖殿、招隐石坊、退居寮、听鹂山房、鸟外亭、如斯亭、万古常清亭、碧瑜园、赵伯先墓、树木观赏园、竹林寺、小北固山及供游人需要的公用设施。此外，沈括晚年定居的“梦溪园”，已于1985年重新建成。

三、便利的交通条件

镇江自古以来就是水陆要冲，交通条件优越。隋朝大业六年（公元610年），京杭大运河全线沟通，江河交汇，镇江遂成为航运枢纽。至清代，镇江有“九省通衢”之美称。中华人民共和国成立后，经过38年（注：此文成于1987年）的建设，镇江交通运输事业不断发展，逐步形成以港口为中心的辐射式水道，形成江、河、海相通，水路、铁路、公路通达的多层次交通网络。它是苏南、苏北物资中转的重要港口，是辐射式经济和长江流域经济的重要枢纽，是出海通洋与世界贸易的重要门户。长江流经镇江境内长达65千米，沿江岸线上分布着大小不等的40多个港口。其中“六五”时期开始兴建的大港第一期工程，4个2.5万吨级的泊位，已于1987年2月经国务院批准对外国籍船舶开放。镇江已形成了多功能的港口群体。1986年，港口吞吐量在1000万吨以上。

镇江市政府除了重视港口建设外，在水路、铁路和公路方面也进行了一系列的配套建设。1959 年组织力量疏浚大运河，1976 年入江口建立了现代化谏壁船闸，这些工程为水铁联运创造了良好条件。1978 年，镇江在沪宁线上第一个建成新火车站，七股匝道可四趟车同时交汇，苏北物资经镇江中转，可达全国 3000 多个站点，大大改善了水铁联运的条件。公路建设也不断发展，境内公路纵横交错，宁（南京）镇（镇江）、镇扬（扬州）、镇常（常州）等干线公路连接着 100 多条乡村支公路。还有沪（上海）宁、宁杭（杭州）公路穿越境内，形成了干支相连、四通八达的公路网络。镇江不仅江、河、海相通，水、铁、公联运，而且还有空中客运的便利条件，向西到南京车程不到两小时，可搭乘南京起飞的飞机，向东不到一个小时可达常州罗墅湾机场。正在兴建的宁镇一级公路建成后，镇江到南京的行程缩短了 31 千米，车行一小时就可到达南京。这样，就可以形成江、河、海相连，陆、海、空相通的立体交通网络。便利发达的交通运输，为镇江市展现了极为广阔的发展前景。

四、较快的经济发展势头

镇江是一个正处于迅速发展中的新兴工业城市。1949 年以前，镇江只有“两个半烟囱”（即面粉厂、电厂、火柴厂，其中电厂停停开开，故称“半个烟囱”）。经过几十年的建设，经济持续稳定发展，势头越来越好。1986 年，全市工农业总产值达 75.49 亿元，比上年增长 19.2%。人均工农业产值 3055 元，居全省第四位。随着经济的发展，人民生活逐步改善。1986 年，城镇职工人均年工资收入 1225 元，比上年增长 17.8%；农民人均年分配纯收入 611 元，同比增长 173%。

镇江城市工业初具规模，主要有电力、机械、纺织、造纸、电子、塑料、食品、化工、医药、煤炭、建材、冶金、船舶等行业。位于长江边的谏壁发电厂，现装机容量达 162.5 万千瓦，是全国最大的火力发电厂。机械工业能成批生产机床、动力机械、印刷机械、工程机械、路面机械和农业机械等，化纤纺织从喷丝到染整，初步形成“一条龙”生产。丝绸产品质量好、品种多、款式新。以镇江大东造纸厂、镇江纸浆厂为主体的造纸工业，年产机械纸 4 万多吨，其中 1/4 出口，出口量居全省第一位。船舶工业能制造 5000 吨以下的各种船舶及船用辅机设备。最近，镇江造船厂建造了中国造船史上第一艘万吨级海洋救助打捞船——“芝罘号”，这是目前我国海难救捞事业中功能最多、吨位装备最大的救助打捞船，可在八级台风下进行救难工作。建材工业有相当的基础，主要有水泥、石料、玻纤、铝塑材料等 20 多种产品。传统的食品工业正焕发青春。到目前为止，全市获国际金质产品奖的产品 2 种，获国家金质奖的产品 2 种，获国家质量奖的产品 10 种、省优产品 158 种、部优产品 79 种。

今年（指 1987 年）上半年，全市累计完成工业总产值 37. 24 亿元，比去年同期增长 31%，增幅居全省第一位。现在全市人民正努力争取完成和超额完成 1987 年工农业总产值 88 亿元的目标，为 1988 年工农业总产值突破 100 亿元，进入百亿元城市的行列打好基础。

五、发展中的科技、文教、卫生事业

镇江文化教育、卫生事业的发展，使古老的文化名城更加绚丽多彩。现在有部、省属高校和地方高校 10 所，其中江苏工学院、镇江船舶学院是国内农业机械和船舶研究制造方面的知名学府。全市还有蚕业、船舶、机械、电子、化工等 22 个科研机构，其中，中国农业科学院镇江蚕业研究所是国内蚕桑研究的权威机构，在国际上久负盛名。此外，还有 10 多所中等专业学校和 4 所技工学校。镇江的文化、卫生、体育等社会事业也发展迅速，现拥有 4 所具有一定规模的综合性医院，有精神、肾脏、妇产科、中医等 4 所专科医院。镇江市还拥有一座可容纳近 5000 人的体育馆，一座设施较为齐全的青少年宫，一座较大型的工人文化宫正在兴建之中。经济建设和社会事业正朝着协调、配套、互相适应的方向发展。

六、丰富的自然资源

镇江系丘陵地区，地下矿藏种类多，储藏量大，现已探明的有 30 多种，金属矿类主要有铁、铜、锌、铝、钼、银、金等；非金属矿类主要有石、煤、磷硫、耐火黏土、石膏、石墨、膨润土等。其中，石灰石、白云石、大理石、珍珠岩、膨润土等非金属矿资源十分丰富，膨润土的贮藏量在全国居首位。亿吨以上的已查明石灰石矿资源有 5 处，储量达 31 亿吨。丹徒县高资乡的石粉年产量达 5 万吨，占全国总产量的 70%。大理石也是镇江的著名产品，南京金陵饭店、北京西苑饭店、上海静安宾馆、甘肃敦煌宾馆、西藏拉萨宾馆等重要建筑上使用的巧夺天工的大理石饰品，均出自镇江大理石厂，一部分产品还远销东南亚各国和欧美市场。丰富的矿产资源，为镇江市的工业发展提供了良好的条件。

七、日益发展的旅游事业

镇江在 1978 年被列为旅游开放城市，1985 年被列为全国甲级旅游开放城市，1986 年被列为重点旅游城市，同年，经国务院批准公布为历史文化名城。

针对大港对外旅游设施基础差的情况，从 1978 年起，镇江积极争取外国籍轮船开放。为了适应这一形势，积极开发、利用、恢复旅游资源，兴办旅游事业，到 1985 年已设立了中国国际旅行社镇江支社等从业机构，并建立了以中国旅游工艺品展销馆、友谊商店为主体的旅游供应网点。一支经过业务训练和实践锻炼的旅游干部、职工队伍已逐步形成。为了适应国际旅游者兴趣越来越广泛，要求发展多样化旅游的趋势，镇江开发了“空海入唐”“书法之游”“钓鱼者乐园”等多种形式的专项旅游项目。目前正在开发新近发现的镇江近郊地下溶洞，继续开发南郊 12 个景点。

镇江独具特色的风景名胜、江南气息浓郁的风土人情、精工细作的美味佳肴，吸引了一批又一批中外旅游者。“六五”期间，共接待国外旅游者、华侨、外籍华人、港澳同胞近 9 万人次，平均年递增 35% 左右，国内游客也日益增多，达近 300 万人次。旅游事业的发展促进了经济的交流与发展。1984 年，镇江市与日本津市缔结为友好城市，并与 100 多个国家和地区建立了友好的贸易关系，外贸额达 2.46 亿元，创汇 6200 万美元，为 1978 年的 5.13 倍。1979 年以来，全市通过各种旅游渠道为国家吸收非贸易外汇达 2000 多万元。随着工农业生产的发展和旅游资源的进一步开发，镇江的对外开放、搞活和旅游事业必将有新的突破，对经济建设将会有更大的促进作用。

实行分管市长地方志工作日和编委责任制的做法及体会[①]

镇江市是历史文化名城，修志历史已有1500年左右。中共十一届三中全会以来，在中央领导同志的倡导下，在全国修志热潮的推动下，我们于1985年4月开始了新方志的编修工作。中共镇江市委、市政府对这项工作十分重视，先后下发了6个有关文件，多次召开全市性会议，宣传和布置修志工作，四套班子的领导同志都分别到会讲话。市政府还拨专款近10万元，给市史志办订购了全套《申报》影印本，添置了复印机。去年（指1986年）在机关紧缩编制、人员十分紧张的情况下，给市史志办增编5人。总之，自市史志办建立以来，市委、市政府在人力、财力、物力上给予了极大的关心和支持，工作条件不断改善，编修工作顺利开展。一年多来，史志办抓了四件事：一是抓宣传发动，通过各种会议，宣传地方志工作的意义和目的；二是抓组织落实和班子的组建；三是抓专职人员队伍的培训，举办了三期全市性的业务培训班和10多期小型培训班，培训专、兼职修志人员900多人次；四是出刊了7期《镇江史志通讯》、11期《修志工作简讯》和3期《修志学习材料》，点校再版了《至顺镇江志》，拟在今年一季度出版《镇江要览》。

由于编修地方志工作是一个新课题，而且镇江市开展这项工作的起步较晚，整个工作还处在初创阶段，全市各系统各单位编修地方志工作的局面尚未全面打开。去年4月底，全市有修志任务的122个单位，工作正常开展的只占30%左右，且大部分还处于“搭架子”阶段，工作被动应付，步履艰

① 本文为1987年3月在江苏省第一次地方志工作会议上的发言稿，作者时任镇江市副市长、镇江市地方志编委会主任。

难，还有相当一部分单位没有起步。面对这种情况，作为一个分管市长，如何改变这一被动局面，抓好修志工作，是很值得深思的问题。我们剖析了存在这种情况的主要原因，认为是对修志工作的重要性认识不足，没有认识到编修地方志是社会主义精神文明建设的重要组成部分，是太平盛世的产物。俗话说："盛世修志，乱世筑城。"只有在中共十一届三中全会以后，才有可能把修志工作提到各级政府的议事日程上来。编修一部市志，是记载一个城市自然和社会历史及现状的文化建设工程，又是一项传之后世的著述大业。它纵贯百年，横及各行各业，工程浩大，任重道远。如果对这样一项思想性、政策性和学术性要求都很高的工作缺乏应有的认识，那么要想搞好它，是不可能的。而解决认识问题的关键又在于领导做工作。

对于这样一项艰巨而又重要的工作，分管市长如果采取开会到场，照本宣科地讲讲话的方法，是远不能适应工作要求的。我们通过认真总结，反复学习中央和省有关修志的文件，认识到分管市长要管好修志工作，实现顾秀莲省长提出的"加强领导，力争后来居上"的要求，必须进一步提高全市各级领导对修志工作重要性的认识，以增强做好修志工作的自觉性。而要提高他们的自觉性，又必须从自己做起，从编委自身做起。为此，我向编委会和史志办的同志宣布："我每月至少安排一天时间作为地方志工作日，以便及时掌握地方志工作的情况，研究解决工作中存在的重大问题。"去年 6 月份以来，我们认真坚持了这一制度。这样做的结果是，情况了解比较全面深入，解决问题比较及时准确。由于问题解决及时，市史志办同志的工作信心也不断增强，工作上逐步形成良性循环，推动了全市修志工作的深入开展。例如，关于将修志事业列入"七五"规划的问题，市史志办的同志曾多方努力，都没有得到解决。我了解到这一情况后，认为修志工作应该列入市"七五"规划，为此及时召开市志编委会议讨论，然后将编委会讨论的意见向市长办公会议做了汇报，使这一问题得到妥善解决。再如，市史志办的人员编制原定 10 人，工作全面开展后，人手确实不够，但人事部门的有些同志因对修志工作任务不太了解，反而认为修志工作量不会太大，当前编制很紧，财政上又有困难，因此，这个问题较长时间一直没有得到解决。市史志办的同志向我汇报以后，我认为他们的要求是合理的。因为我在工作接触中看到，他们确实工作很辛苦，人手与所负担的任务不相匹配。作为一个中等城市的市史志办，配 20 个编制也不算多。从地方财力的可能性出发，我打算为市史志办增加 5 个编制，不足部分聘请离退休人员补充。但人事、财政部门既有实际困难，对修志工作在认识上也有差距。我就亲自找人事编制、财政部门等有关领导同志说明道理，组织安排他们去常州、无锡和扬州等市了解修志工作的工作量和人员编制情况，解决思想认识问题，最后提交市长办公会讨论决定，动用备用金，增加了 5 个编制。这样，前后用了不到一个月，编制问题就解决了。如果只是一般性地听汇报，这个问题是解决不了的。

为了进一步推动全市修志工作，单有分管市长的努力还是很不够的，必须充分发挥编委会的集体领导作用。我们过去由于措施不够得力，编委会成了“例会”机构，多数委员成了“会议”委员，开会到，散会了，对修志工作没有实际的责任感，这就很难发挥编委会集体的组织领导作用。

省志编委会的成立，对镇江市修志工作起到很大的推动作用。去年 4 月份，经市委、市政府研究决定，对市志编委会进行调整、充实。编委由原来的 18 人调整为 29 人，除一名副市长任编委会主任外，由市人大副主任、市政协副主席、市政府副秘书长分别担任副主任，还充实了一批部、委、办、局的现职领导，组成了包括工、农、商、学、兵、党、政、财、文等方面主要负责人参加的比较广泛的有权威性的市地方志编纂委员会。

如何发挥编委会的领导作用？我们从实践中逐步认识到必须坚持改革。搞好经济工作需要改革，需要推行目标管理责任制。而修志工作，如果没有改革的精神，不推行责任制，也是搞不好的。我们将这一问题提交第三次编委会讨论，大家一致认为，要推行经济工作目标管理责任制的做法，实行地方志编委责任制。我们的基本做法是：

第一，由编委会讨论制订总体规划和分段实施计划。各分志要确保在 1988 年年底前全部脱稿，市志 1990 年完成初稿，1992 年成书出版。根据这一总体规划，制订了具体的实施方案。市志共设 67 部分志，分 6 批脱稿，对每部分志的成稿时间和字数都提出了具体要求。

第二，明确编委的责任。各委员除了参与对市志编修工作集体领导外，特别要抓好各自所在单位的修志工作，从组建班子、制定篇目、征集资料、审稿定稿直到成书出版，要一抓到底。

第三，市级机关 11 个系统，每个系统由一名委员牵头，分管副市长负责两个系统。各系统的委员每月碰一次头，编委会每两个月或一个季度召开一次全体会议，交流工作情况，分析全市修志工作形势，解决存在的问题，研究下一步的工作计划。若有重大问题和急需讨论的问题可随时召集委员商定解决。

市志编委会实行责任制后，对市属各县和市级机关各部门的促动很大，丹徒、句容两县都落实了责任制。句容县各编委委员对分志实行挂篇领章，一包到底。市级机关党群口的 3 名编委委员，除组织部副部长张世闿同志负责抓全面修志工作外，各委员都分工包干一到两个分志。计经委原来是最难推动的一个系统，现在除个别单位以外，也都行动起来了。绝大多数的局和公司拟出了篇目初稿。在全市首次召开的篇目研讨会上，一跃进入先进行列。建委系统修志工作的基础较好，实行编委责任制后，市志编委委员、建委党委副书记刘无际同志亲自带领修志人员前往兄弟市参观学习，与办公室主任一起对本系统的单位逐个分析情况，落实机构、人员、办公用房等问题，召开工作会议，主持篇目研讨会，工作扎实，成效显著。统战系统的委员、统战部长张益民同志，坚持定期碰头，每次重点研究解决一到两个问题。去年 7 月底，我们在《地方志工作简报》上印发了“全市修志工作进展情况一览表”，农业系统的委员、市委农工部部长陈耀南同志看了以后，了解到本系统还有两个单位尚未行动，随即采取措施，促其尽快组建班子，开展工作。

实行编委责任制后，各委员较多地接触了修志工作的实际，对于一些重大问题，更容易统一看法，及时解决。例如，经费问题是修志工作开展以来长期未能妥善解决的问题，基层单位呼声很高。财政局长是编委委员，在编委会讨论时，我们找出了问题的症结是经费渠道不明确，当即决定由财政局和市史志办联合发文疏通经费渠道，使这一问题较好地得到解决。

自从实行市长地方志工作日和编委责任制以来，全市修志工作的开展，特别是面上的发动工作，有了新的突破，进展迅速。全市承担市志编修任务的 122 个单位中，已有 110 个单位开展了工作，其中 95 个单位有现职领导分管，已调配专、兼职修志人员 600 人左右。40 个单位拟出了分志篇目初稿。普遍进行了资料征集工作，已征集资料 4000 万字左右。不少单位组织外出参观学习，举办业务培训班。几个进度快的单位，如交通、港口、电力、环保等，在去年年底就已完成了分志的编写。过去，到地方志办公室来的人很少，经常是办公室的同志到各单位登门宣传，不少单位还是推而不动；现在，市志办公室门庭若市，应接不暇。

镇江市修志工作虽起步较迟，但我们有信心、有决心在中共江苏省委、省政府和省地方志编委会的领导下，向各兄弟市、县学习，进一步坚持分管市长工作日制度和完善编委责任制，加强领导，振奋精神，加快步伐，力争后来居上，为编修出一部无愧于我们伟大时代的《镇江市志》而努力奋斗！

在城市建设改造指挥部第二次成员扩大会议上的讲话①

同志们：

今天的会议，使我受到了很大的教育和鼓舞，鼓励我在中共镇江市委、市政府的领导下，与在座的各有关部门和单位的领导同志共同努力，做好1987年城市建设改造工作。

今天的会议，大家思想上是一致的，对城市改造的态度很积极，建议十分中肯，我内心十分感激，感到精神振奋。市委书记孙秉谦、市长陈璧显两位同志一起来参加今天的会议，就说明市委、市政府对城市建设改造工作的重视与支持。

第一，我分管城市建设工作两年多以来，不止一次对建委的主要领导同志讲过，现在全市人民对我们的赞扬与鼓励是很多的。我们应该怎样正确认识呢？我认为这几年城市面貌的变化，主要有几方面原因：一是市委、市政府决策正确，市人大、政协重视且支持；二是全市绝大多数人民和各级组织，上下左右，四面八方，团结一致，同心协力，密切配合；三是我分管的市建委系统的干部、职工做出了努力。因此，对1987年的城市建设工作，我充满信心。中山东路的建设难度尽管比过去大，但这是一件好事，有利条件很多，大家思想认识是一致的。今天的会议上，没有一个同志说这条路不需要搞，没有人提出异议，都说势在必行，必须搞通，这使我深为感动，精神为之一振。市委、市政府主要领导同志尽管工作很忙，但都主动来参加会议并讲话。我们只有做好工作来回报市委、市政府在各个方面给予的重视和支持，不能

---

① 讲话发表于1987年年初。

辜负他们对我们的期望，我们没有任何理由不全心全意地做好工作。这是我的一点感受。

第二，在政策问题上要补充几点。上午市委书记孙秉谦和市建委主任赵福庚同志都讲了，我们城市道路建设改造的政策还是过去市委、市政府决定的政策——原则上无偿拆除。上午赵福庚同志在谈到中山东路东段拆迁政策时已经讲了，这次中山东路的拆迁有一点补助，实际上突破了我们过去无偿拆除的原则，这有没有矛盾呢？马德泾秘书长讲得好，我们不是说工作有难度，就在这方面有点突破，而是根据实际情况考虑的：一是指拆除面积在70%以上的单位；二是一些有特殊情况的单位，例如，标准件一厂是一个福利工厂，50%以上的工人是残疾人员。再如中泉浴室和菜场是一个社会公共事业，与群众生活密切相关，是微利甚至亏损单位，是要补贴的，这些单位是其他单位所不能比的；三是我们考虑到社会效益和这些单位的承受能力，给予适当补助，表示政府对这些企业的关心，但并不是解决他们的全部问题。要说明一下的是，拆除面积大的单位中也有区别，有一些单位要全部拆除，暂时困难不小，但我们是拆而复建，从长远的观点看，效益是比较好的。我把这些指导思想告诉在座的有关部门领导同志，希望大家能够理解，思想上能进一步统一。如果大家不全面、正确地理解，那么就会有人提出过高的要求，本来的好事，也可能变成不利的事情，这是我想在政策上补充的一点。第二点，对个体的、集体的、小的商业网点，我们拆迁时已有考虑。现在我们拆迁的宽度是48米，而马路的宽度是40米，为什么多拆8米呢？主要是为了不让个体户和小商业网点营业长期中断，争取在很短时间内恢复营业。我们算了一笔账，多拆8米大概多拆100户，中山东路东段建设费用将增加100万元。还要说一下，总体上多拆8米，有一些网点拆了20%、30%或者拆了40%，保留60%以上，还有相当多的门面可以营业，这些单位我们就不再往后拆，小集体、个体户拆了60%～70%，剩下1～2米，没有办法再营业的，根据需要拆6～7米，不一定非拆到8米。第三点，为了使商业网点在拆迁过程中，影响营业的时间缩小到最大限度，或者一个月内，或者两个月内，就使其能在原地恢复营业。对有一些网点营业地点，按统筹考虑需要，可能要做必要的调整，距离原地几十米或者距原地一百米，要看实际情况而定，总之不离开五条街。临时网点由城市建设改造指挥部委托房地产开发公司统一建设。为什么要这样做呢？我们经过反复研究，认为有三个原因：一是有利于今后的建设，如果把多拆的 8 米空地交给各个单位和个体户，由他们自行搭建临时网点，指挥部可以减少许多矛盾和麻烦，但这样做的结果不一定好。如今后实施城市建设规划，搞大的建设，就要搞第二次动迁，会给工作增加很多困难。统建以后，把房屋租给商店或个体户继续经营，既不耽误营业，又不影响将来城市规划的实施，需要拆迁就可以立即拆除。二是材料统一解决比较容易，比较经济。个人砌 20 平方米，需要砖、水泥、钢材、木材，多户一起来要材料，解决起来比较困难，容易像买萝卜、青菜那样讨价还价。指挥部统一建，就可以统一解决材料。三是时间快，个人即使有了材料，也很难在短时间里砌起来，甚至在施工过程中有的施工单位会把材料转移到别的地方去，很长时间建不起来，这对营业不利。我们可以算一笔账，网点拆除后，一个季度或半年停业，会减少多少收入，降低多少效益。鉴于上述考虑，对于小商店和个体户，我们采取统一复建，在很短的时间内，用简易的办法砌好。上面讲了政策方面的几条原则，同志们刚才提的几个具体问题十分中肯，我们可以在这里讨论一下。市商业局韦六寿局长提到京江饭店 200 多张床位拆了以后，要把山墙补起来的问题，考虑到京江饭店拆除 2000 多平方米，但又不能复建这样一个情况，我们认为这是合理的，把山墙补起来的钱由我们补贴。至于要给京江饭店安排个地方，以后再复建，我们将另行考虑。韦局长提出商业局想建商业大厦，我的态度非常积极，我们希望商业大厦能在近两年或者“七五”期间建起来。孙国柱、赵福庚两位主任在这里，我们可以这样表个态，建商业大厦，配套设施费至少可减免 50%。我说这个是什么意思呢？镇江不仅是交通枢纽，也是一个商埠，在商业流通领域还有很大潜力，前不久王文泰同志写的一篇文章，我拜读了。我们的意见是一致的。我希望商业大厦能够尽早设计，做前期工作。民政局梅渡局长提出来关于标准件一厂和聋哑协会的问题，考虑到其特殊性，给予适当的补助，并在地点上做适当的安排，具体情况再商量。对于全部拆除的供销社副食品大楼，我们已在该大楼的后面安排一块地方，需拆除 6 户居民和京口区印染店，占地面积 450 多平方米，比大楼原占地面积 650 平方米减少近 200 平方米，供销社陆主任提出能不能在面积上略大一点。我们经过多次实地勘察，南边已到个体户水果店这个巷子，东边已到古更楼巷，所以面积只有 450 多平方米，不能再扩大。解决问题的办法是向空中发展，在政策上给予三条优惠：一是拆除六户人家和搬迁京口区印染店的费用由指挥部承担；二是为了使副食品大楼能在最短时间内恢复营业，我们出面做工作，请建筑二公司将作旅馆的礼堂租给副食品商店营业，这也算是对动迁的支持吧。这里在拆迁后营业条件很好，但面积比较小，只有 100 多平方米，建新大楼的地方，拆迁后还需要进行钻探和设计，有个时间过程，可以搭临时房子先营业；三是将来副食品大楼复建时，在配套设施费上给予特大优待。五条街菜场一共是 1000 多平方米，拆掉大概 600 平方米，还剩 300 多平方米在路南，可以做一个门市部，被拆部分在新路北边的小岛上划一块 500 平方米的地作为补偿，这 500 平方米的建设费用由单位克服困难自己解决。给一块 500 平方米的地，要多拆除 9 户人家，需多少费用，不言而喻，这个费用由我们承担。财办王金龙同志提出个体和集体的网点建设能够快一点，这个意见提得很好，我们也想以最快的速度把它搭起来。计经委刘延谷同志提出来，希望大市口搞地下通道，这个工程由市人防办公室正在设计方案和进行可行性研究，想在国庆节以前完成设计，国庆节后就动手施工。在不中断交通的情况下施工，大体需要两年左右时间，到时也需要各方面的支持与配合。如果搞起来了，也是一件大好事，在现在的情况下，江苏的城市中还没有这样的地下立交工程。我们共同努力，争取在两年内把这件事办起来。

第三，关于加强领导和建立组织的问题。上午孙秉谦同志说，今天这个会是中山东路的拆迁动员会。陈壁显同志讲，不仅是动员会，要变成一个行动会，变成一个落实会，要搞动迁工作责任制。那么今天下午就是行动的第一步，落实的第一步，落实到今天我们在座的各系统、各单位的负责人。孙秉谦同志说，各部门的主要负责同志要亲自动手。所谓亲自动手，我想同志们都会理解的。今天孙秉谦、陈壁显同志到会就是亲自动手，下面更多的亲自动手要落实到我们在座的同志和城市建设改造指挥部各位副指挥和成员的身上。

会议结束后的第一步工作，当然是要统一认识，在统一认识的同时，抓组织落实，抓责任制的落实。各部门领导同志要有专人负责，并组织一个动迁班子，人员可根据各单位的动迁量，来确定 3 ~5 个人专门做这项工作。本月 5 日之前，各单位领导负责人的名单及组织都应该建立起来，向城市建设改造指挥部通一个气，备一个案，便于工作联系。部门或单位的分管同志可以经常与城市建设改造指挥部联系。作为指挥部的同志应该上门介绍情况，这样工作就可以接起头来。明天或后天，指挥部办公室的同志要把各单位的任务方案、工作量分到各单位、各系统的领导手里，至少给他们两份，一份给具体单位，另一份给系统领导同志，使他们对工作有所了解。10 日以前，希望各单位、各系统制定好安置措施和安置方案。因此，今天这个会就是行动的开始，就是作战的序幕，大家回去以后要立即开会研究落实，不能再拖上几天才议论一下。为什么人代会结束的第一天，我们的市委书记、市长就来开会呢？一方面说明领导重视城市建设工作，另一方面也说明中山东路东段拓宽工程要抓紧时间。中山东路东段拓宽工程是经市长办公会议和四套班子会议研究确定的，并经市政府组成人员会议讨论，最后由人代会通过的。所以说今天主要是统一思想，不是讨论搞不搞，这一点大家的意见是一致的，都认为必须搞。

第四，同志们回去以后，可以看一看扬州市的《建改动态》第一期。我看了以后，受到很大启发。扬州为什么在今年 1 月 10 日召开各部委办局负责人会议，并且市委书记、市长、政协主席都参加？我想同志们在扬州市委书记、市长的讲话中可以吸取许多有益的东西。扬州《建改动态》是 2 月 23 日发出的，这对解除我们的思想顾虑，一定会有许多益处。扬州市委书记曹鸿鸣讲，今年是扬州城市改造建设规模最大的一年、资金投入最多的一年、动作最大的一年。扬州是我们的近邻，宋朝的王安石说得好："京口瓜洲一水间"，我们不是与扬州攀比，他们搞这么多"最大"，符不符合当前压缩空气的精神呢？他们是一级组织，所做出的决定我们应充分相信，没有理由提出反对。扬州今年的城市建设任务是改造两条路，打通两条路，改造两条街、两条河，恢复四个景点，修建两个园，搞 20 幢楼，这 20 幢楼 1987 年要完成 90%。扬州市委书记还说："20 幢楼搞起来，面貌不是大大改变，而是稍许改变了一点。"这又给了我们一个启发，人们说镇江这两年变化很大，事实怎样呢？天津市市长李瑞环讲到天津的变化时说："引滦河水，老百姓讲吃到了甜水，要感谢李瑞环，可是哪个市里吃咸水？不都是吃甜水吗？"李瑞环又说："因为天津人过去 30 多年吃的都是咸水，现在才吃上淡水，就感谢我。"我引用李瑞环的话：因为镇江过去变化不大，稍许有点变化就觉得变化很大，这实际上是一个错觉。扬州市市长说扬州属“先天不足，后天营养尚可”。我想镇江确切的提法应是“先天不足，后天营养失调”。为什么呢？我们分析了一下，镇江和扬州原来都是“地辖市”，两个市都是1983年成为“省辖市”，但扬州有两个有利条件比我们早几年：一是比我们早四年成为全国历史文化名城，是第一批被批准的历史文化名城，较早享受到历史文化名城可提5%城市建设维护费的待遇；二是扬州的老祖宗鉴真和尚回扬州，大大促进了扬州的城市建设，所以扬州在城市建设方面比我们先走了三四年。至于苏州、无锡、常州，有的先走了20年，有的先走了30年。如果我们还是与他们同步前进，那么何年何月才能赶上呢？城市建设是关系全市人民生产和生活的大事，应该全力以赴搞好。这是我们应有的第一点认识。

第二点认识，我曾经在市政府组成人员会议讨论时说过，我们现在的工作，特别是我们建委系统同志的工作存在四个不相适应。

第一个不相适应，微观接受能力与宏观给予我们的荣誉不相适应。微观是指镇江市在全国这样宏观范围来说。镇江市近几年来城市建设、经济建设方面取得的成绩，用高德正同志的话说是“三连冠”。宏观上（是指中央和省）给予我们的荣誉很多，镇江市由“地辖市”上升为“省辖市”，级别提高了；由一个一般性的城市成为国家级历史文化名城、全国甲类旅游城市，国务院批准了大港对外国籍船舶开放，声誉提高了；全省八个省级风景名胜保护区，镇江有三个，知名度提高了。这三个提高是客观存在的事实。那么我们的思想水平、干部和人民的素质、工作上的责任感、文物古迹的恢复和保护、交通基础设施的配套等，是不是与这些提高相适应呢？实事求是地讲，是不相适应的。因此，我们不能满足于这几年的成绩，上下左右、四面八方赞扬镇江市，包括省委、省政府领导肯定了镇江这几年的工作成绩。过去总是说“苏锡常通”，现在是“苏锡常镇通”了。这些成绩都是全市人民努力奋斗的结果。我们应该继续发扬成绩，争取更大的胜利，不能等待观望，更不能停滞不前，否则还是落后。

第二个不相适应，我们一些干部的认识水平与宏观上的要求不相适应。比如中山西路的竣工日期，我们确定在7月1日，而我们有相当一部分人不同意这个日期，认为不可能。江滨小区建设也是如此，1986年2月开会，我说1987年2月江滨小区二期38幢住宅要全部竣工，有的同志看法也不一致。

事实是这些任务基本上都按期完成了，而且完成得比较好。事例很多，我们要在实践中提高，在实践中得到长进，不要一方面自己在实践中创造了成绩，另一方面又不去正视、总结，认识总是落后于实际，这就不好了。

第三个不相适应，我们的思想作风还不相适应。我们的工作与人民生产、生活密切相关，人民群众要求我们雷厉风行，社会效益、经济效益、环境效益尽量搞得好一点。而我们工作中还存在拖拖拉拉、讨价还价、扯皮推诿的现象。所以我们要去掉这些工作过程中的人为障碍，把工作搞得好一点、实一点，从上到下，一声号令，一句话喊到底，说干就干，立竿见影。

第四个不相适应，我们的人际关系、部门关系还不相适应。城市建设工作涉及各个方面，是一个系统工程，缺任何一方面都是不行的，这就要求我们一定要发扬团结奋斗、振兴中华、建设镇江的精神。搞好人际关系，搞好部门关系。正如孙秉谦同志所讲的，我们要团结一心，共同克服困难，夺取新的胜利，把镇江的地位、知名度、声誉提得更高一点。我们中的任何一个人，都不能做拆台的事情，不能做有损名城的事情，不能做使开放受影响的事情。

1985 年开发南郊座谈会上

镇江有很多优势，是历史文化名城，是南北交通枢纽，大港已对外开放，又是重点旅游城市，对内、对外都有一定的吸引力和辐射力。这一切都要求我们继续努力，继续上下一心，一步一个脚印，脚踏实地地工作，把我们的名城建设和保护做得更好，把改革和开放搞得更活。

最后，借此机会感谢同志们在过去几年中对城市建设改造的支持，希望大家一如既往地支持城市建设改造工作，用实际行动为名城建设添砖加瓦，为名城添光增彩，把镇江建设得更加美好。

祝贺“环保之窗”的诞生[①]

今天，《镇江日报》“环保之窗”专栏与广大读者见面了。我代表市政府、市环保委员会表示热诚的祝贺！

为什么要开辟“环保之窗”专栏呢？就是为了进一步强化环境保护工作的宣传教育，以引起全社会对环境保护工作的重视。我国目前正处在进行大规模经济开发建设时期，环境保护工作显得更加重要。自然生态和环境保护工作如何，是衡量一个国家和地区社会物质文明和精神文明的重要指标。动员全党、全社会积极做好环境保护工作，提高和增强全民的环境保护意识，这是摆在我们面前的一个十分重大而紧迫的任务，也是我国的一项基本国策。

现在，一部分人的头脑里总是把环境保护工作与经济发展对立起来，这样的认识是不对的。其实，经济开发建设要和环境保护工作协调发展，这是我国人民在几十年的社会主义建设实践中总结出来的一条重要经验，也是环境保护工作的一条重要规律，保护了自然资源和自然环境，经济就可以持续、稳定地发展；经济发展了，就可为自然资源和环境保护提供经济技术条件。从总体上来说，两者是相互依赖、彼此促进的。当然，自然资源的开发利用、国民经济的发展和自然资源、自然环境的保护之间，又是存在矛盾的，例如，不可更新的自然资源储量随着开发利用而减少；即使是可更新的自然资源，从开发利用到恢复也有一个过程。如果盲目开发，不因地因时合理利用或认真保护，势必会造成极其严重的后果。这方面的严重教训在全国和我市历史上是不少的。所以，在处理“开发”与“保护”这对矛盾时，既要考虑经济效益，又要考虑生态效益；既要考虑眼前的经济效益，又要考虑长远的经济

---

① 此文发表于《镇江日报》1987 年 7 月“环保之窗”栏目，作者时任镇江市环境保护委员会主任。

效益；既要考虑局部的经济效益，又要考虑整体效益。在处理好这三个关系的前提下，要认真执行“边开发、边保护”的方针。对正在受到破坏或已受到破坏的地方，就要按这“三个关系”来拿出坚决的、现实的措施或预防措施，努力促其恢复和改善。市委、市政府对南山风景区所采取的果断而现实的措施，就是按历史经验教训和上述处理三个关系的原则、方针而确定的。因此，得到了全市各界人民的热烈拥护，这是一个良好的开端。

在《镇江日报》上开辟“环保之窗”专栏的时候，我说了上面一番话，目的是请更多的同志，特别是各级领导同志，在自己所负责的地区和部门更好地重视这项工作，切实抓出成效来。“环保之窗”的诞生，对于帮助人们增长知识，推动环境保护工作，必将起到积极的促进作用。

宣传名城、保护名城、建设名城[①]

江苏镇江是我国一座历史文化名城。它地处吴头楚尾，坐落在长江与大运河交汇处，依山傍水，西周时为宜侯封地，名“宜”，至今已有三千余年历史，曾先后称朱方、谷阳、丹徒、南徐、润州、京口，北宋时始名镇江。悠久的历史给这座古城留下了丰富的文物古迹，从石器时代到现代的各个历史阶段，均有大量的地下挖掘实物和遗迹可寻。保护、建设好这座名城是我们的职责。

保护名城、建设名城，首先要宣传名城。镇江虽历史悠久，文化灿烂，但还有不少市民不了解、不认识，身在名城不知其名。为了宣传名城，近几年，我们通过报纸、电台、电影、电视、图书、画册、专题演讲、知识竞赛、系列讲座及开展各种专题纪念活动等多种形式，向全体市民普及历史文化名城知识，激发做名城市民的光荣感。

历史文化名城的建设、保护与一般城市建设不同。由于其有较丰富的人文、史迹、景观等实体存在，在城市建设的过程中，一定要认真加以保护。镇江名胜古迹多，但经过“十年动乱”，破坏严重。从党的十一届三中全会后，我们着重对现存名胜古迹进行整修、保护，陆续恢复和开放了焦山炮台、焦山碑林、宗泽墓、米芾墓、梦溪园，使这些文物古迹得以在名城重现。由于文物古迹遍布全城，常常会遇到城市建设与文物保护之间的矛盾，我们的态度是在建设中保护，在保护中建设。近几年，我市拓宽横贯全城的中山路，在拓宽过程中碰到道路中间的一棵古树和路北一家有300多年历史的中药店要不要保留的问题，对此，我们采取如下保护措施：古树留在路中以美化城

① 本文发表于《经济日报》1987年8月10日，作者时任镇江市副市长。

市，老店后移5 米重建，保护名城不是少数几个人的事情，要有一定的文物保护力量。近几年，我市先后培训了 400 余名业余文物保护员，与各文保单位签订了文保合同，设立了 36 块文保标志，动员更多的人参与保护名城。

只保护不建设，古老城市就得不到发展；而建设又不能忽视规划，只有规划好，才能建设好。镇江市根据城市总体规划，聘请了同济大学、南京工学院等大专院校师生对各风景区进行踏勘、规划和论证，先后制定出南山风景区、金山风景区、西津渡古街等区域的建设规划，制订了古运河整治、风景区防污染等方案，分期实施。建设名城的经费则采取从上到下、群策群力、共同出资的方法解决，以加速建设。目前已开始建设的有南山风景区六个景点、西津渡街、伯先路近代一条街、原英国领事馆（现市博物馆）等。建设名城，既要注意恢复建设古代人文史迹，也要注意近代、现代人文史迹的收集和建设，要把古代文明与现代文明有机地结合起来，让我们的后代知晓历史的延续，全面地了解历史。近几年整修并建设的茅山抗日斗争历史陈列馆、韦岗战斗胜利纪念碑，以及中山纪念林塔、赵伯先墓、“五卅”演讲厅等，都是基于上述认识整修、建设的，为名城的文物古迹增添了新的内涵。

名城在建设，在发展。做好名城的保护与建设，运用这一陶冶民族情操的文化宝库去推动两个文明的建设，发挥名城功能，促进第三产业、旅游业的发展，振兴镇江，是需要我们做出长期不懈努力的艰巨任务。

镇江大港港区建设在经济发展中的战略地位[①]

镇江大港是我国“六五”计划期间建设的大型港口工程，位于镇江以东28千米的大港镇。根据1973年周总理“改变港口面貌”的指示和同年召开的“全国港口建设座谈会”精神，大港将建设成长江下游水陆联运的重要交通枢纽，以适应工农业生产和内外贸事业发展的需要。目前大港已建成拥有732米长的四个万吨级深水泊位，可同时停靠四艘2.5万吨级海轮。在深水泊位的两侧建有长420米、宽80米的内河港池，可同时停靠七艘内河驳船，便于海、江、河联运，在码头平台后侧，建有1.3万平方米的堆贮场，便于货物中转。这些一期工程项目已于1985年11月30日通过国家验收，正式交付使用。镇江港一期工程的建成，对缓解上海港的压力，减轻津浦、沪宁铁路干线的负担，起到了一定的作用。二期工程于1986年至1989年分步建成。

大港港区的建设在省内外的经济发展中占有重要的战略地位。

其一，江苏省镇江、常州、扬州、淮阴、盐城各市土地面积占全省的53%，人口占全省的52%，1984年工农业总产值占全省的42%。不仅经济地位重要，而且发展的潜力很大。同时，苏北地区没有铁路，进出口物资主要靠水运，海轮进江直抵大港，再由内河船驳经京杭运河转运苏北里下河和洪泽湖广大地区，最为经济、方便。从港区沿北运河经扬州、高邮、宝应、淮安、淮阴、宿迁、邳县等地的千吨驳船可以直达徐州，沿途内河各港口与大港衔接配套，形成苏北地区海、江、河的理想航线；苏南地区铁路运量已基本饱和，今后也主要发展水运，百吨船舶可由大运河南口直下常州，并进而

① 本文发表于1986年3月《中国城镇》第三期，作者时任镇江市副市长。

沟通漕河水系、太湖流域和“杭嘉湖”地区；另外，上游武汉等港口至谏壁电厂的运煤船队返程，放空量每年约 140 万吨，镇江火车站放空量每年 120 万吨左右，可以充分利用，进一步降低运输成本。所以，大港港区正好处在长江干线和京杭运河十字水系的中心，形成通航条件很好的辐射式水道，为省内外经济发展注入强大的活力。

其二，由于大港港区货物集散方便，已引起了省内外各货主单位的注目，他们纷纷前来联系在大港建立各种物资的中转场地。省木材公司经省计委批准，决定在大港区下游建造年吞吐量 100 万立方米，水、陆库容量各 3 万立方米的木材储运场；商业部也曾几次派员前来准备建造大型中转糖库；武汉钢铁公司、仪征化纤厂等单位也都要求将海运原材料直达大港中转；冶金工业部委托镇江市冶金工业公司与镇江港务局签订了关于废钢铁中转任务的协议书。

其三，大港港区不仅是货物集散的重要基地，而且将成为我国发展江海旅游的客运中心。大港港区周围山清水秀、历史悠久、文化发达、经济繁荣，发展旅游业的条件很好。紧连港区不远的圌山、五峰山一带，山川景色宜人，文物古迹丰富。南宋爱国将领韩世忠曾经镇守在这里抗击金兵；1840 年鸦片战争爆发，英帝国主义侵略军进入长江口之后，就在圌山受到阻击，山上山下有多处古炮台遗迹，现为省级文物保护单位。从港区还可就近开辟直达镇江、扬州、宜兴等风景名胜地的旅游线。目前，大港已自备一艘能适应外事接待需要的交通旅游船，去年已开始接待日本“耀华”游轮，受到了日本游客的赞赏，他们说：“想不到在这个地方还有这样好的港口。”为此，“耀华”轮于 1985 年已安排泊港六航次，中外各方均感满意。

其四，大港港区是镇江的希望之窗，也是全省乃至全国的希望之窗。

大港港区的建设为镇江开辟了对外开放、吸引外资和国外先进技术的前沿基地，必将有力地促进镇江的工业、农业、商业贸易和旅游服务等第三产业及科技文化事业的发展。大港将以现代化港口城镇的面貌成为镇江市的重要卫星城。

《人类环境宣言》的发表是人类历史上的重大事件[①]（摘要）

今天，镇江市环境保护委员会在这里举行大会，隆重纪念第15个“世界环境日”，这对于提高全市人民的环境意识，加强我市环境建设、促进社会主义建设事业的发展，将起到积极的宣传和动员作用。

1972年6月5日至16日，在瑞典首都斯德哥尔摩举行的联合国人类环境会议上，与会代表列举了20世纪50年代以来一些震惊世界的公害事件，并强烈要求在世界范围内采取保护方案，以便保护地球的自然资源和遗传资源。会议发表了《人类环境宣言》这一伟大的历史性文件，提出了为这一代和未来世世代代而保护和改善环境的奋斗目标，并建议联合国大会将联合国人类环境会议开幕日定为“世界环境日”。同年，第27届联合国大会接受并通过这项建议，要求联合国系统和各国政府在这一天开展各种活动来强调保护和改善人类环境的重要性。

我国政府和人民一贯支持《人类环境宣言》提出保护和改善环境的伟大号召。1986年，李鹏副总理在“世界环境日”种植“和平树”仪式上的讲话指出：“我国是一个发展中的社会主义国家，发展生产的根本目的是造福人民。我们不仅需要一个和平的环境，而且也需要一个文明的环境，也就是一个清洁、优美、舒适的生产和生活环境。”这表明了我国政府对保护环境、发展社会主义建设事业的愿望和信念。

镇江是我国历史文化名城。建设名城、振兴镇江，环境保护工作十分重要。我相信，只要我们响应《人类环境宣言》的伟大号召，在党和政府的领导下，坚持不懈地努力，在不远的将来，镇江这座历史文化名城一定能够绽放出更加鲜艳的光彩。

---

① 本文发表于《镇江环保》1987年第2期，作者时任镇江市副市长。

述职报告[①]

我觉得这个汇报的难度很大，我是本着服从组织安排，认真克服困难去完成这个任务的。我是集体领导中的一员，事是人做的，但又不是一个人能办成的，我们九套班子的工作，犹如血、肉、骨的关系：血融于肉中，肉无血则死；血和肉又依生于骨，无骨的血肉，则是没有用的东西。所以我认为，各级组织的支持，路线、方针、政策的正确，是骨；在骨架的支撑下，发挥集体与个人的智慧，其作用则如血和肉。从而使我们党和政府的工作得以有机地、有效地运转。列宁说过，任何比喻不可能百分之百的准确，比喻终究是比喻。现凭我的认识水平，把所做的工作掌握适度并汇报好，请组织与同志们评议。

五年来工作情况简要汇报

遵照省委组织部的通知要求，现在我向大家做五年来工作情况的简要汇报。

（一）

我在任副市长职务的五年时间内，按“集体领导，分工负责”和“实事求是”的原则，曾做过两次侧重分工。从 1983 年至 1984 年 7 月，侧重分工负责宣传、文教、卫生、广播、电视、报纸、计划生育、外事、侨务、宗教、科委、高校等方面的工作。这一年半时间里，在省委和市委的领导、集体的支持和个人的努力下，遵照中共中央关于加强教育和科技工作体制改革的指

① 报告发布于 1987 年 11 月 18 日，作者时任镇江市副市长。

示精神，在普教工作方面主要抓了五件事。

第一，抓了市、县、区、乡中学规划布局的调整工作。大力发展普中的职业班和职业中学教育，使我们的高中生与升入高校输送生的比例恰当，使大部分不能升入高校的高中毕业生及不能全部升入高中的初中毕业生有就业前的职业教育。根据镇江市产业结构及社会事业发展的需要，逐步合理地发展职业教育。经过一年半的努力，市区由 50% 的初中毕业生不能升入普通高中的情况，在两个学年内达到了初中毕业生 70% 可以升入普中或职业中学就读，为纾解家长的忧虑和促进社会的安定做出贡献。职业班和职业中学犹如雨后春笋般发展。农村由过去单一的农业职中，城市由过去单一的普通中学，逐步发展成建筑、蚕桑、茶叶、水产、养殖、幼师、烹饪、化工、工艺、缝纫等多学科的职业教育。

第二，大力解决市、县、区、乡中小学校的“一无两有”（即无危房，有课桌和板凳）。在省教育部门的支持下，“四县两区”都在市、省教育部门签订了合同，收到了数百万元的资金，基本解决了旧危房，控制了危房的发展，由省、市联合检查验收，基本上达到了“一无两有”的要求。

第三，在省有关教育部门和市有关部门的支持下，先后创办了职业大学、电视大学、函授大学、夜大学、教育学院等五所市属大学。这些学校都从无到有，从征地开始，一砖一瓦，在很短的时间内，解决大量困难，逐步举办起来。其中，当时的电视大学无论教育质量及领导的重视程度方面，都受到了省电教中心的表扬鼓励。

第四，现在我市的其他五所部属、省级的学校关系密切，合作良好。我们在基建、子女及家属工作安排、副食品供应等方面给予支持；他们对市里几所大学在人才培训、师资方面给予支持。镇江医学专科学校升格为医学院就是一个明显的例子。当时，教育部和卫生部规定，医专升为医学院有六个条件，除教育质量、教授数量、著作论文、科研成果之外，还必须有附院、具备一定水平的门诊大楼、教育大楼、图书馆、阶梯教室等设备条件。我们都各自跑上跑下，直至项目落实到基建工地，全力以赴地支持他们。终于在 1984 年年初使其被批准由医学专科学校升级为镇江医学院。

第五，这一年半多的时间里，还抓了重点中、小学的基本建设工作，较有成效地改善了其教学条件。我亲自抓了镇江中学，一年内办成三件大事：

（1）与水利部门合作治理，解决了镇江中学校内存在几十年的光明河涝灾的老大难问题；（2）建造了教师办公楼；（3）置办了一辆汽车。

在卫生、广播、科委、电视、报社等方面，着重解决这些新建机构工作的基本条件。如当时新建的市报社和电视台都没有办公室；而卫生局、科委虽有办公室，但条件十分困难。在这一年半中，卫生局和科委都新建了办公大楼（得到省有关部门的支持），调剂解决了报社、电视台的办公地点。

在外事、侨务、民族、宗教等工作方面。按《中日联合声明》的原则和对外开放与搞活的方针，顺利地开展了与日本津市建立和缔结友好城市工作，这是镇江历史上第一次与外国城市建立友好城市。同时结合镇江为全省重点侨乡的实际，积极开展对镇江在日华侨的工作，与日本大阪华侨同乡会签订了江苏第一个合资项目——京侨饭店，在蒋乔镇开办了第一个合资工厂，在高资镇唐驾庄建造了华侨投资的第一个爱乡百货商店，等等。

为了争取历史文化名城的批准，在市“四套班子”的筹划下，我三上北京进行活动，组织到中国历史博物馆进行镇江文化精华展览，并获得了良好的反应，提高了镇江的知名度。为此，还扩大了博物馆建设和恢复原图书馆，修复了数十处历史古迹，改造了金山公园广场和焦山的碑林与古炮台，新建韦岗战斗纪念碑。在我的亲自支持和努力下，筹集资金并出版了《新四军征途书画选》，在全国历史文化名城会议上获得了好评，被称为体现现代文明的作品和古为今用的案例。

另外，在体育、文艺、计划生育等工作方面，也做出了一定的成绩。我亲自主持了镇江几位中、老年书画家在南京举办的展览会；组织参加了几次全国区域性的运动会比赛项目，受到了省体委领导的好评和鼓励；建造了少年宫与儿童游泳池；等等。

（二）

1984 年 7 月起，市委常委研究讨论决定，对我的工作侧重分工进行了调整，即侧重分工负责城乡建设、基本建设，以及全市性重点工程项目和绿化造林、地方志、老龄问题等工作。我之前没有干过城市建设工作，这对我来讲完全是崭新的领域，但组织的决定不能不服从。既然服从，就不能敷衍塞责，更不能消极怠工，干得好坏是水平问题，而是否肯干、实干、苦干，是对党对人民是否极端负责的问题。我就是本着这样的指导思想去干工作的。

城乡建设的简要情况：我们在上级的领导下，依靠市“四套班子”的团结力量，围绕国家繁荣富强、集体兴旺发达、人民幸福富裕的要求，围绕以经济建设为中心，为人民生活服务，坚决贯彻党的十一届三中全会以来的路线，贯彻人民城市人民建的方针，紧紧依靠城乡建设系统的广大干部、职工，调动全体人员的积极性、创造性，发扬自力更生、艰苦创业的光荣传统，使得城市建设工作取得了较好的成绩。

（1）积极抓好城市规划工作，充分发挥城市规划的综合指导作用。经过规划人员和原市委、市政府多年的辛勤劳动，以及有关专家、工程技术人员的共同努力，我市城市总体规划于 1984 年上报省政府，1985 年 5 月得到了省政府的批准，第一次以文件形式确定我市的城市性质为“省重要的内河港口、历史文化名城和风景游览城市”。明确了市区几个主要功能区，确定了具有法律效力的总体布局。在总体规划指导下，市区制定了 108 平方千米的分区规划和 3 平方千米的详细规划，完成了“三山”、南山两个风景区及大港和高资两个镇的总体规划，制定了城市主要道路规划等单项规划。在制定规划的基础上，建设工作严格按规划进行，市政府先后颁布了《镇江市城市建设规划管理暂行规定》《关于严格控制城市规划区内土地使用和沿街建筑红线》两个文件，强调了规划的严肃性和法律效力。这几年，全市共办征地 7086.4 亩，报勘 1500 份，建筑面积 1000 万平方米，拆除违章建筑 210 起，制止违章 630 起，清理违章用地 1131.59 亩，停止了南山风景区内的几十个山石塘口的开采。

（2）加强公用事业建设，提高城市综合服务功能。据统计，1986 年我市城市建设维护资金 2480 万元，比 1982 年的 766.50 万元增长了 2.34 倍。1984 年至 1986 年的 3 年中，我市共新建、翻建城市道路 19 条，市区道路总长达 164 千米，总面积达 103 万平方米，路面基本上达到了高级或次高级路口标准，是 1982 年高级或次高级路口面积的两倍多；建成进出口道路 5 条，基本实现了进出口道路的硬化，市区水泥路长达 14.5 千米、近 10 万平方米；我市最大的城市建设工程——中山路拓宽工程，全长 4 千米，宽 40 米，已于今年全部完成。镇焦路、周家河路、解放南路、黄山南路等路况很差，群众称之为“好天一身灰，雨天一身泥”的“阎王路”相继得到翻建改造，已基本解决“雨天水泥路”和“晴天扬灰路”的问题。城市自来水事业也得到迅速发展：1986 年地下水道已达 140 千米，供水管道 335 千米，比 1982 年的 204.61 千米增长 64.2%；1986 年城市日供水量达 17 万吨，比 1982 年的 5 万吨增长 240%；年供水量 4060 万吨，比 1982 年的 2768 万吨增长 46.7%；市区自来水普及率达 98%。城市煤气从无到有，1986 年管道煤气供气量 506 万立方米，有 12000 户、4 万余人用上了管道煤气，5000 多户居民用上了液化气，全市气化率达 17.3%，全市煤气管道 68 千米，比 1982 年的 1.03 千米增长 51.3 倍。1986 年公交车辆 123 辆，比 1982 年增长 23%，服务里程达 220 千米。1986 年全市路灯 5600 盏，比 1982 年增加 2000 余盏，路灯线路总长达 233 千米，比 1982 年增加 100 多千米，市区路灯亮光率达 98%。近两年内环卫设施新建、翻建公共厕所 70 座，仅 1986 年就新建、翻建 41 座，市区现有公共厕所达 190 座，比 1982 年增加 44 座，厕所的质量有了显著的提高，无害化程度明显增强，基本解决了市民早上排队上厕所的情况。

（3）加速房地产业的改革，冲破房地产业的守旧思想。吸收社会资金，积极推行城镇住宅商品化。在两年时间内，先后批准建立了 9 个房地产开发公司，加速新村建设，加快旧城改造，进一步改善人民居住条件。

这几年中，市区每年竣工住宅均超过 20 万平方米，共计 120 多万平方米，综合开发房屋近 40 万平方米，占市区同期住宅建设的 1/3，先后建设了花山湾、桃花坞、桃园、太古山、李家山等新村。1986 年竣工住宅 25.4 万平方米，比 1982 年增长 20%。建成具有较高配套水平的江滨新村小区。自 1985 年开始，市区先后改造了观音桥巷、腰刀巷、牌坊巷、贺家弄、中营、阳彭山等 6 个旧住宅区，开工面积 24.5 万平方米，并已基本竣工。实行综合开发的房屋基本做到美观、适用、配套，水、电、卫生设备齐全。城市人均居住面积达 6.9 平方米，比 1982 年的人均 4.2 平方米增加 2.7 平方米。房屋管理工作取得了一定成绩，为 400 户居民互换了房屋，维修旧居住公房 30 多万平方米，改造危房 2.8 万平方米。

（4）加强风景区建设，向“山林城市”的目标努力。全省 8 个省级风景保护区中，我市有“三山”、南山、茅山三个。市政府按照历史文化名城的要求，以风景区建设为重点，大力开展绿化造林运动。1983 年以来，修建了鼎石山公园；修缮了铁、砖、木、石四塔；修复了保存较好的宋代西津渡古文化街；着手重建金山大雄宝殿、焦山天王殿；改造了北固山道路；修复了中山纪念塔、焦山摩崖石刻、米芾墓、宗泽墓等一大批文物古迹。从 1986 年开始，通过国家投资、企业支持、个人捐助等形式筹集资金 357 万元，开发南山风景区，建设了碧榆园、塘口新姿、招隐寺、竹林寺、伯先墓、观赏树木园、停车场等 7 个景点和一些配套服务设施，现已对外开放。

（5）实行综合治理，提高环境质量。环境污染治理工作贯彻“以防为主，以治为辅”的方针，坚持“三同时”和“三个效益”一起抓，对严重扰民、害民的工厂，先后关、停、并、转 22 家，仅 1986 年一年就搬迁 8 家污染严重的工厂。全市工业用水循环率达 53%，比 1982 年增长 11%，废水处理率达 27%，比 1982 年提高 9%，降尘量由 1982 年的每月每平方千米 40 吨下降到 1986 年的每月每平方千米 29 吨。全市锅炉改造和治理工作到 1986 年年底已基本完成，无黑烟治理工作已由点发展到线。1986 年，中山路一条街有 66 个单位治理了 259 个项目，治理烟囱 224 支，实现了中山路一条街基本无黑烟的目标。今年无黑烟治理已推广到正东路、健康路、解放路、大西路四个区域，并已取得成效。

（6）发展建筑业，加快基建速度，提高经济效益。我市建筑企业积极推行招标、投标、百元工资含量包干、经理负责制等项改革措施，强化内部管理，提高企业自身素质，确保重点工程按期完成。几年内先后建设了谏壁电厂五期工程、大港港口附属设施、船山石灰石矿扩建工程和铝加工厂、恒顺酱醋厂等一批市技改工程。全市建筑工人已发展到 7 万余人。1986 年完成施工产值 1.6 亿元，比 1983 年的 4230 万元增长 2.8 倍。建筑业打开城门，引进外地队伍达 4 万人；同时积极向外开拓，我市有 1.5 万人在北京、上海、新疆、吉林等地施工，并已走向世界，进入日本、科威特、贝宁等国承包和参与工程建设。

（7）乡镇建设明显加快，城乡共同发展。乡镇建设以乡镇规划为“龙头”，完成了丹阳、扬中、句容三个县城总体规划及 81 个集镇总体规划编制工作，选编了《镇江市农村住宅建筑施工图集》。

（8）积极推行改水治水工作，提高人民健康水平，减少病源。全市建成乡镇水厂 30 多座，乡镇水厂总数已达 42 座，使用人口达 63.5 万人，农村饮用自来水普及率已达 31%。扬中县（今扬中市）饮用自来水普及率已达 90%

以上，成为全国农村改水工作先进县。丹阳县（今丹阳市）的界牌乡已实现100%的农民吃上自来水。

（9）狠抓城市管理工作。为了抓好城市管理工作，与各有关部门密切配合，从“五讲、四美、三热爱”活动，到省政府领导对“创三优、建文明”要求，层层发动、级级落实。建立城市管理办公室，以抓卫生为突破口，制定了文明市民的六条标准和一系列关于城市公共秩序、卫生方面的规定，明显地改变了脏、乱、差的情况。在1985年省政府组织的全省“创三优、建文明”活动检查中，受到省检查组的好评，在全省评比中，省政府领导以口头和书面形式给予了表扬和鼓励。

（10）城乡绿化工作取得了较大的进步。这主要表现在以下方面：农村绿化造林稳步前进；城市绿化与城市建设同步进行，并由单一的植树造林发展成为植树、栽花、种草并举；公共绿化开始以新标准、高水平要求进行。总之，城市绿化更加注重实效。农村林木覆盖率由“六五”期间的10%，上升到1987年的15.1%。五年来共造基地林2.11万亩。去年丹阳县被命名为全国绿化先进县。城市绿化覆盖率由1985年的16.8%上升到1987年的18.37%。1985年，市政府提出了公路绿化“一年打基础，三年上水平，五年变面貌”的要求，1986年交通部门补植新树木554千米，面貌有了改变。城市绿化从规划抓起。1985年下半年组织力量进行了全面的绿地调查，查清市区和农村的绿化现状，为制订近期和远期规划提供了科学的依据，近期和远期规划已编制出来，拟召开专家和各方面人士来论定审定。

去冬今春的绿化，认真贯彻落实了省政府（86）209号文件精神。主要抓三个落实：一抓宣传教育工作的落实，充分运用一切宣传工具，从上到下发动，广泛宣传绿化造林国策的意义、《森林法》的重要意义和五年义务植树的成就，拍摄了《丹阳先进县事迹》和《鸟类的森林》等科教电视片。二抓领导任期绿化目标责任制。市、县、区领导75万人落实了绿化责任制项目，除个别外，基本完成。今春的绿化规模大，声势大，质量好，重点抓了南山风景区、中山路、镇扬路、镇焦路、云台山、象山、江滨新村、韦岗纪念碑、老港引航道、汽车站等工程，同时也加强了管护。9月省绿化检查组“宁镇扬常”片小组检查时给予好评，称之为“镇江的速度”。三抓规划、品种、质量上水平。这两年抓大苗，抓市树和常青树品种，抓树、花、草并举。四抓绿化资金的落实。按省政府（86）209 号文件制订了资金筹集的办法，现已筹集资金 70 万元，为今冬明春的绿化工作提供了经济保障。

此外，我们还抓了大、中、小学的绿化，提倡以厂带校的办法，解决学校绿化资金不足的困难。我市船舶学院（现为江苏科技大学）被评为省、市绿化先进单位。

但是，进行纵横对比发现，我们的差距仍很大：城区人均绿化增长缓慢；不平衡性很大，义务植树尚未做到人人动手；规划绿地还有被侵占的情况；对森林防火工作没有制订有效的措施；等等。

（四）

综上所述，我们的工作确实取得了不小的成绩，可以说这每一点成绩，是在过去底子薄、基础差、欠账多，以及困难重重、任务重重、矛盾重重、压力重重的情况下取得的，真可谓步履艰难。但我也清醒地认识到，取得这些成绩的主要原因有以下几方面。

一是前面的同志给我们奠定了基础。二是体制改革和开放、搞活给我们的工作带来了巨大的活力与生机。三是市委核心领导注意团结各方面人士，调动各方面的积极性，从而使几套班子团结战斗。四是市委核心领导在坚持民主集中制的基础上，适时地做出正确、果断的决策，议而有决，决而有引，引而有效。随着一件件实事的办成，振奋了人们的精神，从而拧成一股绳，增加了把事业推向前进的力量。五是积极学习外地经验，各方面领导关心、支持城市建设。凡是重大决策之前，都有主要领导带领四套班子的同志和部门领导同志先去参观学习，善于吸取外地经验。所有工程中都会得到四套班子领导的关怀和支持，领导亲自到工地视察、检查、了解情况，及时帮助解决困难，精神上给予鼓励和表扬。这不仅是对具体执行者的支持，更重要的是使大家干劲倍增。六是正确贯彻执行了“人民城市人民建”的方针。全市各单位、各部门和人民渴望并要求加快城市建设的步伐，改变城市面貌，从而给予全力支持。七是我这位分工的副市长、城建系统及我所分管过工作的部门的所有干部、技术人员、职工贡献了自己的力量。确切地说，绝大多数同志和我在工作中是积极努力的，是尽力的，而且是尽了大力的，是全力以赴、不留余力去干的。对我个人来说，这五年中，当了三位市长的助手，不管哪位市长当我的班长，扪心自问，我都是以全心全意、极端负责的精神去当好助手，去对待摆在我们面前的工作与事业。

但是，我的工作中存在缺点和不足。

一是由于种种原因，如被“文革”耽误了若干年，距离离休的时间越来越近，镇江市与兄弟市相较基础差、底子薄、欠账多等，这些客观存在加上我固有的急性子，就易出现办事求成心切、求干心急、求胜心急的情况。这样有时工作中就会出现对人、对事严格要求、严厉批评，甚至会声色俱厉地训斥。

二是城乡工作一体化方面，缺乏应有的比例。我到农村去的时间很少，没有深入调查研究。县里的领导同志希望我到县里去帮助工作，我未能满足他们的好意和要求，深感歉意和内疚。

三是只从城建工作改革的角度出发去抓建设和管理，还没有将其摆到应有的位置上来研究与实践。总体上还抓得不系统，对城管工作有时松时紧的情况，没有从城市科学的高度来认识现代化城市中存在的问题。

结束语

我市的规划、建设和管理任务任重而道远。在坚持党的“十三大”路线，继续搞好改革、开放的要求下，在1988年经济工作“两稳”“两紧”“两转”“四改”原则的要求下，认清镇江与兄弟市不同的特点，把握我们工作的尺度，是至关重要的。我认为镇江市有三个特点必须注意：（1）东西南北交通枢纽的地位，历史文化名城与风景游览城市的声誉，港口是世界窗口的作用；（2）东临苏、锡、常，地处宁、镇、扬这种夹缝中求生、强手中竞争、名城中争名的严峻局面；（3）苏南各市城市建设的经济实力不仅远比我们雄厚，而且建设的时间也比我们早了几十年，这样一种催人奋进的事实。我们的城市规划、建设、管理工作总体现状又是如何呢？我认为目前还处在低标准、低水平、低要求（不是指项目的建设）的适应度相持的状态，还未达到与现实要求相适应的转折点。要在前几年的基础上继续奋进，估计到“七五”底可望由适应度的相持状态过渡到转折点，即可基本适应开放、搞活，不负名城之名，不损开放港口之誉。

在这期间，必须做到以下几点。

（1）在内外道路方面：宁镇公路建成通车；火车站西的跑马山立交桥与路建成打通；电力路、解放路、正东路拓宽完成；最后一条“阎王路”——江南桥路改造建设完成。

（2）在住房方面：必须每年有 40 万平方米开工、20 万平方米竣工，现有 7 万平方米的危房得到改造，1.3 万户拥挤、缺房户居住条件得到改善，住房租金改革在全市基本推开。

（3）在公用事业方面：第三水厂的扩建与第四水厂的建设相继开工和建成；铸选焦工程建成投产，煤气工程建成投产，气化率达总户数 50%。

（4）在环境治理方面：污水和垃圾需用科学工程处理；必须按规划要求迁转部分不符合环境治理的扰民、害民工厂，特别是南山上的上铁水泥厂与镇江水泥厂的南窑治理和迁出；人均绿地由现在的 2.2 平方米增大到 4～5 平方米，树木的覆盖率由 18.37% 上升到 30% 以上；大气污染与烟尘悬浮粒达到国家标准，谏壁电厂的粉煤灰得到根本性治理。

此外，中山路一条街临街的 21 栋不同层次的大楼相继建成。三个风景区的建设与文物景观的维护，按规划不断建设和完善。

与此同时，名城意识不断增强，文明程度不断提高，四套班子的团结有增无减。那么，我们可以预见：我市经济上再度翻番，城市基础设施建设配套达到正常适应的状况，即良性循环开始，而后向高水平迈进！

当然一定要建立在“量力而行”的基础上，但这个“量力”必须包括挖潜力，主观能动力，出大力，尽全力，卖苦力；在这个前提下，再加上讲究科学，使压力变动力，使潜力变活力，使外力变内力，使内力变巧力。

最后一句话：咬紧牙关，勒紧裤带，众志成城，建设名城，时不我待，时为我用，克尽困难业绩来，吃尽苦头面貌改，万万不可松懈。

在镇江市中山东路竣工通车大会上的讲话[①]

同志们：

今天是1987年的最后一天，明天就是1988年元旦了，在这辞旧岁、迎新年的喜庆日子里，在我们每个人增加一岁的时候，镇江市又添了一件喜事，向龙年献了一份厚礼，这就是全市人民关注的中山东路拓宽工程胜利竣工并正式通车。

中山路按计划全线竣工通车是市委、市人大、市政府、市政协四套班子正确决策的结果，是全市人民团结奋斗的结果，是广大工程技术人员和施工人员辛勤劳动的结果。一句话，就是贯彻执行“人民城市人民造”方针的结果。在此，我代表市城市建设改造指挥部向为中山东路拓宽改造工程付出艰辛劳动和做出贡献的各级领导、各个部门、各个单位的全体同志表示衷心的感谢！向我市伟大的人民表示崇高的敬意！

同志们，中山路拓宽改造工程完成，我市贯穿市区东西方向4千米长的主干道——中山路全线基本建成为三块板40米宽的大道，这对改善市区交通，改变城市面貌，加速经济发展，适应开放政策，发展横向联系，实施城市总体规划，建设和保护好历史文化名城，促进两个文明的建设，都具有十分重要的现实意义和深远的历史意义。中山东路的拓宽使“中山路精神”得到进一步发扬，进一步振奋了全市人民的建设精神，鼓舞了全市人民改革和开放的斗志，为镇江的全面振兴打下了一个坚实的基础。

同志们，中山路的建成只是城市建设迈出了一大步，除了供电、通信之

---

① 讲话发表于1987年12月31日。

外，今后的城市基础设施建设任务还十分繁重，还要优先安排道路的拓宽，供水、供气、供热、环境保护和环卫事业的建设、名城文物的保护、风景旅游事业的开发等。我们必须充分认识到，镇江东临苏、锡、常，地处宁、镇、扬区间，是在夹缝中求生，是在强手中竞争，是在名城中争名，稍有懈怠和停滞就会落后，希望大家继续努力，发扬中山路精神，“团结一致，奋发图强，坚忍不拔，愚公移山”，使我市的城市基础设施适应改革开放和竞争发展的需要，适应“两个文明”建设的需要，把镇江建设成为交通整洁、环境舒适、经济繁荣、交通发达、保持特色的历史文化名城和开放港城。

镇江中山西路建设过程中作者（左二）在施工现场指导工作

大家可能还记得，今年4月6日，在军分区礼堂开动员会时，我带着沉重而负责的心情向大会行了三个礼，而今天我是带着高兴和喜悦的心情行了三个礼，可以响亮地向镇江人民汇报：我们做了一件无愧于后人、有益于当代和今后的好事。这几年我们克服了许多困难，今天我们漫步或车辆行驶在平坦而宽阔的中山路大道上时，回想起来是多么欣慰啊！

最后，祝我们的城市建设在新的一年取得更大的成绩！祝大家新年身体健康！借此再次由衷地向大家致以崇高的敬意！

在镇江市1987年地方志工作总结表彰大会上的讲话[1]

同志们：

1987年过去了。在这一年里，我们在市委、市政府的领导下，根据顾秀莲省长提出的江苏修志工作“应该后来居上”的要求，发扬“开拓、奋发、好学、实干”的精神，团结协作，艰苦努力，全市修志工作取得明显的进展，成绩喜人。

我市开始修志晚于常州、苏州和无锡等地2~4年，经过三年的努力，差距大为缩短，已赶上或接近兄弟市的修志进度和水平。在1987年3月召开的全省第一次地方志工作会议上，受到省地方志编委会和顾秀莲省长的表扬。我们实行的“编委责任制”和“分管市长地方志工作日”的经验，被全国地方志指导小组董一博同志誉为“全国首创”，在全省第一次地方志工作会议上介绍后，受到修志同行的一致好评，在全国也产生一定影响，电力工业、法院、铁路、教育、二轻等分志办在省专业系统召开的会议上也分别受到嘉奖和表扬。

一年来，修志战线的同志们在十分困难的条件下，群策群力，为全市修志事业的顺利发展付出了辛勤的劳动、汗水和心血，在这里我代表市政府和市地方志编委会向同志们表示衷心的感谢和亲切的慰问。

今天召开1987年地方志工作总结表彰大会，就是为了表彰一年来在这条战线上涌现出来的先进集体和个人。通过表彰总结经验，发扬成绩，认清形势，乘胜前进，为夺取今年全市修志工作决定性的胜利而奋斗！现在，我根

① 讲话发表于1987年12月底。

据第八次编委会研究的意见，讲两个方面的问题。

一、关于1987年全市修志工作的回顾

（一）一年来的主要成绩

1. “质量第一”的思想深入人心

通过认真贯彻全国和全省第一次地方志工作会议精神，“千秋大业，质量第一”的思想开始深入人心。经过反复学习，大家认识到，从党的十一届三中全会直到前不久召开的十三大，党中央关于“两个文明建设一起抓”的方针是一贯的，这是关系我们民族兴旺发达的重大的战略决策。编修地方志是精神文明建设的重要组成部分，是一个地区重要的基础文化建设，是传之后世的千秋大业。牢固树立“质量第一”的思想，应该是我们一切工作的出发点和归宿点。镇江市是全国历史文化名城，名城要出名志，名志更要确保质量。为了确保分志质量，《电力工业分志》1986年年底就已拿出了试写稿，参加编写的同志精益求精，广泛听取意见，反复核对资料，推敲琢磨，大改了三次，小改了八九次，经过近一年的努力，在去年10月才正式形成送审稿并报市修志办。法院编志办的同志为了查清“镇江高等特刑庭”的材料，先后发函120余封，查阅档案200余卷，走访当事人十余名，保证了入志资料的准确性。计经委编志办的同志在拟订《综合经济志》的篇目时，先后学习了中国经济学、国民经济管理学、计划经济学等经济学理论书籍，还邀请驻镇高校、市委党校和市经济研究中心等部门的专家、学者帮助研究设计篇目，使之更加科学合理。总之，“修好《镇江市志》，为历史文化名城增添光彩”已逐步成为全市修志工作者的共同口号，“质量第一”的思想正在变为大家自觉的行动。

2. 制订了《镇江市志》编纂方案

这是1986年全市地方志工作总结表彰大会上提出的任务。1987年上半年，根据全国和全省第一次地方志工作会议的精神，我们认真总结了我市开展修志工作以来的经验，上下结合，集思广益，第二季度制订了《镇江市志》编纂方案，同时讨论修改了市志篇目，形成了《镇江市志》篇目第二稿，还拟订了《行文通则》。这样，对全市修志工作的指导思想、体例要求、基本篇

目、资料工作、分工安排、实施步骤和行文规范等重大问题都做了明确的规定。编纂方案经市政府批准后，以镇办发（87）34 号文件下达各单位贯彻执行，对全市各分志统一口径、统一标准、统一要求、统一步调，保证编修质量，发挥了重要的指导作用。

3. 胜利完成了 1987 年市政府下达的各项目标分解任务

市政府 1987 年全年目标分解第 68 项规定，地方志的工作任务主要有四项：① 完成 10 卷分志初稿；② 编写六辑《镇江地方志资料选辑》；③ 点校出版元《至顺镇江志》；④ 编辑《镇江要览》并交付出版。经过全体修志人员的共同努力，上述任务都已完成。

市政府规定 1987 年完成 10 卷分志初稿的任务，实际完成了 12 卷，即《劳动志》《地质勘探志》《船舶工业志》《环境保护志》《国民党志》《卫生志》《人事志》《外事志》《宗教志》《民主党派志》《汽车工业志》《建置志》，约占 66 卷分志总数的 20%。另外还有外贸、综合经济、交通、公安、财税、司法、新闻事业、煤炭工业等分志完成了部分或大部分章节的初稿。这些初稿的编写，为今年全市各分志全面进入编写阶段积累了经验，打下了基础，开了一个好头。多数分志办 1987 年仍致力于做好征集资料这一基础工作，并整理了不少资料长编和资料汇集。除超额完成分志初稿的编写任务外，1987 年我们还完成了《江苏省市县概况》中约 5 万字的“镇江市概况”的编写任务。

市政府规定 1987 年要编辑《镇江地方志资料选辑》，经过努力，已选编完成，因经费困难，只付印一辑。

点校的元《至顺镇江志》这部名志，已校完清样交付出版社，即将出版。

《镇江要览》已完成编写工作。《镇江要览》是中华人民共和国成立后我市第一部全面、系统地介绍镇江的著作。在 1986 年写出初稿的基础上，经过多方面征求意见，召开过三次审稿会，数易其稿，精益求精，现在，20 万字的稿本已经定稿，并交由江苏古籍出版社出版。这是参加编写的同志们辛勤劳动的成果，也是全市修志工作者集体智慧的结晶。这里，我要特别提出的是，市志办的郭维庚同志从倡导到主持编写，发挥了重要的作用。他带病坚持工作，严格把关，追求质量，一丝不苟，为《镇江要览》的出版付出了辛勤劳动。

除此以外，在上级领导的关心和指导下，市有关部门编写的《镇江港史》经联合审稿和认真修改，稿本已送人民交通出版社。《镇江交通史》的初稿也已编写完成。此外，《当代中国丛书·江苏卷》镇江部分也圆满完成了编写任务。姚杰、王作启等同志对编写此书做出很大的努力。多管局编的《镇江果树志》也已正式出版。

4. 发挥地方志工作特有的优势，利用修志资料为现实服务

供电局编志办利用修志资料，和工会、共青团联合举办了“镇江电力工业历史展览”，用大量生动的事例、翔实的数据反映了社会主义制度的优越性，以及中共十一届和三中全会前后电力工业的巨大变化。先后有一千多人参观，受到形象生动的教育。人事局编志办的同志及时向领导提供了我国历史上有关公务员制度的资料，为当前研究公务员制度提供了历史借鉴和背景资料。另外，人大编志办编写的资料长编，为全面了解人大工作的历史与现状提供了系统而翔实的资料，被大家争相传阅，广受好评。事实说明，编修地方志不仅是造福子孙、具有深远意义的大事，而且能很好地为现实服务，有其他工作难以取代的作用。

5. 做好地方志协会工作，积极进行学术研讨

1987 年，我市在全省第一个成立了地方志协会，一年多来，全市已发展会员 202 人。去年 12 月召开了第二届学术年会，交流论文 45 篇，与首届年会相比，无论在数量还是质量方面都有了很大提高，在活跃学术研讨气氛、推动方志理论研究、调动社会力量关心和促进修志工作等方面，都发挥了很好的作用。

（二）1987 年修志工作取得成绩的原因及主要经验

1987 年全市修志工作取得的成绩是来之不易的。各修志单位年终都进行了认真的总结与回顾。大家认为，取得成绩的原因及主要经验有以下几方面：

1. 各级领导进一步加强了对修志工作的领导

市委、市政府一向重视我市的修志工作，市长办公会议认真听取修志工作的汇报，加强领导的措施。1987 年 4 月，市政府召开了全市修志人员大会，认真传达贯彻全国和我省第一次地方志工作会议精神，还以两办文件的形式下发了《〈镇江市志〉编纂工作方案》。1987 年为市志办配备了两名领导干

部，正式任命了《镇江市志》主编、副主编，充实和加强了市志办领导及专业人员的力量。

分管市长工作日制度执行较好，每月都听取修志工作汇报，对存在的主要问题亲自动手解决，如对各分志工作采取抓两头的办法，促平衡发展；在修志队伍的配备与经费困难等方面，都尽力协调解决。

编委会一年来坚持编委责任制，对促进各系统修志工作的深入发展发挥了重要的作用。如负责统战口的编委政协副主席戴英、陆汝纯同志和统战部副部长张益民同志，根据编委责任制的要求，坚持每月碰头一次，分析修志工作进展情况，解决存在问题，加快了工作进度，所承担的分志现在都写出了初稿，成为全市第一个完成全部分志初稿的系统。其他如两办、党群、建委等系统的委员许和庭、张世闿、刘无际等同志都能经常协调、检查本系统各有关单位的修志工作。人大副主任伏镇钧同志不顾年老体弱，亲自带领人大修志的同志外出参观学习，协助他们去图书馆查资料，使人大的修志工作搞得十分扎实，成效显著。计经委系统的编委工作调动后，计经委的领导很重视修志工作。他们充实了本委编志办的力量，配备了得力的主编。计经委政治处主任、编志领导小组副组长袁振荣同志多次召开会议，检查协调和督促系统内各单位的修志工作。现在全系统承担的 19 卷分志已有 1 卷形成送审稿，4 卷完成初稿，2 卷接近完稿，5 卷开始部分章节试写，总共有 12 卷进入编写阶段。教育局的领导在教育经费十分紧张的情况下，保证了修志所需的必要经费；裴祥林局长今年还从进入编写阶段的需要出发，决定增加修志经费。文化局分管领导钟伟德同志准时出席市里要求领导参加的所有相关会议，不管工作多忙也要挤时间听取修志人员的汇报，帮助解决工作中存在的问题，使文化局的修志工作比 1986 年有了明显的进展。法院党组今年 4 月至 10 月份先后召开四次专门会议研究修志工作，明确提出了“班子不散，人员不减，保证质量，按时完成”的要求。特别值得称赞的是计经委主任应国根同志，今年 1 月 3 日刚上班，他看了本委编志办的工作总结后，立即批示：“地方志工作是一项工作量大而又烦琐的工作，又是一件平凡的默默无闻的工作，但是汪仁宏、陈林荣同志（计经委编志办的正、副主编）十分认真，不辞辛苦。他们的工作是值得肯定和表扬的。”这几句批示，表达了计经委领导对地方志工作艰巨性的认识和理解。这种认识和理解是保证修志工作顺利开展的十分重要的思想基础。我希望有更多的领导同志进一步认识修志工作的艰巨性和重要性，更好地关心和支持修志工作。

2. 修志队伍基本稳定，工作班子逐步健全

几年来的修志实践证明，成绩显著的单位都是工作班子配备得比较好的。检察院的同志说："组织什么样的工作班子，直接影响着志书的编写进度和质量。"他们院领导从各业务科室抽调三人组成工作班子，由一名熟悉检察业务的老同志负责，一名大学毕业生担任主笔，一名转业干部负责内勤工作，三人各有优势，分工不分家，团结一致，形成比较精干的工作班子，1986 年 11 月建立以来，从学习修志业务知识入手，经过一年的紧张工作，去年年底就完成了司法卷中检察部分的初稿。其他如卫生、劳动、人事、地质勘探、船舶工业、汽车工业等分志都由于队伍稳定，班子健全、精干，主编得力，因而较快地写出了分志初稿。相反，有的单位领导对修志工作认识不够，抽调力量不足，主编配得不力，班子结构不够合理，工作进度就不快，机构虽建立了三四年，至今仍拿不出像样的初稿。现在全市专兼职修志人员已达 800 人左右，主编到位 45 人，占应配人数的 74%。希望各修志单位都能配齐主编，充实精干力量，这是做好工作、夺取胜利的重要保证。

3. 全体修志人员的辛勤努力

随着修志工作的深入开展，参加修志的同志愈来愈感受到此项工作的意义重大，虽然工作清苦，任务繁重，但光荣感、责任感却不断增强，工作的自觉性、积极性不断提高。一年来涌现出大量的动人事迹，这是 1987 年取得很大成绩的最主要的原因。

交通局的王彦桂同志是参加工作多年的老同志。她从领导岗位上退下来以后，虽然身体不好，仍热心参与编史修志，一心扑在史志工作上。交通局编史、修志任务十分繁重，1987 年史志都进入编写阶段，她有胆有识，统筹安排，充分调动每一位同志的积极性，亲自参加审改稿本，经全办同志的共同努力，终于在年底如期完成了 46 万字的《镇江交通史》和 8 万字的《镇江市志・交通卷》（除铁路部分）的初稿编写任务。

卫生分志办的吉金荣同志承担修志任务后，比在第一线工作还要忙。他既重质量，又争速度，开始编写前，便对 200 万字的资料进行了认真细致的鉴别、核实、排比、筛选，编成了 20 万字的资料汇编，对保证志稿编写质量

发挥了重要的作用。正当志稿编写工作最紧张的时候，他突发面神经瘫痪，一只眼睁不开，他就把稿子带回家审阅修改，赶在年底前将分志稿连同资料汇编如期送交市志办。

教育分志办的杨奇璞同志狠抓资料这个基础工作不放，组织全办同志已征集各类资料 621 万字，编纂出 12 个专题资料约 18 万字。去北京征集资料时，奔波于北京大学、北京师范大学和一史馆之间，埋头于文献摘录，忙得连颐和园和北海也没有顾得上去走一走，为了节约经费和时间，住低档旅馆，吃饭也是图简便。

像这样热爱修志工作，一心扑在事业上的老同志还有供电局的杨正光和张世祥、总工会的陈坤、人大的沈鸿清、法院的白拯国、外贸委的孙敏梓、宗教处的王泰平、民政局的柳伯书、文化局的许筱云、交通局的韩云辰、工商联的陈约三、环卫处的胡耆年等同志。他们的事迹都很生动，因时间关系这里不一一列举。这里我要特别提出的是，市志办的一批离退休老同志，论阅历和水平，他们到哪儿去都能得到较高报酬，都会受欢迎，然而他们不计名利、不图清闲，以地方志事业为重，到站不下车，在修志园地里辛勤笔耕。他们出主意，提建议，从征集资料到面上的宣传发动，从评稿审稿到动笔撰写，什么都干。他们和市志办在编的同志一样成了修志队伍的主力军。

一年来，更令人高兴的是，我们的队伍里涌现出不少热爱修志工作的中青年同志，他们思想活跃，勇手探索，在我市的修志工作中发挥了重要的作用。

法院的主编梁晓辉同志，在工作过程中发现已出版的县志或专业志都将法院的内容归入政法志。他查阅了多种法律和汉语类工具书，“政法”一词均未收入。经过研究，他认为称“司法志·审判章”比较恰当。这一意见被市志篇目第 2 稿采纳，并得到上级业务部门的赞扬。他查阅考证资料极为严谨，一丝不苟，精神可嘉。

外事办的谭章威同志，在人手少、任务重的情况下，一个人挑起了编写的重担，去年 5 月写出了 13 万字的第一稿。虚心听取各方面意见后，9 月底他便改出了第二稿，11 月完成了省旅游局下达的编写任务。他经常利用业余时间加班撰写，埋头苦干，提前近一年完成了外事志初稿编写任务。

计经委的陈林荣同志十分重视理论研讨。《综合经济志》是新设的门类，没有成功的经验可循，很多理论与实际问题都需要探讨，目前方志界也没有定论。他和办公室的同志勇于探索，提出了大、中、小三种方案，通过分析比较，选择了既在理论上合乎道理，又结合我市实际的方案。一年来，他和大家一起征集资料 250 万字，完成了 80% 章节的初稿，还撰写了《对编写〈综合经济志〉的几点认识》一文，参加了市地方志协会第二届年会交流。

市邮电局的徐辉、建委的陈学山、交通局的张立、法院的蒋文俊、人事局的蔡洪生、劳动局的张仲祥、汽车工业公司的吴少静、二轻局的胡启福、化工局的王成民、煤炭公司的徐海龙，船舶公司的周丽、供销社的胡益润、科委的蒋立群和省地质三队的翟爽等同志，都能热爱修志工作，刻苦钻研、积累经验，为我市修志队伍增添了一批新生力量。

还有很多热心地方志事业的同志在关心和支持着修志工作。哈尔滨工业大学的镇江籍教授谈开孚先后为市志办提供不少资料，此外，杨积庆、许图南、胡鲁璠、杨瑞彬、明光等同志也都从不同方面为编修《镇江市志》做出了贡献。

地方志编制工作是一项庞大的系统工程，涉及社会的方方面面，需要得到社会各方面的支持。一年来，市统计局、档案局、博物馆、图书馆等有关部门热忱地为修志事业服务，提供数据、档案、文献、文物等各种资料，做出了重要的贡献。报社、电台、电视台等新闻单位也为向全市人民宣传地方志工作做出了积极努力。市财政局的同志在地方财政比较紧张的情况下，为保证修志经费做了很多努力。今年全面进入编写阶段，希望大家继续给予关心和支持。

4. 市志办也做了大量的工作

市志办公室是市志编委会的常设办事机构，是全市修志工作的参谋部。1987 年，我们健全市志办领导班子和任命《镇江市志》主编、副主编以后，市志办加强了对全市修志的业务指导，为基层服务，做了大量的工作。随着修志工作的深入，他们与分志办的同志及时研讨修志的整体性、区域范围、资料性著述等问题，统一了认识与做法。他们经常组织分志编写研讨会、志稿评审会等活动，及时加强对分志的业务指导。同时还建立健全了编辑分工责任制等规章制度，提高了工作效率。在资料工作方面，市志办主动为分志办提供资料信息，组织和协调分志办开展资料征集，全年共接待各分志办和部分外市县志办修志人员1000人次，提供资料累计约100万字，受到普遍好评。他们先后邀请了苏州大学历史系副教授陆振岳和山东省志办副编审王复兴来镇讲学，编辑了两期《镇江史志通讯》、两期《修志学习材料》、15期《修志工作简讯》，印发了《资料长编》和《大事记编写意见》等材料。他们还经常深入分志办检查、指导工作，对分志办来访的同志都能热情接待，相互切磋，认真探讨工作中碰到的问题。

（三）过去一年修志工作中存在的主要问题

过去一年全市修志工作有很大成绩，应该充分肯定；同时，我们应该清醒地看到，还存在不少问题，必须努力加以改进。

1. 发展很不平衡

从编委责任制落实情况来说，大多数编委能认真贯彻执行，统战、计经委、建委等系统都能做到定期召开会议，经常组织协调、检查、督促，及时交流经验，但仍有少数系统的编委对修志工作不够关心。从进度来说，全市已有13卷分志完成初稿。有的系统60%以上的修志单位都进入编写阶段。少数单位修志时间较长，修志人员也不少，但抓得不紧，精力不集中，拉修志人员打杂，至今没有拿出像样的成果。个别单位迟迟没有行动，至今人员、经费、工作计划都未落实。从质量来说，不少分志从篇目设计、资料工作到体例和行文，都基本符合质量要求，但有一些分志质量不高，距离志书的要求还相差很远。

造成工作进度和质量不平衡的主要原因是领导认识的不平衡。少数领导对修志工作的重要性、艰巨性认识不足：有的认为修志是“额外负担”和“兴不急之务”；有的强调客观困难，没有编制，拒不接受修志任务；有的存在厌战情绪，只希望早交稿子，早收摊子；有的敷衍应付，只想弄个稿子交差。以上模糊认识是当前修志工作发展不平衡的主要问题。

最近，我听说有一个单位修志班子散掉了，市志办的同志登门要求这个单位的领导给予关心和解决，这位领导却说：“没关系，等某同志回来，叫他弄一星期搞搞就行了。”这里我想起两年前曾经有个单位的领导表态，保证三个月完成任务，结果六个月过去了，连一份像样的篇目也没有拿出来。这样的事情发生在两年前还可以原谅，因为那时修志工作刚开展，大家对它不了解；现在修志工作在我市已开展三年多，市委、市政府为修志发的文件就有六七个，现在仍然把修志工作看得很简单就不对了。编修地方志是一次规模空前的市情调查，是一项十分艰巨复杂的任务。不少单位组织了十分精干的班子，一年还完不成任务，因为它要把75年内我市各行各业历史和现状的零散资料，经过搜集、鉴别、核实，用“新观点、新材料、新方法”编纂成书。正如顾省长最近指出的：“建设有中国特色的社会主义是个总题目。我们一切工作都是围绕这个总题目来做文章的。这篇文章在我们江苏怎么做？这就要根据我们的历史、我们的现状来研究我们的特色，预示我们的未来……因此，做系统的调查研究，是开创社会主义现代化建设新局面的第一位的基础工作。”我们地方志工作就是这种“第一位的基础工作”，绝不是一件轻而易举的事。我恳切希望有些领导同志能认真领会顾省长这段讲话的精神，向兄弟单位调查研究，及早采取措施，把工作赶上来。

2. 部分单位修志力量不足，人员思想不够稳定

总体来说，多数单位不断充实修志力量，配备主编，与所担负的修志任务是基本相适应的。少数单位修志任务很重，但人员很少，结构又不够合理，工作进展很慢。个别单位至今连一个专职人员也没有。在现有修志人员中，少数人思想不够稳定，有后顾之忧。尽管市政府多次行文，强调修志人员与其他在岗人员一视同仁，但部分单位在福利、奖金、职称改革、分房等问题上，没有将修志人员与其他在岗人员同样对待，这是部分修志人员思想不够稳定的重要原因，必须重视并加以解决。

3. 修志工作中还有不少薄弱环节，影响志书质量的提高

有些分志的篇目设计不够科学、合理，偏重小而全，主体业务和行业特色不够突出；有些分志的资料征集不全不实，缺项断线，中华人民共和国成立以前的资料很少，不少资料没有经过严格的考证；有些分志的初稿和试写的章节不符合志书的体例和行文的要求，达不到思想性、科学性、资料性的统一。

4. 广大修志人员队伍素质亟待进一步提高

修志人员来自四面八方，没有经过专业训练，思想水平、专业知识、方志业务、文字功底，对照志书质量的严格要求，都存在不同程度的差距。我们在为修志人员提供学习条件、组织业务培训、开展学术研讨等方面也做得

不够，今后，需要在提高修志队伍素质方面下大工夫，花大力气。

二、1988 年修志工作打算

（一）1988 年修志工作总体要求

1988 年是“编写年”，是各分志全面进入编写阶段的一年，是整个修志工作能否取得决定性胜利的关键一年。1988 年修志工作总的要求是：以党的十三大精神为指针，坚持贯彻执行党在社会主义初级阶段的基本路线，坚持以经济建设为中心和两个基本点，认真总结修志工作经验，牢固树立质量第一的思想，在坚持质量的前提下加快修志进度，大力提高修志队伍的素质，团结一致，乘胜前进，为我市修志工作取得决定性胜利而奋斗。

（二）1988 年修志工作的主要任务

（1）完成分志 20 ~25 卷初稿。加上以前完成的初稿共 33 ~38 卷，占全部分志总卷数的 50% ~60%；初稿要坚持一定的质量，基本上做到篇目结构合理，资料翔实，观点正确，体例、行文基本符合要求。

（2）争取完成分志送审稿 25 ~30 卷，占全部分志总卷的 40% ~50%；认真贯彻执行《〈镇江市志〉分志审稿试行办法》，坚持严格的审稿制度，要反复修改充实，三审定稿。送审稿要符合总纂要求。

（3）其余分志要进一步征集资料，核实考证，写好资料长编，着手试写初稿，要求明年上半年全部完成初稿。

（4）《镇江要览》《至顺镇江志》今年出版，努力做好宣传和发行工作。

（5）办好辅导性刊物，全年刊出《镇江史志通讯》4 期，印发《修志学习材料》3 ~5 本，每月出《镇江修志简讯》2 期，力争全年选编 4 期《镇江地方志资料选辑》。

（三）主要措施和具体要求

（1）把提高全市修志队伍素质放在首位，努力提高修志人员的思想、业务水平。要认真学习十三大文件和十一届三中全会以来的重要文献；要加强业务培训，分层次、多渠道、多形式培训各类修志人员；要紧密结合修志实践，进行专题研讨，对于市志如何充分反映城市的特点和功能、如何记述政治运动、如何写人物传等问题，求得比较一致的认识；要发挥地方志协会的作用，活跃学术探讨气氛，重视理论对实践的指导作用；要加强信息工作，开展横向联系，及时交流经验，开阔修志人员的视野，提高修志人员各方面的素质。

（2）牢固树立“千秋大业，质量第一”的思想，严格把好修志质量关。我们编写的是第一代社会主义的新志书，是一个地区最具权威性的资料性著作，质量是志书的生命线。必须坚持高标准，保证高质量。各修志单位要从头抓起，每个环节都要一丝不苟；要严格执行审稿制度，坚持审稿标准，把好质量关，反复修正充实，精益求精；要建立责任制，从领导、主编、执笔人到资料工作人员，层层都要对质量负责，保证观点、史实、数据不出任何差错。

（3）在保证质量的前提下，加快修志进度。已经完成初稿的修志单位，审查修改的任务仍很繁重，要做到“思想不松、人员不散”，按审稿办法及时组织审稿，不断充实、完善；已经形成送审稿的修志单位，也要保留必要的修志骨干，保存全部资料，配合总纂、出版；当前仍在征集资料阶段的修志单位，要充实力量，坚持质量，加快进度，力争后来居上；个别进度很慢甚至没有行动的单位，要采取得力措施，一季度必须改变面貌。我准备在一季度集中安排时间，逐个单位地和他们的领导分析原因，研究解决办法。对待所有修志单位的工作人员，在福利待遇、工资、分房、职称改革、机构改革中的工作安排等方面，都要与其他在岗人员一视同仁，解除他们的后顾之忧，使他们专心致志于修志工作。

（4）继续坚持和深化编委责任制和市长工作日这两项制度。编委会正、副主任每两月开一次办公会，切实加强对修志工作的领导。编委会坚持每季度召开一次全体会议，听取修志工作汇报，研究修志工作中的重大问题。各编委对分工的条口和单位，要切实负起责任，定期召开会议，检查修志情况，经常总结经验，研究解决存在的问题，使修志工作不断深入发展。

同志们，1987 年过去了，我们取得了很大的成绩。新的一年开始了，更为艰巨的任务摆在我们的面前。我们从事的修志工作是造福子孙、传之后世的千秋大业，又是宣传镇江、振兴镇江，为两个文明建设服务的伟大工程，是一项任重道远、光荣豪迈的事业。让我们团结起来，再接再厉，乘胜前进，坚持质量，加快进度，为夺取修志工作的新胜利而努力奋斗！

为民之举靠人民①

1986 年年初，全国第四期市长研究班的全体同志到我国第三大城市——天津市进行现场教学考察。展现在我们面前的是天津市房新路宽、整洁文明的新风貌。昔日那种天上“黑、白、黄”三条“巨龙”翻滚（炭黑厂的黑龙、发电一厂的白龙、第二钢厂的黄龙），地上污水横流，地震后大街小巷棚户林立，海河两岸垃圾满地的脏乱现象一去不复返。正如天津人民自己所说，现在的天津“天变青了，地变绿了，房变多了，路变宽了，水变甜了，害变利了，脏变净了，破变好了，难变易了，城变美了”。一个拥有 800 万人口（市区人口 324 万）的大城市，在短短的几年时间内，发生如此巨大的变化，一条很重要的经验就是，中共天津市委、市政府结合自己的实际，认真贯彻落实“人民城市人民建，人民城市人民管”的城市建设方针。为民之举靠人民，最大限度地调动全市人民和各部门和各单位建设新天津的积极性、主动性、创造性，并把全市人民的积极性合理地发挥出来，转化为巨大的物质力量。值得我们每个城市学习和借鉴。

第一，想人民所想，急人民所急，两个文明一起抓，切实地解决城市人民衣食住行用等方面的困难，以为群众创造一个良好的生活、工作环境为贯彻“人民城市人民建、人民城市人民管”的出发点与归宿。

天津市领导深深懂得：历史是人民创造的，人民是城市的主人。人民群众如果没有一个良好的生活、学习和工作环境，精神不振，信心不足，岂能把城市经济搞上去？要把城市规划好、建设好、管理好，就必须为人民群众办实事，从群众最迫切需要解决的问题入手，把城市建设与办实事结合起来，

---

① 此文发表于《中国城镇》1986 年 4 月第 4 期，作者为时任江苏省镇江市副市长黄选能、时任江西省宜春市副市长周佐良、时任西藏自治区拉萨市副市长王敬轩。

使群众从城市建设给自己带来好处的切身体会中，从市委、市政府为人民谋利益和办实事的行动中振奋精神，提高市委、市政府的威信。人民的精神振奋了，政府和领导的权威树立起来了，领导的意图，政府的决策与群众的自觉行动结合起来、融为一体，这样“人民城市人民建，人民城市人民管”的方针才会真正落到实处。

从 1981 年开始，天津市委、市政府带领全市人民从解决“三怪”“三难”入手（“三怪”：“坐车不如走路快”“临建木棚拆的不如搭的快”“自来水可以腌咸菜”；“三难”：“乘车难”“住房难”“喝水难”），每年兴建 300 多万平方米新住宅，五年共新建 1600 多万平方米住宅，先后开辟 13 个配套的新居民区，一年拆除 10 万余间地震后建的棚户和 26 万平方米的“北洋工房”，对贯穿市区的 19.5 千米长的海河进行全面的综合治理和开发，新建了海河公园；建成日产 28 万立方米的煤气工程和我国第一座日处理污水 26 万吨的现代污水处理厂、4 万平方米的食品街、700 米长的文化街和占地 50 多万平方米的青少年活动中心也先后竣工；修复了蓟县 873 米的长城，整修改造了 100 余条马路、7 万米围墙、900 余幢民房；海河上新架设 22 座桥梁；兴建了规模宏大的工程——中环线（西半环），这段工程全长 18 千米多，包括拓宽总长 11 千米的路面，新建三座大型立交桥和两座人行过街天桥；新建绿地和花坛、园林小品等 100 多公顷；搬迁 200 万余家原在市区的扰民工厂……人民从这许许多多“看得见、摸得着”的好事中，从天津一年年的巨大变化中振奋了精神，更加热爱自己的国家，更加相信政府。天津人民说出了“政府为我们办好事，我们应为政府作劲”的肺腑之言。现在，只要市政府一声令下，人民群众就立即行动起来，为建设美好的天津有钱出钱，有力出力。1985 年 1 月 8 日市政府决定建设中环线，要求 2 月 1 日开始搬迁 2400 多户居民、210 多家工厂，20 天内拆迁完毕。那时又正临近春节，是大家都忙过年的时候，但人民都自觉地投入拆迁搬家工作，千方百计克服困难，仅用 18 天时间就全部搬迁完。这样的速度、这样的效率正是对人民的觉悟和政府的威信最好的检验！正是“人民城市人民建，人民城市人民管”已变成自觉行动的充分体现！

当然，这次动迁中天津市人民政府对群众的搬迁工作安排得非常周到的。搬迁后，临时周转房的区域内一时还没有粮店、煤店，原居民住地的粮店和煤店就主动把粮、煤送上门，居民一时还来不及办年货，商店的经理就领着店员们把年货挨家挨户送上门；政府规定：凡因搬迁而转学的学生，各学校一律开绿灯，接受插班上课；天冷，周转房里暂时按不上自来水，就把救护车开去送水；按照老规矩坐月子的产妇是不能搬家的，然而，人们破除迷信，当产妇们迈出家门时，迎接她们的是一辆辆小轿车，这些轿车大多是领导用车，产妇抱着孩子坐了进去，激动得流下眼泪。

第二，改革体制，制定具体配套政策，广开资金渠道，用好城建资金，合理发挥群众积极性是贯彻“人民城市人民建，人民城市人民管”的重要一环。

城市建设经常遇到很多困难和矛盾，其中，最大的困难是资金不足；最大的矛盾是条块分割、部门分割，不从整体利益出发而从本单位经济效益考虑的相互扯皮现象。天津市为解决这些困难和矛盾，制定了一整套行之有效的政策、措施。首先，市长亲自分管城建，亲自抓规划，运用城市规划这门科学来建设城市、管理城市，并让城市规划工作走在城市建设前面，这是能否建设好城市、管理好城市的前提，也是用好城建资金，最合理、最有效地发挥群众和各部门积极性的关键。其次，有一个合理的城建体制，市政府给予建委一定的权力与责任，城市建设从规划到建设，从年度计划、资金到材料，统一由计委划给建委，使搞建设的有职有权，责权统一，做到“心中有数，兜里有货，身边有将，手下有兵”。再次，改革市区体制，给区、街放权，充分发挥区、街的积极性，其中最为重要的是建立区一级财政。最后，广开城建资金来路，天津在市政建设方面开辟了11条筹措资金的渠道：争取国家投资，地方政府拨款、货款，市级各单位拿一点，区局投资一点，区办市助，民办公助，区之间合资，单位间合资，区厂间合资，社会性的资助、募捐，等等。总之，最大限度地调动起全市各方面的积极性，把分散的资金统一集中起来，每年办成几件大事。天津还在全市先后建立了十几个开发建设公司进行综合开发建设和住宅建设，统一征地，统一组织施工，不仅提高了建筑工程质量，增强了城市整体功能，而且提高了投资效果。现在整个天津市的市政建设已进入了良性循环的阶段，“人民城市人民建，为民之举靠人民”已经不是口号，而是有了具体内容、具体措施，形成了制度，变成了全市人民共同遵循的准则。

过去，我们曾在报刊上知道深圳速度，这次我们在实地考察中看到了“天津速度”，来自全国共26个省市区的50多位市长、副市长都有一个共同感受：城市建设学天津。

房地产业的改革刻不容缓[①]

房地产经济是整个国民经济的一个组成部分。城市房地产经济体制改革是当前城市经济体制改革的一项重要内容。长期以来，我国实行的城市房地产管理体制，实质上是一种“福利事业型”模式。主要表现为：城市居民住房实行低房租，以租不能养房；土地无偿使用，不作为经营对象；理论上否认房产的商品性质，忽视价格规律和市场作用，不按经济规律办事。

都匀市 1983 年年底实行撤县并市（撤销都匀县的建制，并入都匀市辖区）后，在机构设置上，撤销了基本建设委员会，成立了房地产管理局和房地产公司。这两个机构是一套人马、两块牌子。其他城市恐怕也有类似的情况。房地产管理部门虽然做了大量的工作，但由于政企不分，房地产管理部门的行政职能作用没有充分发挥，而房地产经营部门也不是经济实体，经济效益低，缺乏活力，限制了商品经济的发展。

所以，改革房地产管理体制，首先要解决国家行政与经营企业之间的关系，把所有权和经营权分开，正确划分国家行政管理的职能和企业经营的职责，实行政企分开。

我认为，房地产行政管理工作是政府工作的一部分，市政府应该独立设置房地产管理局。房地产管理局从方针、政策、法规、规划等方面对全市房地产业实行全面管理，对住宅的建设和修缮、土地的开发和利用等经济活动进行计划、组织、调节、监督和服务。政企分开以后，按专业化管理的原则，组建房产经营、房屋修缮、房地产开发、住宅建设等专业公司，属企业性质，或实行事业性质企业管理。让企业在人、财、物，产、供、销各方面具有真

① 本文发表于《中国房地产》1986 年 2 月第 1 期。

正的自主权，发挥企业活力。

此外，目前一些小城市，尤其像都匀市这样处在少数民族地区的小城市，地方财政收入薄弱，难以抽出许多资金进行住宅建设，希望国家有关部门能够制定适当的照顾政策，帮助小城市增加这方面的财力。

房地产管理是市政建设的一项重要工作，我们一定要以《中共中央关于经济体制改革的决定》为指针，勇于探索，锐意改革，进一步搞好房地产管理工作，为“四化”建设做出应有的贡献。

发挥镇江优势，为“四化”做贡献[①]

镇江是一座有3000多年历史的江南历史文化名城。自古以来就是重要的“交通要衢”，不仅有得天独厚的旅游资源，而且生物和矿产资源也十分丰富。农村土地肥沃，水稻、小麦、棉花等主要农作物产量很高；盛产蚕桑、茶叶、杞柳等经济作物；有成片的用材林和经济林，各类树种达350余种；有在全省占重要地位的野生中药材资源，收购品种达170余种，其中不少稀有品种出口国外；有分布广、数量多的野生饲料植物资源及十万余亩草山草坡，可供发展畜牧业；肉食、禽蛋、兔毛和各种畜产皮张是镇江的传统产品；被誉为“镇江三鱼”的刀鱼、鲥鱼、鮰鱼是镇江特有的应时佳品，闻名遐迩；矿产资源方面，已查明的矿种有30多种，矿点有100多处，是长江中下游铜、铁、硫多金属的主要成矿带，是全国59个多金属矿片之一，经济价值高，适合地方开采；建材矿资源也十分丰富，品种多，蕴藏量大，仅石灰岩储量就达31亿吨，多数矿可以露天或浅层开采，船山石灰石矿就是宝钢、马钢的辅助性原料生产供应基地。这些矿藏为工业生产的发展提供了有利条件。

镇江教育文化事业发达，有江苏工学院（现江苏大学）、船舶学院（现江苏科技大学）、医学院和师范专科学校（现并入江苏大学）等全日制高等院校；还有教育学院、电视大学、职业大学、职工大学、业余大学、夜大学等一批地方高校；全市有科研机构22个，其中，中国农业科学院蚕业研究所是全国蚕桑研究的权威机构，技术力量雄厚，在国际上久负盛名。

经过30多年的建设，镇江工业已有一定基础，门类比较齐全，并且逐渐形成了自己的特色。电力、造纸、特种车辆、纺织化纤、铝材加工、建材、

---

① 本文发表于《中国城市学报》1986年1月9日。

包装、食品等已逐渐成为我市的主要产业。造船、电子、精细化工、丝绸、食品等发展很快，潜力很大，位于镇江东郊的谏壁电厂，是国内最大的枢纽电站之一，也是国家能源建设的重点单位。化纤工业从喷丝、纺织到染整，初步形成了“一条龙”。船舶工业能制造中小型船油和船用主辅机设备。我市是省定有色金属的重点开发区。中国有色金属总公司与镇江加工厂合资从国外引进了年产 2 万吨铝板加工和年产 2000 吨铝型材的生产设备，为有色金属的加工和生产打下了基础。镇江焦化厂生产的铸造焦质量接近国际水平，填补了国内焦炭品种的空白。镇江钛白粉厂生产的金红石型钛白粉，总产量居全国之首，质量达国际先进水平。镇江树脂厂生产的聚氯乙烯树脂，在国内享有较好的声誉。镇江香醋、油封纸、丹阳酒厂的封缸酒获国家银质奖。香醋和小磨麻油获国际美食学会和国际旅游观光委员会授予的金质荣誉奖章。

党的十一届三中全会之后，由于政策对头，实行了市管县的新体制，城乡相互促进、协调发展，我市经济和社会发展第六个五年计划的各项指标大部分已提前完成。1985 年，我市社会总产值预计达 74 亿元，国民收入 29 亿元，与 1980 年比，分别增长 110% 和 116.4%，平均每年增长 16.1% 和 16.7%，均已超过“六五”计划规定的目标。农村各业全面兴旺，粮食、棉花、油料等主要农作物已提前一至三年完成“六五”计划。蚕茧、水果、家禽等也提前一年完成了计划，工交生产持续增长。1984 年，市区工业总产值比 1949 年增长 159 倍，增长速度居沪宁线之首。城乡建设进度加快，科学文化事业等都有了新的发展。

根据党的十二大提出的战略目标和中共中央关于制定第七个五年计划的建议提出的要求，结合我市实际情况，我市“七五”期间的奋斗目标是：争取 1990 年工农业总产值达到 100 亿元。力争国民生产总值、国民收入与工农业总产值同步增长。为了实现上述目标，我们决心认真贯彻党的全国代表会议精神，围绕国家繁荣富强、集体兴旺发达、人民富裕幸福这个总目标，坚持“两个文明”一起抓的方针，把改革放在首位，切实把提高经济效益作为一切经济工作的根本出发点，充分发挥我市的优势，抓紧粮食生产，大力发展农村商品经济；把投资重点放在现有企业的技术改造和改建扩建上，加强港（大港、老港、高资港）、电（发电、输变电）、路（水路、公路）、邮（邮电通信）与城市基础设施的改造和建设；抓好风景旅游资源的开发，大力发展第三产业。我们有信心通过“七五”期间的不懈努力，进一步理顺经济关系，改革、开放取得更大成效，主要骨干企业的技术和管理水平有明显进步，一批重大建设项目继续投产并发挥效益，工农业总产值和国民生产总值有较大增长，科技、教育和各项社会事业相应发展，城乡人民生活有更大改善，为把镇江建设成为以港口为依托、以加工工业为主体、农业发达、第三产业兴旺、城市布局合理、基础设施配套、人民生活便利的现代化城市而努力!

把宣传历史文化名城活动引向更广泛深入[①]

自我市被国务院批准为历史文化名城以来，热爱名城、建设名城系列活动正在逐步兴起，这方面的宣传也开了一个好头，对于镇江在过去和现在是一个什么样的城市，作为镇江人，包括在镇江工作或住在镇江的人——居民、干部、教师、职工、科技人员、学生、驻镇江的人民解放军，都有一个重新认识和再认识的必要，都应用心地以有责任感的精神去了解和认识，了解得多、认识得深，就会激发对这座城市的热爱。

当然，由于各种原因，不能苛求每个人在认识上和感情上都是一样的深度，但起码要知道我市已被国务院批准为历史文化名城，大港已实施对外开放，全省十个省一级风景区镇江占三个，镇江工农业总产值增长的速度连续三年保持全省第三位，1987 年上半年我市工业生产比去年增长 27.1%，居全省第一；至于人均水平，如工农业总产值、国民总收入、国内主产总值、农民纯收入等，在全省分别处于第三、第四、第五位。这些虽不可成为自满的理由，但也不能没有今非昔比之感。认识和了解这些，与我们的工作、生活是息息相关的，甚至是密不可分的。因为在认识上和精神上有这种感情，必然会珍惜、爱护这个城市的一草一木，一定会力所能及地在各自的岗位上，自觉地维护她的声誉，保护她过去遗留下来的历史文物、名胜古迹，同时还会热情地去发展、发扬、发挥她的功能优势，从而以积极主动的主观情绪投入两个文明建设的实践中去，把精神文明建设与物质文明建设结合起来，把维护历史文明与发展现代文明结合起来，进而扩大名城的声誉，提高名城的

① 本文发表于《镇江时报》1987 年 8 月 1 日。

知名度，提高我们自己的义务与责任。无论如何不能做“不识庐山真面目，只缘身在此山中”的庸人；一定要身在名城爱其名，长在名城爱其城，处在名城有其情；时时为名城着想，处处为名城服务，事事为名城做贡献。只有这样，才无愧于为名城做出过贡献的祖先与前辈，才无愧于我们的子孙后代。

当前，自名城和港口对外开放公布以后，从小学到大学，从工厂到农村，从机关到企业商店，从驻镇的解放军到转业安置、复原退伍军人，以及离退休的干部、工人，都不同程度地在为名城的维护与建设献计献策，出谋划策，以有形或无形、直接或间接的各种形式想方设法地为想名城、爱名城、建名城而出力。这种积极性是十分可贵的。如润州区象山乡中心小学少先队员第一个发起了“名城在我心中”活动，宣传部门编印了《历史文化名城宣传提纲》，与有关单位组织配合拍摄电视与录像，还牵头组织了“历史文化名城知识竞赛”活动，镇江许多建筑工地上的工人以新的战斗姿态，贴出了“为名城添砖加瓦、增添光彩”的标语。凡此种种，无疑是一个好的势头。如果引起我们各级领导和组织的重视，想必一定会呈现出星火燎原之势的。这种宣传教育活动，应在全市范围的各条战线、各个部门结合自己的实际开展下去，把它引向更加广泛、深入，直至家喻户晓，使全市人民的名城意识大大提高。

在宣传活动的形式上，要活泼多样，喜闻乐见。既可以创作“阳春白雪”的作品，也可有“下里巴人”的内容；既有动的宣传，也有静的宣传；既有一定声势的短期突击活动，更需要有组织、有计划的长期宣传。总之，根据自己的实际，在今后的物质文明建设中要注意贯彻历史文化名城和对外开放的内容要求，精神文明建设中更要宣传名城精华内容与灌输坚持四项基本原则和改革、开放、搞活两个基本点。把历史文化名城、对外放开的宣传活动，始终健康地开展下去，引向更加广泛、深入、持久。

在文史工作会议上的讲话[①]

听了文史委的工作总结和同志们的发言，我主要谈三点看法。

第一，这次文史工作会议不仅是回顾交流，使大家受到教育和启发，而且是一次承上启下的会议。搞文史工作的同志要联系实际设想下一届的工作。下一个5年中，镇江有几件大事，如茅以升诞生100周年（1996年）；镇江被批准为历史文化名城十周年（1996年）……我们要考虑一下，这些活动如何搞。国务院规定的镇江几个寺庙的修复和开放情况能否总结性地宣传一下？这些寺庙怎样在废墟上修复？如何反映？用文字还是图片？

第二，下一届文史工作在现有的基础上要有所突破：① 统战意识方面要突破。句容编辑出版《宝华山隆昌寺专辑》，如事先能与省、市有关方面联系合作，可以搞得更好些。省宗教局十分重视隆昌寺的修复工作，有关领导的名字应该加上去；香港有关人士很热心，名字也应该加上去。要进一步增强统战意识。② 资料征集范围要突破。在世的和不在世的两方面资料的搜集都需要。先将70岁以上的人的资料搞到手、存下来，不要怕，关键在无私，要有胆量。③ 为现实服务要突破。上海市长宁区政协运用文史资料教育青少年的经验值得学习。④ 借鉴、继承、利用人类文明史成果上要突破。⑤ 形式上要突破。书本之外还有没有其他形式？例如电视剧等，都可以探讨研究。

第三，继续过去的团结合作。政协是人才库，文史委是人才库的分库，要爱护、重视、发挥这批力量。到会的人员有半数以上是中青年，这是希望所在。

---

① 讲话发表于1996年以前。

政协工作

在镇江市政协七届十四次常委会议结束时的讲话①

各位常委、同志们：

本次常委会议就要结束了。刚才陈冬姣、邬伯翔、刘承副主席先后就我市统战工作、知识分子的作用和祖国统一海外联谊等问题做了发言。原定张信澄、姚敦本副主席要就政协与统战工作现状、民主党派自身建设做专题发言，因他们接到通知去参加省政协十三次常委会议，所以就不讲了。这里我也发个言，根据主席会议的意见，结合大家讨论的情况，我讲四个问题，最后讲一下今年后几个月的工作安排。

一、学习贯彻中央和省委统战工作会议精神是一项长期任务

这次常委会议的中心内容，就是传达学习中共中央和省委统战工作会议精神。会议期间，大家对统战工作的地位和作用进行了认真的讨论，提高了对统战工作重要性、必要性和长期性的认识，明确了今后的工作任务和方向。本次会议只是我们对统战工作会议精神的一次初步学习，要真正学习贯彻好中央和省委统战工作会议精神，则是一项长期的任务。会后，希望大家发扬自我教育的传统，继续把学习推向深入。学习中，要结合我市政协、统战工作实际，着重统一和提高以下几个方面的认识。

一要充分认识中央和省委统战工作会议的历史意义和深远影响。江泽民总书记的重要讲话和《中共中央关于加强统一战线工作的通知》（以下简称《通知》），是两个十分重要的文件。这两份文件把马列主义、毛泽东思想的基

① 本文发表于《镇江政协》1990 年第 5 期。

本原理同中国统战工作实践相结合，深刻总结了统战工作的经验，肯定了统战工作在我国革命和建设历史上的地位和作用，从战略高度阐明了统战工作的重要性、必要性和长期性，明确提出了今后统战工作的各项方针、政策和任务，这对指导我们做好政协、统战工作具有深远的历史意义。可以说，这两份文件是继去年中央 14 号文件之后，以江泽民总书记为核心的党中央第三代领导集体，又一次发出的关于统战工作继往开来的极其重要的文件。中央和省委的统战工作会议开得很成功，是一次民主、团结、鼓劲的会议。会前都做了充分的准备，广泛听取了各方面的意见，从上到下都开展了调查研究，发动之广、准备之实，是少有的。说明了党中央和各级党委对统战工作的高度重视。这两个会议对推动全国和我省统战工作的开展，也必将产生深远的影响。

二要充分认识坚持和发展爱国统一战线是中国共产党的一项坚定不移的战略方针。统一战线历来是党的总路线、总政策的组成部分。尤其在今天，要建设有中国特色的社会主义，振兴中华，实现祖国统一；要维护国家的稳定，挫败国内外敌对势力的颠覆、渗透与和平演变阴谋，没有一个包括中华民族绝大多数人在内的最广泛的爱国统一战线，是不可能的。

三要明确今后一段时期爱国统一战线的任务。这个任务概括地讲是“四个服务”，即高举爱国主义、社会主义两面旗帜，团结一切可以团结的力量，调动一切积极因素，同心同德，群策群力，为巩固和发展安定团结的政治局面服务，为推进社会主义现代化建设和改革开放服务，为健全社会主义民主和法制服务，为促进一国两制、和平统一祖国服务。

四要充分认识发扬社会主义民主在爱国统一战线中的重要作用。社会主义民主是统战工作和政协工作的中心内容。没有民主就没有社会主义，同样，没有民主也就不可能有爱国统一战线的巩固和扩大。人民政协是我国多党合作和政治协商的一种重要组织形式，是发扬社会主义民主的重要渠道。通过这条渠道，可以广泛听取各民主党派、人民团体和社会各界人士的意见与建议，进行充分的政治协商，这对于实现决策的民主化、科学化，避免和减少损失，保证党和国家各项事业的顺利进行，都具有十分重要的作用。因此，要加强人民政协的工作，就必须树立充分发扬民主的观念。

五要明确坚持党的领导仍然是统一战线的核心问题。共产党对统一战线的领导，是在长期的革命实践中形成而巩固的，事实证明，只要坚持党的领导，爱国统一战线就能得到巩固和扩大；一旦放弃党的领导，统一战线就遭到挫折和失败。这在我们统一战线内部各界人士中已形成共识，也是大家的共同愿望和利益所在。坚持党的领导，同时必须改善党的领导。

总之，这次全国和全省统战工作会议是很重要的，内容很丰富，提出的许多方针政策，也很全面、具体。我们政协的同志有责任、有义务把会议文件和精神学习好，贯彻好。学习中，以江泽民同志的讲话和中共中央《通知》为重点，同时与深入学习中共中央《关于坚持和完善中国共产党领导的多党合作和政治协商制度的意见》和《关于加强党同人民群众联系的决定》及省委的有关文件密切结合起来。具体要求有四个：一是由市政协委办以上领导同志组成的中心学习组，要带头学好，起指导作用；二是政协委员特别是常委同志要认真进行自学；三是市政协学习委员会要按照制订的学习计划，做好部署落实工作，组织辅导，并拟在11月份组织一次学习交流会议；四是结合《关于社会主义若干问题学习纲要》和《马克思主义哲学学习纲要》两本书的学习，推动政协、统战工作的理论研究，拟于明年上半年，联系政协、统战工作实际，结合学习统战工作会议文件和中共中央〔1989〕14号文件及全国政协《暂行规定》的情况，召开一次学习研讨会议。

这里特别需要指出的是，政协中的共产党员要成为学习贯彻全国统战工作会议精神的模范。

中共政协党组成员、政协委员中的共产党员和在政协机关工作的共产党员，都是受中共党组织的委托从事政协统战工作的，学习、领会、贯彻党的统一战线的各项方针政策，更要也必须走在前头，做到“四个要”：一要保证党对统一战线的政治原则、政治方向和重大方针政策的领导，带头贯彻落实中央和省、市委有关政协工作的文件精神；二要认真贯彻“长期共存、互相监督、肝胆相照、荣辱与共”的方针，切实有效地搞好同民主党派和无党派人士的团结合作，坦诚相见，平等待人，广交朋友，虚心听取各方面的意见，虚心接受监督；三要积极主动地参加政协的各项活动，尽可能多地承担政协的有关任务，搞好政协工作；四要增强服务观念，改进工作作风。总之，中共党员应该成为学习贯彻全国、全省统战工作会议精神和加强统战工作的模范。

二、必须认清统一战线的战略地位

这是我们每一个从事统战工作的同志必须首先要认清的问题。不只党内的同志要认清，党外的同志也要认清。只有认清了这个问题，党对统一战线的领导才能加强，大家对做好统战工作才会有信心。中华人民共和国成立初期，邓小平同志就讲过，统一战线是马列主义战略策略原则的具体运用，统战工作有它的策略性，但更重要的是它的战略性。江泽民同志最近又指出："全党同志对统一战线工作的重要性、必要性和长期性必须有深刻的认识。"如何深刻认识呢？他又说："只有到了共产主义社会，阶级和阶级差别消灭了，共产党消亡了，共产党领导的统一战线才会随之消亡。"我们知道，实现共产主义是一个长期的历史过程，在这个历史过程中，统一战线就必将永远存在，而且发挥着不可替代的作用。这就是统一战线的战略地位。统一战线战略地位的确定，也向大家昭示了统一战线过去是、现在是、今后仍然是我们党的一大法宝。因此，这一法宝的任何忽视和轻视都是不对的，凡持这种态度的人，只能说明他还没有真正认清统一战线的战略地位。

目前，在我们党内乃至在从事统战工作的一些同志身上，对法宝的作用确实存在一些模糊认识。有的认为"法宝过时了"，有的认为"法宝、法宝，用时才是宝，不用就拉倒"，这些错误的认识必须端正。应当看到，统一战线在过去长期的革命和建设中发挥的巨大作用，它已成为我党政治上的一大优势，是党的总路线、总政策的重要组成部分，形成了建设具有中国特色社会主义的一大特点，是丢弃不得的。还应当看到，在当前进行的社会主义现代化建设，维护安定团结的政治局面，实现"一国两制"，和平统一祖国，以及完善民主法制建设的各项任务中，统一战线具有调动一切积极因素，团结一切可以团结的力量，协调关系，合作共事，加强海内外联系的功能，这对完成上述任务是必不可少的，所以离开统一战线是不行的。从这个意义上讲，我们必须树立统一战线是党的一大法宝的观点，从战略的高度去认识统战工作的重要性、必要性和长期性。作为政协的同志，对这个认识应更加深刻、必须统一。

如何全面认识江泽民同志指出的统战工作的重要性、必要性和长期性呢？概括大家的讨论，我想有以下几个方面：

第一，统一战线是党的总路线、总政策的重要组成部分，是中国革命和建设的基本经验之一，是马列主义战略策略原则的具体运用。

第二，无产阶级为了实现自己的历史使命，必须联合一切可能联合的阶级和阶层，团结一切可以团结的力量，调动一切积极因素，结成最广泛的爱国统一战线。

第三，最广泛的爱国统一战线是夺取革命和建设事业胜利的保证，是战胜一切困难的力量源泉，是我们党在政治上的一大优势，它不仅是中国新民主主义革命的一个基本特点，而且是中国社会主义建设的一大特点，过去是、现在是、今后仍然是一大法宝。

第四，要建设具有中国特色的社会主义，实现统一祖国、振兴中华的目标，挫败国内外敌对势力的颠覆、渗透与和平演变阴谋，没有一个包括中华民族绝大多数人在内的最广泛的爱国统一战线，是不可能的。

第五，今后的统一战线不但不能收缩，而且必须扩大和加强。巩固和发展最广泛的爱国统一战线是我党长期的、坚定不移的战略方针，在实现共产主义之前，这个方针决不会改变。

第六，坚持党的领导，是巩固和发展最广泛的爱国统一战线的根本保证，统一战线的巩固和壮大是同党的事业紧密联系在一起的，只要党的事业一天天在发展，统一战线就必然一天天壮大。

三、必须增强做好政协、统战工作的政治责任感和紧迫感

贯彻中共中央《通知》精神，对我们从事统战工作的同志来说，担子更重，责任更大。讨论中，有些同志提出：政协的成员是做统战工作的，还是被统战的对象？对这个问题，我认为要辩证地看，从人民政协的性质、地位和作用来分析，我们是做统战工作的，而且这是主要的方面。从另一方面看，邓小平同志也说过："统一战线的对象，清楚得很，顾名思义，是把一切能够联合的都联合起来。"我们正是出于联合才走到一起来的，所以我们也是统一战线的对象。但是，随着人民政协职能范围的扩大，我们的认识就不能停留在后一个方面，否则只能带来工作上的消极和被动。人民政协联系面广和团结协调的功能，决定了政协的成员是做统战工作的，而且是统战工作中的一支重要力量，这是主流，对此，我们要有足够的认识。

人民政协是我国最广泛的爱国统一战线组织，是实现中国共产党领导的

多党合作和政治协商制度的重要政治形式和组织形式。它包容了各民主党派、无党派民主人士、人民团体、少数民族人士和各界爱国人士的团结合作，包容了由全体社会主义劳动者、拥护社会主义的爱国者和拥护祖国统一的爱国者，包括台湾同胞、港澳同胞和海外侨胞在内的最广泛的政治联盟。这两个包容决定了人民政协的统战性，也是人民政协赖以存在的依据。在新的历史时期，政协工作是大有可为的。正如江泽民同志所指出的："人民政协在我国政治生活中具有不可替代的作用，它同人大、政府互为补充、相辅相成。在我们这个幅员辽阔，人口众多的多民族、多党派的社会主义国家里，关系国计民生的重大问题，要通过人民政协进行协商，广泛听取各民主党派、人民团体以及各族和各界代表人士的意见，由人民代表大会行使国家权力进行决策，由政府执行实施。这样一种政治体制，集中体现了我国广泛的人民民主。它对我们实现决策的民主化、科学化，避免或减少决策失误，保证各项方针政策的贯彻执行，都具有十分重要的意义。因此，党中央特别强调人民政协在发扬社会主义民主方面的作用，要求通过这条民主渠道经常倾听各方面的意见。"我们应全面理解、深刻领会这段话的主要精神，认识到我们所从事的工作是一项非常重要的工作，从而增强做好政协工作的政治责任感和紧迫感。

单纯地把我们自己看成是被统战对象的认识，是不全面的。去年中共中央 14 号文件已明确指出："各民主党派是同中国共产党长期风雨同舟、患难与共的亲密战友，是我国统一战线的一支重要力量。"这已充分说明我们政协委员是统战工作队伍中的一员。正如有的同志所说，全党工作有三大法宝，我们统战工作现在也有"三大法宝"，这就是去年的中央 14 号文件和今年江泽民同志在全国统战工作会议上的讲话与中央 10 号文件。现在的问题不是做统战的还是被统战的，而是如何去做好统战工作的问题。毛主席曾说过："政治路线确定之后，干部就是决定的因素。"因此，我们有了党中央给的"三大法宝"后，剩下的就是靠我们去做了。在座的常委都是统战工作的领导骨干，应该放手工作，推动统战工作的深入开展。

江泽民同志说："我们有一支很好的统战工作队伍，他们忠诚于党的统一战线事业，默默无闻，无私奉献，做出了显著成绩。这是主流，要充分肯定。"同时他也要求我们："要有计划地安排学习马列主义、毛泽东思想和邓小平同志的著作，学习辩证唯物主义和历史唯物主义，学习统战业务，学习党的统一战线优良传统，把干部的政治思想素质和理论政策水平大大提高一步。要努力造就一批真正熟悉人物和历史、精通党的统一战线理论和政策的专家。有了过硬的统战工作干部队伍，统战工作就一定能开创出新的局面。”因此我们必须按照江总书记的要求努力去做，以良好的工作作风、科学的工作方法和强烈的责任感去对待我们从事的政协、统战工作。

周恩来同志在《关于统一战线的策略、方法和守则》的报告提纲中，为统战工作干部定了六条守则：“坚定的立场，谦诚的态度，学习的精神，勤勉的工作，刻苦的生活，高度的警觉性。”邓小平同志在《党与抗日民主政权》一文中，要求统战干部做到：“充分的民主精神，高度的革命热情，和蔼的态度，积极的工作，刻苦的作风和政治家的风度。”邓颖超同志在全国政协六届二次会议上的讲话中指出：“我国统一战线在长期革命和建设的实践中形成了一套优良传统和作风，这主要是政治协商、民主监督、合作共事、广交朋友和自我教育。”上述领导同志的讲话应成为我们的座右铭，通过努力，做一个合格的统战工作干部。

还有的同志说，做好政协工作要靠“两头热”，政协这一头要热，党和政府那一头也要热。这话固然不错，但是我们不能靠等待才去工作，而是应该通过我们的出色工作，争取党和政府的重视和支持才行。同时我们也应该看到，党委和政府对政协工作的重视程度也愈来愈高，虽然还有许多工作要靠他们帮助解决和落实，但这里有一个时间问题。因此，我们对这个问题的认识，要有一个客观的态度，即贯彻落实中央文件精神是有一个过程的，所有的困难和问题一下子全部解决是不现实的。另一个方面，我们要积极主动地协助党和政府部门做好工作，有所作为，开拓前进，坚持党的领导，不等于等待党的领导。所以我们的工作，一是要务实，办实事，见实效；二是要认真，制定工作规划，加强制度化建设，变“软任务”为“硬任务”；三是要协调，协调好与各方面的关系，广交朋友。总之，我们要以高度的政治责任感和强烈的工作紧迫感，投身到政协、统战工作中去。

四、必须深刻认识人民政协在我国的统一战线乃至国家政治生活中不可替代的重要作用

人民政协有哪些不可替代的作用呢？王任重同志在全国政协七届十二次

常委会上已做了非常明确的回答。他认为至少有以下几点：

（1）作为共产党领导下多党合作组织的作用。在我国社会主义条件下，多党派长期共存并在共产党的领导下团结合作，这种新型的社会主义政党关系的存在，是人民政协存在和发展的根本依据。在人民政协里，各民主党派的政党为参加单位，可以就国家大政方针或多党合作中的重大问题，以党派名义提出提案，发表意见，对中国共产党和政府的工作进行民主监督。中国共产党也可以通过政治协商，同民主党派经常沟通情况，交流思想，包括批评和自我批评，统一认识，团结一致，共同奋斗。人民政协作为适合中国情况的多党合作的组织形式，这种特殊作用，是其他组织不能替代的。

（2）作为最广泛爱国统一战线组织的作用。我国具有统一战线性质的组织当然不止一个，但只有人民政协包括了统一战线中所有的政党、所有重要的人民团体、无党派爱国人士及各族各界代表人士等各个方面，因而具有最广泛的政治联盟性质。在这个最广泛的统一战线组织中，各参加单位有着共同的政治基础，又有政协章程作为活动的依据和规范。因此，除了在实行多党合作方面的作用外，人民政协在团结全国各民族、各阶层人民，调动一切积极因素方面；在反映和调节社会各方面的不同要求和利益方面；在联系广大港、澳、台同胞和海外侨胞，促进祖国统一方面，都拥有自己的优越条件，是我国社会主义事业中的一支重要力量。

（3）在我国政治体制中发挥政治协商、民主监督的作用。人民政协不是国家权力机关，也不是执行机关，其职能与人大、政府是不同的。政协同人大、政府之间是分工协作、互为补充、相辅相成的关系。人民政协参与关系国计民生的重大问题的协商；人民代表大会行使国家权力，进行决策和立法；人民政府执行实施。这样一种政治体制，集中体现了我国广泛的人民民主。正因为如此，中共中央多次强调发挥人民政协在发扬社会主义民主方面的作用。在这次全国和全省的统战工作会议上，又一次强调了人民政协是我国多党合作和政治协商的一种重要组织形式，是发扬社会主义民主的重要渠道，是各党派、人民团体、各界代表人物团结合作、参政议政的重要场所。各级党委应进一步加强对人民政协的领导，强化政协政治协商、民主监督职能。政府和有关部门应认真执行中共中央批转的《政协全国委员会关于政治协商、民主监督的暂行规定》，在重大问题决策前，一般应先到政协协商，充分发挥人民政协的功能作用。

由于人民政协工作是我国统一战线工作的重要组成部分，也由于人民政协具有其他统战组织所不能替代的作用，因此，政协一定要带头深入学习、领会全国统战工作会议精神，特别是江泽民同志的讲话精神，结合工作实际，把全国统战工作会议精神落实到我们的各项工作中去。

五、关于1990年后三个月的工作安排

根据市政协七届三次全会提出的今年工作要求，主席会议对今年最后三个月的工作进行了研究，做出如下安排：

（1）认真学习全国和全省统战工作会议精神，推动中共中央〔1989〕14号文件和〔1990〕10号文件的贯彻落实。这个工作前面已详细谈过，这里就不再讲了。

（2）围绕镇江市经济洽谈会，积极主动地做好各项服务工作。10月的镇江市经济技术洽谈会是全市人民的一件大事，届时将有较多的海外朋友和“三胞”人士聚集镇江。我们要协助市政府做好接待工作，为大会提供各项服务。同时我们要把握这一有利时机，开好一个会，出好一本书。组织一场“90镇江金秋联谊晚会”，完成《镇江乡情》一书的出版发行工作，为大会增添光彩，为宣传镇江、广交朋友做出贡献。

（3）各委工作组的工作要按原计划抓紧进行，保证各项活动卓有成效地开展。各工作组除了要按拟定的课题组织调研活动外，还要突出抓好农业增产、增收、增供给和提高市直工业经济效益两个“献计献策座谈会”，认真开展系列调查研究活动。组统委员会要结合自己的工作，组织好外出参观活动。提案工作要在研讨会的基础上，进一步扩大学习宣传效果；在保证办案质量的前提下，争取9月底基本办完委员提案；重要的提案和政协建议案要跟踪办案，及时做好信息反馈工作；12月组织一次评选“好提案”和优秀承办单位的活动。文史工作除出版《镇江乡情》外，11月和12月还要分别完成《爱国老人马相伯》和《茅以升纪念专辑》（成书名为《桥梁专家茅以升》）的出版工作。

（4）关于政协自身建设的几项工作。10月开始，就政协的机构调整进行一次调查研究，针对我会的实际，拟订调整方案，报市委审批后，争取在明

年全会期间完成此项工作。市政协办公室要在适当的时间，召开一次市、县、区政协办公室工作会议，就加强政协的秘书、后勤、组织等服务工作，互相交流，总结提高。同时，就提高《镇江政协》会刊质量问题，征求意见，健全通信网络。12 月要着手进行七届四次全委会的准备工作。在完成的扩建办公用房和新大门的基础上，继续做好政协常委会议室的基建工作，争取 1991 年 8 月前完工并交付使用。

1990 年年底前，我们要逐一同政协委员联系一次。国庆节前，首先与这次没有到会的常委联系一下，同时把本次会议的材料送到他们的手中。

以上发言如有不当，请常委和同志们指正。我的讲话完了。谢谢大家！

在镇江市政协提案工作研讨会上的讲话①

省政协提案委的领导、同志们：

昨天聆听了24位同志的论文宣读，今天又听了市委常委、常务副市长方之焯和省政协提案委员会孙富中主任的讲话及两个小组对论文讨论情况的汇报，大家认为这次研讨会是受教的、有益的。正如有的同志所说，这种研讨会别开生面，得益匪浅，特别是在政协工作面临新形势、新任务和新要求的情况下召开，是很有必要的，也是大家所期望的。

现在我作为研讨会的一员，受教之后，做一个发言。我发言的基础就是研讨会上的论文给予我的启示、体会，属于启示、体会性发言，或者说我从大家的论文中初步吸取了营养，有所消化，也叫消化性的发言，也可以说是对会议研讨论文进行综述的概括性发言。不管是什么发言，由于时间、水平的限制，可能体会不深，综述不当，概括不全，甚至挂一漏万。同志们，我是论文的第三个读者，第一、第二读者可能分别是袁克晵和杨晓英同志。不管怎样，我从看到论文到今天发言稿写成，期间经过一个星期的思考，又花了三天三晚。我说这些，主要是要说明我对研讨会论文是用心学习、十分重视的。我们所有的主席也都十分重视，在镇江的主席都参加了会议。

大家认为：这次提案工作研讨会，实际上是一次把马列主义毛泽东思想的立场、观点、方法运用于提案工作的学习会；是一次对提案工作重要性的再学习、再认识、再教育；是一次对提案工作进行比较系统的回顾与总结，研究提案工作更好地符合严肃性、科学性、可行性的要求，使提案工作制度

① 本文发表于《镇江政协》1990年8月5日增刊，作者时任镇江市政协主席。

进一步完善的经验交流会。我分三点来说。

第一点，我们的研讨会，实际上是一次把马列主义、毛泽东思想的立场、观点、方法如何运用于提案工作的学习会。

中国有句俗话："台上几分钟，台下十年功。"意思是说，在舞台上演只有几分钟，而在登台之前练就一身功夫却要十年。我们这次研讨会只开两天，24 篇论文的发言只有一天，每篇论文只讲几分钟至多 20 分钟，但同志们写成这篇论文，却不是几个小时，而是用了几十个小时甚至若干天，经过对工作的回顾，对有关资料的搜集，对有关提案工作方针、政策、领导人讲话及有关马列主义和毛泽东思想的学习，才有可能运用马列主义、毛泽东思想的立场、观点、方法，来总结、分析、认识我们的提案工作。只有这样，才能由工作的实践感性认识，上升到理性认识，使认识由表及里深化。从论文作者的发言中可以看出，撰写文章的过程，就是学习的过程。学习了马列主义和毛主席著作，学习了有关政协提案工作的重要方针、政策和领导人的讲话，并以这些观点来总结、认识、分析、探索我们的提案工作，因而使作者的文章既来自实践，又高于实践。经过我们这两天的集体讨论，使我们的认识又有所提高和升华。有的同志引用列宁《怎么办》一书中的话："政治家的全部艺术就在于找到并且紧紧掌握住最不容易从手中被打掉、目前最重要而且最能保障掌握住它的人去掌握整个链条的那个环节。"政协的实践活动告诉我们：在整个提案工作中，政协提案工作委员会一头连着提出提案的委员，另一头连着承办提案的部门、单位。它所处的这个位置表明：它正是我们要"找到并且紧紧掌握住最不容易从手中被打掉、目前最重要而且最能保障掌握住它的人去掌握整个链条的那个环节"。换句话说，在整个提案工作中，政协提案委员会是中心环节。用这样的观点来认识我们提案委员会在办理提案工作中的位置，是非常重要的。有的同志引用毛主席说过的，世界上怕就怕"认真"二字，共产党强调用认真的观点对待提案工作，又用毛主席曾强调的"什么东西只有抓得很紧，毫不放松，才能抓紧。抓而不紧，等于不抓""不抓不行，抓而不紧也不行"的观点，处理对待提案要"抓紧两头"，即提案质量和办案质量的着眼点放在"抓紧"二字上。有的同志运用毛泽东同志"实践论"中"必须经过思考作用，将丰富的感性材料加以去粗取精、去伪存真、由此及彼、由表及里的改造制作工作"的观点来提高提案的质量。还有的同志运用毛主席“矛盾论”中抓主要矛盾的观点来指导和解决提案工作中的复杂矛盾。有的同志认为，搞好人民政协提案工作，则是完善和发扬社会主义民主重要内容和方式。但提起民主，人们往往会在界限上发生混淆，什么是社会主义民主？什么是资本主义民主？江泽民同志1990年5月3日在首都青年纪念“五四”报告会上的讲话对此给予了很好的回答，他说：“世界上只有具体的、相对的民主，没有抽象的、绝对的民主，民主属于上层建筑。实行什么样的民主，取决于国家和社会制度的性质。”还有一些同志在文章中指出，学习中共中央关于坚持和完善中国共产党领导的多党合作和政治协商制度的意见后，深深感到其中的基本精神，就是要完善和发扬社会主义民主政治制度；《意见》的发表是我国社会主义民主政治建设中的一件大事，它贯穿着两条主线：一是加强和改善中国共产党的领导，二是发扬社会主义民主。而应把我们的提案工作纳入发扬社会主义民主政治建设中的组成部分来对待。这些文章充分说明，我们的研讨会首要的、最重要的收获就是，学习了马列、毛泽东著作及中央领导同志的讲话，以这些思想观点和方法来指导、总结、研究、分析、探讨、认识我们的提案工作，是十分重要的。

第二点，这次研讨会的过程，实际上也是一次对提案工作在履行政协职能中重要作用的再学习、再认识和再教育的过程。

李先念同志在给全国政协提案工作座谈会的贺信中指出：“提案工作是人民政协的一项重要工作，它是人民政协行使‘政治协商、民主监督’职能的一个主要方面，做好提案工作对调动各方面人士的积极性、发展爱国统一战线、推进改革开放和社会主义现代化建设具有重要意义。”这就是说，人民政协的提案工作在政协的整体工作中占有十分重要位置。一是发挥政协职能的“一个主要方面”的位置，二是“发展爱国统一战线、推进改革开放和社会主义现代化建设具有重要意义”的位置。因此，我们要切实加强领导，创造条件，指导、支持政协委员提出具有严肃性、科学性和可行性的提案，支持提案委员会的工作，大力宣传政协委员提案在社会主义现代化建设和祖国统一事业中所起的作用，以引起社会各部门的广泛重视，并加强与承办单位的联系，密切与承办单位合作，共同把提案工作搞好。正如有的同志在论文中所说的，作为政协机关，首先，应把提案工作摆在重要位置上，把它作为行使“政治协商、民主监督”职能的一个重要方面，作为经常性工作来抓，并切实加强领导，充实提案工作的力量。其次，要让每个委员明确提案的性质、目的和作用，特别是对新参加政协的委员，要提高他们参政议政的意识和能力，在学习和实践中掌握与运用提案，发挥协商监督的职能作用。再次，要对承办单位进行宣传，提出明确的职责要求，把办理委员提案纳入政府各职能部门考核的内容，由政协根据提案办理的好坏参与评定意见。

另外，从加强党同人民群众联系的角度出发，也充分显示出提案工作的重要性。《中共中央关于加强党同人民群众联系的决定》中指出："我们党要密切同人民群众的联系，领导人民群众胜利前进，首要的问题是必须保证决策和决策的执行符合人民的利益。"政协委员提案对于领导单位和领导人实现决策的科学化与民主化起着很重要的作用。随着政协委员思想政治水平的不断提高，提案的质量也有所进步，表现为：围绕国家大政方针、群众关心的重大问题内容的提案多了；经过调查研究、有事实依据和科学分析的建议性意见多了；切中时弊、坦率直言的批评或建议多了。几年来提案承办部门与单位的思想认识有很大提高，态度也有明显的转变，大多数单位把承办政协委员提案作为向人民汇报工作、接受群众监督，作为推动和改进工作的动力，作为领导实现决策科学化、民主化的依据。这在市政府办公室及市公安局、京口区政府提案办理工作中，得到了充分而有说服力的证明。特别是今年政协委员的提案，围绕稳定是压倒一切的中心，对治理整顿、克服困难、深化改革、发展经济、廉政建设、改进领导作风，实现决策科学化、民主化起到了促进作用，因为这些问题正是党和政府着手解决的重要问题，使领导决心更大，措施更得力了。

费孝通同志这样来说明提案工作的重要性："提案委员会在政协里是一个关键性的委员会，它一边同委员接触，一边同行政部门接触，而且要解决问题，解决有关国家和人民的问题。处理得好，政协的作用就发挥得好。"他又说："提案是我们最主要的、有组织的、有制度化的一条渠道。提案这件事，在我看来，它是政协能不能发挥作用的关键所在。应该看作是我们政协的生命。"这里费孝通用了"关键性的委员会""政协能不能发挥作用的关键所在""看作是我们政协的生命"几个说法，提案委员会的重要性就不言而喻了。我们对费老的话应该从广义上去理解：一是从密切党与群众的关系上去认识，我们的党与群众从来是血肉关系、鱼水之情。如果不是这样亲密的关系，那我们就有亡党亡国的危险；二是从“长期共存、互相监督、肝胆相照、荣辱与共”的方针上去理解和认识，也就十分明白了，共产党要通过我们政协这个最广泛的统一战线组织，活血化瘀，团结一切可以团结的力量，调动一切积极因素，这叫做共存共荣，反之则不存或同辱。以中共中央〔1989〕14 号文件的精神来认识，执政党存，则参政党存，执政党不存，哪有参政党的存在？皮之不存，毛将焉附？我想，同志们不会也不应该从狭义的范围去咬文嚼字。不是说提案工作是“生命”了，其他工作就可有可无，就不重要。即使它是“生命”，我们其他委（办）的工作，也是“生命”的组成部分。“生命”是综合性的、系统性、整体性的组装，五脏六腑，耳、鼻、眼、喉、舌，缺一不可。所以，政协的全部工作是一个整体，都是重要的。

第三点，这次研讨会，实际上是对过去的提案工作从提案委员会、提案人及承办单位等不同的角度进行了比较系统的回顾与总结，并在此基础上做出了由感性认识向理性认识升华的探讨与尝试。围绕提高提案质量和办理质量，提出了许多有实践依据和有理论作指导的建设性的、有可行性的有益良策与意见。通过大会交流，必将对今后提案工作提高到新的水平，开创新的局面，起到有力的促进与推动作用。

大家在论文中充分肯定了过去的提案工作是有成效的，随着时间的推移，实践经验的积累，无论是提案质量、办案质量，还是提案委的工作都在不断进步，为发挥各级政协的职能作用做出了努力，对各级党和政府的工作起到了促进和推动作用。正如市政府办公室同志的论文中所说：“这几年来，随着社会主义民主政治建设的推进，我市政协委员提案的办理工作逐步得到重视和加强，在行使地方行政管理职能中发挥了越来越大的作用。”镇江市公安局的文章中指出：“人民公安机关的性质和宗旨决定我们必须密切联系群众，虚心听取人民群众的意见，接受社会各界的监督。因此，近三年来，我们把办理政协委员的提案工作作为本部门的一项重要政治任务来完成，把办理提案作为广泛联系群众、掌握各种信息、整顿行业不正之风、密切警民关系的一个重要渠道，作为促进自身建设的动力……通过办理提案，使我们接受人民群众监督更加及时，密切警民关系渠道更加广泛畅通，改进工作的视野更加开阔。增强了公仆意识，转变了工作作风，推动了自身建设。”还有的同志在文章中说：“市政协在七届一次会议期间建立了常设的提案工作机构，使提案工作得到了组织上的保证。以后逐步建立了有关规章制度，使提案工作有章可循。在工作方法上也有不少改进，采取了提案三方合办、跟踪反馈等一些行之有效的措施，使办案质量、效率均有很大提高，取得很大成绩。”

总之，市七届一次会议以来，政协提案工作每年有所创新、有所进步。张信澄副主席在会议开始时讲话中做了概括性的肯定。我就不再赘述了。

我们这次研讨会的主要目的在于总结经验，深化认识，完善制度，提高质量与工作效益，使提案工作在新时期的统一战线工作中，即“四个服务”中发挥更好的作用：为巩固和发展安定团结的政治局面服务，为推进社会主义现代化建设和改革开放服务，为健全社会主义民主和法制服务，为促进“一国两制”和平统一祖国服务。进一步在今后一个时期统一战线的任务和重要作用方面提高对提案工作的认识和增强做好政协提案工作的政治责任感。

去年 1 月，中共中央批转了《全国政协的暂行规定》，对政治协商、民主监督的目的、内容、形式等问题做了具体的阐述；去年 12 月 30 日，中共中央又做出了《关于坚持和完善中国共产党领导的多党合作和政治协商制度的意见》，对坚持和完善共产党领导的多党合作和政治协商制度的指导思想、方针政策和具体措施做出了详细的规定；去年年底全国政协召开了全国提案工作座谈会，会议对提案提出了严肃性、科学性和可行性的要求；今年 3 月 12 日，中共中央通过了《关于加强党同人民群众联系的决定》，对加强党同人民群众的联系提出了具体要求；最近，中共中央又召开了全国统战工作会议，江泽民总书记在会上发表了重要讲话，同时，中共中央又发出了《关于加强统一战线工作的通知》，上述这些文件和会议充分说明，统一战线工作和政协工作正面临新形势、新时期、新阶段，对政协和统一战线工作提出了更新、更高的要求。我们这次会议实质上也是继续具体贯彻落实上述这些文件和会议精神的组成部分。正如有的同志所说：“人们往往感到，每当做好一件事而结束旧过程、开拓新过程时，就意味着我们的社会主义事业又前进了一步。为了‘冷静地考虑一下过去，也冷静地考虑一下未来’，市政协举行提案工作研讨会是十分必要和及时的。通过集思广益、探索研究、群策群力，共同为开创提案工作新局面、迈上新台阶而努力。在今后工作中，更好地为我市治理整顿、深化改革和社会主义两个文明建设服务。”这说得非常正确。根据同志们的发言，我可以预言，此次研讨会为提案的严肃性、科学性、可行性工作创造了有利条件，为提高提案质量和办案质量奠定了良好的基础，为提案工作从感性向理性方面的升华，即认识上不断深化提供了良好的开端。这主要表现在以下三个方面：

（一）对委员提案的严肃性、科学性、可行性要求提高了认识，增强了共识

正如全国政协副主席程思远在全国提案工作座谈会上所指出的："一份高质量提案理应具有严肃性、科学性、可行性……各级政协委员提案都有相当数量符合这种要求，在实际工作中发挥了很好的作用，但是目前普遍要求做到，尚需加强工作，进行宣传，以求得一致的认识，并逐步实现。"这段话表述非常清楚，普遍要求做到符合"三性"要求尚需加强工作，要进行宣传，才能取得一致的认识。在我们这个会上，对提案做到符合"三性"的要求和认识有了提高。许多同志的文章中都有较好的阐述。政协提案的严肃性，是政协提案的性质、任务及其在国家政治生活中的作用决定的。为什么这么说呢？一是政协提案是政协行使"政治协商、民主监督"主要职能的一种最经常、最直接、最方便的形式；二是政协提案是政协委员就国家大政方针和群众生活的重要问题提出的书面意见和建议；三是政协提案是经过一定手续与审查立案程序的书面意见和建议；四是政协提案是交有关职能部门办理，并限期做出答复的书面意见和建议。

什么是提案的科学性呢？有的同志的文章说得好：政协提案不但要有事实根据，而且要对提出的问题进行科学的分析，并从中得出正确的判断。一句话，就是"实事求是"。"实事"是客观存在，"求"是去研究它，"是"是得出事物的本质客观与主观相一致，而不是完全对立或分离的。所以提案是否具有科学性，最能反映出提案人的素质和参政议政水平，也是提案质量的一个重要标志。

政协提案的可行性，就是在严肃性、科学性的基础上，讲求提案的现实性与实效性相结合。提案一般都是为现实服务的，不是为预见性和潜在性的咨询服务的。如在全国政协七届二次会议上，有一个委员提出了要制定《国旗法》的提案，这就有非常强的针对性、现实性和可行性，因此，《国旗法》已经全国人大第 14 次常委会审议并通过，今年 10 月 1 日即公布执行（见

1990 年 7 月 27 日《人民政协报》)。

也有些同志提出：提案的严肃性应包括三个方面，即有了提案本身的严肃性，还应延伸到提案的审查和立案的严肃性，最后落实到承办提案的严肃性，这样才是严肃性完整的过程，而不是某个阶段的严肃性。就是说从提案、立案、办案都是严肃认真的。提案的严肃性、科学性、可行性虽有其固有的属性和内容，但绝不是截然分开的，它们有内在的联系，相互关联，对提案质量而言，三者不可缺一。但是严肃性、可行性均寓于科学性之中。因为没有科学性的严肃性，其严肃性也就不存在；没有科学性的可行性，也只是盲目的可行性，不会有好的效果。

同志们在文章中提出：对在实践中如何实现政协提案的“三性”，也提出了不少有一定深度的、有建树的意见与见解。有的同志认为，政协委员提出提案是由三个基本因素确定的：一是由共同奋斗的目标一致确定的；二是由人民政协的重要职能确定的；三是由政协成员的特点确定的，因为政协委员是来自各党派、人民团体、少数民族和爱国华侨及其他爱国人士。明确了这三个基本因素之后，必须把握提案内容的四个议题，即有重大现实意义的议题；富有发展战略的议题；具有地方特色的议题；群众最为关心的议题。因此，要提出一份好的委员提案，作为政协委员，必须做到三点：一是用心学习，保持政治方向的明确与一致；二是专心知情，做到对问题胸中有数；三是虚心调查研究，琢磨论证；四是提案是否符合“三性”的要求，其标准只能是受到党的路线、方针、政策的检验，受到社会实践效果的检验，要被办案单位或部门采纳，达到政治协商、民主监督的目的。

另外，对政协提案机构工作人员来说，要实现提案的“三性”，关键在于加强工作。首先，是有计划地组织提案人、从事提案工作的同志、承办提案工作的人员加强学习，不断提高其认识；其次，切实加强对提案、办案工作的指导，注意总结交流经验；再次，典型引路，发挥好提案的示范作用，开展“双评”表彰活动，即“评好提案”“评承办提案先进单位”，进行表彰奖励。市政协提案委员会正准备拟定评选“好提案”和“承办先进单位”的办法。

（二）集体提案是提高提案质量的有效途径

有的同志根据过去的实践与规定，认为对集体提案应该予以提倡和引导。

自市政协七届三次会议提倡集体提案以后，提案质量有了明显的提高，这种趋势说明，提倡和推广集体提案是提高提案质量的有效途径。

关于集体提案问题，在《政协章程》中早就有明确规定：参加中国人民政治协商会议全国委员会和地方委员会的单位与个人，有通过本会会议与组织参加讨论国家大政方针和各级地方重大事务，对国家机关和国家工作人员的工作提出建议与批评的权利。这个规定指出了以组织名义可以提出建议和意见，但是这个问题在过去没有引起各级政协的重视。现在中共中央《意见》中又明确指出，在政协会议上，民主党派可以本党派名义发言和提出提案。所以，今后各级政协应重视参加政协的各党派、人民团体的集体提案，并将其列入政协提案工作的重点议事日程。这样做有三个有利方面：一是有利于增强党派、团体参政议政的意识；二是有利于党派、团体整体功能的发挥；三是有利于提案质量的提高。

以政协七届三次会议上征集到的7宗党派、团体提案为例，与委员个人提案相比，党派、团体提案具有这样几个鲜明特点：一是在代表性上具有范围大、层次高的特点；二是在内容上党派、团体提案都能紧密围绕党和政府的工作中心，抓大事、议大事，并能体现各自组织的优势和特点；三是在质量上，由于集体讨论研究，反映问题充分，说服力强，有较高的采纳和参考价值。所以，这样做既可使党派团体利用提案的方式来参政议政，又可发挥出党派团体参政议政的整体功能作用。因此，在政协的提案工作中，要发挥综合人才库的整体功能作用，在注意发挥委员个体功能作用的同时，还要注重集体提案，发挥委员所在组织的群体功能作用，特别是党派、人民团体最为适合。

针对如何为委员创造发挥群体功能的外在条件，组织和引导他们将其分力集结为合力，鼓励和支持他们运用集体的力量提出提案，有的同志提出建议：一是帮助委员在知情上下功夫，二是有目的地做好组织引导工作，为集体提案提供时间、场所，选择提案人等有利条件。使提案工作走出会议，能与经常性的组织委员视察、专题调查研究相结合，把提案工作与委、组活动较好地结合起来。总之，把提案工作贯穿到整个政协日常工作，与大的活动有机地结合起来。我认为这些想法和意见都是有现实意义的。

在提倡集体提案的时候，对民主党派集体提案的可行性与意义要有足够的认识，它是参政党参政议政的重要形式和重要方面。许多同志就这个问题进行了较好的论述。一是认为集体提案体现了民主党派在国家政治生活中的群体作用，代表了一个党派的整体意见，有一定的政党意识，更具有广泛性和代表性。二是提案中更好地体现了多党合作的精神。三是更广泛地调动了政协委员以外的党派成员参政议政的积极性和主动性。可以变过去被动等待协商为主动提案，促进政治协商、民主监督的进程。有的同志认为，如果我们充分重视民主党派、人民团体的作用，把他们各自的优势聚集起来，把个别的、分散的、有参考价值的建议和意见，在经过调查研究、科学论证、集体讨论后形成具有党派和团体特点的提案，作为今后提案方面的重要内容，势必提高提案工作的质量，发挥参政议政的群体功能。也有的同志认为，必须集党派群体的智慧，通过组织力量，从党派自己所联系的社会阶层，用独特的视角去体察国情、民心，从而在执政党进行宏观决策的过程中贡献具有自己党派特色的意见和建议。只有这样，才能改变过去往往靠少数人即兴而言，难免不及其要义的缺陷；也只有这样，才能在“一参加、二参与”中尽到参政党的义务与责任。

对于如何搞好民主党派的集体提案，有的同志认为，首先，应提高民主党派内部成员的政治素质和思想素质，强化政党意识，增强参政议政能力；其次，在知情方面，要做到专和博相结合，自然科学与社会科学相结合，实践与理论相结合，兼顾目前与长远相结合，宏观与微观并重；再次，要教育民主党派成员，使其认识到对社会主义民主政治建设应该是积极的，但民主政治建设本身是一个渐进的过程，它的发展程度，同一定的经济文化状况相关联，不可能一蹴而就。因此，民主党派要搞好集体提案，必须搞好自身建设，要建立和健全自己的调查研究和信息交流组织系统，要设立调研机构，要提倡奉献精神，在完成本职工作的前提下，为了参政议政，尽到参政党的责任与义务，要牺牲一定的业余时间去贡献自己的才华，发扬艰苦奋斗的精神。同时为了搞好民主党派集体提案，需要不断地提高对提案重要性的认识并给予一以贯之的重视；还要加强政协有关组织与民主党派之间的联系，使政协真正成为民主党派的活动场所、发扬民主的重要渠道、广泛统一战线组织形式的重要体现；还要加强对提案工作的指导与交流，除了请政协委员参加外，还应吸收一些非政协委员的民主党派驻会干部参加，发挥他们在提案工作中的作用是十分必要和有益的。

（三）为今后提案工作制度的完善提出了许多行之有效的经验

我们要将这些有用的经验逐步充实到提案工作经常化和规范化的制度中去。

政协提案工作委员会是做好提案工作的关键所在，即使有了符合“三性”的好提案，没有政协提案工作委员会的认真、得法工作，全方位地去考虑提案工作效果，好的提案也不一定得到好的效果。正如有的同志所说：提案工作委员会要将自身与外部（即承办提案的单位）形成工作合力，必须把工作着力点放在“四个关口”上，以便发挥“四个作用”。这里所说的“四个关口”和“四个作用”具体为：一是要把工作着力点放在对提案对象和承办提案较多单位的日常联系指导上，发挥提案委员会处于中心位置的指导作用；二是要把工作着力点放在提案的审查立案关口，发挥提案立案的把关作用；三是要把工作着力点放在对提案承办的审议关口，发挥对提案的协调监督作用；四是要把工作的着力点放在提案的最后落实关口，发挥提案积极性和提案效果的促进作用。

另外，在强调提高提案质量的同时，更要注意强调提高提案的办案质量。从提案委的工作实践和提案的实际情况出发，可以采取以下四种形式：一是领导带头上门办案；二是组织协调联合办案；三是专题调查督促办案；四是区分提案类别，分轻、重、缓、急，限期办案。这样使力量和时间交叉进行。

对办理委员提案的答复，提出必须掌握五个标准：一是对提案人意见和建议的合理性部分要予以充分肯定；二是对意见与建议的落实措施要力求明确；三是对落实情况交代清楚；四是对各种原因暂时难以办到的事，道理要充分；五是每件答复都要行文规范，从“答复”的必要性、“答复”的基本原则，到“答复”中的技术性问题，都要认真考虑。

作为提案的承办机关，自身也要建立相应的制度，使这项工作逐步走上规范化、程序化的轨道。这一点镇江市公安局领导从办理提案中总结出来的“四个亲自”制度值得仿效。他们对提案内容亲自分类过目，亲自布置交办，遇到重大的或有疑难的提案亲自登门走访，征求委员的意见，答复提案文稿亲自过目签发。

作为一级政府，在办理提案工作中主要起什么作用？这个问题，京口区政府的文章中做了回答。文中根据京口区政府的实际位置状况与过去办理提案工作中的实践体会，专门谈了区政府办公室在提案办理过程中协调工作的意义、作用，对如何做好协调工作进行了探讨。我认为值得借鉴。有的同志认为，做好提案工作与做好其他工作一样，同样要树立起正确的群众观点，要加强与提案人的联系。这是尊重委员的民主权利，更好地调动其参政议政积极性的一项有效措施。基于这样的认识，加强与提案人联系要抓住“四个环节”，可以采取“五种”形式：一是全委会议前适时与委员联系，二是全委会议中的联系，三是提案办理过程中必要的联系，四是提案办理终结后的联系。进行上述四个环节的联系可以采取五种形式进行，即在提案办理过程中，除了上门与提案人联系、组织部分提案人与承办部门座谈、组织提案人对提案的落实情况进行视察这三种形式外，根据实际体会，还有两种联系形式的效果比较理想。一是将提案列入政协工作委、组活动课题，提案委选择确定提案内容与委、组联系商量后，邀请提案人参加。就是说，提案内容与委、组活动内容相同或相关的，与委、组结合进行，这是办理提案的新途径。二是根据提案内容的需要，可选择一些提案，邀请提案人参与办案。使提案人有身临其境和设身处地之感。这是沟通思想感情、增进共识的好办法。

总之，无论在什么时候与提案人联系，也无论采用何种形式与提案人加强联系，有一点应该肯定，就是提案委员会必须从实际需要出发，抓好每一个环节的提案工作，既要做组织引导工作，又要对提案进行全面的、具体的分析，选用恰当的联系形式，这样才能使办理提案的过程成为联系委员和各界人士的过程，成为协商的过程，成为推动部门工作和协调关系的过程。

作为政协委员联系群众，对国家大政方针和群众生活中的重要问题提出建议和监督意见的重要渠道，随着提案接触面的扩大和相关人员认识的深化，它的作用和意义已越来越显示出来；同时，我们还欣喜地看到，更多的政府有关部门不仅认真、负责、诚心诚意地处理好提案，而且积极地为政协委员提供知情议政的条件和便利。为了充分发挥民主党派、人民团体及各界代表人士参政议政的作用，最近市政府第十次常务会议通过了贯彻执行中共中央《关于坚持和完善中国共产党领导的多党合作和政治协商制度的意见》有关规定纪要，这就是一个很好的例证。据了解，由市政府做出这样的纪要，在全省还是第一例。

写在镇江市政协七届四次会议之后[①]

镇江市政协七届四次会议的召开，适逢贯彻落实中共十三届七中全会精神的热潮，届于实施“八五”计划和十年规划的第一春，宏伟的第二步战略目标给了全体委员新的鼓舞、新的激励、新的召唤。

出席会议的同志普遍反映：这次大会是一次学习、知情、承上启下的大会，是一次参政、议政、议大事的大会，是一次团结、动员奋斗的大会。概括起来有以下四个特点：

第一，学习和领会中共十三届七中全会文件精神的红线贯穿了会议的始终。

中共十三届七中全会文件集中了全党的智慧，总结了中共十一届三中全会以来我国改革开放与社会主义现代化建设的基本经验，规划了今后十年的宏伟蓝图，具有重要的现实意义和深远的历史意义，是指导我们今后工作的纲领性文件。全体委员认真学习，一致认为，七中全会确定的第二步战略目标，为我们指明了今后前进的方向；党的改革开放的一系列方针政策进一步深入人心；经济体制改革12年取得突破性进展；我国经济建设取得了前所未有的成就；人民生活比过去有了较大的提高；干部群众的精神面貌发生了很大变化；“七五”期间打下了良好的基础，积蓄了一定的后劲。只要我们团结进取，顽强拼搏，就一定能迎来光辉灿烂的前景。

第二，从开会的形式到协商讨论的内容，都体现了协商于决策之前。

《中共中央关于加强统一战线工作的通知》（以下简称《通知》）是以江泽民同志为核心的党中央关于统一战线工作的一个马克思主义的纲领性文件，

---

① 本文发表于《镇江学刊》1991年4月第2期。

是做好新时期统一战线工作的强大思想武器。《通知》指出：要进一步强化人民政协的基本职能，逐步实现政治协商和民主监督的经常化、制度化。党委、政府应经常向政协通报情况，以利于他们知情出力。在重大问题做出决策之前，一般应交政协进行协商。这次政协会议先于人代会而单独召开，正是体现了这一精神。

委员们深深认识到，这次会议所议的大事，比之于过去议的大事是有质和量的不同的。过去是议一年一度的大事，而这次是议学习贯彻落实七中全会精神的大事，是用七中全会精神统一我们思想行动的大事，是议为实现第二步战略目标而奋斗的大事，是议为“八五”第一年奋战的大事。所以不仅仅是一年一度的大事，而是跨世纪的承上启下的大事。正如有的委员所说：形势喜人，令人鼓舞，令人振奋；同时也形势逼人，给人压力，给人动力。

第三，中共镇江市委、市政府和有关部门的领导，以更多的精力直接参与大会，给予支持，加强领导。

会前，中共镇江市委召开常委会，专门听取政协党组的汇报，认真讨论了政协工作，并对如何开好市政协七届四次全委会做了明确指示。会议开幕后，市委、市政府领导多次到会听取大会发言并参加专题座谈和小组讨论，真心诚意地听取委员们的意见、建议与批评，并相互推心置腹地进行协商和研究。这些都体现了市委、市政府领导对委员意见的真诚尊重和对政治协商、民主监督的高度重视。这次会议因此开得圆满成功。

第四，全体委员参政议政的积极性进一步提高。

由于认真学习七中全会精神，比较充分地体现了协商于决策之前，各民主党派、人民团体不仅预先召开会议，分别对其成员进行动员，而且无论是在小组讨论、专题座谈、大会发言还是在撰写提案中，除以个人名义踊跃发言、报送提案外，以党派、团体为单位的提案和发言也十分踊跃，参政党的光荣感、责任感和历史使命感得到进一步体现。广大政协委员和市长、副市长及各部门主要领导坐在一起，为振兴镇江畅所欲言，各抒己见，团结、民主、和谐的气氛洋溢在会场内外。委员们对市政府的《政府工作报告》征求意见稿和“八五”计划讨论稿提出了不少切实、中肯、有益的意见和建议。

40 多年来，人民政协走过了光辉的历程，成为由中国共产党领导的各民主党派、人民团体、无党派爱国人士、少数民族人士和各界爱国人士参加的，包括全体社会主义劳动者和拥护祖国统一的爱国者的代表人物在内的广泛的爱国统一战线组织，成为我国政治体制中发扬社会主义民主的重要渠道和共产党领导的多党合作的重要组织形式及参政议政的主要场所。人民政协在建立和巩固人民民主政权，进行社会主义革命和建设，维护国家统一、社会安定和各族人民的团结等方面，发挥了重要的历史作用。

春节前夕，江泽民同志就当前如何进一步发挥爱国统一战线的作用问题，发表了重要讲话。他说："建设有中国特色的社会主义，实现第二步战略目标，必须进一步发挥爱国统一战线的重要作用。我们团结的人愈广泛、团结得愈紧密，就愈有利于社会主义事业。"他还进一步强调指出："在实现第二步战略目标中，统一战线负有重任，大有可为。"因此，我们每一位政协委员，要牢记自己是统一战线工作队伍中的一员，要在做好各自本职工作的同时，做一个社会活动积极分子，密切联系和团结周围的同志，关心全市和本单位的大事，主动积极地进行经常化的参政议政，为贯彻落实七中全会精神做出不懈的努力。

一、在认真学习、深刻领会的基础上，把党的十三届七中全会精神落到实处

市委号召我们，要把学习七中全会文件精神当作今年上半年工作的中心内容，政协委员肩负着参政议政的重任，一定要学好。实现十年规划，首先要实施好"八五"计划；"八五"计划的成功，关键在头年；抓好今年的工作，要不失时机地抓好当前。要脚踏实地，首先把镇江的事办好；每个委员要把本单位、各自岗位的工作做好。奉献在岗位，建功在岗位，知实情，想实招，办实事，求实效，不断做出我们的新贡献。

二、继续贯彻《中共中央关于坚持和完善中国共产党领导的多党合作和政治协商制度的意见》《中共中央关于加强统一战线工作的通知》和全国政协的《暂行规定》

人民政协是我国多党合作和政治协商的一种重要组织形式，是发扬社会主义民主的重要渠道，是各党派、各人民团体、各界代表人士团结合作、参

政议政的重要场所。这不仅表明了政协委员所享有的荣誉和职权，而且也赋予政协委员以重大的责任。每一位政协委员都应严肃地履行自己的职责，以高度的政治责任感积极参加政协举行的有关活动，要共同为人民政协真正符合这“三个重要”而努力。市政协常务委员会及其工作机构，都要结合自己的工作实际，在七中全会精神指引下，继续贯彻落实《中共中央关于坚持和完善中国共产党领导的多党合作和政治协商制度的意见》《中共中央关于加强统一战线工作的通知》及《暂行规定》，进一步从战略高度上深刻认识人民政协和统战工作的重要性，认真组织实施这次会议确定的工作任务，努力成为思想正、作风硬、团结好、效率高的统战工作机构。

三、继续树立统一战线是法宝的观点，以经济建设为中心，把统战工作寓于经济工作之中，干出无愧于时代的实绩

爱国统一战线过去是我党克敌制胜的“三大法宝”之一。流逝的岁月荡涤了我党蒙受的种种曲解，使其重新焕发出令人眩目的光彩。在今天我们建设有中国特色社会主义的新的历史时期，爱国统一战线仍然具有强大的生命力，它负有重任，大有可为。它的主要任务是：高举爱国主义、社会主义两面旗帜，团结一切可以团结的力量，调动一切积极因素，同心同德，群策群力，为巩固和发展安定团结的政治局面服务，为推进社会主义现代化建设和改革开放服务，为健全社会主义民主和法制服务，为促进“一国两制”、和平统一祖国服务。

未来的十年，党中央明确提出关键是我们要把国内的事情办好，并要求集中精力，重点抓好经济工作这个中心。这不愧是高瞻远瞩的明智之举、关键之举。经济是基础，只有经济发展了，社会才能更加稳定，人民生活才能日益改善，其他各项事业的发展，才能有雄厚的物质基础；只有经济发展了，社会主义制度才能巩固和发展，振兴中华和统一祖国大业才能早日实现；只有经济发展了，才能富国安邦，民族强盛；只有经济发展了，综合国力增强了，我国才能在国际事务和世界和平事业中发挥更大的作用，才能有效地反对“和平演变”。所以，这不仅仅是经济问题，而且是重大的政治问题。我们要调动一切积极因素，专心致志地做好工作，首先把国民经济搞上去，一切工作都服从于、服务于经济建设这个中心。

中国共产党领导的统一战线和人民政协这一重要组织，在这方面具有特殊功能，有着独特的、不可取代的作用。我们要充分发挥人民政协人才荟萃、志士云集的优势，把大家的思想集中到经济建设上来，认真履行政治协商、民主监督的职能，促进决策的科学化和民主化，为我市的经济发展做出贡献。

政协委员大多是各行各业的专家能手，各条战线上的骨干，实施“八五”计划为大家更大地敞开了报国之门，更广地开辟了用武之地，更多地提供了施展抱负的机遇，我们要为我市的经济发展各显神通，发挥专长，大显身手。千里之行，始于足下，实干兴邦，务实光荣。不要只埋怨客观条件，要千方百计创造条件；要做大量艰苦细致的工作，来不得半点虚浮和马虎。希望每位委员都带着“怎样当好政协委员、为‘八五’争做贡献”的考卷，在七中全会精神的鼓舞下，从本单位做起，从自己做起，扎扎实实地工作，干出无愧于时代的业绩来，交一份让党和人民满意的答卷。

发挥政协职能，促进历史文化名城的保护和建设[①]

各位来宾、各位同志：

镇江市自1986年12月8日经国务院批准被命名为国家历史文化名城以来，至今已经五年了。在这命名五周年之际，今天市政府、市政协联合召开历史文化名城建设研讨会，这对于联系五年实践，认真回顾总结名城建设的经验、教训；对于研究探讨名城建设中的新情况新问题；对于进一步动员全市人民，增强名城意识，继续坚持以经济建设为中心，坚持四项基本原则，坚持改革开放，为全面完成我市国民经济和社会发展第八个五年计划各项工作任务，为把我市建设成为经济繁荣、交通发达、科教进步、文化昌盛、生活小康、社会文明、城乡协调发展的社会主义新型城市，具有十分重要的现实意义。

五年来，在中共镇江市委的正确领导下，市政协紧紧围绕“政治协商、民主监督”的基本职能，在名城规划、保护、建设方面做了一些工作，主要表现在以下三个方面：

一、坚持把名城规划保护建设摆上重要位置，发挥政协优势

镇江有悠久的历史，先后设置过都、府、县、市，留下了丰富的历史文化遗产，是吴文化的发源地之一，素有人文史迹之贵、自然风景之秀和交通八方之便的美誉，并由此而成为国务院第二批公布的历史文化名城。应该说从此以后，弘扬镇江历史文化名城的优秀传统，增强名城意识应成为我市一

---

① 此文发表于《镇江学刊》1992年4月增刊。

项面广量大、繁重艰巨的工作。中共镇江市委、市政府对这项工作，是十分重视的，我们市政协也将其摆上重要位置，从政协职能和自身优势出发，积极关心并参与镇江的历史文化名城的规划、建设和保护工作。

市政协根据镇江的实际情况和工作需要，重视和加强了对这一工作的领导。过去建有城乡建设工作组、文化工作组、教育工作组、医卫工作组、体育工作组、社会法制工作组，现在又拟设立城乡建设委员会、教卫文体委员会、社会法制委员会，并有专人分管和负责。政协全委会、常委会、主席会也经常研究历史文化名城规划建设和保护的问题。今年的市政协七届四次全委会议讨论我市“八五”计划和十年规划时，委员们就如何发挥镇江的历史文化名城作用提出了很好的意见，市领导十分重视，要求有关部门认真研究加以落实。近几年我会每年都经常邀请有关部门和专家学者就镇江的城建、文物保护和管理等工作进行协商与通报。我们还积极发挥政协人才库和智囊团的优势，就城市规划、文物保护与利用开展咨询和调研，积极参加制定与落实镇江市总体规划和市历史文化名城保护规划的有关工作，并接受市政府的委托，主持和参加我市住宅建设规划、名胜古迹修复、文物保护等方面的论证工作。今年年初，我们把城乡建设和市政府委托的文物园林景点完善的项目列入我会（指镇江市文物管理委员会，本文下同）的重点工作之一，并组织各专门小组及委办围绕名城保护和规划建设开展了一系列的活动。同时我们还积极组织有关人员就这方面的问题专门到杭州、宁波、绍兴等城市进行考察，学习他们保护历史文化名城的做法，为配合市政府制定“城市管理监察暂行办法”等工作提供依据和参考。

二、坚持利用历史文化名城优势，进行社会主义、爱国主义教育

我市风景名胜、文物古迹众多，革命文物和历史文物也极其丰富。为了更好地发挥这些历史古迹和文物的作用，1991 年，为纪念鸦片战争 150 周年，我会与内蒙古电视台联合摄制了电视连续剧《京江祭》，先后在市、省、中央电视台播放。这部电视剧是用镇江的历史题材来反映我国少数民族与汉族共御外侮、反抗帝国主义侵略、增强民族团结这一史实，与当今某些原社会主义国家演变过程中的民族纠纷和分裂内战形成了鲜明的对照，因此得到观众好评与电影电视部和文化部颁发的奖状。今年，我会又与市委宣传部等有关

部门联合策划摄制了电视连续剧《大将军赵声》，也先后在三级电视台播放。这些都是利用我市人文史迹进行社会主义与爱国主义教育的好题材。同时，我会还积极支持和配合市各有关方面与各民主党派举行书画、篆刻展览，出版诗刊；利用我市纪念馆、青年宫、少年宫、工人文化宫和博物馆等众多优势，采取多种形式和方法，对广大学生和干部群众进行革命传统教育、爱国主义教育、国情教育和抗洪救灾教育。

我会在参与加强名城设施建设即硬件建设的同时，还狠抓了名城史料的挖掘、整理、出版等。在市委、市政府的领导下，在全国和省政协的支持下，我会先后举办了“马相伯诞生 150 周年”“茅以升诞生 95 周年”“赵声诞生 110 周年”等纪念活动。这些活动不仅在国内，而且在海外都产生了积极的影响。同时我会还组织和编辑出版了茅以升、马相伯、冷遹、赵声等纪念文集及《政协四十年》《镇江乡情》等图书，拟在 1993 年 3 月 3 日为纪念对镇江有重要贡献的陆小波先生诞生 110 周年而编写的纪念文集，也将在近期出版。这些都是配合历史文化名城使命的作为。

三、坚持倡导全社会都要为历史文化名城和文物保护贡献力量

几年来，我会利用多种场合，采取多种形式进行社会性的呼吁和实质性的参与，倡导在进行城市建设时要加强历史文化名城的保护工作和管理工作，这引起了有关方面的高度重视。在中共镇江市委、市政府的积极努力和我会的协助、参与下，历尽沧桑的金山、焦山、北固山“三山”，以及南郊、茅山、宝华山又重放异彩，博物馆、小码头古街历史纪念馆亦重修开放，竞呈风姿。当然，要尽如人意，或者说要尽这个名城之实，问题还较多，矛盾也还是复杂的。因此，我认为，只有把消极因素转化为积极因素才是上策。要使全社会都来为名城做贡献，都来保护文物，重视文物的利用，必须在根本观念的转变上下功夫。

下面，我想侧重谈谈文物的保护、利用问题：

第一，文物是文化的一个组成部分，文物是民族文化的一个具体体现。

什么是中国特色的社会主义？江泽民同志在纪念中国共产党诞生 70 周年大会上的讲话中对此做了精辟的阐述。这篇讲话的由来很深远，既来自我国几十年社会主义建设实践经验的剖析，也来自国际共运惨痛的演变，更来自

毛泽东思想的科学部分。毛主席在《新民主主义论》一文中，把新民主主义概括和分类为新民主主义政治、新民主主义经济和新民主主义文化三大部分。按照毛主席的这种分类法，有中国特色的社会主义，应当包括有中国特色的社会主义政治、有中国特色的社会主义经济和有中国特色的社会主义文化三大部分，江泽民同志在今年纪念“七一”的讲话中就是这样阐述的。因此，有中国特色的社会主义文化是有中国特色的社会主义的组成部分，并且能极大地影响政治和经济。那么什么是有中国特色的社会主义文化？有中国特色的社会主义文化一定是以中华民族文化为主体的文化。在中国，对中国历史、文化、民族风俗习惯没有深刻的了解，要想干成大事是不可能的。毛主席在领导中国革命取得胜利的过程当中，对中国的历史研究也是相当深刻、相当清楚的，他对中国的典故、俗语等做了不少改造且各有发挥，融入己见。毛主席能把很复杂的问题讲得通俗易懂，工农群众不识字的都能听得懂，这实在是源于他对历史的深刻的洞察力与对现实的敏锐的观察力。所以说，对中国的历史、中国的文化，对中国这块土地上存在过的人没有系统的研究，要想在中国干成大事是不可能的。镇江的历史文化是祖国历史文化的组成部分，对镇江的历史文化不甚了解，不求甚解或一知半解，要想把镇江的事情办好，也是不可能或不容易的。而文物又是历史文化的一个很重要的部分，它是历史文化最能说明问题的一个实物和例证。所以要懂得中国文化的作用，毫无疑问，也要懂得重视保护历史文物的作用。

第二，保护文物是一件无愧于前人、惠及后代的大事。

因为中国文化在整个世界文化领域里占有非常重要的地位，所以如何对待中国文化的问题，既是一个对待祖宗的问题，也是一个对待后辈儿孙的问题；既是对待中国人民的问题，也是对待世界人民的问题。这不但是一个对祖宗负不负责的问题，也是一个对世界人民负不负责的问题。文物不仅是中国人民的财富，也是世界人民的财富。文物有一个很大的特点，即破坏了之后不能再现。我们绝不能把祖宗留给我们的文物在我们这一辈人手上丢掉，叫我们的后辈骂我们。我们对祖辈来说要当个好儿孙，对儿孙来说要当个好祖先，这是一个究竟是要完成我们的历史责任，还是要做历史的罪人的问题。这绝不是无限上纲。这两年世界风云变幻的国际形势已深刻地向我们表明：思想僵化、国门封闭的排外主义，只会使自己落后挨打；反之，否定自己国家的一切，即否定祖宗，否定历史各方面的优秀文化和优良传统的历史，那也会给人民带来灾难。

因此，如果由于我们的工作不慎，主观努力不够，官僚主义，不负责任，而造成一些无法弥补的损失，那我们就会上对不起祖先，下对不起儿孙，就可能成为千古罪人。穷时不知道文物的价值，不懂得珍惜、保护和利用，到经济稍好一点才去保护、利用，只能是为时已晚而成憾事。

当前在文物工作中，从认识上来讲，是保护的问题，保护是利用的前提，没有保护就谈不上利用。如我们的东晋古城遗址现在没有钱开挖，我们应该保护起来，使其不受破坏。从现实上讲，我们在文物保护这个问题上确实有很多疏漏、重视不够和欠账的地方，没有摆上应有的位置，没有采取应有的措施，因而出现了许多的问题。对文物的看法可以有许多分歧，但不能因此影响保护，不能以自己的观点、自己的好恶来影响文物的保护。我们在文物保护这个问题上之所以存在许多欠账需要解决，很重要的原因就是很多人没有认识到文物保护的重要意义。

第三，文物保护的最终目的、最终结果是为了利用。

强调保护而根本否认利用的观点是错误的。为什么这么说呢？进行爱国主义教育，振奋民族精神，文物都是很好的实物和例证，它能够凝聚人民群众的力量，增强民族自豪感和自信心。所以，必须积极、合理、科学地利用。当然，在利用过程中也有一个保护的问题，不能利用丢了和利用坏了，因此，在利用过程中又有一个限制的问题，要限制不合理、不科学的利用。也就是说在肯定保护的前提下，我们要研究利用这个问题，从而使文物能够更好地为科研服务、为精神文明建设服务、为发展旅游事业服务。

第四，保护文物，人人有责。

文物靠谁来保护和管理？文管部门有着不可推卸的责任。这里要强调的是全社会都有保护和保管的责任，全社会都要为文物保护贡献力量。这是我们各方面都要协调配合进行的。没有全社会对重视文物、保护文物贡献力量是不行的。70 年代末，我们曾发动全社会对文物进行调查，使文物保护工作收到了十分显著的成效，也因此进行了一次比较广泛的保护文物的教育。当前，在名城规划、建设、保护、管理方面还有许多亟待我们去研究考虑的问题，如名城意识与名城要求、名城建设与经济发展、经济建设与环境污染治理、城市改造与保护名城风貌、城市发展与城市管理等。在文物保管上也存在许多一时难以解决的问题，有经济上的问题，有科学技术上的问题，但最主要的是认识上的问题，重视不够。但我们相信，只要大家齐心努力，这些问题都是可以妥善解决的。

各位来宾、各位同志，镇江市是国家历史文化名城、全国旅游发展重点城市，是对外国籍轮船开放的港口城市、沿海经济开放地区，作为镇江市市民应该为此感到光荣、感到自豪、感到骄傲，同时更应感到责任重大。我们应该利用多种宣传工具，大力宣传，大造舆论，要在宣传的广度、深度、力度上下功夫，使历史文化名城深入人心，使保护好建设好历史文化名城成为广大市民、各行各业的自觉行动。历史文化名城不仅要有优秀的历史文化传统，而且要有高度的社会主义精神文明，以及与名城相适应的道德、风采、风情、风节，因此，我们必须进一步提高名城意识，提高法治意识，提高环境意识，提高公共道德意识，把荣誉感与责任感交融结合起来，为名城增添新的光彩。我们政协将一如既往，参政议政，知情出力，为名城建设做出新的贡献。

就政协换届工作答记者问[①]

问：今冬明春，市、县（市）区政协同时换届，请您谈谈本次政协换届的重要意义。

答：根据《中国人民政治协商会议章程》规定，今年年底全国、省、市、县（市）区四级政协同时任满届期。明年年初，将同时举行换届，这是人民政治生活中的一件大事。这次政协换届是在改革开放和经济建设的大好形势下进行的。邓小平南方谈话和中共中央政治局全体会议精神极大地鼓舞了全党和全国人民，人们的思想更加解放，精神更加振奋，积极性空前高涨，各项事业蓬勃发展。统一战线和人民政协工作也在前进，呈现出一派团结、稳定、活跃、奋发的气象。全国各族人民，各民主党派，各人民团体和各界人士激情满怀，意气风发，爱国统一战线队伍空前团结和壮大。因此，做好换届的各项工作是有非常重要的意义。

人民政协是最广泛的爱国统一战线组织。政协应通过承前启后的换届工作，更有力地推进我国的政治体制改革，坚持和完善中国共产党领导的多党合作和政治协商制度。促进经济建设更快、更好地登上新的台阶。同时，也应通过换届进一步改善内部结构，加强自身建设，提高参政议政水平，更好地履行“政治协商、民主监督”基本职能，使政协真正成为多党合作和政治协商的一种重要组织形式，成为各党派、各人民团体、各界代表人士，团结、合作、参政议政的重要场所及发扬社会主义民主的重要渠道。

问：请您就人民政协的性质、地位和作用讲一下，好吗？

答：人民政协是由中国共产党领导的，有各民主党派、无党派民主人士、

① 本文发表于《镇江学刊》1992 年第 5 期。

人民团体、少数民族人士和各界爱国人士参加的，由全体社会主义劳动者，拥护社会主义的爱国者和拥护祖国统一的爱国者组成的，包括台湾同胞、港澳同胞和海外侨胞在内的最广泛的爱国统一战线组织。

中国共产党领导的多党合作和政治协商制度与人民代表大会制度统称为我国的政治制度。我国实行的这种共产党领导、多党合作的政党体制，是我国政治制度的一个特点和优点。它根本不同于西方资本主义国家的多党制或两党制，也有别于一些社会主义国家的一党制。它是马克思列宁主义政党体制学说同中国社会政治体制与革命建设具体实践相结合的一个创造，是符合中国国情的社会主义政党制度。

人民政协作为实现这一基本政治制度的一种重要组织形式，在我国政治生活中发挥着重要的作用。它过去发挥了重要的作用，今后在国家政治生活、社会生活和对外友好活动中，在进行社会主义现代化建设、维护国家的统一和团结的斗争中，将进一步发挥重要作用。根据人民政协的特点，它主要应发挥广泛团结各方面人士的作用，共产党领导的多党合作组织形式的作用，政治协商、民主监督的作用和社会主义民主渠道的作用。

问：请您再谈谈人民政协在现阶段的主要任务是什么？

答：现阶段人民政协的主要任务是，尽一切努力进一步巩固和发展爱国统一战线，调动一切积极因素，团结一切可以团结的人，同心同德，群策群力，维护和发展安定团结的政治局面，促进社会主义民主和法制建设，为全面开创社会主义现代化建设的新局面，实现我国各族人民的总任务而奋斗。更好地为巩固和发展安定团结的政治局面服务，为推进社会主义现代化建设和改革开放服务，为健全社会主义民主和法制服务，为促进“一国两制”、和平统一祖国服务。通过组织和推动政协委员及各界知名人士学习马列主义、毛泽东思想，学习时事政治，学习和交流科学技术知识，以增进共同思想政治基础上的团结合作，在改革开放和现代化建设的新的历史条件下，充实协商监督内容，加强中国共产党同各民主党派、人民团体和各界人士在政协的真诚合作，紧紧围绕经济建设这个中心献计献策献力量。

问：本次政协换届工作，有哪些具体规定？

答：中共中央办公厅〔1991〕16 号文件和中共江苏省委〔1992〕14 号、33 号文件，对这次各级政协换届工作明确提出了政协换届人事安排的指导思想，并对规模、党内外比例，年龄界限、委员条件，界别组成和协商程序等，都一一做了具体规定。

政协换届的中心环节是人事安排。人事安排一要有利于发展爱国统一战线，二要坚持委员人选的条件。具体是：（1）讲政治条件，在祖国大陆，必须拥护党的基本路线；在港澳及海外的要坚持爱国立场，拥护祖国统一，拥护中央人民政府；（2）要有代表性；（3）要有参政议政能力；（4）要热心于政协工作。

关于年龄和党内外比例问题，上级文件都有明确规定，我们将严格遵照执行。

本次政协换届不宜扩大规模，界别设置要与上面基本对应，上面有的才能有，上面没有的不应随意增设，只能少设不能多设。为了体现政协工作服务和服从于经济建设这个中心，市政协这次换届意向增加从事经济工作的基层代表人士。

问：为做好政协换届工作，还有什么具体要求或应掌握的重要事项？

答：这次换届工作的指导思想是，坚定不移地坚持党的基本路线，高举爱国主义、社会主义两面旗帜，认真执行“长期共存、互相监督、肝胆相照、荣辱与共”的方针，牢固树立为经济建设和改革开放服务的思想，积极稳妥地推进新老合作和交替，进一步完善共产党领导的多党合作和政治协商制度，更好地发挥人民政协在参政议政和民主监督中的作用，为促进国家的政治稳定、经济发展、和平统一服务。

第一，要以邓小平同志南方谈话精神为指针，认真做好政协换届的宣传工作，不仅要宣传人民政协的性质、地位、任务和作用，还要宣传爱国统一战线两个范围的联盟，把换届过程变成统一战线理论与实践的再教育过程。

第二，认真贯彻党的统战政策和知识分子政策，坚持按条件推荐与协商委员人选。要注意新老交替，注意把各界在经济建设、改革开放和科技事业方面有影响及有重要贡献的代表人士多吸收些到政协中来。要发扬民主，照章办事，统筹兼顾。在统筹兼顾方面，人与政协之间，界别与界别之间，各级政协之间有关人选的安排，尽量不要交叉。要把思想政治工作贯穿于整个换届过程中。

第三，要通过换届，进一步加强政协领导班子和工作班子建设。应注意选拔任满两届的干部进入政协领导班子。要注重常委人选的政治素质、参政议政能力和条件。要完善各专门委员会的常设机构并配备有能力、有专长的专职工作人员。按照“政治坚定，勇于改革，团结协调，廉洁务实，结构合理，精干高效”的要求建设好政协领导班子。

第四，充分发扬社会主义民主，广泛征求人民群众和各界人士的意见，使他们的意志得到反映，民主权利得到体现，亲身体验到中国特色的社会主义制度的优越性，增强人民群众的主人翁意识，激发参与国家和社会事务管理的积极性与创造性。

把人民政协的学习宣传工作提高到一个新的水平①

各位领导和同志：

现在我将镇江市政协学习宣传工作情况做一汇报，以求得到各位的指导和帮助。

我们经过初步学习邓小平同志建设有中国特色社会主义理论，对新时期坚持和完善中国共产党领导的多党合作和政治协商制度、巩固和发展爱国统一战线有了进一步的认识，得到巨大的鼓舞。现在，中国共产党领导的多党合作和政治协商制度已经明确写进了《宪法》，并特别指出这一制度“将长期存在和发展”。《人民政协报》于 1993 年 4 月 27 日发表评论员文章《只有选好角度，才能发挥优势》，文中指出：“要充分认识人民政协在新时期的地位和作用，紧紧围绕建立社会主义市场经济这个中心任务，积极探索开拓政协工作的新方法、新路子，努力在参政议政和协商监督方面取得新的突破。”

为了适应新形势发展的需要，增进在共同政治基础上的团结合作，全国和省、市政协领导都高度重视学习宣传工作。这也一直是人民政协工作的重要组成部分。

一、人民政协的学习工作已由封闭式转变为开放式

组织和推动政协委员及政协所联系的各界人士学习马列主义、毛泽东思想，学习党的路线、方针和政策，学习科学技术知识等，这是人民政协的光荣传统和优良作风。现在新形势对人民政协的学习宣传工作提出了新的、更

① 讲话为 1993 年 6 月 26 日向上海市政协来镇江的同志介绍镇江市政协学习宣传工作情况。

高的要求。要争取把人民政协的学习宣传工作提高到一个新水平。1987 年，我们在实际工作中就感到，人民政协的学习工作需要“变封闭式为开放式，变说教式为疏导式，变单一式为多样式”。当时，得到了《人民政协报》的支持，1989 年《人民政协报》开辟“镇江专版”，其中登载了“学委会”的文章——《开放式的学习工作》。1990 年又得到省政协的肯定，省政协在镇江召开了首次学习工作经验交流会。孙颔同志到会并做了讲话。

什么是开放式的学习工作？我们当时提出了三条主要标志：

（1）在风云变幻和错综复杂的国际形势中不迷失社会主义的政治方向。做到如同全国政协领导同志所说，通过加强对党的基本理论的学习，保持头脑清醒，政治上不发生动摇。

（2）为实现党的总任务服务、在目前也就是为贯彻党的“一个中心、两个基本点”的基本路线服务，为改革开放和经济建设服务。

（3）学习不仅为了自身的思想建设，为了自我教育和自我提高，而且面向社会宣传，团结更多的人为实现党的总任务而共同努力。因而在形式上要注意多样化、寻找新的“载体”。

回顾镇江市上一届政协以来的学习工作，大致经历了几个阶段：一是学习中共中央 1989 年 14 号文件及全国和省、市统战工作会议精神阶段；二是学习马克思主义哲学和科学社会主义理论，坚持中国共产党领导，坚定社会主义信念阶段；三是学习党的“一个中心、两个基本点”的基本路线和邓小平同志南方谈话精神，树立中心意识和服务意识阶段。现在正处第四阶段，即学习、宣传、贯彻党的“十四大”精神和全国及省“两会”精神，也就是学习、研究、贯彻落实邓小平同志建设有中国特色社会主义理论的阶段，这是我们当前的一项紧迫任务，也是思想理论战线上一项具有长期战略意义的任务。通过认真学习邓小平同志建设有中国特色社会主义的理论，政协委员及政协所联系的各界人士在党的基本理论和基本路线基础上更加团结，为社会主义改革开放和现代化建设事业共同开拓和创新。

二、在学习宣传工作上取得的主要成绩

在学习的每一阶段都取得了一些成果。学习中共中央 1989 年 14 号文件及全国和省、市统战工作会议精神阶段，中共镇江市委专门印发了学习贯彻

的通知、意见和电报；市政府还制定了学习、贯彻的“十条规定”。各民主党派成员通过学习后反映说：“过去我们到市委、市政府参加有关会议大都是发发牢骚、讲讲困难，现在去参加会议不发牢骚、不讲困难了，所谈的都是如何团结和合作。”市政协在普遍学习提高认识的基础上，召开了“第一次政协工作研讨会”。其中，学委会、文史委和民革市委在研讨会上的交流论文分别被《人民政协报》《联合时报》和《团结报》刊登。为认真贯彻全国统战工作会议精神，提供统战理论再教育材料。市政协与山东曲阜师范大学合作编撰了《爱国统一战线综论》，共16章32万字，由内蒙古大学出版社出版。

在学习马克思主义哲学和科学社会主义理论阶段，市政协委员和政协所联系的各界人士在重大原则问题上划清了马克思主义与反马克思主义、社会主义与资本主义、科学社会主义与民主社会主义的界限，坚定了走建设有中国特色的社会主义道路的信念，明确在风云变幻和错综复杂的国际形势面前掌握与贯彻“冷静观察、沉着应付、稳住脚跟、韬光养晦”16字方针；明确着力于经济发展、加强党的建设和保持社会稳定三件事是搞好其他各项工作的基础。1989年春夏之后一段时期内，中共中央、国务院特别强调维护国家的政治、经济和社会稳定，认为做好高等院校师生的思想政治工作是工作的重点。本市有44名全国和省、市政协委员在11所高等院校任教或担任党政领导工作。为了做到学习理论与工作实践相结合，学委会组织这44位政协委员（当时还有市委、市政府有关单位领导同志参加）对高等院校的思想政治工作情况进行了实地调查、召开了座谈会进行研讨，并且在调查、研讨过程中开展宣传教育。同时将调查、研讨情况向国家教委和省教委写了报告。国家教委复函说，李瑞环、李铁映阅读了报告，认为“报告对高校目前师生中思想上存在问题的分析是正确的，所提建议也都是好的。国家教委在具体工作中将予以积极研究和采纳”；并认为：“政协委员关心教育、关心高校思想政治工作的精神令人感动，值得提倡。”这期间，我们隆重举办了纪念中国共产党成立70周年、辛亥革命80周年活动，召开座谈会座谈中国共产党领导的多党合作和政治协商制度的光辉历程。

在学习党的“一个中心、两个基本点”的基本路线和邓小平同志南方谈话阶段，政协委员思想解放、冲破了一些过去不敢触及的“禁区”，认识到只有扭住不放、毫不动摇地把国民经济搞上去，不断发展生产力，不断增强综合国力，不断提高人民群众的生活水平，才能更加充分地显示我国社会主义制度的优越性，更有力地粉碎国际敌对势力对我国搞和平演变的阴谋，并且认识到计划与市场都是资源配置的方法，不是社会主义与资本主义的本质区别；使政协委员及政协所联系的各界人士走出“思想误区”，积极投入改革开放和经济建设的主战线，出现了真抓实干的局面。在这段时间我们还认真学习了中共十四届五中、六中、七中、八中全会精神。同样采用理论联系实际的方法、为本市制定国民经济和社会发展十年规划和“八五”计划积极提出意见和建议。学委会将意见和建议收集起来，整理成综合报告送市委、市政府及有关单位，并得到较高评价，认为报告不仅写得详尽，而且所提出的情况分析与建议很有见地。

在这段学习期间，市政协举行了“第二次政协工作研讨会”研究政协工作怎样为经济建设这个中心服务。省政协今年第三期《学习参考资料》登载了学委会的论文《为经济建设服务是开放式学习工作的主要标志》。学委会还配合办公室在政协换届之际举办了“七届市政协（1988—1992 年）工作汇报图片展览”，展览分为思想政治和安定团结、参政议政、真抓实干和其他工作（包括联谊会、诗词协会、中冷印社，气功科研会等）四个部分展出，这既是通过总结工作联系实际学习中共十四大文件，又是为新一届政协顺利步入新的工作阶段创造条件，还是比较生动活泼的统战政协工作理论和实践的宣传教育。

三、学习宣传工作取得成绩的主要原因

前三阶段的学习宣传工作之所以会取得成果，主要原因在于：

（1）领导重视，解决了“一个认识”和“三个性”的问题。市政协成立了由主席、副主席、秘书长、副秘书长及委办负责人参加的中心学习组。他们在学习上起骨干带头作用。市政协领导同志强调“政协委员需要理论武装”，要及时解决为什么学习和怎样学习等思想认识和工作方法问题，启迪委员的学习自觉性，使学习有针对性（解决具体思想问题），组织学习和安排活动有周密性。近几年，市政协举行的几次全委会，均仿照省政协的做法，把搞好学习工作、提供思想政治保证作为首要的工作任务进行部署和安排。对于中共中央重要会议或重要文件、领导同志的重要讲话，一般是召开常委会

学习、贯彻，统一思想，制定措施、落实行动。

（2）组织制度比较健全。市政协学习宣传委员会下设民革、民盟、民建、民进、农工、致公、九三、台联、侨联、民族宗教和工商联 11 个学习分会，以及政协委员、妇女和社会人士三个直属组。现在参加市政协学习的有 1000 余人，这不仅体现了市政协联系面和团结面的扩大，也体现了爱国统一战线的巩固与发展。有的委员反映说："学习的过程不仅是参政议政和履行协商监督职能的过程，也是从思想政治上团结一切可以团结的人的过程。"

（3）学习内容和计划的安排与工作需要和委员要求比较贴近。市政协每次发出的学习计划，都在事先经过广泛征求意见和深入调查研究。委员反映市政协对于学习内容和计划的安排具有超前性和指导性。如 1988 年年初，中共中央发出 1 号至 4 号文件，提出沿海地区发展外向型经济问题，我们根据当时一些委员想弄清发展外向型经济有关情况的要求，请有关部门领导同志做"关于发展外向型经济战略意义及有关规定的报告"，对推动政协委员为本市发展外向型经济献计出力、牵线搭桥起了很好的作用。又如去年学习中共十四大文件，我们及时组织报告会，听取国务院发展研究中心高级研究员吴敬琏关于市场经济问题的讲话（录像），使委员深受启发教育。许多同志把参加政协学习组的学习视为政治荣誉，说："有些好报告在外面听不到，只有参加政协的学习时才能听到。"他们对参加政协学习产生了深厚感情。1989 年市政协被评为市学法先进集体且名列榜首，市政协学委会和妇女学习组都曾被评为省"先进学习单位"。

（4）形式多样化，注意寻找新"载体"。市政协不仅及时组织学习报告会、座谈会和心得体会交流会，还"寓教于乐"，与组织委员阅文、调研、参观考察、开展文体活动相结合。有时还采用"请进来、派出去"的方法，内外沟通、相互交流，以丰富学习内容和活跃学习生活。在纪念中国共产党成立 70 周年时，我们请江苏省委党校原教育长陈昭辉同志来镇做党建工作报告。正值 1991 年出现百年未遇的洪涝灾害之时，报告那天下着倾盆大雨，政协委员们都冒雨来听报告。尽管礼堂内已经进了水，但仍是座无虚席、鸦雀无声、秩序井然，没有一个人退席。陈昭辉说："这种学习积极性我从来没有见过，我深受感动。"

为纪念鸦片战争 150 周年，我们进行了爱国主义教育，由市政协委员庐山撰写了以镇江历史实际为题材的四集电视连续剧《京江祭》，先后在省电视台和中央电视台播放，并得到广播电视电影部和文化部的提名奖；为纪念辛亥革命80周年，我们还与市委宣传部联合拍摄了辛亥革命的先驱者电视连续剧《大将军赵声》，受到省有关部门和专家们的好评。每到年终，在第二年召开政协全委会之前，我们把学委会一周年学习活动的情况以录像带形式纳入影像片《政协工作在前进》中，向全委会和全市人民播放，借以宣传我市政协工作，回顾总结和提高工作水平，鼓舞、教育全体政协委员在新的一年中发挥整体功能作用继续前进。

四、学习宣传工作为经济建设服务的粗浅体会

随着改革开放的深化和社会主义市场经济体制的建立，开放式的学习工作已经在不断地向第二个标志即为经济建设服务“紧靠”和“集中”。这就是说，要把贯彻执行党的基本路线，服从和服务于经济建设这个中心，作为我们政协工作的指导思想，把学习贯彻十四大精神和邓小平建设有中国特色社会主义的理论作为当前的紧迫任务。我们自去年年初学习邓小平同志南方谈话开始，就在市政协主席会议和常委会议领导下紧紧围绕为经济建设这个中心服务开展学习宣传工作，取得如下一些粗浅的体会：

（1）正确处理好直接作用与间接作用、务虚与务实的关系。中共中央转发的全国政协《关于政治协商、民主监督暂行规定》明确指出：“人民政协的主要职能是对国家的大政方针和地方重要事务以及群众生活、爱国统一战线内部关系等重要问题进行政治协商，并通过提出建议和批评、发挥民主监督作用。”这就决定了政协在经济建设中所起的作用既是间接性的，又是直接性的，主要通过提意见和建议、通过履行基本职能的形式为经济建设服务。就以学习宣传工作来说，是以思想的、政治的或心理教育的形式为经济建设服务，经过学习统一思想，一个目标、一条心、一股劲，当好“经济大合唱”的一员。这种作用看起来是间接的，但是不可缺少和不可忽视的，实际上间接作用是在随时向直接作用转化，并且能达到以虚带实的目的。

（2）要开展经常化的形势教育，促进思想解放，维护安定团结，为经济建设提供思想政治保证和稳定的社会环境，这有利于政协委员及政协所联系的各界人士全方位、多层次地为经济建设献计、献策、献力量，发挥协商监

督作用。去年我们在中共十四大闭幕不久，即邀请本市出席党的十四大的代表钱永波（时任市委书记）、赵亚夫（时任市农科所党委书记）来政协做传达报告，开展形势与任务的宣传教育；市政协一些领导同志自己还经常亲自备课做形势报告，如在东欧局势剧变时，我自己做过一次三小时相关形势报告，起到了澄清模糊认识的作用，使政协委员对苏联解体、戈尔巴乔夫必然被历史抛弃有了思想上和精神上的准备。

（3）举行“系列讲座”是开展思想政治工作和传授科技、经济知识的比较强烈、系统和有显著效果的学习宣传方式。1992 年我们学习邓小平同志南方谈话，分别就“为什么说改革是又一次革命，是解放生产力”“为什么说基本路线要管一百年动摇不得”“社会主义的本质是什么?”“为什么说社会主义也需要市场”等课题组织系列讲座，连续讲了四堂课（每月一课），在委员思想上留下深刻印象，收到良好效果，市民建学习分会邵振羽（时任民建副主委）说：“这四次课震动很大，使我们对基本路线要管一百年动摇不得，计划与市场都是经济调节手段，不是社会主义与资本主义的本质区别以及‘三个有利于’等邓小平同志的战略思想和理论观点有了全面系统的认识。”

（4）坚持理论联系实际，做到既防止空谈理论、形式主义的学习，又防止以干代学的不良倾向。市政协已经连续两年把学习与开展“怎样当好政协委员”的大讨论结合起来。通过学习和讨论，政协委员思想更解放、思路更开阔、行动更有力，增强了政治责任感与历史使命感。1992 年，我们还组织政协委员及各界有关人士积极参加了“90 年代镇江精神大讨论”及“房改方案”的制订与实施研讨。目前正在积极参加市委决定的、由市委宣传部牵头的“确立市场经济观念大讨论”活动，已经组织了一次理论讲座并刊出了一期《学习参考资料》专辑。

在市民主党派、无党派人士骨干培训班上的讲话①

一、关于爱国统一战线、人民政协和中国共产党领导的多党合作与政治协商制度

《宪法》的序言中指出："社会主义建设事业必须依靠工人、农民和知识分子，团结一切可以团结的力量。在长期的革命和建设过程中，已经结成由中国共产党领导的，有各民主党派和各人民团体参加的，包括全体社会主义劳动者、拥护社会主义的爱国者和拥护祖国统一的爱国者的广泛的爱国统一战线，这个统一战线将继续巩固和发展。中国人民政治协商会议是有广泛代表性的统一战线组织，过去发挥了重要的历史作用，今后在国家政治生活、社会生活和对外友好活动中，在进行现代化社会主义建设、维护国家的统一和团结的斗争中，将进一步发挥它的重要作用。"《宪法》的这一段内容规定了我国爱国统一战线及其组织人民政协在国家政治生活中的地位和作用，也包含了在后来明确提出的中国共产党领导的多党合作和政治协商制度在国家政治生活中的地位和作用。统一战线、人民政协、多党合作和政治协商制度，这是三个密切联系而又有所区别的概念。统一战线，历来是中国共产党总政策的重要组成部分，又是在这种总政策指导下，在我国形成的一种政治现实；人民政协，是统一战线、多党合作和政治协商的组织形式；中国共产党领导的多党合作和政治协商制度，是我国的一项基本政治制度，是体现统一战线内各党派在国家政治生活中的地位、作用及它们相互之间关系的制度，是我国政治体制的一个重要方面，是我国社会主义民主制度的一个重要内容，是

① 讲话发表于1993年7月10日。

我国政治制度的特点和优势。

中国革命的胜利，中国社会主义建设的过程，是中国共产党领导的各个革命的，拥护社会主义的，爱国的社会阶级及其政党、团体和代表人士的团结逐步扩大并巩固的过程，也是党所领导的统一战线逐步扩大并巩固的过程。中国革命的基本社会力量是工人阶级（通过共产党）领导的工农联盟（包括革命的知识分子）。发展到社会主义阶段，国家政权的阶级基础，社会主义事业的基本社会力量仍然是工人阶级（通过共产党）领导的工农联盟，就其成分来说则是工人、农民和知识分子（知识分子并不是工人、农民以外的一个阶级，而就总体来说是工人阶级的一部分）。但无论革命和建设，还是夺取政权和巩固政权，仅仅依靠这些基本的社会阶级力量还不够，还必须根据当时的条件和任务，团结一切可以团结的力量，结成广泛的政治联盟。中国共产党一贯把统一战线视为革命和建设的法宝，认为这是革命和建设成败的关键。

中华人民共和国的建立，充分显示了中国共产党领导的人民民主和爱国统一战线的伟大作用。当中国共产党领导的人民革命在全国取得伟大胜利的时候，作为中国共产党领导的以工农联盟为基础的人民民主统一战线的组织形式——中国人民政治协商会议于1949年9月召开。在普选的全国人民代表大会召开前，政协全体会议曾代行全国人民代表大会的职权，制定了在一个时期内起临时宪法作用的《中国人民政治协商会议共同纲领》，选举产生了中央人民政府，于1949年10月1日宣告中华人民共和国成立。中国人民民主政权在全国范围的建立，是中国共产党领导的人民民主统一战线的胜利发展及其在国家政权上的表现。需要明确的是，以人民民主统一战线的组织人民政协代行国家最高权力机关人民代表大会的职权，只是革命转变时期的临时措施。当条件具备以后，当召开人民代表大会产生国家政权机构并制定《宪法》之后，统一战线的组织——人民政协就不再起国家政权机关的作用。1954年召开第一次全国人民代表大会产生国家机构制定第一部《宪法》以后，政协曾经讨论过这个问题，毛泽东同志也曾说到这个问题，总的看法是：在新的历史条件下，政协不应当是国家政权机关，而是各党派进行政治协商的广泛的爱国统一战线组织。其任务有五：一是对外方面，代表中国各党派、团体和各族人民维护国家主权和世界和平，如发表宣言，反对侵略，保卫和平；二是在内政方面，就国家大事进行协商，如协商选举候选人名单；三是提意见，对党和政府工作提建议、意见和批评；四是调整关系，就国家政治生活中各种关系，如公私关系等进行协商；五是学习，组织参加单位和人士进行自我学习。有了人民代表大会的权力机关，并不妨碍政协进行协商。人大的代表性很大，但它不能包括所有方面，所以政协仍有存在的必要。各党派、各民族、各团体的领导人物一起来协商新中国的大事非常重要。在社会主义改造和工业化建设中，统一战线有重要意义。1956 年，毛泽东同志代表党中央正式提出共产党与各民主党派“长期共存、互相监督”的方针。从此以后，逐步形成多党合作的框架。

中共十一届三中全会以后，统一战线和人民政协工作有了新的发展，中国共产党领导的多党合作和政治协商制度也逐步完备，并被确立为我国的一项基本制度。这说明，统一战线和它的组织形式——人民政协不是国家权力机关，但它是领导、参加、支持我国人民民主政权的各种社会力量的联盟，是领导、参加、支持我国人民民主政权的党派、团体、人士的合作协商组织，是党派性或以党派为基础而又比党派联合更为广泛的爱国统一战线组织，是支持我国人民民主政权的广泛的有组织的社会基础。中共领导的多党合作和政治协商制度，不是规定国家政权地位、作用和构成的制度，但它是规定领导、参加、支持这个国家政权的各党派的政治活动及其相互关系的制度，是支持我国人民代表大会政权制度的政党制度。

在我国政治生活中，人民代表大会的根本制度和共产党领导的多党合作、政治协商的基本制度，两者的性质、作用不同，但又相辅相成，体现了我国政治生活的特色和优势，都是社会主义民主政治的重要内容。我们知道，在近代历史上，比较发展了的政治形式都是政党政治。各个近代国家的政权，都是以一定的政党活动为基础、由一定的政党支持的。而各种近代意义上的政党都是围绕夺取或巩固某种政权而活动的。但是在一般情况下，国家政权制度与政党制度既互相联系又互相区别，不能混为一体。西方各国在反对封建主义和建立、建设资本主义制度的斗争中，建立了政党，形成了现代西方的多党制和议会制。它在历史上发挥过积极的作用，现在仍支持着资本主义制度，同时也暴露出其维护资产阶级政治统治的虚伪性质。中国的社会主义政治制度包括政党制度，有自己独特的历史，中国不能实行西方那种多党制和议会制，而必须实行共产党领导的多党合作和政治协商制度。这样做不单纯是理论的推导，而是中国的社会阶级状况，中国各派政治力量的组合与斗争、中国革命的历史进程等所决定的，是中国各族人民的选择。

近几十年来，中国社会阶级状况确实发生了巨大的变化。中国各民主党派也由过去以民族资产阶级、城市小资产阶级和与他们相联系的一部分知识分子为其主要社会基础的党派，变成了他们自身所联系的一部分社会主义劳动者和一部分拥护社会主义的爱国者的政治联盟。中国社会的主要力量是工人、农民和知识分子，而中国共产党则是以工人阶级先锋队的资格代表了他们的根本利益。这些变化说明，中国各阶级、各阶层、各部分群众和各党派，在社会主义道路上所形成的共同利益和共同目标更加具有凝聚力，拥护社会主义的社会力量和爱国主义的社会力量在政治上更加接近，联系更加密切了，振兴中华、统一祖国成为绝大多数中国人的共同利益和愿望，而中国共产党也更加能够在政治上成为所有这些阶级、阶层、党派等社会力量的领导者和团结核心。要在这样的条件下建立像西方那样的多党制，形成相互抗衡的独立的政治力量，显然没有社会基础，是不可能的。当然这并不是说在社会主义、爱国主义的共同旗帜下，各阶级、阶层、党派等没有特殊的利益、要求和意见，这些特殊利益、要求和意见肯定存在，而且随着改革开放和市场经济的发展，还会出现新的具有自己特殊利益、要求和意见的社会群体。但这种情况并不说明应该实行西方式多党制和议会制，只是更加说明巩固、扩大爱国统一战线、持续和完善共产党领导的多党合作和政治协商制度、加强人民政协工作的必要性和重要性。

前面谈到，统一战线的总政策和政治现实，人民政协的组织形式，中国共产党领导的多党合作和政治协商制度，是三者密切联系又有区别的概念。多党合作基本指党派间的合作，作为一种基本政治制度，它体现在政治生活的各个方面，并且有多种合作形式，包括民主党派人士在人大和政府中任职并与共产党合作等，但最主要、最经常的形式是政治协商。人民政协是爱国统一战线的组织形式，也是实行多党合作、政治协商的重要形式。它的基本职能是进行政治协商和民主监督。虽然党派是人民政协的重要组成单位，它们之间的协商、监督是人民政协十分重要的活动，但人民政协的组成和活动并不限于各党派，还包括无党派人士和工商联，工、青、妇等各人民团体，民族、宗教、归侨，以及经济、科技、教育、文化等各个方面的代表人士，远远超出党派合作的范围。而所有这些制度、组织和活动，都属于中国共产党领导的统一战线的范畴。

共产党领导的多党合作和政治协商制度的主要特点，一是团结合作，二是政治协商。团结合作是作为执政党的中国共产党与作为参政党的各民主党派及比各党派更广范围的各人民团体、各界代表人士，在社会主义、爱国主义共同的旗帜和任务下密切合作，为建设有中国特色的社会主义任务而共同努力，并主要通过协商监督的方式对各自所反映出来的不同利益、要求和意见，加以协调。这与西方实行的两党制或多党制，即一边是执政党，一边是反对党，相互分立和竞争的做法不同，可以把全国各阶级、阶层、党派、团体和各界人士就国家大事和人民群众关心的重大问题进行协商，以便求得一致意见，同时实行民主监督，对党政机关的工作和干部提出批评建议，以及相互之间实行互相监督。这种在统一战线内部实行的协商民主与人民代表大会按照民主集中制原则进行选举、表决的民主是相辅相成的，各有其优越性。协商与选举表决相结合，更能反映各方面的意见、协调各方面的关系，更能做到在民主基础上的集中统一，这是我国革命和建设的历史中形成的具有中国特色的社会主义民主制度，是西方所谓的民主所不可比拟的。

同人民代表大会制度一样，中国共产党领导的多党合作和政治协商制度在近年来有很大发展，发挥了重要的作用，但是还不够完善，还有许多不尽如人意的地方，还需要加强建设，进一步完善。江泽民同志在十四大报告中，在提出进一步完善人民代表大会制度的同时，也提出了这方面的任务，指出要“完善共产党领导的多党合作和政治协商制度、现固和发展新时期爱国统一战线，充分发挥人民政协在政治协商和民主监督中的作用”。

如何进一步完善这种制度，需要根据建设有中国特色的社会主义理论和党的“一个中心，两个基本点”的基本路线，总结宪法颁布十年来我国发展社会主义民主的经验，考虑我国经济政治的发展前景，认真加以研究。

第一，在经济发展和改革开放中，我国社会结构正在发生并且还将发生新的变化，要根据这些变化研究各民主党派、人民团体的建设及他们与各自所联系的群众的关系，研究在工人阶级领导和工农联盟的基础上，使拥护社会主义的和爱国的各族各界群众都能通过与他们有密切联系的民主党派、人民团体和有代表性的人士，把他们的利益、要求和意见反映上来，并通过共产党的正确路线、政策的引导，通过政治协商、民主监督，使这些不同的利益、要求和意见在建设有中国特色社会主义的共同任务下得到协调。

第二，现在有了一些规范多党合作和政治协商的制度，但从规范化、程序化和可操作性来说，还不够具体，而且存在某种程度的随意性。要研究如何使这种合作、协商、监督进一步制度化，形成具体的规范和程序，增强可操作性，使之既有利于保证共产党的领导，保证基本路线的贯彻，又有利于保证各民主党派、人民团体、各族各界人士的民主权利，使各种利益、要求、意见都得到充分的反映。这些制度的建设并不带有国家政权制度的性质，而是属于党派、团体和各族各界之间的协议性质，但仍然要求有相互制约的作用。

第三，今后如果要根据新的情况和总结新的经验修改宪法，使之更加完善，或者制定某些有关的法律，对统一战线、人民政协和中国共产党领导的多党合作与政治协商制度，对他们的地位、作用及相应的组织制度、运行程序等，需要研究如何规定得更加明确和具体一些。早在 14 年前，邓小平同志就说过："为了保障人民民主，必须加强法制，必须使民主制度化、法律化，使这种制度和法律不因领导人的改变而改变，不因领导人的看法和注意力的改变而改变。"《宪法》是这样说的，十几年来许多制度和法律的建设也是这样做的。当然，宣传、贯彻、执行得好，还需要做长期的艰苦的努力，这也是很自然的。但我们仍要以这个要求来衡量我们民主和法制建设，按这样的要求去进一步完善共产党领导的多党合作和政治协商制度。

二、新形势下的政协工作

在全国各族人民认真学习和贯彻落实中共十四大精神，全面推进建设有中国特色的社会主义事业的新形势下，全国和省、市等各级政协相继召开了换届大会，选举产生了新的一届政协领导机构，顺利完成了新老交替和继往开来的任务。在新的一届政协任期五年内，正是实现我国现代化建设第二步战略目标非常关键的时期。这五年按照中共十四大部署，要在邓小平同志建设有中国特色的社会主义理论和社会主义初级阶段基本路线的指引下，抓住有利时机，使国民经济再上一个新台阶；要加快改革开放步伐，在建立社会主义市场经济体制方面取得新的突破；要进一步加强社会主义民主法制和精神文明建设，促进社会全面进步；进一步贯彻“一国两制”方针，推进祖国和平统一大业；积极发展对外友好关系，为国内建设创造良好的国际环境；等等。新形势、新任务向人民政协提出了新的要求。正如李瑞环同志所说：“人民政协肩负的任务不是减轻了而是加重了、发挥作用的天地不是缩小了而是扩大了。我们要充分认识人民政协在新时期的重要地位和作用，适应新形势，探索新路子，做出新贡献。”

人民政协是最广泛的爱国统一战线组织，是具有中国特色社会主义政治体制的重要组成部分。大家知道，民主革命时期，统一战线是我们克敌制胜的三大法宝之一。今天我们仍需要运用这个法宝，以动员和团结人民群众建设有中国特色的社会主义，实现统一祖国和振兴中华的宏伟目标。新时期爱国统一战线包括两个范围的联盟，即一个是由祖国大陆范围内全体劳动者、爱国者组成的以社会主义为政治基础的联盟；一个是广泛团结台、港、澳同胞和海外侨胞，以拥护祖国统一为政治基础的联盟。这两个联盟有各自不同的特点，不可随意偏废。在前一个联盟范围内，要搞好“大团结、大统一”；在后一个联盟范围内，则旨在求祖国和平统一之同，存社会制度、意识形态和生活方式之异。我们要通过长期不懈、情理交融的创造性工作，逐步调动起两个联盟范围内广大成员的积极性，拧成一股投身于社会主义建设和促进祖国和平统一的巨大力量，不断地巩固和发展爱国统一战线，开创出人民政协工作的新局面。

人民政协的工作现在正处在一个大有可为的新时期。我们应当认清未来、把握机遇、主动做好工作。以邓小平同志建设有中国特色的社会主义理论和党在社会主义初级阶段的基本路线为指导，加快改革开放和现代化建设的步伐，争取提前实现翻两番的目标，把本届政协的工作推向一个新的高度。

（一）牢牢抓住“团结”和“民主”两个主题

江泽民同志指出，人民政协工作涉及的方面很多，但主题就是两个：一个是“团结”，一个是“民主”。把这两个方面工作做好了，政协工作就是有成效的了。前面已经讲了，政协是爱国统一战线性质的组织，而统一战线的本质，就是实现各民族、各党派、各阶层人民的广泛团结，为完成国家的总任务、总目标共同奋斗。小平同志明确指出，人民政协的任务就是要调动一切积极因素，努力化消极因素为积极因素，团结一切可以团结的力量，同心同德、群策群力，维护和发展安定团结的政治局面，为把我国建设成为现代化的社会主义强国而奋斗。因此，本届政协要把继续巩固和发展爱国统一战线各方面的团结摆在突出位置。通过我们认真、细致的工作，化解矛盾、协调关系、反映民意、增进共识、同心同德、通力合作，并影响和带动海内外广大群众为祖国的改革开放和现代化建设献计出力。我们要继续坚定不移地贯彻“长期共存、互相监督、肝胆相照、荣辱与共”的方针，密切同各民主党派的联系与协作，充分发挥民主党派在政协中的作用，真正使政协成为多党合作和政治协商的重要组织形式。要努力做好专家、学者的团结工作，推动落实知识分子政策，为发挥他们在社会主义现代化建设中的特殊作用提供良好条件。本届政协的另一个特点，是包括了各民族、宗教的全部代表人物。应发挥这个优势，继续努力促进各民族间兄弟般的团结，共同繁荣和发展。处理好民族宗教问题，对于国家安定和民族团结，对于社会主义现代化建设及各民族、宗教的自身发展，具有不可忽视的重要意义和作用。我们要认真贯彻执行国家的宗教信仰自由政策，努力宣传爱国主义、集体主义和社会主义，严格遵守“政治上团结合作，信仰上互相尊重”的原则，注意协调关系，促进各民族、宗教团体之间及各民族宗教团体同有关部门之间的团结，调动各民族、宗教界人士的积极因素、为社会主义建设事业和祖国的和平统一贡献力量。政协的对台工作是国家对台工作全局中一个重要组成部分。我们既要充分认识祖国统一工作的复杂性、长期性，又必须具有紧迫感，积极促进祖国统一大业的早日实现。政协的基本任务虽在不同历史时期有不同内容，但团结一切可以团结的力量，为党和国家的总任务服务这个核心内容是不变的。当前，就是为统一祖国、振兴中华、加快改革开放和社会主义现代化建设服务，为建设有中国特色的社会主义服务。

人民政协在推进社会主义民主政治建设，保持社会长期稳定中具有特殊的重要作用。我们体会到党的十一届三中全会以来积极推进政治体制改革，一个重要目标就是扩大社会主义民主。民主是历史发展的必然趋势，是社会进步的重要标志，是人民群众的普遍要求，也是中国共产党和各民主党派、无党派民主人士长期为之努力奋斗的目标。李瑞环同志说：“中国共产党领导中国人民推翻‘三座大山’，建立新中国，举的就是新民主主义的旗帜。”在建设有中国特色社会主义的进程中，民主政治建设始终是一个重要内容。但是，我们也应该看到，民主是相对的、历史的、具体的。一定的民主必然与一定的时代特征相联系，与一定社会的政治、经济、文化发展水平相适应。我国建立社会主义民主政治，必须从我国的实际出发，在团结稳定的前提下进行，有利于坚持以经济建设为中心，促进经济和社会的发展。邓小平同志说："我们的最终目标是要发展社会主义民主，但匆匆忙忙地搞，不行。"匆匆忙忙地搞就会造成国家的混乱，就会影响经济的发展。李瑞环同志说："这样搞只能是破坏，而不是建设；只能是民苦，而不是民主。"我们必须明确，中国的民主政治建设如同经济建设一样，要有中国的特色，符合中国的实际情况，考虑到中华民族的文化传统、道德观念、思维方式等，要积极稳妥地向前推进。我国民主政治建设需要多方面的努力，包括坚持和完善人民代表大会制度，中国共产党领导的多党合作和政治协商制度，推进国家领导制度的改革，加强基层民主建设，保障人民群众的各项民主权益等。然而，人民政协在我国民主政治建设中的特殊地位和作用，它的独创性和有效性，已经得到历史的证实。人民政协是发扬社会主义民主的重要渠道，是各民主党派、人民团体和社会各界人士参政议政的重要场所。李瑞环同志说："从这个意义上讲，承认民主重要、稳定重要，就不能不承认政协重要；承认既要发展民主保持稳定，就必须认真研究和充分发挥政协的作用。"

（二）紧紧围绕为经济建设这个中心服务开展工作

新形势要求人民政协的工作必须服从和服务于经济建设这个中心，围绕中心工作积极发挥自己的优势，做好团结和民主工作，这既是对我们政协工作进行的是否有成效的一种检验，也是我们这些从事政协工作的同志需要认真探讨的一个新课题。特别在当前深化改革、扩大开放、搞活经济的新形势下，我们政协更要以邓小平同志南方谈话和党的十四大精神为指针，牢牢抓住团结和民主两个主题，紧紧围绕经济建设这个中心，不断探索和开拓政协工作为经济建设服务的新路子，以充分发挥各民主党派、各人民团体和各界代表人士的特有作用。在这个问题上，我们过去已经做了初步探索，比较一致的意见有如下几个方面。

第一，我们应该进一步明确政协工作为经济建设这个中心服务的指导思想。要充分认识到社会主义的根本任务是解放和发展生产力，以经济建设为中心是党的基本路线的核心内容。政协工作和其他工作一样必须服从和服务于经济建设这个中心。人民政协具有人才荟萃、联系面广的优势，在当前的新形势下更应发挥这种优势来为经济建设中心服务。

第二，我们探索政协工作新路子主要是探索政协工作为经济建设服务的新路子。

（1）要在拟定本地国民经济和社会发展规划及经济工作的重要决策方面认真履行自己的职能，广开言路，充分协商，促进各级党委和政府决策的民主化与科学化。

（2）运用人才聚集的优势，围绕本地经济建设的重点、难点和群众关心的热点问题，组织有关委员和专家开展调查研究，为搞好改革开放和加快经济发展出谋划策。

（3）发挥政协联系广泛的优势，积极开展“三胞”联谊工作，广交朋友，拓宽渠道，协助政府做好“三引进”工作，为扩大开放、发展外向型经济当好“红娘”。

（4）有重点地深入基层，组织有关委员和专家进行考察和咨询，为深化改革，增强企业活力，加快技术改造，提高经济效益，以及扶持老、贫地区发展经济而积极努力，多做工作。

（5）通过横向联系，牵线搭桥，协助政府加强和扩大兄弟地区之间的经济技术协作，促进本地经济更好地发展。

（6）坚持“两手抓”方针，协助党和政府各级组织加强精神文明建设和民主法制建设，为本地经济发展创造良好的社会环境。

第三，人民政协如何为建立社会主义市场经济体制做出贡献，这是一个崭新的课题，是当前政协统战系统学习贯彻党的十四大精神应当研究解决的一个重大课题。

人民政协历来是为实现党的总路线总任务服务的，一切工作和活动都服从这个宗旨。既然建立社会主义市场经济体制是为了加快改革开放的步伐，夺取有中国特色社会主义建设事业的胜利，人民政协就应义不容辞地发挥好自己的作用，为建立社会主义市场经济体制，加快经济发展，做出自己的贡献。

首先，要认真、深入地学习十四大精神，用党的基本路线和十四大精神统一思想，用邓小平同志建设有中国特色社会主义的理论武装头脑。只有把十四大精神学习好，吃透十四大精神，才能认真学好社会主义市场经济知识，才能思想明确地为建立社会主义市场经济体制服务。全国政协七届常委会21次会议已为此做出了决议，我们要认真贯彻执行。

其次，要为建立社会主义市场经济体制创造和维护一个团结稳定的社会和政治环境。江泽民同志在十四大报告中指出："坚持党的基本路线不动摇，必须巩固和发展团结稳定的政治局面。没有政治稳定，社会动荡不安，什么改革开放，什么经济建设，统统搞不成。"创造和维护团结稳定的政治局面，人民政协可以做许多工作。人民政协是做团结工作的重要支柱，要充分发挥政协的作用，在团结上下功夫。要广泛联系和团结社会各界群众，特别是充分发挥知识分子的作用。要协助党和政府落实各项政策，化解矛盾、协调关系；促进团结稳定局面的巩固和发展，以利于社会主义市场经济体制的建立。

再次，紧紧围绕建立社会主义市场经济体制的目标，开展和加强对市场的调查研究，分析市场动态、研究市场机制作用以及其他有关市场培育的各种问题等，为建立社会主义市场经济的具体决策提供依据。当前要抓好转换企业经营机制和转变政府职能这一重点工作的调查研究，为建立社会主义市场经济体制献计献策。

复次，协助党和政府积极推进政治体制改革，使社会主义民主和法制建设有较大的发展，以适应社会主义市场经济体制的建立和完善，保证经济建设和改革开放的顺利进行。我们要按照十四大的要求，进一步完善人民代表大会制度，进一步完善共产党领导的多党合作和政治协商制度，巩固和发展爱国统一战线，坚持"16字方针"，进一步巩固同党外人士的联盟，并在有关经济法规颁布之后，主动地加强人民政协的民主监督。

最后，进一步促进同台湾、港澳地区的经济合作和联系，共同振兴民族经济。在这方面，人民政协的优势远未充分发挥。为了建立社会主义市场经济体制，当前要大力加强团结"三胞"的工作，继续为引进资金、技术、人才牵线搭桥，并大力介绍和了解台湾及港澳地区关于市场经济的有益经验和信息。这方面工作做好了，还可以大大推进祖国统一的进程。

党的十四大报告指出："建立和完善社会主义市场经济体制，是一个长期发展的过程，是一项艰巨复杂的社会系统工程，既要做持久的努力，又要有紧迫感；既要坚定方向，又要从实际出发，区别不同情况，积极推进。”人民政协要按照这一精神，结合自己的特点，积极而坚定地为建立社会主义市场经济体制开展好自己的工作。总之，在社会主义市场经济条件下，去积极探索政协工作怎样选准角度，找准位置，尽职不越位，帮忙不添乱，切实而不表面的路子。只要大家认真学习，同心同德，群策群力，在这项工作中政协是大有可为的。

（三）选好角度、发挥优势、认真履行政治协商、民主监督的基本职能

政协工作要想更好地为经济建设中心服务，就一定要从自己的基本职能和特点出发，找准自己的位置，演好自己的角色，发挥自己的作用。这也就是说，政协工作为经济建设服务，应着眼于团结（团结一切可以团结的力量），立足于调动（调动一切积极因素），着力于发挥（发挥政治协商、民主监督基本职能作用），落实于实现江泽民同志提出的“四个服务”新时期统战工作的任务：一是更好地为巩固和发展安定团结的政治局面服务；二是为推进社会主义现代化建设和改革开放服务；三是为健全社会主义民主和法制服务；四是为促进“一国两制”、和平统一祖国服务。

政协工作既要从宏观着眼，履行基本职能议大事，搞好为经济建设这个中心的间接服务；也要从微观着手、发挥优势办实事，搞好为经济建设这个中心的直接服务。而且要把两者有机地结合起来，使政协能充分发挥在深化改革中的决策咨询作用，在扩大开放中的桥梁纽带作用，在加快发展中的智力支持作用，以及在维护社会稳定中的协调疏导作用等，从而真正为经济建设这个中心更好地增加助力，增强合力，增添活力和增进实力。

关于协商和监督，就字面而言，是极易了解的。协商，顾名思义是为了商量办事，以达到意见统一，步调一致，把事情办好。监督，即监察督促，是为了使协商产生的协议得以贯彻执行，目的也是为了把商定的事情办好。故协商监督之词广泛为社会各个方面所应用、为世人所熟知。但作为人民政协基本职能的协商、监督，即“政治协商、民主监督”，是有特定内容和含义的，与一般广义的协商、监督有本质的区别。认识和把握协商监督的本质，

对于有效履行协商、监督职能，对于政协工作的深入发展，都是至关重要的。政协的协商、监督有三个基本特征：统战性、党派性、民意性。这是由政协作为爱国统一战线组织性质所决定的，唯其如此，才称之为“政治协商、民主监督”。

第一，统战性特征表现在协商从发端到归宿都是为了巩固和发展爱国统一战线，是为了增强团结。因此，协商监督不论采取何种方式，不论是党委决定重大问题征求政协的意见，还是政府就有关大政方针听取政协的意见，或是政协根据委员反映的重大事情请党委、政府领导到政协来协商，或者统一战线内部的协商，实际都是执政的共产党与民主党派和非党人士的协商。只有搞清了谁与谁协商的问题，才有了协商的前提。在政协协商、监督的各种活动中，都应明确主客体两者的关系，否则协商、监督就会变了性，就会离开本质主题，搞得虽热闹，但无实质意义。

第二，政协在协商、监督活动中，不仅要反映民主党派委员的参政意见，而且要体现作为政协参加单位的党派团体的意志。这就是政协协商、监督的党派性，是有别于其他协商、监督的重要特征。中国共产党领导的多党合作与政治协商制度，是有中国特色社会主义的一项基本政治制度。政协作为民主党派参政议政的重要场所，参与协商、监督也就成了民主党派参政议政的活动主题，党派成员要有强烈的参与意识，要在搞好本职工作的同时，观察与研究经济建设和社会主义精神文明建设中的重要问题，先在党派内部形成共识，同时在调查研究的基础上形成参政议政的意见和建议，然后到政府的有关会议上表达。这是民主党派的历史使命，是每个党派成员的政治责任，也是民主党派存在的必然。

第三，人民政协广泛联系着社会的各个阶层，包括无党派的爱国人士，是人民群众的代言机构，协商、监督必然体现各方面的民意。政协提出的协商、监督意见与建议必须源于群众，发于委员，自下而上，反映民意。有人对政协委员的职责归纳为八个字——“反映民意，议政献智”。反映民意就是经常反映自己所联系的群众的意见和呼声；议政献智就是对政府的工作提出建议批评，提出解决问题的办法。工作做好了，见到了成效，就会形成群众有事找委员，委员有意见到政协反映的民意畅顺局面。从政协的性质和任务可以看到，民意性是政协特别是地方政协的基础，是协商与监督的根本。这一点做好了，人民政协就会深入人心，就会在群众中树立崇高的威望。

在加快改革开放和社会主义现代化建设步伐的新形势下，人民政协怎样摆正自己的位置，选准工作角度，发挥优势，既充分又恰当地发挥作用，做到“到位”而不“越位”，这是一个大题目。宋德敏同志将政协的性质概括为三句话：广泛的爱国统一战线组织，共产党领导的多党合作的重要组织形式，发扬社会主义民主的重要渠道。政协的基本职能是政治协商和民主监督。这已经为政协工作定了位。现在我们要共同研究的是根据政协的性质和基本职能，本届政协要在实际工作上探索新路子、开拓新局面、使政协工作真正“到位”。在当前，要加大直接为经济建设服务的力度，通过多层次、多渠道，组织和引导政协委员及政协所联系的各界人士投入改革开放和经济建设的主战场。直接参与改革开放和经济建设活动。

首先，组织政协委员和政协所联系的各界人士，多层次地积极参政议政，为经济建设出谋献策。通过高层次座谈、对口联系、专题调研和考察论证等提出意见和建议，发挥协商监督作用。

其次，组织政协委员及政协所联系的各界人士，根据自己的优势和专长，按照因地制宜、扬长避短、抓住重点、注重实效、量力而行，持之以恒的原则开展各种咨询服务活动。

再次，邓小平同志说：“经济建设这一手我们搞得相当有成绩，形势喜人，这是我们国家的成功。但风气如果坏下去，经济搞成功又有什么意义？会在另一方面变质，反过来影响整个经济变质，发展下去会形成贪污、盗窃、贿赂横行的世界。”政协委员及政协所联系的各界人士要在端正党风、加强廉政建设、同各种腐败现象作坚决的斗争方面充分发挥民主监督作用。

我们在实际工作中深刻体会到：几十年来，中国共产党和各民主党派、无党派人士对于如何搞好政治协商和民主监督，进行了多方面的探索，毛泽东、周恩来、邓小平等老一辈无产阶级革命家和以江泽民同志为核心的中共中央，对此有过系统的精辟论述。我们必须深刻理解、认真贯彻落实。第一，要发扬国家主人精神。第二，要强调虚心听取意见。第三，要创造民主和谐的环境。第四，要建立和完善规章制度。

我们要继承和发扬优良传统，创造和总结新鲜经验，使政治协商和民主监督制度在新的历史条件下得到发展。

（四）加强人民政协的自身建设

为了胜利完成时代赋予人民政协的光荣使命，开创人民政协工作的新局面，新一届政协必须努力搞好自身建设。

要加强学习，江泽民同志在许多场合或会议上都强调新形势下加强学习的重要。他在《纪念中国共产党成立七十二周年座谈会上的讲话》中强调："十四大提出用建设有中国特色社会主义的理论武装全党，是加强和改进党的建设的一项根本性工作，是党的建设一项长期战略任务，要贯穿于社会主义现代化建设的全过程。各级党委、各级领导干部一定要提高学习的自觉性，充分认识学好马列主义、毛泽东思想，特别是学好邓小平同志建设有中国特色社会主义的理论，对于提高党的政策水平和领导水平，正确认识和解决社会主义现代化建设过程中遇到的新问题和深层次的矛盾，努力防止和克服工作中的片面性、绝对化，确保全面、正确地贯彻落实党的基本路线和各项方针政策，都具有极其重要的意义。现在，改革和建设任务很重，大家都很忙，但是一定要挤时间学理论。如果成天忙于事务，忽视理论学习，头脑不清醒，是要吃大亏的。学习建设有中国特色社会主义的理论，不能浅尝辄止，更不能断章取义，各取所需。必须认真地而不是敷衍地、具体地而不是抽象地、系统地而不是零碎地刻苦钻研，才能掌握这个理论，用好这个理论。"我们要认真学习江泽民同志《在纪念中国共产党成立七十二周年座谈会上的讲话》，响应以江泽民同志为核心的党中央的号召，适应新形势的紧迫需要，加强学习，真正用建设有中国特色社会主义的理论武装头脑，这样在贯彻执行党的基本路线和方针政策上就有自觉性和坚定性，就能与党中央始终保持思想上、政治上的高度一致，以利增强共同政治基础上的团结合作。

对于做政协工作的同志来说，要通过加强学习，强化四个意识：一是强化为中心服务意识；二是强化改革开放意识；三是强化海外统战意识；四是强化直接参与意识。此外，在实际工作中还要讲究工作方法，注意围绕中心，突出重点，带动一般，讲求实效，特别是在调查研究和献计献策中，要花大力气，力求超前，拿出有深度、有力度，上质量、上水平，能积极促进改革开放和经济建设的"拳头产品"来。

1993 年 3 月，江泽民同志和李瑞环同志在全国人大、政协八届一次会议期间做了关于政协工作的重要讲话。他们的讲话系统、深刻地总结了40多年来，特别是党的十一届三中全会以来人民政协工作的基本经验和功绩，进一步精辟地阐明了新时期人民政协重要的地位和作用及面临的新形势和新任务，进一步提出了各级政协委员在政协工作中所肩负的责任，从而为今后政协工作适应新形势，探索新路子，开创新局面指明了方向。大政方针已定，关键在于实干。我深信，只要我们抓住机遇，积极主动，开拓进取，牢牢把握住团结和民主这两个主题，紧紧围绕经济建设这个中心，认真履行“政治协商、民主监督”基本职能，就一定能走出新路子，做出新贡献。让我们以共同响应江泽民同志在八届全国人大一次会议当选国家主席后发出的号召来结束我的讲话。他在讲话中指出：“解放思想，实事求是，积极探索，勇于创新，艰苦奋斗，知难而进，学习外国，自强不息，谦虚谨慎，不骄不躁，同心同德，顾全大局，勤俭节约，清正廉洁，励精图治，无私奉献，这些都应该成为新时期我们推进现代化建设，所要大加倡导和发扬的创业精神。”江泽民同志所归纳的这64个字，全面地概括了新时期创业精神基本内容，言简意赅，内涵丰富，我们在统一战线上工作的同志要更好地领会和贯彻。建设有中国特色的社会主义，不但需要有一个正确的理论，有一条正确的路线，还要有一个良好的精神风貌。创业精神体现了建设有中国特色社会主义理论和党的基本路线的要求，也必将促进这个理论和这条路线的贯彻落实。创业精神应当成为我们的民族精神，成为我们的时代精神。李瑞环同志在视察全国政协机关工作时对政协机关干部讲了一段话，对我们政协统战干部也很有教育意义。他对政协机关干部提出如下要求：“认清形势，振奋精神；热情服务，认真负责；加强学习，提高水平；齐心协力，团结奋进。”

人民政协统战工作也要为建立市场经济体制服务①

为了认真学习、宣传贯彻中共十四大精神，进一步解放思想、转变观念，中共镇江市委做出了一个有力举措，确定组织开展一场“确立社会主义市场经济观念问题的大讨论”活动。这一活动开展以来，从思想观念的转变与解放，到经济发展的实践，都收到了明显的效果。我们政协统战系统也开展了这场讨论，大家一致认为，这是摆在政协统战工作者面前的一个崭新的课题，也是当前政协统战系统学习贯彻党的十四大精神应当研究解决的一个重大课题。

第一，政协统战工作者也要解放思想、转变观念；一句话，要换脑筋。这就要认真深入学习、领会好十四届三中全会通过的《决定》，用邓小平同志建设有中国特色社会主义理论武装头脑，如此才能使思想观念明确地为建立社会主义市场经济体制服务；反之，就不可能在市场经济条件下做好人民政协统战工作。当前，对我们来说，解放思想，重点是要变“无所作为”为“大有可为”；变“怕当出头鸟”为“敢为天下先”；变“等上面布置”为“主动开创新局面”；变过去“靠权力去工作”为“靠协商、监督的水平”去工作；变“红火热闹的工作”为“扎实有效的工作”。说到底就是一句话，只有解放思想、换脑筋，才能以新的思路、新的风貌去开拓为经济建设服务的新局面。

第二，政协要充分发挥各民主党派、工商联、人民团体和各方面代表人士为市场经济服务的优势和作用。政协的工作面十分广泛，我们要始终抓住团结、民主两个主题，贯彻落实好团结、稳定、鼓劲、务实的工作方针，为建立市场经济体制创造和维护一个团结稳定的社会和政治环境。政协要广泛

① 本文写作于1993年9月2日。

联系和团结社会各界群众，特别是发挥知识分子的作用，协助党和政府落实各项政策，化解矛盾，协调关系，增进共识，促进团结、稳定局面的巩固和发展，以利于市场经济体制的建立。

第三，政协还具有海内外联系广泛的独特优势，凭借这种独特的功能和优势，理所当然地为招商引资、牵线搭桥献计出力。当前市场经济体制，为我们创造了更为有利的条件。全市各民主党派、人民团体和各方面的代表人士，以及“三胞”眷属，利用这个机会，用打一个电话、发一封信、提出一个要求、引进一笔资金和一个项目、办成一件实事为目标，积极主动地去努力。

第四，政协要主动研究市场经济要素中与统战工作相关的因素，开展和加强对市场的调查研究，分析市场动态，研究市场机制作用及其他有关市场培育的各种问题，为建立市场经济的具体决策提供依据。政协不是一个经济部门，不直接从事经济工作，但要为经济建设服务，就有必要直接或间接地不断跟踪市场变化，研究市场因素中与政协工作有关部分的变化情况，掌握必要的经济法则和管理知识，围绕本地经济发展的重点和难点，正确运用统战政策，妥善处理各种复杂问题，以增强我们工作的针对性、主动性，踊跃献计献策，提高为经济建设服务的效果。当前在经济领域的改革中，我们政协工作的重点在两个方面：一是抓住大中型企业经营机制转换这一重点进行调查研究，为建立市场经济献计献策。如做好大中型企业非党知识分子工作、科技人员代表人士的工作，引导他们促进企业经营机制的转换，促进科技成果向现实生产力转化，从而提高企业的经济效益；同时，引导他们懂得在市场经济条件下，仍以公有制为主渠道作用的重要性，要发挥工人阶级为主体的主人翁责任感的重要作用，仍要挑起这副重担，工人阶级（包括知识分子）必须具有艰苦创业精神。二是做好非公有制经济代表人士的工作，向他们宣传党和政府的方针、政策，进行爱国、敬业、守法和自觉服从管理与遵守职业道德，争做文明窗口的教育，维护他们的合法权益，反映他们的正当意见与要求，促进非公有制经济的健康发展。

第五，政协在围绕为建立市场经济体制服务的同时，必须协助党和政府积极推进政治体制改革，使社会主义民主和法制建设有较大的发展，以适应社会主义市场经济的建立和完善，保证经济建设和改革开放的顺利进行。

在江苏省镇江交通技工学校茅以升先生塑像奠基仪式上的讲话[①]

同学们、各位老师、各位同志：

今天，我们在省交通技校（现镇江交通技师学院）举行茅以升教授塑像奠基仪式，我代表市政协向参加这次活动的省劳动局和交通厅的领导和同志们表示热烈的欢迎和衷心的感谢！

1996年1月9日是我国著名的科学家、社会活动家茅以升教授诞辰100周年。茅以升教授是镇江人，生前曾任政协第六届全国委员会副主席、九三学社中央名誉主席、中国科协名誉主席、中国欧美同学会会长和铁道科学研究院院长等职。他为我国经济建设与发展、科技繁荣与进步贡献了毕生精力，是我国知识分子的楷模。

同学们、同志们：你们知道茅以升教授建桥、炸桥和再建桥的真实故事吗？著名的钱塘江大桥，是我国建桥史上第一次由中国人设计建造的，它的设计者就是茅以升教授。但桥建好后不久，日本帝国主义侵略中国，为了抗战的需要，茅以升教授忍痛把这座大桥炸毁。抗日战争胜利后，又由茅以升教授主持把这座桥复建起来。他在90岁高龄时加入中国共产党。为了缅怀这位热爱祖国、热爱党、热爱社会主义的著名科学家，弘扬和宣传这位家乡先贤与我国老一辈科学家的爱国主义精神和“献身、求实、创新、协作”的科学精神，进一步促进“科教兴市”战略实施和尊重知识、尊重人才的良好社会风尚，推动社会主义精神文明建设，1994年，根据茅以升科技教育基金管理委员会第二次常委会纪要和中共中央批准的全国政协《关于举行茅以升教

① 讲话发表于1996年5月11日。

授诞辰100周年纪念活动》的文件精神，结合镇江的实际情况，市政协专门给市委写了举行茅以升教授诞辰100周年纪念活动的请示报告，市委同意市政协提出的今年至明年1月9日的八项纪念活动。今天茅以升教授塑像在江苏省镇江交通技工学校举行奠基仪式，就是纪念活动的一项内容。

江苏省镇江交通技工学校是一所以为全省公路培养中级技工人才为主的公路技工学校。茅以升教授是位杰出的桥梁专家，路与桥总是密切联系在一起的，茅老塑像在贵校塑立，就是要作为永远的纪念。为此，学校与市博物馆共同举办了茅以升生平事迹展览，以使全校师生增加对茅以升教授的了解，激励后来者奋发向上，学习他深挚的爱国主义精神、自觉的奉献精神和强烈的革新进取精神，以高尚的精神塑造学生，培养学生做有理想、有道德、有文化、有纪律的社会主义建设者，树立实现四化，振兴中华的共同理想。

今天，由省劳动局、省交通厅政治部和公路管理部门在这里召开德育教育工作交流会议，是扎扎实实地组织实施和宣传贯彻《爱国主义教育纲要》与《中国教育改革和发展纲要》的具体行动与有力措施，你们的到来，既是对省镇江交通技工学校教育工作特别是德育教育的促进与推动，也是对我市

作者在茅以升诞辰100周年纪念活动上讲话

精神文明建设的鼓舞与鞭策，我谨代表镇江市政协向你们表示崇高的敬意！我向你们致以敬意，这是发自内心的、实在的，不是客套。搞好社会主义市场经济是重要的，要抓好社会主义精神文明、德育教育同样是重要的。邓小平同志早就指出，如果经济发展了，而精神道德腐败的，那又有什么意义呢？特别是我们党处于执政地位，担负着领导改革开放和现代化建设的重任，入党、当干部，是为了国家富强、民族振兴和人民的富裕幸福，而决不能为个人升官发财。共产党人是历史唯物主义者，我们从来不否认社会成员有个人的利益、个人的抱负和追求。但个人利益必须服从国家利益、局部利益必须服从整体利益、眼前利益必须服从长远利益，使个人的理想、抱负追求符合社会主义道德规范。我们每个人特别是干部和党员，一定要把人为什么活着这个问题弄清楚。如果只是为自己、为家庭而活着，那个意义是很有限的。只有为国家、为社会、为民族、为集体的利益奋不顾身地工作着，毫无保留地贡献出自己的聪明才智，这样的人生才有真正的意义，才是光荣的人生、闪光的人生，如过去的雷锋、焦裕禄，现在的孔繁森那样。中央号召学习孔繁森是非常有针对性的，我们的改革开放和社会主义现代化建设是一场深刻的革命，牢固地树立正确的世界观和人生观，才能在这场社会大变革中经受住严峻的考验。有些干部、党员，甚至很负责的人在考验面前就打了败仗，有的革命意志衰退了，有的走到邪路上去了，有的甚至堕落成社会的蛀虫和罪犯，归根到底，这些人在世界观、人生观上出了问题。这是德育教育的根本所在。当然，抓好党员、干部的世界观与人生观的教育是重要的，或者说至关重要的；但从青少年抓起，也是十分重要的。因为青少年是国家和民族的未来、跨世纪的人才，是希望所在。省劳动局、交通部门的领导抓这件事，是抓在骨节眼上。就是基于这些道理，我才向你们致敬的。

最后，向省交通技校的教职员工和学生表示热烈的祝贺！祝贺今天艺术节表演成功，祝贺你们在邓小平同志建设有中国特色的社会主义理论和党的基本路线指引下，把学校的教育工作越办越好，为我省的公路交通事业培养出更多的人才，做出新的贡献。

我的讲话完了。谢谢！

人民政协如何进一步解放思想，为加快经济发展和真抓实干献计献策[①]

当前，人民政协工作要深入学习贯彻邓小平同志南方谈话的精神，进一步解放思想，冲破旧观念的束缚，形成加快经济发展的共识，从而加快自身建设工作的步伐，更自觉地服从和服务于经济建设中心，更好地履行政协基本职能，结合我们的实际，我认为主要从以下五个方面消除旧的思想障碍，进一步解放思想。

第一，要从“政协要不要干实事”这一认识圈子里解放出来。

无论从党的统战工作产生、发展的历史，还是从新时期人民政协的地位、作用和其面临的任务等方面来认识，答案都是不容置疑的：政协工作同样要真抓实干，不是只说不干，也不是干干歇歇。以加强名城建设为例，近年来，我们市政协受市委、市政府的委托，直接参与和承担了华东制罐总厂、工人文化宫、宁镇公路、金山寺大雄宝殿等工程建设的组织实施工作；几年前，市委、市政府决定建立的“历史文化名城规划建设专家咨询组”实际上就是要求政协从干实事中去更好地发挥基本职能的作用，更好地调动“智囊团”和“人才库”的潜在积极性，更好地把他们的能量释放出来。如在市委、市政府直接领导下进行整治古运河工程就是这样的情况。许多新、老政协委员都愿为此出力，有的政协委员、政协机关干部直接参与组织实施的具体工作，受到各方面的赞誉，政协工作的基本职能落到了实处，真正成为党委和政府的助手。

第二，要从“无所作为”的精神状态中解放出来。

邓小平同志早就指出，政协工作大有可为。而我们有些同志没有真正从

① 本文为作者在学习邓小平南方谈话和“镇江精神”大讲座时的发言。

思想到实践去努力，或者说努力得很不够，大有潜力可挖。新时期的政协工作是建设有中国特色的社会主义的重要组成部分，政协工作要不断加强。我们要清除“左”的思想对统战工作的影响，克服“可有可无”“软件”“摆设”的认识误区和只讲待遇、不愿多吃苦做贡献的错误观念；也要克服对政协职务的荣誉是要的，但不想、不愿多做政协的实际工作，不愿为政协争取荣誉等精神状态，以更广泛地发挥其应有的作用。特别是在现代化建设和改革开放的新的历史条件下，政协工作如何注意充实协商监督的内容，加强中共同各党派、团体和各界人士在政协的真诚合作，是一个新的课题，我们应该认真加以研究，总结经验，把那些经过实践检验行之有效的好做法肯定下来，并逐步做到制度化。

第三，要从某些方面相互监督不足、肝胆相照不够的情况下解放出来。

在坚持共产党领导的多党合作这一基本政治制度实践中，不断加强相互合作共事的政治基础和思想基础，真正做到相互监督、肝胆相照、亲密无间，克服对人对事只讲情面、顾虑重重、相互放宽尺度、得过且过等精神状态。从党和人民事业的宏观和微观，真正做到荣辱与共，这是非常不容易的。特别是政协统战工作的共产党员领导同志，更要细心、虚心、设身处地去体察和调查这方面的情况，率先坦诚相见，以诚取信。

第四，要从“坐等人家邀请、联系我”的精神状态下解放出来。

要发挥政协联系面广和人才库的两大优势，主动上门联系，为促进经济发展牵线搭桥，出谋划策。政协各专门委员会都要结合本职工作，与党委和政府的有关部门保持经常的密切联系，从要人家联系我变为我要联系人家的主动精神，还要选择有关基层单位长期挂钩，了解信息，提供服务，以第一手资料和信息，更好地为加快经济建设献计出力，保驾护航。

第五，要从“小统战”的观念中解放出来。

政协要和各统战部门、各民主党派、工商联及各群众团体，互相支持配合，形成“大统战”姿态，发挥更大的整体力量。因为人民政协是最广泛的统一战线组织，必须树立大统战的观念。人民政协作为中国共产党领导的多党合作和政治协商的重要组织形式，是发扬社会主义民主的重要渠道。如何更好地发挥人民政协的作用，这是我们政治体制改革过程中需要积极探索和解决的一个重要课题。

人民政协要为人民群众办实事①

全国政协主席李瑞环在全国政协八届四次会议闭幕会上讲话指出："实现'九五'计划和2010年远景目标，是中国人民在中国共产党领导下创造历史的过程。在这个过程中，处理好领导与群众的关系，坚持一切为了人民、一切依靠人民，把群众的积极性充分调动起来并合理发挥出去，始终是我们必须高度重视并认真解决的重大问题。"接着，李瑞环主席又强调指出："要维护群众的利益，真心实意地为群众办实事。"这不仅是李瑞环同志对各级党委、各级政府提出的要求，更是对各级政协提出的指导性意见和殷切期望。

我认为，在我国各族人民中享有很高威信的人民政协，作为在共产党领导下实现各党派和无党派人士团结合作的重要组织，真心实意地为人民群众办实事，不但是必要的、可行的，而且有着广阔的天地。

一、人民政协为人民群众办实事的必要性

人民政协为人民群众办实事的必要性可从四个方面来看。

（一）中国共产党的宗旨是全心全意为人民服务

"为人民服务"这一宗旨，不但写入了中国共产党党章，而且各个历史时期党的领导人都在很多场合加以强调。1944年9月8日，毛泽东同志在中央警备团追悼张思德的会上讲话，第一次完整、准确地提出"为人民服务"的思想，并阐述了其内涵："我们这个队伍是为着解放人民的，是彻底地为人民的利益工作的。"1995年1月28日，江泽民同志在同国防大学学员座谈时指

① 本文发表于《镇江政协》1996年第3期。

出："我们党的宗旨是全心全意为人民服务。全党同志，首先是各级领导干部一时一刻不能离开这个宗旨……"

"为人民服务"的内涵，在革命战争年代主要是"解放人民"，把人民从三座大山的压迫下解放出来，建立让人民当家做主的新中国。即使是革命战争年代，为人民群众办实事也始终摆在各级党委的重要议事日程上。在中央苏区艰苦卓绝的反"围剿"斗争中，1934 年 1 月 27 日毛泽东发表了《关心群众生活，注意工作方法》一文，他指出："……解决群众的穿衣问题，吃饭问题，住房问题，柴米油盐问题，疾病卫生问题，婚姻问题。总之，一切群众的实际生活问题，都是我们应当注意的问题。"

在和平建设时期，"为人民服务"的内涵则是更多地表现在为人民群众办实事上，大而言之，是建设四个现代化的社会主义强国，小而言之，是为人民的衣食住行越来越好服务。1987 年 5 月 12 日，邓小平同志会见荷兰首相时说："人民有自己的亲身经历，眼睛是雪亮的。过去吃不饱，穿不暖，现在不仅吃饱穿暖，而且有现代化生活用品，人民是高兴的。"邓小平同志还说："总之，各项工作都要有助于建设有中国特色的社会主义，都要以是否有助于人民的富裕幸福，是否有助于国家的兴旺发达，作为衡量做得对或不对的标准。"

因此，我们党的宗旨就是要真心实意地为人民办实事。作为中国共产党领导的统一战线组织的人民政协，虽然在性质、地位、作用方面有其特殊性，但在为人民服务的这一条宗旨上，应该说是并行不悖的。

（二）为人民群众办事是爱国主义的重要内涵

人民政协是中国共产党领导的多党合作和政治协商的重要组织形式，政协委员中占有相当大比例的是非中共的各民主党派、无党派爱国人士，虽然党派不同、界别不同，但是大家都团结在爱国主义的大旗下。

爱国主义从来都不是空洞的、虚无的，爱国主义有着实实在在的内涵，对祖国的忠诚和热爱不能只说在嘴上，还要落实在关心和促进祖国的日益强大、人民的日益富裕上。而国家的繁荣富强与人民的生活改善又是密不可分、相辅相成的，只有真心实意地为人民群众办实事，广大人民群众建设祖国、保卫祖国的积极性才会不断高涨。

对于政协委员和政协机关中的非中共爱国人士来说，为人民群众办实事也是他们对祖国忠诚和热爱的一个实际行动。

（三）为人民群众办实事是建设有中国特色的社会主义民主的根本目的所在

发展社会主义民主，是建设有中国特色的社会主义的重要内容。人民政协是我国发扬社会主义民主的重要组织形式。积极、稳妥地推进社会主义民主政治建设，必须坚持一切为了群众，一切依靠群众。要努力做到悉心体察群众的情绪，及时了解群众的意愿，坚持不懈为群众办实事。

（四）为人民群众办实事是人民政协履行主要职能的重要补充

政治协商、民主监督、参政议政是人民政协的主要职能，主要职能如何履行，履行得好不好，事关重大。

其一，要摆正与党委、政府的关系。协商不代替，监督不对立，为了大目标，共唱一台戏。政协要和党委、政府共同唱好一台戏，关键是找准位置。一个地方的工作，好比一个乐团，每个部门首先得明确自己是搞什么乐器的，在什么位置上，这样，在统一指挥下，才能奏出和谐的乐章。如果连自己的位置都找不准，就不能合拍，无法形成合力。在这种情况下，你越卖力气，就越不合拍。政协工作也是这个道理，只有准确定位，才能逐步到位，也才能做到尽职不越位。在准确定位的基础上，抓大事、议大政，在宏观上献计献策，在微观上搞好服务，为群众办好实事，这样就会为各方面所接受和欢迎。

其二，要摆正与人民群众的关系。政协亦官亦民，工作不能靠权力，只能靠水平，履行主要职能的出发点是人民的利益，要尽力为人民群众多办实事，办好实事，这样才能取信于民，受到人民的欢迎，提高在人民群众中的威信。

二、人民政协为人民群众办实事的可行性

（一）各级人民政协为人民群众办实事已取得了大量成功经验

长期担任全国政协主席的周恩来同志以其全心全意为人民服务的精神，

以其为人民群众真心实意办实事的光辉实践，在全国人民心中成为伟大的丰碑。现任全国政协主席李瑞环虽日理万机，但不忘为人民群众办实事，他到新疆帮助解决群众吃水问题，受到新疆人民的赞颂。周恩来同志和李瑞环同志为人民群众办实事，不但为基层政协提供了成功的经验，更树立了光辉的榜样。

同时，各地政协也先后取得了为人民办实事的成功经验。北京市政协委员赴密云开展调查研究时，群众反映了密云水库移民 1 万多人的问题，政协委员感到此事重大，立即停止原专题，专门对水库移民情况做了调查，并上报党中央，很快，首批 3000 人的移民问题得到妥善解决。拖了 40 年的移民安置问题得到解决，群众纷纷致函，感激党，感激北京市政协。

（二）人民政协拥有为人民群众办好实事的人才优势

我国各级人民政协有委员 48 万人，他们中有经验丰富的政治活动家、成就卓著的专家学者和各个方面的著名人士，他们以自己的经验、学识和影响，代表各个界别参加政协组织，这是极为丰厚、极为可贵的、高层次的人才资源，为人民政协给人民群众办好各方面的实事提供了十分有利的条件。

（三）人民政协具备把实事办准办好的信息和论证力量

人民政协为人民群众办实事既不能包打天下，也不能违背客观规律，要区分轻重缓急，要把握自身能力，要想党委、政府所想，急人民群众所急，办党委、政府想办而不便出面或一时安排不了的事，办能发挥政协优势的事。这就要求信息广泛、及时、可靠，就要求论证有针对性、前瞻性、科学性和可行性。

人民政协联系面广、人才荟萃、位置超脱、渠道畅通，能够比较客观地反映和思考问题，能够提出有价值的意见和建议，应该说，具备把实事办准、办好的应有条件。

三、人民政协有为人民群众办实事的广阔天地

人民政协为人民群众办实事，可以是宏观的，也可是微观的；可以是精神文明建设范畴的，也可是物质文明建设范畴的；可以是涉及千百万人的大

事，也可是某个具体人的小事，天地十分广阔。

（一）为巩固和发展安定团结的政治局面发挥作用

邓小平同志说：“中国的问题，压倒一切的是需要稳定。没有稳定的环境，什么都搞不成，已经取得的成果也会失掉。”

稳定，符合全中国人民的根本利益。为巩固和发展安定团结的政治局面发挥作用，这是人民政协为人民办实事中最大的实事、最重要的实事。

1991 年夏镇江发生百年未遇的洪涝灾害，损失惨重。镇江市政协主动请战，在市委、市政府统一分工下，政协领导和委员，有的亲临一线指挥，有的深入灾区视察慰问，有的带领医疗队到灾区防病治病，有的为灾区恢复生产、重整家园开展咨询服务，有的为赈灾义演编写剧本、组织演出，无不尽心尽力；由市政协牵头组织赈灾义演 7 场，募捐人民币 68 万多元、粮票 3. 8 万多斤，不仅受到市委、市政府的赞誉和充分肯定，而且影响遍及全市城乡乃至海外。

有很多实事虽然不是直接为巩固和发展安定团结的政治局面服务，但也间接地在一定范围内为社会稳定发挥了作用。

1992 年年初，位于镇江大市口的中百二店开始拆建，不久便遇到中央宏观调控措施出台，黄金闹市的地皮晒太阳，社会各界群众怨言四起，有人提出要追究责任。市政协领导出面，首先耐心地进行宣传解释工作，说明对在一定政治气候下想办好事大事的人或组织，不能用消极的办法追究责任；进而提出，市政协要做出努力，帮助他们分忧解难；并在市委、市政府委托下，发挥政协优势，通过在香港的全国政协委员和市政协委员，积极引进资金，市政协全力以赴地参与中百二店的重建扩建工程，以切实而不表面的努力为稳定镇江和建设镇江做出了贡献。

镇江市政协从社会福利院了解到病残弃儿康复问题是一个很大的难题之后，从发扬革命人道主义精神的角度，上为政府分忧，下为病残弃儿健康着想，由政协牵头发起“送温暖、献爱心、帮助病残弃儿回归社会”活动，收到全社会单位、个人捐款 9 万多元。活动中，医务工作者免费施治，使 5 名病残弃儿手术后恢复健康；同时还在社会上开展“将病残弃儿接回家过一天幸福的家庭生活”的活动，市长方之焯出差刚返镇，不顾疲劳，亲自将一名病残儿抱回家。这一活动有效地缓解了病残弃儿全靠政府负担的状况。

在此基础上，1995 年 10 月市政协受市委、市政府委托，牵头筹建镇江市慈善基金会，经四处奔走、八方呼吁，已筹集基金 240 多万元，并于今年 4 月 3 日正式成立市慈善基金会，为慈善事业的发展和社会的稳定又办了一件实事。

人民来信来访工作，虽然市政府有专门机构负责，但社会各界及有些群众中也有主动给政协写信和来访的，市政协认为这些来信、来访既说明人民群众对人民政协的信任，也体现人民政协肩负着为党和政府分忧、为民办实事的重任。除安排一名处级女干部专门从事信访日常工作外，市政协领导坚持有信必阅，阅后必研究或批转市政协有关委办进行对口调查处理，或与市委、市政府有关单位共同研究处理。近三年来，对 400 余起信访的认真妥善处理，对理顺群众情绪、解决群众疾苦、落实党的政策，促成中外友好城市的交往等均起到了积极的作用。

（二）为改革开放和经济建设献计出力

李瑞环主席 1993 年 11 月 5 日在全国统战工作会议上说：“在党和国家的全部工作中，只有经济建设这一个中心……任何部门、任何个人，只有在坚持、围绕、服从和服务于经济建设这个中心的过程中，才能找到合适的位置，发挥应有的作用，体现自己存在的价值。”人民政协当然不能例外。

人民政协为经济建设这个中心办实事主要反映为两种模式：一是受党委、政府的委托；二是落实委员提案，参与推动解决。独立办的，要把自己特有的事办得更好；共同办的，要干得更能体现政协的特点和优势。

近几年来，镇江市政协在市委统一领导和分工下，受市政府委托，直接承担了一些市重点工程建设的组织实施、督促检查、协调配合工作，以及咨询论证、提供决策依据的参谋助手工作。做法上主要采用三种形式。

第一种形式是，“七五”期间，市委、市政府直接任命或委托政协主要领导担任一些工程建设项目的总指挥，具体组织实施，进行定期检查、监督和协调，保证工程如期完成。如华东制罐总厂、工人文化宫、宁镇公路、第一期工程的宝华山路和市区的宝塔山路、金山寺大雄宝殿、芙蓉楼等工程属此形式。

第二种形式是，“八五”期间，由市委、市政府主要领导担任工程总指挥，市政协领导担任工程常务副总指挥，由党委、政府负责抽调相关部门的人员组成指挥机构（包括政协机关的干部），日常工作委托常务副总指挥负责，直接参与工程组织实施的具体工作，如整治古运河工程，从整治规划到工程进度的具体施工，市政协都直接参与。目前经两期工程整治，濒于死亡的古运河开始恢复青春，岸柳成行，清水畅流，受到市民的好评。又如重建的市中百二店即镇港合资镇江商业城工程，政协也直接参与，目前，第一期工程 4 万余平方米的营业大厦矗立在黄金市口，5 月 1 日已对外营业。

第三种形式是，受市委、市政府的委托，成立以市政协领导、委员为主体的专家咨询组，研究探讨镇江历史文化名城规划、保护、建设的重大课题，提供决策依据，发挥咨询和顾问作用。如金山西区、北固山景点的东西环山路、沈括塑像、柳诒徵墓的迁建及绍宗藏书楼等文保单位的修建和扩建工程的论证。

同时，市政协落实委员提案，直接参与并推动一些实际问题的解决。

位于四摆渡的中国农业科学院镇江蚕业研究所是著名的科研机构，外事任务频繁，但门前公路坑坑洼洼，进出十分不便。政协委员多次提案，交通局答复不属公路网络，市建委答复不属于城市道路。市政协召开协调会，拿出集资解决方案，并逐家上门落实集资款，终于建成了平坦的水泥路，不但为蚕研所解决了延置多年的难题，也受到沿线工厂、企业和居民的赞誉。

何为为人民办实事？为人民服务就是为人民办实事。人民政协履行政治协商、民主监督、参政议政主要职能就是为人民办实事，人民政协直接参与地方重大经济活动，为党委、政府分挑重担也是为人民办实事。两者都是履行职能，两者都是为了人民的利益。但对这个问题，无论是在政协内部还是政协外部的一些人中，认识并不一致。我们在实践中感到，要做到在政协岗位上“干实事、求实效”，往往会碰到三种情况：一是想不想，二是敢不敢，三是会不会。如果只为了创造个人业绩而去干，凭主观意志去干，是肯定要碰壁的。要想“干实事、求实效”，必须首先解决世界观问题。一个干部，只要遵循党的宗旨，做到立党为公，为人民利益服务，就能无私无畏，勇于坚持真理，在政协工作岗位上也敢于“干实事、求实效”，并不是无事可做的，而是大有作为的。坚定了“干实事、求实效”的思想以后，还要研究求实的方法解决好善于不善于“干实事、求实效”的问题。作为一级政协的领导，关键做到“两个合拍”：一是吃透上情，做到与党和国家的政策合拍；二是摸清下情，做到与实际情况和群众关注的热点、焦点合拍。只有做到“两个合拍”，所干的实事，才是党和政府高兴的、群众盼望的。正如邓小平所说：“我们领导干部的责任就是要把中央的指示、上级的指示同本单位的实际情况结合起来，分析问题，解决问题。”党和政府要你办的实事，该办不办不是务实；过分超前也不是务实；不需要你办或不适宜你办的你硬要去办，同样不是务实。现在我们特别要注意办实事着眼于、注重于雪中送炭与分忧解难。对这些事，政协组织与委员要以风雨同舟、荣辱与共的精神对待之，把实事办到党和政府所急所想的问题上，形成合力，只能起助力作用，不能有任何阻力，办到人民群众的心坎上。干实事、求实效的务实精神，是党的优良传统，是最基本的工作方法，同样适用于政协干部。不能认为自己是政协干部，就不用干实事，就可以无所作为了；更不能认为到政协，就是与休息画等号。

有的同志说：“年龄大，不要怕，不到政协到人大。”这个问题，首先是历史现象，不是什么真理或规律。第一届、第二届全国政协的领导人不是很年轻吗？当时毛主席、周总理不都只有50多岁吗？那时省里的政协主席年龄都在50岁以下，现在李瑞环同志在党和国家领导人中还是比较年轻的一个，与中华人民共和国成立初期毛主席、周总理任政协主席时的年龄差不多。与现时的党委与政府的领导人相比较，确实人大、政协的领导干部年龄相对要大一些。随着时间的推移，这种情况会逐步改变的。

有的同志说，到了政协“无权无威，没有作为，没有出息”。这种心态不正常，政协的确不是权力机构，而是最广泛的统一战线组织。要论权力，除了党和政府委托你办的事以外，的确是没有什么权力。政协工作，除了政治协商权、民主监督权、参政议政权、批评与建议权外，没有别的权力可施展。但政协工作天地之宽、范围之广、对象之多、活动舞台之大，是任何部门和单位所不能替代的。我们的工作特点是凭智力、能力、说服力，凭包容力、凝聚力及历史赋予的荣誉性和权威性的延伸与拓展。正如邓小平同志所讲：“政协工作是大有可为的。”应当说，到政协不是什么没有出息与作为的问题，而是你本身是否适应凭智力与能力去工作的问题，是要求更高了。首先，政协岗位周围接触的人和工作对象的层次更高了，从这一点上讲，你不努力，可能作为也不大，甚至会感到苦恼。到政协工作后，一定要把过去在党委、政府岗位上干要职时的一些思想作风、工作方法、意识观念来个大转变，要强迫自己去适应，不要把党政岗位上的思维方式和工作方式全盘移植到统战岗位上来，要人家适应你。否则，久而久之，势必会成为孤家寡人。我们干事与说话，要人家认可而不是你说了算，这就要确立甘当参谋助手的思想。这样就不会感到履行政协职能时是我求人、低于人的感觉，而是为能给党和政府出了一个主意，提了一条建议，做了一件实事而感到自慰，认识到这就是我们政协干部的作为和出息所在。

政协是干什么的？有人说："一个大牌子，一些老头子，没事找岔子。"这个说法不妥。但至少说明两个问题：一是说明我们对政协的性质、地位、作用的宣传教育不够；二是说明我们干的实事还不多，有为的影响作用还不大、不深。有人说："政协是四只手，举举手、拍拍手、握握手、招招手。"这个说法也不妥，起码是不全面，举举手、拍拍手、握握手、招招手确实是作为多党合作共事机构、广交朋友的工作需要，但千万不能忘掉还有第五只手——动动手。人民政协要干实事，要想党委、政府所想，急人民群众所急，为巩固和发展安定团结的政治局面办实事，为经济建设办实事，为人民群众办实事。一句话，为党和政府分忧解难办实事，真正把"荣辱与共"的精神体现在实事之中，人民政协才会大有作为。有为才能有位，有位就能更好地有为。人民政协的委员和工作人员只要具备良好的为人民服务的素质与精神状态，贵在主动，找米下锅，脚踏实地、真心实意地为人民办实事，必定能在人民群众心中赢得应有的荣誉和地位，必定能得到党和政府及社会各界的支持与承认，必定能为建设有中国特色的社会主义发挥更大的作用，做出更多的贡献。

在镇江商业城开业庆典仪式上的讲话[①]

尊敬的女士们、先生们、朋友们、同志们，亲爱的市民们：

镇江、香港合资的镇江商业城一期工程按常规需要四年完成的工程，经过两年的日夜艰苦奋战，现已胜利竣工，今天隆重开业。这是在市委、市政府的领导下，镇、港双方合力同心、真诚合作的结果，也是镇江建设者和香港同胞共同向我市人民献上的一份厚礼，也是向伟大的“五一”国际劳动节献上的一份厚礼。现在请允许我向诸位介绍出席今天庆典活动的香港及海外观光团的主要贵宾和省、市主要领导。

今天，出席镇江商业城开业庆典活动的有专程从香港和台湾地区及美国、加拿大、澳大利亚等国家专程赶来的93位嘉宾。他们有国际集团的实业家，香港工商界和金融界的董事长、会长、总经理和及其他知名人士，也有香港新闻界的朋友、香港各界爱国人士以及镇江人民的老朋友和贸易伙伴。特别要给诸位介绍的贵宾有全国政协委员、香港特别行政区筹备委员会委员、港事顾问、镇江商业城董事长杨孙西先生，香港工商界知名人士、镇江商业城董事卢文端先生、胡国祥先生、陈升恒先生、杨圣敦先生、岑永生先生、李超凡先生，以及他们的家人，香港及海外观光团的各位先生们、女士们、朋友们。

今天出席镇江商业城开业庆典活动的江苏省和镇江市的主要领导有中共江苏省委常委、江苏省副省长俞兴德，江苏省政协主席孙颔，江苏省政协副主席、江苏省商会会长徐英锐，江苏省政协秘书长卜承祖，江苏省政协海外联络委员会主任吴镕，江苏省商会副会长林敏端、陶可立，江苏省贸易厅副

---

① 讲话发表于1996年5月1日。

厅长奚秋生，中共镇江市委书记方之焯，镇江市市长周大平，镇江市人大常委会副主任姜启才。

今天出席开业庆典活动的还有中共镇江市委、市人大、市政府、市政协的其他领导同志，江苏省商会、江苏省商业厅的领导同志和镇江市部（委）、办、局，群众团体，市各民主党派及镇江市金融界、新闻界的朋友，还有来自省内外商界的同行和直接参加商业城工程建设的各有关部门、施工单位的代表，共700余人。

（未完节略）

在市直工业工作会议上的讲话[①]

在纪念中国共产党成立75周年座谈会上，江泽民同志特向全党提出了一项庄严的任务：努力提高广大干部素质，建设高素质的干部队伍。他同时强调指出：这“已经成为摆在全党面前的一项刻不容缓的重大任务”。江泽民同志的这一号召有其深刻的现实意义和深远的历史意义。

大家知道，干部是带头人，干部的一切言行都在群众中产生作用和影响。不是好的作用和影响，就是不好的作用和影响，这两方面的作用和影响有时是十分强烈的。所以，作为干部本身来讲，更要清醒地估计和看到这一点。为了党的事业，为了我们国家的前途和命运，既然身为共产党员、身为领导干部，就要在思想、行动、作风等方面严格要求自己，处处为群众着想，事事为人民服务。但当前的情况又是如何呢？当前的情况并不是这样，做领导的要清醒地认识到这一点，不要被“总的是好的”“整个干部队伍大多数或绝大多数是好的”这类笼而统之的评价所迷惑、所障眼。看待这个问题的严重性，不能以简单的多数与少数去衡量。如果是这样看：刘青山、张子善是可以不要枪毙的，因为他们是从枪林弹雨中过来的“大好人”，而中华人民共和国成立后就做了这么一件坏事，在艰苦的战争环境中工作了几十年，而中华人民共和国成立后才两三年。这能用数字来抵算吗？“努力提高干部队伍素质，已经是摆在全党面前一项刻不容缓的重大任务。”这正是针对我国目前所面临的新的政治、经济形势和干部队伍中现实状况而言的。江总书记提出这一号召情真意切、寓意深长，全国各地广大基层干部，尤其要认真学习，深刻领会其精神，以自我带头，自我实践，努力不断提高自身素质的实际行动，

① 讲话发表于1996年8月29日。

真正把这一号召落在实处。如何落实？当前领导干部在世界观、人生观、价值观上先要做到“四忌四求”：

一要“忌私心”，务求正确对待群众。时刻想着群众，唯独没有自己。这就是说，千万不要忘记了党的宗旨。我们党的宗旨是全心全意地为人民服务。不管是计划经济时代，还是到了社会主义市场经济时代，所有制情况起了变化，分配形式亦有变化，党的基本路线的内容亦有新的变化，但是共产党为人民服务的宗旨没有变化。当党员和干部，只要是在共产党执政下，为人民群众服务坚持一百年不动摇。这是根本原则、根本方向、根本要把握的。党的基本路线——“一个中心、两个基本点”，与过去计划经济时代的基本路线相比较赋予了新的内容。但其中坚持党的领导没有变。这就是根本方向、根本原则、根本不能忘记的。所以，坚持党的基本路线一百年不动摇，就要坚持全心全意为人民群众服务一百年不动摇。这个问题上动摇了、忽视了、淡化了，甚至忘记了，那就对人民、对自己灾难临头了。所以，千万不要忘记人民群众。

二要“切忌贪心”，务求正确对待利益。共产党领导人民干部不能混同于一般群众，不能混同于一般党员，价值观上应当“走在人先”“利在人后”。在改革开放和发展社会主义市场经济条件下要正确认识和实践，把握好一些原则界限，比如：既讲鼓励竞争，又不为金钱收买；既讲改善和提高生活水平，又不奢侈、不羡慕花天酒地；既讲社会交往、人际交往，又不能有市侩、政客、纨绔儿、大少爷、阔老板的行为；等等。总之，我们的各级党政机关、党政干部，一定要勤政、爱民、求实，注意节约，集中精力发展经济。我们的干部要有远大的抱负，要时刻把人民的利益放在心里。要有高尚的精神境界和高雅、健康的情趣。要把精神文明建设不断推向前进，同物质建设协调起来。

三要“切忌野心”，务求正确对待权力。既然当领导干部，就别想赚大钱，也不能刻意追求当大官。有的党政领导干部见到大经理、董事长就逢迎，然后说上几句自己很寒酸、有苦衷的话，这是非常不合适的，有损自己的身份、人格，自己是一个堂堂正正的党政领导干部或厂长、党委书记，却一下拜倒在金钱的“脚下”。第一有失自己的身份，第二人家看得起你吗？这是拜金的形象。我拿我的机关党政干部的工资，他拿他的高薪，不要因这方面的差距而感到低人一等，或过不去，如果这样，那就有要出问题的兆头。一个人不能有官架子，但不能没有“官样子”，“官架子”是矫揉造作或以权压人，“官样子”则是人格、风度、知识、能力给予人的一种尊严。徐悲鸿有句名言：“人不可有傲气，但不可无傲骨。”傲气是现象，傲骨则是本质的东西。所以，我们在座的大小不等都是“当官的”，应当把“官位”当作为人民服务的岗位，要把权力当作为人民服务的工具。作为领导干部，要靠品德、修养、知识水平、工作实绩、生活态度、自然风度和表率作用，尤其是人格力量赢得群众的信赖，这是至关重要的。

四要“切忌色心”，务求正确的生活。在工作实践行为上，既要创造，又要奉献，在创造中为奉献提供前提，在奉献中为创造提供动力。在为人民服务中把两者有机地结合起来。创造重在奋斗，奉献贵在艰苦。因而艰苦奋斗是衡量各级领导干部思想境界和人生价值的重要尺子。总之，绝不能居安忘危、见利忘义、得意忘形、恣意忘法，绝不能把“从严治党”当成只停留在嘴上的口号。鲁迅说过：“地狱与天堂之间的路是相通的，没有不可逾越的障碍。”一不小心或从天堂走进了地狱，这不是常见的事吗？所以不能居安忘危、见利忘义、得意忘形、恣意忘法，这也是我们与资本主义市场经济的一个区别吧。

因此，在当前工作思想观点和工作作风行为上，要突出做到两点：

一是思想观点深处真正尊重群众，感情上贴近群众。我们有的领导干部“官气”十足，喜欢摆架子，总以为自己比别人高明，见了群众冷冰冰，见了上级领导特别亲加格外亲。有的领导干部甚至与群众手都不愿握，群众家的水不愿意喝，群众家的板凳不愿意坐，这样的领导群众是不会欢迎的。

二是行动上深入群众，工作上依靠群众。我们有的领导干部，特别是有的年轻干部，不甚懂得或不熟悉群众路线的原理和方法，有的热衷于照搬西方的管理学，以为经济发展了，手段先进了，调查研究、群众路线的科学方法过时了，工作越来越浮躁。用群众的话说：有的领导干部了解情况靠电话线，下乡深入群众跑公路线，向上汇报超过“水平线”，还说自己在“第一线”。有的地方做决策，靠少数人拍脑袋，抓落实靠少数人去推动，不仅挫伤了群众的积极性，而且影响了民主集中制的贯彻执行，这也正是一些地方和单位工作上不去的重要原因。最近有个不相识的人写信给我，要我转告有关领导重新拣起毛主席的“领导、专家、群众”三结合的咨询组织机构。这条宝贵经验被日本人一直应用至今。所以，我们一定要充分认识群众路线是马克思主义和党的思想作风的重要体现，共产党人要坚持党性原则，必须坚持这一根本工作路线。坚持群众路线加上现代化的手段和条件，我们就更有威力、更有成效。

当前在推进经济体制和经济增长方式两个具有全局意义的根本性转变过程中，我们面临的新情况、新问题、新矛盾很多，所谓难事多、急事多、新事多，这就更要解放思想，实事求是，一切从实际出发，相信群众，依靠群众，注意调动群众的积极性，总结群众的创造，善于开拓奋进，尽最大努力把经济搞上去，把人民的生活水平搞上去，这样人民群众就会信任我们，就会把社会主义现代化建设事业推向前进。大家要牢记宗旨，再立新功。“兴变由人事”，今后的15年是我国现代化建设的关键时期，建设有中国特色社会主义的伟大事业需要造就一支政治可靠、作风过硬、吃苦奉献，特别能战斗的共产党员队伍，孔繁森、李国安、徐虎、吴天祥、陈金水等就是其中的优秀代表。在新的历史条件下，在建设有中国特色社会主义的伟大实践中，他们发扬党的优良传统，用实际行动履行着自己的诺言，展示了今日共产党员的风采，我们都应该学习他们站在改革开放的前列，做时代的先锋。抓党政机关领导干部廉洁自律固然重要，但相对于党政机关来说，企业的廉洁自律则是薄弱环节。困难企业更要廉洁自律，那些困难的、亏损的企业尤其是重点。对这样的企业不仅要按中纪委提出的规定办，而且要根据其特点再增加一些要求。

一方面对困难企业确实要扶持，从政策上、从各方面条件上确实要给予支持和帮助，当然还要加强改革。但是另一方面，困难企业里，如果没有一个好的领导班子，在企业亏损，即将倒闭，职工拿不足或拿不到工资的情况下，领导班子不是跟职工群众同甘共苦、吃苦在先、享受在后，这样的班子是没有资格、也没有能力去带领职工克服困难的。全国大量的情况表明，困难企业很多，但它们都有一个共同特点，就是有些企业领导班子成员是不干净的，是严重脱离群众的。在职工拿不足或拿不到工资时，企业领导还在游山玩水，还在吃喝玩乐，这样最容易引发矛盾，带来社会的不稳定。因此，要扭转困难企业的局面，一方面需要各个方面的扶持，另一方面还要在精神上给他们支柱，就是要端正领导班子的作风，让领导班子都能够同群众打成一片，同甘共苦，共渡难关。

对困难企业领导班子加强廉政建设和教育，严格这方面的纪律和措施，不是“雪上加霜”，而是“雪中送炭”。有些人反对加强困难企业领导干部廉洁自律的监督检查，因为这样做触犯了他们的利益。这样的人不是在企业里和职工群众一起克服困难，而是做官的、享受的。这样的干部要他们干什么？我们在困难企业抓好廉政建设，一方面有助于扭转困难企业的局面，另一方面也是爱护、保护干部的一种措施，使得干部不要在这方面犯错误，或在错误的道路上越走越远。即使这方面已犯了某些错误，只要能在困难时敢于挺身而出，与职工一起带领大家为扭转企业困难局面而做出努力，就一定会重新得到职工群众的谅解和支持。对于想捞好处而逃避困难的领导人员，应先一拉到底，强制其与职工同甘共苦，然后迅速地把问题搞清楚，做出严肃处理。这一定程度上也会调动困难企业职工的积极性。

在镇江市政协四届一次会议上的讲话[①]

各位委员、各位同志：

我受政协镇江市第三届委员会常务委员会的委托，就三届常委会五年来的工作向大会做报告。

政协镇江市第三届委员会自1993年召开第一次全委会议到现在，已经五年了。在此期间，中国共产党领导全国各族人民，高举邓小平理论伟大旗帜，沿着建设有中国特色的社会主义道路胜利前进，经济蓬勃发展，社会不断进步，综合国力进一步增强，国家面貌发生了历史性的伟大变化。我市改革开放、经济发展和社会各项事业也取得了新的成就。五年来，市政协在中共镇江市委的领导下，团结我市各民主党派、人民团体、无党派爱国人士和各族各界代表人士，以邓小平理论为指导，积极贯彻执行党的“一个中心、两个基本点”的基本路线，认真落实中共中央《关于坚持和完善中国共产党领导的多党合作和政治协商制度的意见》，按照李瑞环主席政协工作要“尽职而不越位、帮忙而不添乱、切实而不表面”的要求，围绕我市的中心任务，积极履行政治协商、民主监督、参政议政的职能，为巩固和发展爱国统一战线，维护安定团结的政治局面，推进改革开放和现代化建设，健全社会主义民主和法制，做出了积极的贡献。

一、履行职能进一步规范化、制度化

规范化、制度化是人民政协履行职能的重要保证，是新时期加强政协工作，更好地发挥政协作用的有效举措。五年来市政协始终把落实中共中央

① 讲话发表于1998年1月15日。

《关于认真贯彻执行〈政协全国委员会关于政治协商、民主监督、参政议政的规定〉的通知》作为一件大事来抓，先后修订了《市政协常务委员会工作规则》《主席会议制度》《专门委员会通则》《提案工作条例》《建议案规则》《秘书长和副秘书长工作规则》《关于征集、办理民主党派和人民团体提案办法》《关于评选表彰优秀提案的实施办法》和《关于加强自身建设的意见》等，并在实践中狠抓落实，有效地推进了政协履行职能的规范化、制度化。

五年来，中共镇江市委、市政府十分重视和支持政协工作规范化、制度化建设。市委每年批转政协年度工作意见；坚持每年几次听取政协工作汇报；市委全体常委坚持参加每年一度的政协全委会议；坚持市政协党组主要负责人列席市委常委会议，参与讨论全市重大问题。市政府坚持每年全委会议之前，向全体委员通报一年来的政府工作；将《政府工作报告》讨论稿提前发给每位常委，广泛征求意见；坚持邀请政协各专委会领导参加政府组成大员会议及其他事关全局的专题性会议，为政协“知情出力”和实施有效监督提供条件；坚持重要问题协商在决策之前，主动听取政协的意见和建议。1995 年 10 月市委、市政府还专门发出了《关于进一步加强人民政协工作的通知》和《关于进一步支持政协履行职能的通知》，并召开全市政协工作会议，专题研究政协工作，为我市政协工作开创新局面、跨上新台阶提供了重要保证。

二、民主党派、人民团体在政协组织中的工作进一步活跃

人民政协是中国共产党领导的多党合作和政治协商的重要机构。为了充分发挥“重要机构”作用，我们在工作中做到“五个坚持”：一是坚持加强组织建设，夯实多党合作基础；二是坚持把民主党派、人民团体提案作为重点提案认真办理；三是坚持在政协全委会议、常委会议上请民主党派、人民团体以党派、团体名义进行大会发言、献计献策；四是坚持政协各专门委员会同民主党派、人民团体的对口联系和合作；五是坚持政协重要活动，包括重点调研、视察、纪念活动、理论学习等，邀请各民主党派、人民团体负责人参加。

五年来，市政府先后组织各民主党派、人民团体的负责人深入大港港区、

大运河丹阳陵口段、沪宁高速公路镇江段、经济开发区等重点工程进行视察，就提高市直工业经济运行质量、医疗制度改革、新税制改革、发展外向型经济、调整中小学校布局等问题进行联合调研，围绕“抓住机遇、深化改革、扩大开放、促进发展、保持稳定”大局，选择20多个专题在政协全委会议上做大会发言，所提建议受到市委、市政府的高度重视，促进了决策的科学化、民主化。

三、民主监督形式多样，效果显著

人民政协的民主监督是人民监督的重要组成部分，它具有广泛的代表性、鲜明的党派性和团体性等特点，层次高、影响大，在社会主义现代化建设中发挥着不可替代的作用。五年来，政协民主监督工作有了进一步加强，实施监督的形式呈多样化趋势。一是提案的职能作用进一步发挥。提案数量继续增加，质量明显提高。二是政协建议案取得长足发展。先后提出建议案10件，较好地发挥了协商监督作用。三是民主监督渠道进一步拓宽。设立“廉政监督信箱”，推荐60多名政协委员担任政府有关部门执法检查员及纪检、检察部门的特邀监察员或监督员。四是反映社情民意工作得到有效开展。通过编印《社情民意简报》，向市委、市政府及有关部门反映重大社情民意20余条。起到了下情上达、沟通民情民意的作用。五是信访在政协工作中的窗口作用进一步发挥。信访对象从本市的各界人士发展到香港、台湾的同胞和旅居日本、澳大利亚、美国等地的华侨华人。信访内容从要求帮助解决具体问题发展到关心我市两个文明建设，这充分反映了各界群众和海外朋友热爱祖国、建设家乡的责任感和对市政协的高度信赖。

四、专门委员会作用得到进一步发挥

各专门委员会承担着全委会、常委会闭会期间，组织委员深入调研，为地方建设建言献策的重任。政协加强了对专委会的领导，加强了专委会的组织建设，为发挥专委会的作用提供了重要的组织保证。

五年来，专委会在常委会和主席会议领导下围绕我市经济和社会发展中的重点、难点，选择60多个专题，开展了140多项调研、视察，向市委、市政府提出了85份有情况、有分析、有建议、有措施的报告。各专委会发挥了纽带作用，组织委员深入基层单位进行视察，开展调查研究，总结典型经验，分析存在问题，找出症结所在，提出措施建议，有力地推动了有关方面工作的开展。例如，1993 年《关于加强农村技术推广网络建设的建议》送到市委、市政府后，分管书记做了重要批示，市委以镇办发〔1993〕60 号文件全文批转各级党委和政府执行落实。

五、围绕中心，服务经济，参政议政领域进一步拓展

参政议政是政治协商、民主监督的拓展和延伸，是人民政协工作新的职能。五年来，我们坚持以经济建设为中心，采取帮助委员知情与组织委员出力，开展专题调查研究与委员提案、常委会、主席会议建议案，重大问题跟踪调查和狠抓重要问题的落实，发挥专委会作用与开展专家咨询组活动相结合的方法，就“以港兴市”，振兴发展市直工业、调整工业结构、发展全市汽车工业、耕地保护、丘陵岗地开发与利用，建设历史文化名城的规划、保护、建设，创建国家卫生城进行重点视察，跟踪调研，向市委、市政府提出了许多具有建设性的建议，其中“关于统一镇江港的规划，加快镇江港的建设”的建议报告送到市政府后，市政府召开市长常务会议进行专题研究，就镇江港的规划、建设的有关工作做了分工落实；“关于选择化工局或轻工局进行控股公司的试点”的建议市委、市政府已在工作中实施，“关于在市区禁放烟花爆竹”的建议和提案亦被市政府采纳。

六、为民办实事成果进一步扩大

发挥人民政协人才荟萃的优势，在两个文明建设中办实事、求实效是我市政协履行职能的重要特色。五年来，我们受市委、市政府的委托，积极参与了整治古运河、建设镇江商业城、成立慈善基金会等工程、项目的组织领导，尽责尽力地为人民办了一些实事。

1993 年，中共镇江市委、市政府根据群众的要求做出整治古运河的决定，并委托政协牵头实施。为搞好这项无愧前人、惠及子孙的工程，政协会同各有关方面通力合作，终于使第一期、第二期工程按期完成，并初步形成运河风光带，目前正进行第三期工程的整治。

镇江商业城是镇江唯一一家镇港合资商业企业。商业城工程能否按期完

成，不仅关系着这家合资企业的经济效益，而且关系着镇江发展外向型经济的信誉和能力。为此，市委、市政府将工程建设任务委托给政协，由政协负责实施。由于镇港双方的真诚合作和我们的努力工作，镇江商业城工程优质、高效、提前建成开业。市委、市政府及社会各界给予了充分肯定。

1995 年 10 月，镇江市政府正式发文，成立市慈善基金会，并委托政协主席任主任，副主席任副主任。1996 年 4 月市慈善基金会成立以来，在全市人民参与和有关部门的配合下，至 1996 年年底共募集善款近 280 万元，先后开展了多项助残、助困、助医、助孤、助学、赈济等活动，支出善款 56.9 万元，已开始发挥在社会保障体系内的善举事业方面的作用。

由市政协牵头的“镇江历史文化名城规划保护建设专家咨询组”是市政府的咨询机构，也是市政协参政议政的一个重要载体。五年来，我们充分发挥专家咨询组作用，先后对“百花洲二期工程建设方案”“多景楼重建方案”“长江路—东吴路旅游线路的规划建设”等 50 多个项目进行论证，直接参与了塔山路的建设，特别是对圌山风景区的保护，进行专题调研，并以主席会议名义，向市政府提出了“保护圌山自然风景区”的建议案。市政府采纳并由此而成立的“保护圌山自然风景区”领导小组已经运作。

与此同时，镇江市政协领导还分别与亏损企业结成对子，想办法、出主意、解难题，指导企业扭亏增盈；挂钩“丰产方”建设，帮助重点工程解决资金等问题，有效地协助解决了发展中的一些难题。

七、主动参与，注重实效，推进精神文明建设

加强社会主义精神文明建设，对全面推进建设有中国特色社会主义的伟大事业具有重大的现实意义和深远的历史意义。五年来，我们坚持主动参与、注重实效的务实精神，为推动全市精神文明建设做了许多有益的尝试。

1994 年与有关部门举办了“我的老师演讲会”，从不同角度、不同层面抒发了对老师的爱和对尊师重教之风的呼唤；与有关部门联合发起“送温暖、献爱心、帮助病残弃儿回归社会”活动，在社会上产生强烈反响，被全市市民评为当年的十佳新闻之首。1995 年，举办了纪念抗日战争和世界反法西斯战争胜利 50 周年学术报告会、座谈会，与市委统战部联合举办了抗日民族统一战线理论研讨会，先后为中国革命军事博物馆、中央人民广播电台、新四

军四县总会纪念馆、镇江人民广播电台和市地方志办提供了茅山革命老区的革命史料，为广大青少年提供了生动的爱国主义教育的教材。

茅以升先生是中外知名的科学家、教育家，其在桥梁工程上的建树为世人所敬仰。为了弘扬茅老“献身、求实、创新、协作”的科学精神和爱祖国、爱家乡的高尚品德，激励乡人奋力拼搏，促进科教兴市战略的实施，我们向全国茅以升基金会申请到两个奖项，即“茅以升家乡教育奖”和“茅以升家乡土木工程奖”，几年来共有54名专家和工程技术人员，16个工程项目，10名教师，19名大、中专生和10名中学生获奖。1996年1月，我们与市政府联合隆重召开了纪念“中国桥魂”茅以升诞辰100周年大会，并以此为序幕开展了纪念茅以升系列活动：在江苏省交通技校（现镇江交通技师学院）竖建茅以升塑像，使该校成为全省中级技校和市级中小学德育教育基地；在镇江市第二中学举行茅以升科技教学大楼奠基仪式并于1997年1月建成，在市博物馆举行了茅以升生平事迹展览；会同市教委组织12000名少年儿童参加“茅以升杯全国少年儿童桥梁知识竞赛”，全国5名一等奖，我市占3名，我市政协、教委获得优秀组织奖。

继征编出版柳诒徵、冷御秋、陆小波、马相伯、茅以升等镇江名人文史资料专辑之后，我们又编辑出版了吕凤子、严惠宇及辛亥革命16位将军的文史专辑和《三国演义研究》《嫘祖传人》《镇江历代名人名句篆刻集》《镇江宗教》等文史书籍11种、13本，约200万字，延伸和拓展了文史工作的爱国主义教育功能。

八、立足祖国大陆，面向海外，对外联谊工作进一步扩大

我国统一战线包括两个方面：一个是以拥护社会主义为政治基础的祖国大陆范围内的统一战线；另一个是以拥护祖国统一为政治基础的海内外范围的统一战线。五年来，我们发挥自身优势和特点，坚持以统一祖国和建设祖国为主要工作目标，有效地拓宽了联谊渠道，活跃了海内外的“三胞”联络工作。

一是做好与海外重点地区、重点民间社团的联络工作。我们逐步与我国香港、台湾地区和日本的7个民间社团组织建立了联系，并把做好台湾“同乡会”和“联谊会”的工作作为开展海外联络工作的重点。根据国际形势、

台湾局势和两岸关系及港澳形势的发展变化，及时组织台情、侨情和港澳情况形势报告会，编印台情资料《台湾百家民营富商》等，通过联谊增进了解，增强感情，进而通过一个人做好一片人的工作，扩大联谊面。

二是结合重大事件，广泛开展宣传联谊活动。受市委、市政府委托，1996 年 5 月 1 日，组织邀请和接待了香港近 100 人的观光团来镇观光，参加镇江商业城的开业典礼，香港《大公报》以整版的篇幅，图文并茂地报道了观光团在镇江的活动，提高了镇江的知名度，促进了内地与香港之间的交往、了解与合作。1997 年 7 月 1 日香港回归祖国，我们把“迎回归”作为一件大事来抓，印发《香港基本法》学习资料 800 册，与有关部门举办香港历史与发展图片展、香港回归报告会，竖立香港回归倒计时牌等活动。

三是主动牵线，为镇江发展外向型经济做贡献。五年来，市政协对外友好活动有了新的进展，市政协领导先后率团赴土耳其、美国、德国、法国、韩国、新加坡、马来西亚等国家和地区进行友好访问，增进了同这些国家和地区人民的友谊和合作。据不完全统计，市政协先后向美国、澳大利亚、日本、新加坡和我国的香港、台湾等 8 个国家和地区的客商发出来我市投资的邀请；还与市台办联合举办了“镇江—台湾工商同业合作洽谈会”。共引进外商投资企业十多个，其中最大的一个项目引进资金 1 亿元人民币。海外政协委员牵头联系或个人出资共捐人民币 130 余万元，支持家乡建设。为了把我市的外商投资企业办好，市政协每年都要进行专题视察和调研。1994 年，向市委、市政府提出了积极贯彻《中外合资经营企业法》的建议案。

九、坚持努力学习、积极宣传人民政协工作

我们始终把学习邓小平理论放在首位，并采取多种形式加深对这一理论的理解。

一是把学习同深入实际调查研究相结合。为加深全体委员对邓小平理论体系的理解，市政协根据形势和任务的要求，定期精心选编学习资料共 30 期，针对委员学习中的主要任务，举办报告会 32 场，参加者达 4000 多人次。在自学与辅导相结合的基础上，坚持在学习中实践，在实践中学习，把学习同深入实际调查研究结合起来，由主席、副主席带队，分别组织委员深入到市直 47 个单位和部分乡镇企业学习调研，视察参观；从本质上理解社会主义

初级阶段理论、社会主义市场经济理论和“两手抓、两手都要硬”的方针，积极参加市委、市政府在全市开展的“确立市场经济观念”大讨论，有200多篇文章被省、市级报刊刊登，为促进全市上下思想大解放，观念大更新，为发展经济，深化改革提供了精神动力与智力支持。

二是结合重大纪念活动组织学习。1993年12月26日是毛泽东同志诞辰一百周年。根据中央和省、市委的通知精神，市政协组织了部分政协委员和新闻单位的记者共18人，赴南昌、井冈山、韶山等地对党的性质、宗旨、作风、纪律进行再学习、再教育；对发扬革命传统、保持艰苦创业精神进行再学习、再教育。通过这次活动，大家进一步加深了对毛泽东思想的认识和感情，认识到邓小平同志创立建设有中国特色社会主义理论，源于毛泽东思想又发展了毛泽东思想的渊源关系；邓小平同志逝世后，市政协采用多种形式开展纪念活动，缅怀他的光辉业绩，学习他的伟大理论，从而提高了执行党的基本路线一百年不动摇的自觉性。

三是与履行政协职能相结合组织学习。中共十四届四中全会后，我们及时召开市政协三届八次常委会议，专题学习《中共中央关于加强党的建设几个重大问题的决定》（简称《决定》），并就如何加强党的建设参政议政。会上，市各民主党派和有关人民团体的负责同志做学习《决定》的中心发言。中共十四届六中全会后，市政协召开三届十七次常委会议进行专题学习讨论，就学习、贯彻落实中央《决定》、加强全市精神文明建设建言献策，提出了许多建设性的意见和建议。中共十五大胜利召开是举世瞩目的大事。市政协在采用座谈会、报告会等多种形式，组织政协委员和机关干部进行学习的基础上，召开三届二十一次常委会进行专题学习。与会常委就十五大在经济和改革等方面理论上的重大突破，十五大之后我市所有制结构和经济结构如何调整，经济工作中可能出现的热点及我市应采取的对策畅所欲言、献计献策，纷纷表示要围绕我市跨世纪目标和市委、市政府的中心任务，切实有效地履行基本职能，为实现我市大跨度发展再立新功。

四是将学习与理论研讨相结合。为使政协委员特别是换届后的新委员对新时期人民政协的性质、地位、任务和作用加深理解，1993年以来，我们先后举办了8场“新时期人民政协工作讲座”，在学习中，坚持理论联系实际的学风，以《镇江政协》为阵地，对如何开展人民政协工作进行了有益的探讨。

先后撰写了《人民政协也要为经济建设服务》《刍议人民政协办实事》和《话说人民政协的"手"》等理论文章，对全市政协工作的开展起了积极的指导作用。

人民政协宣传工作是党的宣传工作的重要组成部分。几年来，我们密切与新闻界的联系与配合，积极有效地开展政协宣传工作，每年都有大量的稿件被全国、省、市级报刊采用。在每年的全委会召开之际，都拍摄一部《镇江政协新篇章》电视专题片并在电视台播放，回顾一年来的政协工作，受到委员和群众的欢迎。

过去的五年，是市政协进一步履行政治协商、民主监督、参政议政职能取得显著成效的五年；是进一步开拓进取、探索创新的五年。回顾五年来的工作实践，我们主要有以下五点体会。

（一）必须坚持正确的政治方向，服从、服务于大局

五年来，我们把坚持正确的政治方向放在首位，始终以邓小平同志建设有中国特色社会主义理论和党的基本路线指导全市政协工作，高举爱国主义和社会主义两面旗帜，正确认识人民政协的性质、地位、任务和作用，积极贯彻落实共产党领导的多党合作和政治协商制度，坚持"长期共存、互相监督、肝胆相照、荣辱与共"的方针，服从并服务于改革、稳定、发展的大局，使政协成为各党派团体、各族各界代表人士团结合作、参政议政的重要场所。在实际运作中，坚持在履行政治协商、民主监督职能时，要体现"肝胆相照、荣辱与共"的精神；在参政议政、献计献策时，要为党和政府工作添砖加瓦、分忧解难；在调查研究、建言献策时，要与党和政府形成合力。纵观本届政协的一些新做法，无论是民主监督有所加强还是参政议政形式呈多样化发展；无论是政治协商制度的规范化、制度化还是以政协为场所的多党合作工作的有效开展，都体现了我们主动地争取市委的领导和围绕政府的中心工作议大事、抓大事、办实事；主动地把握民主和团结两个主题，围绕大目标，促进大联合，切实做好团结、稳定工作。实践证明，只有坚持正确的政治方向，服从、服务于大局，才能推动政协工作生动活泼地开展。

（二）必须充分发挥政协的整体功能

中国人民政治协商会议是中国人民爱国统一战线的组织，是中国共产党领导的多党合作和政治协商的重要机构，充分发挥政协组成单位和广大政协委员作用，是搞好政协工作、提高政协工作总体水平的关键。五年来，我们十分重视发挥政协总体优势，不断加强与民主党派、人民团体的联系，充分发挥民主党派、人民团体的作用，不但邀请民主党派、人民团体成员参加视察和调研活动，而且与民主党派、人民团体组织联合调研，使整体优势得到充分的发挥。不断加强同县（市）区政协的联系和合作，市政协领导定期到各县（市）区，与当地的市政协委员一道视察调研；专门委员会以主任会议为纽带，每年就一些专题，共同研究，既参政议政，又交流经验，相得益彰。不断加强同党政部门的联系，主动争取党政部门的支持和配合。不断发挥政协联谊会的作用，重视和加强政协联谊会的建设，积极支持政协联谊会、诗词协会、多景诗社、中泠印社、气功科学研究会工作的有效开展。

发挥政协整体功能，其中一个重要的因素是如何真正团结一切可以团结的力量，调动一切积极因素，把社会上的贤才志士团结在周围，在更高层次上履行政治协商、民主监督、参政议政职能。把镇江建设成现代化港口城市是我市的宏伟目标，又是一项跨世纪的系统工程，涉及社会的方方面面。为此，我们组成一个多学科的队伍，先后对 20 个专题进行广泛的调查论证，提出了 22 份专题报告。在此基础上于 1995 年 8 月召开了“建设现代化港口城市献计献策会”。会上，实际工作者、研究工作者和决策者济济一堂，既是政协委员献计献策的会议，又是专家、学者理论联系实际进行专题探讨的会议，先后有 50 多位政协委员和专家学者走上人民政协讲坛，就镇江现代化港口城市的雏形、框架及加快建设的措施等方面坦诚相见，进言献策，提出了 60 多项、340 余条建议，为翌年制定“九五”规划提供了决策参考，受到市领导的高度肯定。

（三）必须坚持为人民群众办实事

在新的历史时期，人民政协进入了一个新的发展阶段，要更有成效地履行政治协商、民主监督、参政议政职能，市政协还必须动动手，在党委的统一领导下，在政府的大力支持下，力所能及地为人民办一些实实在在的事。

我们所讲的人民政协干实事，主要是指关心群众疾苦，实实在在地解决群众需要解决的问题，把实事办到人民群众的心坎上；是指体谅党委、政府的困难，实实在在地做他们所需要帮助的事情，把实事办到党和政府所急所想的合力上。直接参与、多办此类实事，可以使参政议政更加富有成效。如镇江商业城从晒地皮到我们积极牵线搭桥，促成镇港合资合作；从项目洽谈到直接参与组织领导建设，就充分地说明了这一点。由于我们讲求实效、乐于奉献，又找准了位置、选好了角度，做到坚持维护大局的事主动干，服务经济的事积极干，为民造福的事努力干，为党政排忧解难的事尽责干，因此，办实事便成为本届政协一个显著特点。

政协为民办实事其中很重要的一点，就是要有一个坚强有力、团结合作、身体力行、务实创新的领导集体，这样，大家才能心往一处想，劲往一处使，把实事办好、办实。

（四）必须坚持深入实际，开展前瞻性研究

政协履行职能，不能只着眼于眼前的或已经引起普遍关注的问题，也不能只是那些议论议论、参谋参谋就能解决的表层问题，而要不断向高层次即全局的、战略的领域延伸和拓展，围绕党和政府计划决策但还没有决策，需要决策但还不具备条件决策，已经决策但实践中还需要跟踪调查的问题超前调查、超前研究、超前论证。只有这样，政协的建议才能贴近决策层、进入决策层，转化为现实的生产力，推动经济建设和社会各项事业的发展。中共十四届六中全会召开之前，我们对全市文化建设做了深入调查，广泛研讨，就我市文化建设存在的“四个不相适应”，即群众文化发展与镇江总体发展态势不相适应、文化队伍建设与历史文化名城地位不相适应、文化市场管理的法规建设与规范化管理要求不相适应、经费投入与人民群众日益增长的文化要求不相适应，向市政府提出了 17 条具有可操作性的建议，市政府研究予以采纳。

（五）必须坚持加强政协委员和机关干部自身建设

充分发挥政协委员的作用，是搞好政协工作的基础。要充分发挥政协委

员的优势，一方面要努力为他们履行职能创造条件，使他们知情出力；另一方面要增强委员的责任感，使他们尽职尽责。基于这样的认识，我们提出全市各级政协委员要在中共镇江市委的领导下，做统一思想的模范，做齐心协力的模范，做讲求实效的模范。还专门发文，在全市政协委员中开展“双尽职、立新功”活动，号召政协委员既要立足本职，鼓实劲、干实事、求实效、创实绩，为本职工作尽职立功；又要当好政协委员，积极履行政治协商、民主监督、参政议政职能，为做好新时期人民政协工作尽职立功。三届四次全体会议闭会以后，进行了“双尽职、立新功”的评选活动，并于三届五次会议上对42名在“双尽职、立新功”活动中取得显著成绩的委员进行表彰。我们还在全体政协委员和政协机关中，努力开展崇尚先进、学习先进的活动。马永林、贾又敏既是中共镇江市委决定的全市表彰学习的模范人物，又是政协委员在“双尽职、立新功”活动中涌现出来的先进典型。我们以此为契机，通过座谈会、讨论会等形式，开展了委员学委员的活动，通过学习座谈，许多委员纷纷表示要像马永林、贾又敏那样，树立爱岗敬业、勤奋工作的敬业精神，艰苦奋斗、克服困难、乐于奉献的服务精神，说实话、办实事、求实效的务实精神，勤奋学习、解放思想、敢创新局面、勇上新台阶的创新精神。委员们这种崭新的精神风貌为我们发挥政协优势，履行基本职能奠定了良好的基础。

政协机关在政协工作和委员参政议政活动中起着上下沟通之桥梁、左右联系之纽带的作用，是人们常说的委员之家。提高机关干部素质，确立为委员服务的观点是至关重要的。为此，我们在政协机关内提出了高标准、严要求、创一流的目标。高标准，就是要有特别高的觉悟、特别严的纪律、特别好的作风、特别高的工作效率；特别需要了解和掌握中共的统战理论和方针政策；要善于学习、广交朋友、乐于服务、勇于进取，致力于自我提高，争做一名合格的政协工作者。严要求，就是安排活动要精心周密，处理事务要严谨细致，为委员服务要周到热情，完成任务要迅速扎实、准确无误。创一流，就是要发扬合作共事的优良传统和作风，每个人既责任分明、各司其职，又紧密配合、协调统一，保证机关工作有序、高效地运行。在高标准、严要求、创一流的总目标下，运用各种办法提高干部自身素质，我们先后选送委办以上领导12人赴全国政协理论研讨班学习，选送4名年轻干部入中央党校本科函授学习，2 人参加市委组织部与东南大学联合举办的“镇江市第一期中青年干部研究生课程班”学习。同时，政协领导审时度势，经常听取党内外人士对机关干部的反映，按德才兼备的标准，与党委组织部门联系，考察选拔干部，先后有 21 名干部得以提拔使用；积极从党政机关引进中青年干部 15 名。经过几年来的共同努力，机关工作出现了明显的变化。一是主动性增强，积极性高涨。大家心情舒畅，工作踏实，主动找工作，主动选课题搞调研，发挥了应有的作用。二是各项工作有章可循，忙而不乱。由于各项制度的完善和落实，增强了工作的科学性，克服了工作的随意性，大家都能按照各自的职责，认真地开展工作。三是市政协赢得了市委、市政府的更加重视和支持，赢得了广大委员的尊重和信赖。

五年来，镇江市政协工作之所以取得以上这些成绩，其主要原因是：始终坚持高举邓小平同志建设有中国特色社会主义理论的伟大旗帜，高举爱国主义和社会主义两面旗帜，正确把握民主与团结的主旋律，认真学习邓小平同志及江总书记与中央关于新时期人民政协工作的理论、指示、方针、政策，坚持和完善共产党领导的多党合作和政治协商制度，紧紧依靠中共镇江市委的领导和政府的支持，以改革、发展、稳定为大局，加强学习，吃透政策；发挥优势，真抓实干；深入实际，摸准社情；沟通情况，协调关系；合拍合力，尽职尽责。但是，我们也深深知道，在过去的工作中有不足之处：对履行职能的认识还有待进一步深化；工作力度还须继续增强；多党合作的重要机构的作用还要进一步发挥；制度化、规范化尚需不断完善；社情民意工作尚需进一步加强；机关干部的素质尚需进一步提高。我们所取得的一些经验也有待在今后的实践中继续充实、完善。

中国共产党第十五次全国代表大会是在我国改革开放和社会主义现代化建设发展的关键时刻召开的一次承前启后、继往开来的历史性会议。江泽民总书记在十五大报告中指出：“发展社会主义民主，制度更带有根本性、全局性、稳定性和长期性。”并把“坚持和完善共产党领导的多党合作和政治协商制度；坚持‘长期共存、互相监督、肝胆相照、荣辱与共’的方针，加强同民主党派合作共事、巩固我党同党外人士的联盟；继续推进人民政协政治协商、民主监督、参政议政的规范化、制度化，使之成为党团结各界的重要渠道”作为健全我国民主制度的重要内容，这对我国在共产党领导下的多党合作和政治协商制度的巩固和发展必将产生积极而深远的影响，也为人民政协的工作进一步指明了方向，提供了机遇，展示了良好的前景，提出了更高的要求。根据党的十五大精神，中共镇江市委三届七次全委会议确定我市今后五年的主要任务是为实现《镇江市“九五”计划和2010年远景目标》而努力奋斗，力争到本世纪末（指20世纪末），在比全省提前三年全面实现小康的基础上，人民生活更加富裕，部分地区初步实现现代化。到2002年，全市初步建立起比较完整的市场体系，形成现代化港口城市格局，经济综合实力再上一个台阶，社会事业全面协调发展，人民物质和精神文化生活水平同步提高，为2005年基本实现现代化、2010年全面实现现代化打下坚实的基础。新一届政协面临新形势、新任务，重任在肩，光荣而艰巨。因此，要深入贯彻党的十五大精神，高举邓小平理论伟大旗帜，在履行职能的过程中，进一步解放思想，全力推进第三次思想解放，抓住机遇，开拓进取，坚持发展不动摇，进一步促进深化改革、扩大开放，积极探索公有制多种实现形式，扎实推进经济体制和经济增长方式的根本性转变，促进我市经济保持持续、快速、健康发展和社会全面进步，在更高的起点上，构筑镇江21世纪发展的新优势。为此，就今后政协工作提出如下建议。

建议市政协下一届委员会要进一步加强理论学习，巩固团结合作的政治基础，提高参政议政能力。邓小平理论是毛泽东思想的继承和发展，是当代中国的马克思主义。我们要始终不渝地坚持用邓小平理论指导我们的各项工作。今年，要把学习十五大精神与系统地学习邓小平理论特别是关于统一战线和人民政协理论结合起来，做到高举邓小平理论伟大旗帜不动摇，在思想上、在工作中牢牢地明确邓小平理论的指导地位，使人民政协成为中国共产党团结各族各界的重要渠道，巩固和发展广泛的爱国统一战线，把人民政协事业生机勃勃地向前推进。

建议市政协下一届委员会要把握大局，履行职能，积极推进全市经济和社会事业健康发展。我们要牢牢把握经济工作必须稳中求进的方针。江泽民同志对这一重要方针做了科学的、精辟的阐述。稳，就是继续实行适度从紧的财政货币政策，抑制通货膨胀，稳定和加强农业，防止和化解金融风险，搞好社会保障，保持稳定的宏观经济环境和社会环境；进，就是国有企业改革、金融体制改革和其他改革要有新的突破，经济结构调整要有新的进展，解决社会热点问题要有新的举措，对外开放水平要有新的提高，国民经济整体素质和效益要有明显改善，在这个前提下，继续保持一个较快的发展速度。稳和进是相辅相成、相互促进的。稳是基础，只有稳，才能更好地推进改革和发展；进是目的，只有进，才能更好地实现持久、牢固的稳。在世纪之交的重要历史时期，我们要走有镇江特色的调整之路，努力构筑我市面向新世纪、面向现代化的经济格局。这是市委、市政府的中心工作，也是市政协工作的中心议题。我们要坚持围绕中心，服务大局，选准角度，发挥优势，议大事，办实事，积极参与全市重大问题的协商，认真开展民主监督工作，努力拓宽参政议政领域，紧紧围绕科教兴市、以港兴市、规模经济、外向开拓等战略问题建言献策，推动全市经济和社会事业健康发展。

建议市政协下一届委员会要进一步高举团结、民主两面旗帜，讲学习，讲政治，讲正气，加强统一战线内部的沟通和交流，形成一种共产党领导的团结、民主、和谐的合作共事关系；多做沟通思想、理顺情绪、化解矛盾工作，积极协助党和政府正确处理人民内部的各种矛盾；密切同人民群众的联系，倡导文明、团结、健康、向上的社会风气，从而发挥人民政协在维护社会政治稳定方面所具有的不可替代的作用。

建议市政协下一届委员会要进一步学习贯彻中共中央有关人民政协和统一战线方面的方针政策，本着“积极主动、多做工作”的精神，加大工作力度，加强与台港澳同胞和海外侨胞的联谊工作，广交朋友，联络感情，为澳门的平稳过渡和保持香港的长期稳定与繁荣贡献力量。认真贯彻江泽民同志关于促进祖国统一的八项主张，积极开展对台政策宣传和民间交往工作，为促进海峡两岸的经济、文化等领域的合作与发展多做工作。注意把开展海外联谊与引进技术、引进人才、引进资金相结合，积极牵线搭桥，促进全方位扩大开放，以全市外向型经济大发展的总格局，迎接新一轮开放热潮的到来。

建议市政协下一届委员会要进一步加强自身建设，推进政协工作的制度化、规范化进程。我市政协工作已经形成了党委重视、政府支持、政协主动、社会各方配合的生动活泼的局面。要进一步开创政协工作新局面，关键是加强党对政协工作的领导，这是一条极为重要的经验。在中共镇江市委领导下，保证政协工作与市委、市政府的中心任务同步合拍；要认真贯彻“长期共存、互相监督、肝胆相照、荣辱与共”的方针，进一步发挥各民主党派、人民团体的作用；要进一步加强制度建设，密切与县（市）区政协的合作，密切与党政部门的合作，使全市政协工作再上新台阶。

在世纪之交的历史性时期，每一位致力于政协事业的同志和朋友，都肩负着历史的使命和人民的重托。希望新一届政协委员要在中共镇江市委的领导下，统揽全局，精心部署，狠抓落实，团结一致，艰苦奋斗，开拓前进，高举邓小平理论伟大旗帜，为把镇江市人民政协事业生机勃勃地推向21世纪而努力奋斗！

人民政协必须进一步解放思想[①]

当前，人民政协工作要深入学习贯彻邓小平同志南方谈话的精神，进一步解放思想，冲破旧观念的束缚，自觉地服从和服务于经济建设中心，更好地履行政协基本职能。我认为要从五个方面进一步解放思想。

一要从“政协要不要干实事”这一认识圈子里解放出来。答案是毋庸置疑的：政协工作同样要真抓实干，不是只说不干，也不是干干歇歇。去年，市委、市政府决定建立“历史文化名城规划建设专家咨询组”，就是要求政协从干实事中去发挥基本职能的作用，更好地调动“智囊团”和“人才库”的潜在积极性。如在整治古运河工程中，许多新老委员积极出力，受到各方面的赞誉。

二要从“无所作为”的精神状态中解放出来。新时期的政协工作是建设有中国特色的社会主义的重要组成部分，我们要清楚“左”的思想对统战工作的影响，克服“可有可无”“软件”“摆设”的错误观念，更广泛地发挥其应有的作用。特别是在新的历史条件下，政协工作如何注意充实协商监督的内容，加强中共同各党派、团体和各界人士的真诚合作，是一个新的课题，我们应认真研究、总结。

三要从“相互监督不足、肝胆相照不够”的情况下解放出来。克服对人对事只讲情面、顾虑重重、相互放宽尺度、得过且过等精神状态。特别是做政协统战工作的共产党员领导同志，更要细心、虚心，要设身处地去体察和调查这方面的情况，率先坦诚相见、以诚取信。

四要从“坐等人家邀请、联系我”的精神状态下解放出来。政协各专门

---

① 本文发表于《镇江日报》1992 年 7 月 23 日。

委员会都要结合本职工作，与党和政府的有关部门保持经常的密切联系，从要人家联系我变为我要联系人，还要选择有关基层单位长期挂钩，了解信息，提供服务。

五要从“小统战”的观念中解放出来。政协要和各统战部门，各民主党派、工商联等群众团体互相支持配合，形成“大统战”态势，发挥更大的整体力量。人民政协作为中国共产党领导的多党合作和政治协商的重要组织形式，是发扬社会主义民主的重要渠道。如何更好地发挥人民政协的作用，这是我们政治体制改革过程中需要积极探索和解决的一个重要课题。

发挥自身优势，增进共识，真抓实干[①]

为期八天的镇江市政协八届一次会议在完成各项重要议程后于 1993 年 3 月 10 日下午胜利落下帷幕。这次会议是以邓小平同志建设有中国特色社会主义理论和中共十四大精神为指导，开得生动活泼，充满了团结、民主、务实、奋进的气氛。会议听取了钱永波同志对镇江市政协八届首次会议的祝辞，方之焯同志做的《政府工作报告》，黄选能同志代表市政协七届常委会做的《工作报告》及其他重要报告，经过认真而热烈的讨论，认清了当前的新形势，明确了政协今后的工作方向和任务及具体的政策措施等，汇成了一个心声和一股强音：回首过去充满了喜悦之情，展望未来胸有百倍信心。这充分说明委员们对镇江的顽强崛起激发出使命感和参政议政的责任感。会议还顺利完成了换届选举，进一步实现了领导机构的新老合作和交替。

随着改革开放和社会主义现代化建设的迅速发展，新形势对政协工作也提出了更高的要求。这就是政协要把为改革开放和经济建设服务作为自己的重要政治责任，通过正确履行“政治协商、民主监督”基本职能来实现这个责任。

为最大限度地团结人，要求在政协内部坚持“三个必须”：必须统一于共同的政治基础，即统一于建设有中国特色的社会主义理论与党的基本路线；必须围绕一个共同目标，为实现中共镇江市委、市政府调整后的“八五”计划奋斗；必须进一步发展社会主义民主政治，为不断完善中国共产党领导的多党合作和政治协商制度，不懈努力。

要使政协成为团结的纽带、友谊的桥梁，发挥以下“五个作用”：（1）在

---

① 此文写作于 1993 年 3 月 8 日。

科学决策上的咨询作用；（2）在经济建设上的智力和技术服务作用；（3）发展外向型经济上的牵线搭桥作用；（4）维护安定团结的思想教育和协调疏导作用；（5）在精神文明建设方面的自觉参与和合力作用。

让我们进一步解放思想，更新观念，实事求是，发挥自身优势，加强自身建设，根据政协“人才荟萃，是个多学科、高层次的知识群体。大多数委员在国内外有非常广泛的社会联系”的特点，珍惜机遇，真抓实干。

在镇江市庆祝中国人民政协政治协商会议成立 40 周年大会上的讲话[①]

各位委员、各位同志：

今天，我们在这里隆重集会，庆祝中国人民政治协商会议成立 40 周年。中国人民政治协商会议的成立与伟大的中华人民共和国的诞生是永远联系在一起的，因此，我们的心情是特别的高兴和激动！

中国人民政协同伟大的社会主义新中国一起，走过了 40 年的光辉历程。40 年来，人民政协在中华人民共和国的建立、巩固和发展中，在全国人民向社会主义革命和社会主义建设的胜利进军中，在发展爱国统一战线和加强全国各民族人民大团结的工作中，在贯彻"一国两制"方针，推进祖国统一的伟大事业中，都做出了不可磨灭的巨大贡献，发挥了特殊的重要历史作用。

1949 年 9 月 21 日至 30 日，中国人民政治协商会议第一届全体会议在北京中南海怀仁堂胜利召开，毛泽东同志在开幕词中庄严地宣布：占世界人口总数四分之一的中国人从此站起来了，从此揭开了中国人民当家做主的新纪元。

在这次会议上，人民政协代行全国人民代表大会的职权，通过了《中国人民政治协商会议共同纲领》，决定了中华人民共和国定都于北京，决定了国旗为五星红旗，《义勇军进行曲》为国歌，会议选举毛泽东同志为中央人民政府主席和中国人民政治协商会议主席，选举朱德、刘少奇、宋庆龄、李济深、张澜、高岗为副主席。1949 年 10 月 1 日，毛泽东同志登上天安门城楼，向全国人民和全世界庄严宣告："中华人民共和国成立了，中国人民从此站立起

① 讲话发表于 1989 年 9 月 26 日。

来了。”

中华人民共和国诞生以后，中国人民政治协商会议先后通过了《中华人民共和国土地改革法草案》、抗美援朝决议和中华人民共和国国徽图案。在中华人民共和国成立初期的五年里，人民政协在团结全国各族人民反对国内外敌人，实行民主改革，恢复和发展国家经济，扩大爱国统一战线，巩固人民民主专政等方面，都发挥了极其重要的作用。这一时期，人民政协的丰功伟绩，将永远载入史册。

1954 年，召开了第一届全国人民代表大会。同年 12 月，全国政协第二届委员会第一次全体会议召开，周恩来同志当选为全国政协主席。他在这次会议的报告中指出：“现在全国人民代表大会第一次会议已经召开，中国人民政治协商会议代行全国人民代表大会职权的政权机关的作用已经消失，但中国人民政治协商会议本身的统一战线的作用仍然存在。”这一时期的人民政协，不仅为新民主主义革命和社会主义改造，做出了统一战线组织的特有贡献，而且已经开始担负起为社会主义建设服务的伟大任务。

后来，由于人民政协工作不断受到“左”的错误的严重干扰，特别是在“文化大革命”的期间，林彪、江青反革命集团为了篡夺党和国家的最高领导权，疯狂破坏统一战线，人民政协被迫停止活动。

“十年动乱”结束后，人民政协的工作开始恢复。1978 年 2 月召开了全国政协五届一次会议，选举邓小平同志为全国政协主席，邓小平同志在开幕词里提出两点科学论断：其一是中华人民共和国成立 30 年后第一次宣布，我国的资本家阶级已经不存在，他们中的绝大多数人已经改造成为劳动者，正在为社会主义建设事业贡献力量；其二是我国广大的知识分子，包括从旧社会过来的老知识分子的绝大多数已经成为工人阶级的一部分，正在努力自觉地为社会主义事业服务。邓小平同志在担任全国政协主席期间，多次发表重要讲话，他在全国政协五届二次会议上明确宣布我国的社会阶级状况发生了根本变化，统一战线内部关系也发生了根本变化，他说：“我国革命的爱国的统一战线具有空前的广泛性，它在社会主义和爱国主义的基础上更加巩固和发展了，我们要进一步加强全体社会主义劳动者、拥护社会主义的爱国者和拥护祖国统一的爱国者的广泛团结。使我国统一战线和人民政协在发挥社会主义制度优越性的实践中，做出积极贡献。”之后，邓小平同志又指出，人民政协“前程远大，大有可为”，并号召“为开创我国社会主义现代化建设的新局面，为开创统一战线的新局面，为开创人民政协的新局面而共同奋斗”。邓小平同志的这些讲话，为新时期人民政协工作指明了方向。

1982 年 12 月，全国政协五届五次会议通过了人民政协的第三部章程，这部章程是中共十一届三中全会确定的路线、方针、政策同人民政协的具体实际和历史经验相结合的产物。章程确定人民政协的性质是中国人民爱国统一战线的组织，肯定了人民政协在我国历史上的重要作用和今后在加快社会主义现代化建设，争取实现包括台湾地区在内的祖国统一，维护世界和平的斗争中，仍将具有重要地位和作用，提出了人民政协在新的历史时期的总任务，规定了人民政协的主要职能是政治协商、民主监督。这部章程，为全面开创人民政协工作新局面发挥了重要的保证作用和指导作用。

1983 年 6 月，邓颖超同志在全国政协六届一次会议上当选为全国政协主席。邓颖超同志在开幕词中充分肯定了人民政协所取得的伟大成就，并提出发展和加强中华民族的大团结、大统一，进一步搞好统一战线和人民政协工作，为中华民族的繁荣、富强和统一做出更大的努力。

1988 年 4 月，李先念同志在全国政协七届一次会议上当选全国政协主席。李先念主席在七届一次会议上的讲话中强调，人民政协要再接再厉，要充分发挥自己的才能和智慧，为我国科学技术、文化教育和卫生体育事业的发展，为加强农业这个国民经济的基础，为加速工业的技术改造和技术进步，为进一步发展对外经济技术交流和沿海地区的外向型经济，为加快和深化经济体制和政治体制改革，为提高一切企业、事业的经济效益和社会效益，为实现社会主义现代化，献计献策，尽心尽力，做出新贡献。李先念的讲话中还特别指出：中华民族是一个伟大的民族，有光辉灿烂的历史文化，有前仆后继、不屈不挠的奋斗精神。我国各族人民是有雄心壮志的人民。从鸦片战争以来，经过一百多年英勇顽强、艰苦卓绝的斗争，无数革命志士流血牺牲，终于建立了社会主义新中国。我们的胜利是来之不易的。中华人民共和国成立以后，我们尽管经历了较大的曲折，付出不小的代价，但是毕竟取得了社会主义革命和社会主义建设的巨大成就。历史证明，中国人民有能力建立自己的国家，也一定有能力管理好、建设好自己的国家。我们应该有这样的志气和信心，我们要在自力更生，艰苦奋斗的基础上，充分重视并善于学习外国的先进经验和现代科学技术，大力发展社会生产力，沿着有中国特色的社会主义道路胜利前进。让我们各族人民，各民主党派、无党派爱国人士、各人民团体和各界人士，在中国共产党的领导下，更紧密地团结起来，同港澳同胞、台湾同胞和海外侨胞一起，夺取新的更大的胜利！

由于邓小平、邓颖超、李先念等老一辈革命家卓有成效的领导，这一时期，人民政协不仅在组织上得到了空前巩固和加强，而且在工作上出现了前所未有的活跃和发展，成为中华人民共和国成立以来人民政协的最好时期之一。这一时期，全国政协高举社会主义和爱国主义两面旗帜，坚持“长期共存、互相监督、肝胆相照、荣辱与共”的方针，认真履行政治协商、民主监督基本职能，在各个领域和各个层次上广泛开展活动，积极参加国家大政方针的讨论，并提出许多兴利除弊的建议，为社会主义物质文明和精神文明建设献计出力。在落实各项统战政策，不断完善共产党领导的多党合作制度和政治协商制度，推进社会主义民主和法制建设，在开展“三胞”联谊，促进祖国统一，以及在开展人民外交活动方面，也做了大量工作，做出了重大贡献。人民政协的影响和作用正被越来越多的人所认识和重视，不仅在国内获得广大群众的高度评价，而且在国际也受到了众多人士的高度重视和关注。

同志们，朋友们，我们镇江市政协同全国政协一样，也走过了不平凡的40年，也经历了一个成立、发展、停滞、再发展的过程。

镇江市政协的前身是镇江市各界人民代表会议协商委员会，成立于1949年9月30日，有委员27人。当时，也代行着地方人民代表大会的职能。1954年6月，镇江市人民代表大会正式召开，镇江市协商委员会代行的人民代表会议职权的任务宣告结束，但作为人民民主统一战线的地方机构，仍继续存在。1956年2月，镇江市政协一届一次会议胜利召开，协商产生了新的常务委员会。“文革”时期，镇江市政协停止活动。1979年4月恢复工作。1983年3月，我市实行市管县领导体制之后，镇江市上升为省辖市，政协提前换届，召开了六届一次会议，从此镇江市政协进入了一个新的发展时期，直到今年的七届二次会议期间，我市政协已有368名委员，成立了15个工作组和5个专门委员会。在中共镇江市委的领导下，市政协在我市的各项事业的建设中和政治、经济及在人民群众的活动中，发挥着越来越重要的作用。

回顾过去的40年，镇江市政协在20世纪五六十年代，为地方政权的巩固和建设，为完成社会主义的“三大改造”，恢复和发展地方经济发挥了重要的历史作用，而且在新的历史时期，镇江市政协在中共十一届三中全会路线的指引下，在全国和省政协的统一指导下，充分发挥自己的优势和特长，高举大团结大统一的旗帜，紧紧围绕“统一祖国，振兴中华”的总目标和坚持贯彻“一个中心，两个基本点”的路线、方针、政策中，认真履行政治协商、民主监督的职能，取得有目共睹的成绩。特别对我市“七五”计划和城市建设总体规划的讨论和制定；对镇江老港的整治和“中口袋”方案的实施；对茅山老区的经济开发；对谏壁电厂粉煤灰的综合利用；对南郊风景区的规划和恢复建设；对争取我市列为国家级历史文化名城及对外开放的旅游、港口城市；对我市的文化教育、医卫事业的发展与建设，对促进民主法制建设和同海外“三胞”的联谊、发展外向型经济等方面，总之，在全市两个文明建设过程中，镇江市政协在中共镇江市委的领导下，直接或间接地参与献计献策和咨询服务，身体力行地做了大量的工作。这里都凝聚了我市历届全体政协委员和在镇的全国、江苏省政协委员的智慧与心血。

人民政协是人才库和智囊团。仅以我市政协第七届委员组成来看，那里就汇集了全市各行各业的精兵强将，有享誉国内外的专家学者，有社会各界知名人士，有在平凡岗位上做出非凡贡献的先进人物和劳动模范，也有自学成才的扬名海内外的文化、艺术工作者等。他们中包括：曾获得“国家级有突出贡献的中青年专家”称号、1989 年“全国先进工作者”的杨图南同志；获“国家级有突出贡献的中青年专家”的张百川同志；获 1989 年“全国劳动模范”的种田状元谭三林同志和李金华同志；获 1989 年“全国优秀教师”的陈克武同志和王文同志；被授予“全国教育劳动模范”称号的吴德怀同志；获得 1989 年“全国金榜奖”的张秀琴同志；等等。

同时，实践表明，这些成绩的取得，除了靠政协委员、政协机关的自身努力外，还离不开人大、政府的合作支持，离不开全市各民主党派和无党派爱国人士、各群众团体、各民族人民的支持和协助，离不开驻镇部队和各部门各单位的关心，也离不开退休老同志的关怀。所以借此机会，我代表镇江市政协，向关心、支持我们政协工作的领导和同志们表示崇高的敬意和最衷心的感谢！向过去从事政协工作的老委员、老同志致以最亲切的问候！

各位委员、各位同志，40 年的历史已经雄辩地说明，统一战线工作过去是一大法宝。进入新的历史时期仍是我国党和人民团结战斗、建设四化、统一祖国的重要法宝，仍具有强大的生命力。只要我们牢记坚持四项基本原则，不忘我国统一战线的基础是工农联盟，这是我国长期存在的统一战线之所以能巩固并继续发展的重要保证；同时也不要忘记，新时期统一战线具有越来越明显的广泛性的基本特征，那么即使面临许多困难和问题，面临新的形势和任务，面临着许多新的理论和课题，比如：如何协助党和政府完善并执行好共产党领导的多党合作制与政治协商制；如何协助党和政府贯彻执行好“一国两制”，和平统一祖国的方针；如何协助党和政府最广泛地团结各界人士坚持执行好“四项基本原则”这个立国之本，走好改革开放这个强国之路，旗帜鲜明地反对资产阶级自由化；如何更积极地发挥好“政治协商，民主监督”的基本职能作用，以及运用“长期共存、相互监督，肝胆相照、荣辱与共”的方针去发挥好政协全体委员的整体功能作用；如何使政协工作走向经常化、制度化、法律化；等等。总之，在坚持中共十一届三中全会政策不变的同时，又要协助党和政府抓好十三届四中全会精神的学习贯彻。这些都是我们要积极慎重地去勇于实践，认真探索的任务与课题。我们面对新形势，面临新任务、新理论、新问题的挑战，可以说是任重道远。在这里我们还是以毛主席 1949 年在中国人民政治协商会议第一届全体会议开幕词中说的一段话来共勉，毛主席当时激动地说：“我们面前的困难是有的，而且是很多的，但是我们确信，一切困难将被全国人民的英勇奋斗所战胜。中国人民已经具有战胜困难的极其丰富的经验。如果我们的先人和我们自己能够度过长期的极端艰难的岁月，战胜了强大的内外反动派，为什么不能在胜利以后建设一个繁荣昌盛的国家呢?”这是多么扣人心弦又使人折服的话啊！在今天庆祝全国人民政治协商会议召开 40 周年，纪念国庆 40 周年前夕的日子里，在目前还有这样那样困难的情况下，让我们多咀嚼这些至理名言，从中汲取力量，以增强信心，同任何困难作斗争，争取国家建设的新胜利！这就是我们召开这个纪念会的意义所在。

光荣的中国人民政治协商会议第一届全体会议，

伟大的中华人民共和国从您这里诞生！

庄严的五星红旗从这里升起！

中央人民政府从这里组成产生！

嘹亮的国歌从这里唱起！

共和国不会忘记这个日子！

人民不会忘记从此站起来的日子！

历史将永远记下这一页伟大的篇章！

各位委员、各位同志：中共十三届四中全会选举产生了以江泽民同志为核心的新的领导机构，全党和全国人民看到这是一个坚持党的基本路线的班子，是一个体现中国前途的班子。新的中央领导机构产生以后所办的实事，使人们更加确信，这是一个能够领导我们坚持立国之本、沿着改革开放的强国之路扎扎实实胜利前进的、完全可以信赖的坚强核心。最后，让我们用发自肺腑的最强音振臂高呼：

伟大的中华人民共和国万岁！

伟大的马克思列宁主义、毛泽东思想万岁！

伟大的中国共产党万岁！

戒定如山　良师益友

——我心中的茗山法师

2002 年 5 月 13 日下午 6 时，我从焦山山门工程的工地回到家，爱人孙慧交给我一篇题为“焦山建塔记”的文章和一封信，这是住在江滨医院的病人袁克晉同志托人交予我的，信中要求我对该文提出意见并为其作序。理由是：我受政府和茗山法师的委托，亲自领导万佛塔工程建设，亲历工程的全过程，最有发言权。

5 月 14 日上午，因天下雨不能去焦山工地，一人在家中的书房里，一口气读完《焦山建塔记》文稿后，我潸然泪下，无法抑制发自内心的感动，而又欲哭无泪，说不清为何会这样。我以极大的控制力，坐在藤椅上，足有十多分钟才镇静下来，扪心自问：今天为什么感情如此脆弱呢？冰冻三尺，非一日之寒。这是感情沉淀的表现，是感情丰厚的反映，是感情力量的巨大冲击。感情这东西，是内在的力量，有有形的，也有无形的。喜怒哀乐就是感情有形的表现，满腔愤怒、拍案而起是感情的外溢；而镇定自若，每临大事有静气，骤然临之而不惊，这也是能够控制情感的表现。来自正义感情的力量，是巨大而无穷的，如爱国情、人民情、民族情，以及乡情、亲情、友情等。

现在把话题拉回来，刚才的流泪，就是感情所致。一方面是因与茗山法师的不解之缘；另一方面是对袁克晉同志在与严重疾病作斗争中还写下《焦山建塔记》的精神由衷钦佩。

现在我先说说与茗山法师的不解之缘。我与茗山法师相识于 1982 年我任镇江行署副专员之时。那时以南京大学匡亚明校长为会长的江南诗词协会在焦山华严阁召开成立大会，会务由我负责。在整个会议进行过程中，我与茗山法师一起磋商大会事宜。在言谈处事中，我不仅领略到他是一位佛学造诣深厚的长者，而且在他身上感受到了许多优良品质，与人相处中，不管年龄大小，不论僧人或俗家，他都态度谦和，具有学者风范和长者风度。他处事顾全大局，无私奉献。我们在焦山华严阁开会，他不要租金，成立大会中午的一切招待费用都由他负责。他认为这是诗坛盛举，会议在焦山华严阁召开，机会难得，为镇江的盛名增光，是佛家共同的责任，也是党和政府对佛家的信任，佛家有责任与义务配合做好这件事。他还谦虚地说："我也爱好诗词与书法，这正是我学习的好机会。"此事已隔20年之久，当时的资料没有保存，现在已难找到，实感惋惜。

1983年，实行市管县行政体制以后，我任镇江市副市长，先后分管宣传、文教、科技、外事、经济计划、城建系统等工作，就有更多的机会与茗山法师、慈舟法师接触。特别是1986年国务院公布镇江为历史文化名城，金山江天禅寺、焦山定慧寺、宝华山隆昌寺、茅山道院等寺庙被列为对外开放寺庙后，茗山法师、慈舟法师对恢复两山寺庙的建设，真是殚精竭虑，想方设法，一件一件地进行复建。同时，在落实宗教政策过程中，听不到他们有一句怨言或不满之词，二老经常说："'文革'期间我们虽被扫地出门，但还是党和政府收养了我们；现在拨乱反正了，又是党和政府给我们落实政策，我们有什么理由不听党和政府的话呢?"我当时是地方党和政府的领导之一，也是第二次与他们打交道，真是感到他们身上有许多值得我们学习的地方。譬如，他们对十年浩劫没有喋喋不休的怨言，一切从头再来，但他们还是感激党和政府的好政策。这两位是多么好的佛家僧人啊!

1988年年初，我从副市长岗位调到市政协任主席，茗山法师是江苏省、镇江市政协常委，江苏省佛协会长、全国佛协副会长，慈舟法师是镇江市政协常委、市佛协会长，工作中我们接触得更多了，与两位高僧的感情越来越深。在金山大雄宝殿复建的过程中，我与慈舟法师有近四年的接触，对他那种为佛教事业执着努力、兢兢业业、每一分钱都用于事业上的精神十分敬佩。我常想，我是共产党人，他是一个出家人，他那种务实的境界不值得我们学习吗?当时建设大雄宝殿，我代表政府帮他在"三大材"（木材、钢材、水泥）上提供优惠供应，他对党和政府的支持感激得不得了。真是政府帮助他一分，他就花十分去努力，这种办事效率，使我深受感动。

这里特别要提及的是茗山法师于90年代后期与我商量重建焦山宝塔之事。当时，茗山法师已是86岁高龄且体质羸弱，我真为他这种暮年壮志感动不已。我对他说："茗山法师，建一座塔，费用要比大雄宝殿多好几倍，同时，焦山的地理条件是处在长江中，搞建设远比金山要困难得多，您老身体不太好，不宜操劳过度。"我的言下之意是怕他在两三年的建塔过程中有什么不测，要他打消这个念头。而他对我说："我有建塔的念头已有近20年了，但是20年之前，的确没有条件，无论经济条件还是人际条件都不具备。现在，我觉得有条件了，只要您老帮助我，一定能办得到。"我说："茗老啊！您这样讲，我不好意思，我对金山、焦山是一视同仁，不会有两样态度。我主要考虑您老一个人张罗这笔钱不容易，其他方面的困难我肯定会帮助的，但经济上我帮不上忙，恐怕政府也是无法支持的。金山寺修大雄宝殿花去385万元，政府只给了5万元作为开光时的接待费补助。"茗老继续说："只要您老讲一句话，愿意帮助我建塔，钱的问题，您老放心，由我一人负责。我现在就要您老讲一句话，您帮不帮这个忙？""我没有理由不帮您呀，对慈舟法师帮助了，对你茗老也要帮助，金山、焦山都是浮玉，我都要呀，我肯定会帮助您。但我有两个担心：一是经费数量大，二是担心会把您的身体累坏。"他最后还执着地说："您老有这句话就好了，我相信几年内身体还不会怎样的。至于钱，您放心。"

为了说明茗山法师与我的真诚友谊，借本文披露一下1999年春节前我与茗老的一次书信来往。原文如下：

尊敬的茗老法师：

您今天到我家来商谈工作，我因患感冒未上班而得相见，很是欣慰而又感不安。您老年高岁长，这样的严寒天气拄杖登门，我实在过意不去。您为宗教事业虔诚奔波，使我深受感动。同时，您又送来一些从新加坡带回的糖果，我实受之有愧！

茗老，出乎我意料的是，您走后，我发现在糖果下面有一个红纸包，内装港币1000元，顿时使我呆住了。您老人家为焦山兴建万佛塔而去新加坡等地卖字、讲经，真是远涉重洋，不辞劳苦。您邀我为建塔之事助一臂之力，这是您老对我的信任。我长期在镇江这块土地上工作、生活，也应当为此做出自己的贡献，我怎能收下您不管出自何种考虑而赐予的红包呢？用佛家的话来说，我如收下，那真是一种罪孽！将使我无地自容，一生不安……

您在耄耋之年，还竭尽全力为宗教事业、为众僧、为人民行善举之事，而我难道不应该为此出一点力吗？请放心，我定与各方合作，共襄义举，促使万佛塔顺利建成。

现将这红纸包原封不动地退还您，敬请您老能理解我的心情。我一定一如既往地为宗教事业做出应有的努力。

敬祝茗老牛年安康！

黄选能

敬爱的黄主席：

赐函由袁主任交茗已敬悉。茗与主席相识多年，非常知己，人皆知之。春节将到，送一红纸包，表示贺仪和友谊，这也是人之常情，不足为奇，更不是为了仰仗和酬报支持万佛塔之事。微薄纸包怎能酬鼎力之助？而况重建万佛塔，是为了恢复焦山古迹，增添景点，以吸引旅游人士，便利信徒朝拜，也是长江航行的标志，原是寺庙和佛教的公事，也是地方政府落实宗教政策的公事。这事无须茗私人用区区纸包来酬谢！因此说明，恳祈谅解！纸包茗已收回，以免他人误会。来函遵嘱带回。

敬祝新春愉快！长寿健康！

贫衲茗山敬礼

1997 年 1 月 29 日

我 19 岁起先后被调到省委宣传部、省纪律检查委员会、省委组织部等三个部门工作了 16 年，之后，又被组织上调到领导岗位上。我的世界观形成就在这种环境里，遇到的领导与同事，绝大多数是知识分子，而这些部门工作的职能，促使我求真务实，不趋炎附势，想问题、看问题要独立思考，虽对人以诚，但要问几个为什么，使事情立于不败之地。为此，我第二次与茗老交谈了一次，侧重谈建塔经济来源的可信度。他向我细细陈述：“这几年赵朴初老身体不好，他明确要我代他多参加对外活动，因此，日本、韩国、斯里兰卡、马来西亚、新加坡等地，加上我国的香港、台湾地区我都去过，结识了不少佛教界的朋友，也有一些居士拜我为师，做我的弟子，他们很有钱，并告诉我有事可找他们。同时，我在海外讲经还有收入，新加坡居士林的首领李木源也答应支持我。还有，我打算把一本手抄《大佛顶首楞严经》拍卖了，也可卖 100 万新元左右（当时约折合人民币 300 万元）。此外，我还要办书法展览，卖字也可弄到一部分钱。塔建成后，号召信教徒及居士把佛像请去供养，一两百万元不成问题的。所以，请您老放心。”就在这个时候，他告诉我，不日将要出访新加坡，已经写好 150 幅书法，准备拿到新加坡办书法展览后拍卖。“我已和他们谈好，每个居士买一两幅，统一由他们组织收取钱后交予我。”我听到这个消息，产生了为茗山法师出版书法作品集的想法。他的作品散失全国各地，要把这些作品收集起来，代价就大了。现在趁他的作品拿去展览出书法集，费用就省多了。这件事我和市国画院院长丁观加商量后，丁观加完全赞成。于是，征得茗老同意后，我将茗老带去新加坡展览的 150 幅书法作品交丁观加，他组织四五个人进行照相、制作和编辑，然后将原稿交茗老带去新加坡。这本书法集共花了 6 万元人民币，是当时市人民银行行长康正平资助的。我又和我爱人孙慧去南京大学找匡亚明校长为茗山法师题写了书名“茗山书法作品选”。这里我顺便讲一下，为什么我们夫妇俩去找匡亚明校长为茗老的书法作品选题签呢？有两个原因：一是我任镇江政协主席十年间，每年到省政协参加常委会议，因为茗老年龄最大，大多数情况下，我会请茗老乘我的车一道去，从而发现茗老每到南京，总是去匡校长家拜访；而且他于 1990 年出版的《茗山文集》就是由匡亚明作序，可见他们之间相知相识，关系非同一般。二是我爱人孙慧同志 1952 年（当时只有 18 岁）就到南京大学校长办公室工作，与几任南大校领导都较熟悉，匡亚明也是其中之一。正是这样的缘分，当时匡老虽已是 91 岁高龄，且刚动过大手术出院不久，听说茗山法师的书法作品将出版，他欣然命笔。哪知不到半年后匡亚明校长即去世了。这个字也是匡老最后一次题字。这本书法选先后重印了三次，共发行 1.2 万册。其中一半是由无锡祥符寺印刷的。

当我了解了建塔经济来源的可信度之后，剩下的问题是如何尽快按茗老所提出的塔要建成“金碧辉煌，与众不同”的要求去实施。为此，经市委、市政府批准成立了以我和市政协副主席尤敦立（建筑结构专家）为首的筹建小组，做准备工作。光是筹备工作，从地质钻探、方案论证及设计的敲定，就花了一年多时间；从奠基到落成，又历时一年零八个月。可以说，在建设施工过程中，基本上是风雨无阻。由于隔江与上山的特定条件，给施工带来了极大的困难，且最多时在这个小小的山头上就有 10 多个单位同时交错施工，随时都会产生施工中的矛盾，需要我们去协调、安排和解决。所以，我和尤主席并不是想象中的只是挂帅而已，而是既挂帅又出征。当茗山长老提出塔要提前三个月开光的要求时，我对茗老讲："这实在是为难我了。"我本来就考虑茗老年事已高，一定要在他健在之时把宝塔加速建起来而安排工期的，在这样的安排下，再提前三个月，确实使我为难。当时，我真好像是热锅上的蚂蚁，急得团团转。

为此，我询问茗老："为什么要提前？我实在办不到！"茗老很轻松而风趣地对我说："您老不要急，您老搞到什么样就算什么样。我也有难处。新加坡居士林提出这个时间表，也是有道理的。你知道，我建塔的经费将近一半来自新加坡居士林，他们之所以提出这个开光时间表，主要为了支持我的经费和扩大万佛塔的影响。因为 1999 年的农历九月九日，正是九华山的地藏王菩萨落成开光，塑这尊菩萨的经费也是他们支持的。他们趁这个时候，组织了一个 100 多人的代表团去安徽九华山参加开光典礼，然后回头就可到焦山参加万佛塔开光。他们认为这是两全其美的：一是节省了他们再次往返的经费，可以继续支持我；二是这次代表团成员庞大，如果到 1999 年年底开光，他们只能来 10 多人，影响小。他们好心地劝我不要将在"文革"期间特殊困难条件下抄写的《大佛顶首楞严经》在新加坡卖掉，要我带回来作为焦山万佛塔的镇塔之宝。经费由他们鼎力支持。他们的意见我不能不接受，因为他们是真心与我许愿的，我已表示同意，请您老理解我。不要紧，反正整个塔的轮廓都已矗立起来了，对不起您老，给您添急了。我的意见，到时搞到什么样就算什么样，我理解您，您也理解我，不要急！不要急！"

我从茗老那里出来，当晚就没有睡着觉，一直在思考着，佛塔总要像个样子，这不光是茗老的面子，更重要的是，市领导早已南到深圳、上海，北到天津推销这个旅游景点了，并作为我市旅游年推出的旅游新景点，向全国媒体宣传。我在镇江地区工作已经 35 个春秋了，我对镇江的一草一木怀有深厚的感情，镇江人民对我的工作也是一贯支持和厚爱的，我不能给镇江丢面子。我觉得责任重大。于是，决定把这提前三个月的工作量浓缩到本已十分紧张的工作计划中去，必须拼搏苦干，只争朝夕，不能有半点懈怠，不能按茗山法师那种大慈大悲、通情达理的佛教领袖之风去顺其自然，干到什么样就交什么样的卷。前段时间里，我们领导小组办公室同志是按时上下班的，后来的三个多月时间就在山上树荫下的工地现场办公，每天工作 10 小时，从上午 8 时开始工作，至晚上 8 时左右回家。施工单位的同志们更辛苦，基本上都是两班制作业。这里我特别感谢驻镇江陆军船艇学院的官兵，他们从舟山调回两艘登陆艇，由学院的副院长、参谋长现场指挥，用了四天四夜冒雨将在高资的四五百吨石料运到焦山。而丹徒高资港整整三天停止港口运输营业，把港口所有船只让开，保证焦山万佛塔建设石料运输畅通无阻，而且不收分文，无偿支持，这也是值得特别感谢的。7 月 4 日，茗山法师由成都回山，十分欣喜。7 月 6 日，茗老特写信给我，以表谢意，并亲自写了数幅书法赠予有关单位。

开光之后，我一面继续做好完善性工作，一面进行总结。总结会上，茗山法师说："我很高兴，这次开光，诸山长老，包括新加坡居士林的代表团都很满意，认为塔的式样及工程质量都不错，很有特色。我看之所以这样，主要是用人用对了。"我当时插话说："是的，若山法师调曙光法师来当家（任院监）后，工程顺利得多了。"茗山法师接过我的话说："我说的不光是这个意思，主要是黄主席、尤主席领导有方，领导小组办公室全体同志十分努力。我非常感谢，你们辛苦了，你们功德无量……"我在会上讲了自己的感受："要说这个工程成功的原因，应首推茗山法师功德无量，巧媳妇难为无米之炊啊！我们在座的人，包括参加建塔的所有单位的工人和技术人员，论功行赏的话，头功是您茗老，没有您茗老在中国佛教界的崇高地位与声望，是劝募不到如此之巨的经费的。我们只能说，对这个万佛塔工程我们仅是出了力，尽了责的，没有辜负茗老的期望。除此之外，我还从茗老办这件事上，受到深刻的教育，就是在 86 岁的高龄，仍执着地、不遗余力地为宗教事业费尽心血，这是难能可贵的啊！我对茗老交办的事，之所以这样尽责而努力，是与这样的感悟分不开的。您老的这种精神力量的辐射力是不小的，我相信大家不同程度地都有这样的感受。"后来茗老还为如何感谢指挥部办公室工作人员征求我的意见。他说："送个纪念品或请他们出去旅游一次？"我说："纪念品已发过，出去旅游近的地方也不想去，去远的地方经费太大，这么多人要求也不易统一，如果在路途中出什么事，就更麻烦了。”我一再劝阻，建议他为大家写一幅奖状就行了。他说：“您老讲的也不错，我会写一张奖状，但没有奖励也不行。您老说发多少奖金就行了。”茗山法师由衷地再三要我提出奖金的数额，后来我只好说，从奠基之日算起，施工期 20 个月，100 元一个月奖金就可以。茗老说：“好，好，就这样办。”

这位茗山长老，真是我们的良师益友。我不信佛，但我由衷地敬佩他老人家的学问，除了佛学造诣深外，他在哲学方面也有相当造诣。有一次他对我讲：“佛教不是迷信，而是德道之学，教人行善忌恶，这与共产党的宗旨不是相悖的，而是相通的；庙宇是庄严国土的一部分。我们念佛也是利乐有情者。党的政策好，《宪法》规定信仰自由，我们佛家人如果不爱国爱党是没有出路的。我国千百年来的历史证明，国兴教兴，国难教衰，没有国，哪有教的存在……”他是这样讲的，也是这样实践的。我一直认为，镇江有茗山、慈舟两位把爱国、爱教融于一体的法师，实是我们镇江的骄傲与荣幸。全国政协副主席、全国佛教协会会长赵朴初老因得知茗山法师身体不好的消息而寄来一封慰问信以示慰问。赵老在信中称茗老为国宝。而我们政府有关部门的个别人，常以“领导者”自居，凌驾于“被领导者”之上，发号施令，指手画脚，不可一世。其所作所为与被赵朴初老誉为“国宝”法师们的虚怀若谷相比，实是愚蠢可笑！

我与茗老是两代人，他比我大近 20 岁。我们这种忘年之交的友谊是难能可贵的，也是我常引以为自豪的。曾有报社记者在党的十一届三中全会公报发表 20 周年之际要采访我，想请我写写镇江城市建设方面的文章。由于各种原因我谢绝了采访。后来有人为此又与我闲聊，探听究竟，我没有说。他后来改口问我一个问题：“你黄主席先后在镇江地区工作了 35 年，你觉得自己最满意的是什么?”我答：“这个问题，我可以回答，但不许见报。”他表示一定尊重我的意见。我说：“我在镇江工作 35 年，是我革命历程中最长的一段时间，我在家乡工作不到 3 年，调省工作（扬州、南京）近 16 年。在镇江工作的 35 年中觉得最满意的有两件事：一是留下了一个‘中山路精神’，这是党和政府有文件记载的，人民也是认可的，称我为‘马路市长’就是证明；二是从副市长岗位调任市政协主席，全票当选。宣布全票当选时，我全身涌起一股暖流，眼泪夺眶而出。但是我现在要说，不单是这两件事，要增加一件事，即镇江两位大法师对我充分信任，使我感到荣幸与骄傲。这不是王婆卖瓜，而是有文字为据，这些文字被我看到之前，我对此是一无所知的。我想，要茗山、慈舟两位法师说某人特别是党政领导不好，那是不可能的；但要让他们由衷地说谁好，也是不容易的。

2001 年 9 月 30 日 17∶30，茗山法师驱车来到我家，对我说："我想请您老跟我到无锡灵山祥符寺去一趟。明天上午我到无锡祥符寺有两件事。一件事是 9 时至 10 时，无锡祥符寺为从陕西扶风县法门寺请来的佛家神物——释迦牟尼佛指舍利举行开光仪式，要我主持这个仪式；这之后还有一件事，就是灵山大佛座下三楼有我 50 幅书法作品展览的开幕式，请您参加一下，吃过中饭就回来。"我对此毫无思想准备，内心不想去，故对茗老说："国庆节黄金周我不出去，已告诉驾驶员让他休息。现在已是 17∶30，驾驶员没有准备，要车子有困难。"茗老说："不要您老的车子，可坐我的车子去，明天我叫无锡的车子送您回来。"这下把我的嘴堵住了。我又借故说："我正准备洗澡去。"茗老说："我亦准备洗澡，我和您一道洗好澡去，最迟 21∶00 就可以到无锡了。我来做东，您老说到哪里洗就到哪里洗。"我不好意思再找托词了。于是我们一起在优士园洗了澡，同车去无锡，是宗教局的谢石开的车。21∶30 到达灵山祥符寺，同桌共餐吃素斋。第二天上山参加他的第一个为佛指舍利开光。整整一个小时，人群拥挤不堪，茗老双手合十，汗流满面。我请谢石拿来一张椅子让茗老坐下。茗老出于对佛祖的虔诚，再三劝坐，他都执意不肯。下来时，我看他已精疲力尽，赶快照应他坐下，送上毛巾给他擦汗。他喝了几口水后，把我叫到身旁，说："马上举行书法展开幕式，无锡政协来一位副主席（兼统战部长），还有宗教局局长及灵山公司的领导。我请您来，帮我撑面子，请您老代表镇江讲几句话，不知您准备了没有？"我说："准备了，请放心，我把您老的书法集带来了，讲话就从这里说起。"

无锡市政协副主席讲话后，就是我讲话。对讲话内容，我在头天晚上就开始思考了，主要目的是要使双方都高兴。我的心态是，我们镇江是历史文化名城，茗山的书法在东南亚各大寺庙都有，国内著名佛教圣地，如普陀山、峨眉山、五台山、泰山等都有茗老的字联。而他人在镇江，镇江居然没有为他举办过书法展，这不能说不是一个缺憾。我也长期在镇江工作，尽管给茗老出了一本书法集，但没有为他办过书法展，我应自责。而这次偏偏茗老要我在他的书法展上讲话，我实在感到难过和不好意思。不论如何我还是要为茗老撑面子，更要为人文荟萃的镇江争光，所以要讲好这次话。下面就是头一个晚上在床上思考的腹稿的大概内容：

今天，全国佛协副会长、江苏省佛协会长、江苏省政协、镇江市政协常委、镇江焦山定慧寺的方丈兼无锡祥符寺方丈、著名书法家茗山法师，在全国著名的风景区，美丽的太湖之畔、灵山大佛脚下举办书法展，我感到非常高兴。这说明无锡市政协领导、宗教局领导、灵山公司的负责人慧眼识人，会做工作。我由衷地表示感谢！

茗老在国外举办过书展，但在国内举办书法展尚属第一次。但是我也告诉大家，我手中的这本南京大学校长匡亚明题签的《茗山书法作品选》，是我们政协于 1996 年 1 月策划出版的。今天茗山法师书法展的前言，就是引用这本书的序言。我想，镇江出书法作品选，无锡举办书法展，茗山法师都是感到高兴的。两者互为补充，共同弘扬这位著名法师的书法艺术。

预祝茗山法师的书展圆满成功！

接着茗老为无锡市政协、宗教局等领导现场书赠几幅书法。后来我提议，让他老人家休息，因为当天上午参加了佛指舍利开光仪式，他已够疲劳了。于是，茗老收笔。无锡市的领导执意邀我共进午餐，我谢绝了。中午与茗老一道吃素斋后即回镇江。他老人家也同时离开无锡，又去盐城参加一座寺庙的佛像开光仪式。在回镇江途中，我不时地为这位老人的健康感到忧虑：他已 87 岁高龄，独来独往，如此劳累，没有人为他把关挡驾，长此以往，老人将不堪重负。在焦山期间，茗老常对我讲“我有还不清的字债”。天南地北，全国各地常有人慕名请其写字。记得 2001 年 4 月中旬，我陪同张卫国书记去无锡华东疗养院看望茗老，他非常高兴，神采奕奕，谈笑风生。张卫国要茗老好好养病。他却说：“我还有半个月就可回去了。”张卫国接着说：“您回去之后，我在碧榆园腾出一幢楼，让您老住在那里，人家要您办事，要有人挡驾把关。您是国宝，我有责任关心和保护您。”他老人家说：“这位张书记年轻热情，也是我们的福分。”张书记走时，还给茗老留下一封信。后来得知，因为张书记怕他耳朵听不清楚，书面留给他几句话，盛赞他是一位爱国、爱党、爱教的宗教领袖，其佛学造诣与对宗教事业的贡献，令人敬佩。我想，这应该是茗山第一次受到一位共产党的市委书记恰如其分的评价，或许也是最后一次。

由于日久天长的友谊，虽是两代人，但是我们之间基本上是无所拘束的。2001 年春节前后，不到一个月的时间里，他先后四次到我家。这四次中，前两次都是隔一个星期左右，最后两次则只相隔一两天，弄得我惶恐不安，内心矛盾异常。为什么呢？就是他又提出要搞焦山山门工程。用他的话说，目的有四：一是完善焦山寺庙建设；二是增加旅游景点；三是优美环境；四是增加焦山防洪抗洪设施。一举数得。山门工程总的要求是：以寺为主，寺园结合，水为主题，树木荫蔽（保持山裹寺的风貌）。茗老深情地对我说："这件事仍请您老负责。我就放心了。"我再三婉拒，他不肯作罢。第三次来到我家，我示意要他理解，我实在不能干了。这时他老人家从沙发上站起来，跪在地上，双手合十向我作揖。我连忙扶起他，说："茗山法师，您不可这样，这样就是对我不理解！"他说："我能理解您，人家对您有看法。但您要知道，我去找哪个？我去找市长，十次就是十次找不到，没有进市长办公室，门口秘书就回答不在。问什么时候在，他不肯讲。他们住在哪里，我也不知道，我只有找您老帮忙，请帮忙到底。"在这种进退维谷的情况下，我只好说："那好，你向市政府写个报告，如果市政府批准了，我就干。"他说："这也好。"第二天，他就又到我家。我问："茗老昨天来过了，今天又来干嘛？"他说："我报告写好了，给您老看下。"我说："啊呀，这是你的事，我要看你的报告干嘛？"他恳求说："您老看看行不行？"我一再推手交给他不看，他再三地说："看一下有什么不妥，这要什么紧呢？"后来我勉为其难地做个样子看了一下，说："很好，很好。"到了 2001 年的 2 月中旬，茗老打电话给我，说："黄主席，我的报告市政府已经批了，宗教局正在配办公室的工作人员，我现住在江滨医院干部病区。"我问："什么时候住院的？"他说："我已住院 10 多天，是感冒，现在已好多了。"我说："我马上去看您。"我赶到医院，他诉说病情后，说："现在宗教局新来了一位副局长，叫吴登昌，这次山门工程，由他参加一起搞，您老可以省力一些。"正说着，吴登昌前来看望他，这是我与吴登昌同志第一次见面，而吴登昌说他早已认识我了。他自我介绍原是军分区通讯科长，后又到扬中市担任人武部长，2000 年 9 月转业到宗教局任副局长。他还说："我与茗老是同乡，茗老身上有好多东西值得我们学习。"

我说："你能有这种认识是难能可贵的。"然后，我对茗老说："从今天开始，我三天来看您一次。"他风趣地说："五天来一次也不要紧的。"我也风趣地回答他："那好，我就四天来一次，一言为定。"后来我第三次去时，发现他的身体情况又欠佳，据陪伴他的小僧人讲，老法师主要是大便不畅，晚上睡觉不好。这次，我是与我爱人同去的，正好碰上统战部吕顺洪部长也来看他。我约吕部长到室外，建议他到上海瑞金医院请专家来镇江为茗老会诊。我告诉吕部长，前几年茗山法师生病，住在上海瑞金医院，我去过两次，发现该院从院长到护士对茗老都是无微不至地给予治疗和护理，茗老对那里的医生、护士也十分亲熟。后来，吕部长与吴局长接受了这个建议，第三天上海瑞金医院便派来了一位院长和一位肺科专家，开了两种从港、澳地区进口的药。茗老服用后果然疗效很好。我第五次去看茗老时，他对我说："现在病是基本上好了，就是要疗养一段时间。"我接着说："那还是到无锡华东疗养院去住一段时间为好。"2000 年冬天茗老住在那里时，我也去看望过他，他和我介绍过，那里环境好，医疗条件也好，医生、护士对他也很好。从交谈中得知他对疗养院有感情。茗山法师接着说："这个话要您老说，我不好说，因为江滨医院医生、护士对我好，我不好意思讲。"我立即对他说："您老不要顾虑，我与这个病区的医生很熟悉，我来打招呼，没有问题。"后来，我找了病区的主任医生，阐明茗山法师的想法，主任医生说："确实是这样，病情清楚了，用药也就这样，可以去疗养。"我把医生的态度告诉茗老之后，茗老对我说："黄主席帮我写个条子给曙光师，叫小和尚带回焦山，要他下午就来办出院手续。"就在这样的情况下，茗老从江滨医院出院后，第三天就转到了无锡华东疗养院。疗养一个月后，他的身体情况明显好转，就是四月上旬我陪张卫国书记去的那次，前面说到了，在这里不赘述了。但是 4 月下旬我接到信息，说茗老的病情急转直下。我与吴局长急忙赶到疗养院。疗养院的领导和医生、护士详细地向我们介绍了病情，并要我当场表态，让茗老下午立即转院去上海，越快越好。当时我表态说："茗老病情恶化，要求立即转院，这不需要哪位领导来表态，而是按科学规律办事，尊重医院领导和医生的意见。"就这样，由疗养院医生、护士与吴登昌副局长陪同，茗老下午三时离开无锡华东疗养院，下午五时半住进上海瑞金医院。我亦在当日返回镇江，并立即向张卫国书记做了汇报。到了瑞金医院后，医院成立了由各种专家参加的医疗小组，精心诊治，但由于年老体衰，且多个器官已衰竭，茗老的病情不见好转。张卫国书记一面向省有关部门做了报告，并先后派解信鹏副市长、吴树南副书记和我偕同慈舟法师到上海探望，并同时准备后事。5 月 30 日，我最后一次与尤敦立副主席一起去时，茗老已不省人事。我们一行 5 月 31 日下午返回镇江，6 月 1 日下午，茗山法师圆寂。

噩耗传来，人们为失去一位著名的爱国宗教领袖而悲痛，我更为失去一位良师益友而痛心疾首。我在参加寺庙安葬茗山法师遗骨入万佛塔地宫时，因无法抑制自己而号啕大哭。在茗老丧事处理结束半个月后，我和尤主席及其他工作成员召开山门工程会议。在这次会议上，针对认为茗山法师圆寂了，经费有困难，要将工程缩小的议论，我出了一个题目：如何化悲痛为力量，以实际行动来纪念茗山法师。我明确地提出："真正化悲痛为力量，只有以实际行动，千方百计地克服困难，实现茗山法师生前的愿望，使他的遗愿得以实现，这是最好的纪念。现在山门工程已进行了 70% 左右，有一定的经费缺口，但我们正千方百计争取 8 月底竣工。这是对茗山法师圆寂一周年最好的纪念。法师若在天有灵，得知遗愿将如愿以偿，定会含笑于九泉。"

文章开头谈到我看了《焦山建塔记》一文后流泪不止的两个原因，上面写的就是其中一个原因，当然也是主要原因，因为建塔的殊勋功臣茗山法师离我而去了。我们感到特别悲伤，我认为他不仅是杰出的佛教领袖，也是我党的亲密朋友，我个人的良师、益友和尊敬的长者。他人走了，但万佛塔是永存的，正如他给我的诗中所说："胜迹永留山头，即斯人已逝，胜迹永留于世。"我们能从悲痛中得以慰藉的是，茗老的体骨葬于此宝塔地宫。我想，这是他应得的福报，而此塔有幸葬茗骨，骨塔永远并辉。

宝塔地宫建成时，镇江市佛教协会会长、金山江天禅寺住持慈舟法师撰《茗山长老颂》。文曰：

茗山长老，佛教大德。虽已年高，精神矍铄。素重戒行，修持严格。谈经说法，四海五岳。沟通友谊，奔驰各国。名扬寰宇，谁不称说。诗赋词章，经纶满腹。歌颂党恩，不止一则。几住名刹，功绩卓绝。宝华得戒，名山生色。使佛有城，培育后学。桃李成蹊，僧材踵接。尊重名城，余晖未歇。庄严国土，万佛宝塔。焦宕顶峰，千秋永著。爱国爱教，心力昭灼。我愧不如，仰止行列。祝愿永康，无量寿佛。建树立功，永难宏纤。难表一二，谨添史册。

全文反映了慈舟法师对茗山法师的高度赞颂，足见两位大法师相知之深、友情之厚！后来该文勒石置于宝塔地宫与茗老遗骨永远相伴。

我流泪的第二个原因则是对袁克晵同志的敬佩之情。他与我在市政协共事十余载，又一道参加了建塔的全过程，他也是建塔的有功之臣。现在整理写出的《焦山建塔记》，是他在与严重疾病斗争时写出的。这种精神和毅力值得钦佩和颂扬。要知道人的不朽是指人的精神，我为这种精神叫好鼓掌。祝愿克晵同志以一分的生命希望，做百分的拼争努力。对克晵来讲，过去的一年他已是这样做的，往后继续这样做，为生存而斗争到底！

忆及焦山建塔往事，特别是与茗山法师的真挚友情，便思潮泉涌，禁不住凝结于笔端，下笔一发而不可收，一口气竟信手书写了万余字。如仍作为“序”，由于篇幅太长，列于克晵同志所撰《焦山建塔记》之前，有喧宾夺主之感。现改为“代跋”，置于《焦山建塔记》之后，作为“记”的背景材料及拾遗性文字，或者更妥帖一些。

努力打造兴教助学事业新辉煌①

我已是本协会的三届顾问了，本届协会还聘请我为顾问，那就是名副其实四朝元老了。从工作岗位上退下来后，参加的社会活动还比较多，由于年龄和精力所限，前年我就把其他职务都辞了。只留下两个职务：一是镇江市聋哑学校名誉校长，二是茅山老区兴教助学协会顾问。15 年来，我亲眼看到马立平等老同志带着当年的革命激情和可贵的奉献精神，创立了镇江茅山老区兴教助学协会；看到姚美玲同志他们勤勉敬业，永不懈怠的奋斗精神，使我感触很深，思绪万千。协会创建初期，连办公地方都没有，公章放在包里，人到哪里就在哪里办公；助学调查骑的是自行车，一骑就几十千米，汗流浃背，苦乐不计。近 10 年来，由于党委政府的重视，工作条件和环境有了很大改善，但工作的艰巨性和复杂性仍不减当年。15 年来所取得的成绩，在协会的报告中都说了，我认为这个组织从创建到现在，在为振兴老区教育事业发展，为老区贫困家庭脱贫致富，调节社会矛盾及精神文明建设等方面是做出了贡献的。一个小小的民间助学组织，能做出这么多利于民生的事，确实不容易。我真诚地希望与会同志能给他们更多的关心和关爱，把事业继续做大做强。

我是协会的顾问，今天想从顾问这个角度讲点体会和认识：

第一，立足自身优势，深入持久地开展兴教助学活动，彰显社会团体独特作用。

在协会工作的同志，过去都是一个地方或一个部门的领导，有资历，有阅历，有影响，朋友多，经验丰富，这就是老人们的优势所在，是协会发展

① 本文发表于《兴教助学》2014 年 1 月创刊号，原系镇江市茅山老区兴教助学协会顾问黄选能在庆祝协会成立 15 周年大会上的讲话。

的基础。协会同志告诉我，最近根据工作需要，经组织部门推荐，调进几个年龄相对轻的同志，为协会增加了新鲜血液。我体会到做社会公益事业，光凭老经验和老办法，光有热情和激情还是不够的，还要学习新知识，提高新本领，这样才能保持优势，才能从容应对各种竞争和挑战，把兴教助学不断推向前进。近年来，中央领导多次强调要多读书少应酬，要把学习当成一种生活态度、一种社会责任、一种精神追求，自觉做到爱读书、读好书、善读书。我以为中央领导的讲话对协会同志做好新形势下兴教助学工作，同样具有十分重要的指导意义。读书是增长知识、增加智慧、增强本领的重要方式，是提高能力的一项基本途径，是胜任协会工作的内在要求和必经之路，不要以为年纪大了就不要学习了。周总理生前教导我们，要活到老学到老，改造到老。这些话对我们并不陌生，但真正做到就不容易，为了事业你们仍然要加强学习，吸取新知识，增加新才干，你们的社团作用才有可能得到充分发挥。

第二，坚持需要导向，始终把弱势群体作为助学的对象，切实履行协会章程规定的职责。在助学问题上，你们把高中、大学在校的贫困学子作为助学重点，这是非常正确和必要的。但中国社会特别是农村弱势群体的构成非常复杂，而且变化比较大。例如，现在单亲家庭每年都在增加，夫妻一离婚，就把孩子交给爷爷奶奶，父母不尽抚养的责任，这恐怕是个比较普遍的现象。听说上会地区这种现象比较多，有个孩子读初中，学习成绩不错，是学校的三好生，父母离婚后，母亲改嫁，父亲打工在外 8 年没回家一次，就靠 75 岁的奶奶做临时工供孙女读书。我讲这件事，就是说重点不可没有，但一般也不能轻易放弃。助学是一项民心工程，牵涉到千家万户，工作要做细做实；既然有助学这个组织存在，我们就有责任保证每个弱势群体的孩子都要有书读。这就是说助学也要有两手，一手抓重点，一手抓一般。

第三，牢记历史使命，继续解放思想，把集众智聚合力作为重要抓手，打造兴教助学事业新辉煌。

姚美玲同志报告的题目就是“肩负历史使命，再创新的辉煌”。这个题目有承上启下的意思，目标高远，催人奋进。但如何实现你们的奋斗目标，我提几点不成熟看法。一是要抓紧。时间过得很快，弹指一挥间，五年就要过去了，但为了兴教助学事业发展，为了老区贫困孩子圆上读书梦，就要增强紧迫感和责任感，集众智、聚合力。既然参加了这项活动，就要把心思用在工作上，做和尚就要把钟撞响。二是要抓落实。协会在报告中提到五项工作或五项措施，讲得实实在在，很有针对性，但关键是落实。要发扬你们的好传统和好作风，兢兢业业，脚踏实地，一步一个脚印，在落实上下功夫。三是要抓创新。15 年来，你们的工作有个最大的特点，就是勇于实践，大胆创新，永不满足。例如，为扩大捐资范围，增强协会的综合实力，你们就大胆提出“立足老区，走出镇江”的发展思路，经过近几年的摸索，取得了比较好的效果。这一举措刚出台时，认识并不一致。有的说，光在老区打圈圈没名堂，事业发展受限制，走出去空间大，资源丰富，发展有前途；也有的说，这太理想化了，不现实，要人没人，要钱没钱，谈何容易？但实践证明这是成功之举，有情就有人，有人就有钱。应该说，这一创新理念的实施，对基金总量迅速增加确实发挥了重要作用。又如面对基金不足，要求助学的人多，一时间这个矛盾很突出，你们就提出“难中选难，优中选优”的助学原则，较好地解决了这个问题。这些都是思想解放、理念创新带来的结果。社会在进步，事业要发展。在今后工作中还会遇到这样那样的问题，如何应对呢？解放思想，与时俱进，改革创新，是永恒的主题。只有大胆实践，勇于创新，协会发展就有底气和后劲，协会的明天就一定会更加灿烂辉煌！

慈善事业

在赈灾义演晚会结束前的讲话[1]

同志们、朋友们：

台上一阵阵爱的歌声，台下一份份情的奉献，台上台下情景交融，真是心系人民、血浓于水。

天灾是无情的，吞噬着耕地、庄稼、工厂、村镇，但是它无法摧垮灾民的意志。在党和政府的统一领导和组织下，在中国人民解放军和武警部队官兵的奋力援救下，受灾地区的人民群众开展了一场可歌可泣的抗灾斗争。这场斗争得到了全国各族人民的全力支持，得到了台湾、香港、澳门的同胞，以及旅居各国的华人、华侨的大力援助，也得到了国际社会的许多帮助。

“沧海横流，方显出英雄本色。”在严重的自然灾害面前，中华民族又一次显示了强大的凝聚力和不畏艰难的英雄气概。11 亿人民的伟大团结，是无坚不摧、无险不克的巨大力量。

我们今晚的赈灾义演晚会，就是一方有难、八方支援、风雨同舟、团结抗灾的一个侧面与缩影。句容县周宜顺烈士就是千千万万抗洪斗争英雄的代表；全国劳动模范、种粮大户、市政协常委谭三林同志在灾害面前不低头，不屈不挠地抗灾抢种的顽强精神，就是千千万万受灾人民的代表；坐在我们面前的解放军和武警指战员代表们，就是参加抗灾抢险、抢救被围困群众的全心全意为人民服务的子弟兵代表；珥陵镇团委书记胡玉兴同志就是我们千万抗灾青年中的先进代表。还有今天参加赈灾义演晚会的各民主党派、工商联领导、社会各界知名人士，以及各单位、各部门捐款捐物的代表同志，你们心系灾民的爱心和华夏之情的行动是可贵、可敬、可爱的。一元两元、拾

---

① 本文发表于《镇江政协》1991 年 12 月 3 日抗洪救灾专辑。

元贰拾元、百元千元乃至万元，都是伟大的义举。让我以政协主席及晚会总指挥的名义，同时代表主办单位，对你们热烈响应赈灾义演并予以的支持，致以最崇高的、深切的、由衷的谢意，为此，我恭恭敬敬地向你们鞠一躬！

参加义演的全体演员、乐队和全体舞台指挥工作人员，你们用精湛的艺术，用美妙的歌声和舞姿，出汗、出力，将智慧奉献于人民，同样向你们表示崇高的敬意！（鞠躬）

最后，向主办单位的领导及同志们，向会场的保卫工作同志和剧场的全体同志致以深深的谢意，再鞠一个躬！

朋友们、同志们，今晚的赈灾义演结束了，但救灾工作并没有结束，让我们以抗灾的精神，在市委、市政府、市救灾委员会的统一领导与组织下，下定决心，排除万难，去争取抗灾救灾的最后胜利！

在镇江市慈善基金会筹委会第一次会议上的讲话[①]

各位同志：

经中共镇江市委、市人大、市政府、市政协领导同志研究，经省人民银行、省民政厅批准，同意成立“镇江市慈善基金会”。为了充分做好基金会正式挂牌前的各项准备工作，市政府决定先成立基金会筹委会。我们今天召开筹委会第一次会议，主要讨论商议四个问题：一是慈善基金会章程草案；二是慈善基金会基金管理办法草案（《章程》和《办法》，讨论修改后，提交将来召开的基金会第一次理事会议审议通过）；三是筹委会主要活动计划；四是筹委会人员分工。在进行以上四项议程前，我先发个言，讲三点意见，供大家参考。

一、为什么要成立慈善基金会

改革开放15年来，镇江市的经济建设取得了很大的发展，与此同时，社会福利慈善事业，在市委、市政府的重视及社会各界的关心和支持下，也得到了长足的进步。目前，我市有社会福利院1所、精神病康复医院1所、农村敬老院96所；有2000余名社会孤老、孤儿、慢性病人等各类民政帮扶对象从中得到了良好的收养和照顾。有福利工厂1个，安置了一批残疾人和有特殊困难的人，初步形成了老有所养、幼有所教、孤有所靠、残有所助、贫有所济、难有所帮的社会福利服务网络和运行机制，解除了无数家庭的后顾之忧，促进了社会的稳定和发展。

---

① 讲话发表于1995年10月31日。

在大好形势下，我们应清醒地看到，随着改革的深入，一部分人开始富裕起来，这是事实，是有目共睹的。但在改革的进程中，并不是每个阶层、每个人都能同时得到相同的利益和实惠，仍有少部分人存在各式各样的困难。同时，随着本市人口老龄化程度的不断加大和家庭结构逐步趋向小型化，一些社会问题也会逐渐暴露出来。据统计，全市有60岁以上的老年人31万人，残疾人12.9万人，老年痴呆患者7700余人，慢性精神病患者2200余人，丧失劳动能力需要救济的贫困户4200户、13000人，鳏寡孤独者4800户、5100人，优抚对象7万户、10万人。他们亟须社会提供更好的保障与救助。今天，在市场经济条件下，社会福利慈善事业单靠政府的财政投入，显然已不能适应需要；况且，国家正在进行管理体制和社会保障制度的改革，提倡社会事业社会办，改革过去包揽过多，包不了、也包不好的状况。而应该采取政府、社会、民间共同参与的方式来推动社会福利事业的发展。另外，镇江市现有社会福利事业单位的设备设施陈旧简陋，仍处于低水平的“救济型”阶段，我们建立民间性质的社会福利慈善基金会，正是为了进一步提高镇江市社会福利事业的水平，适应了社会福利社会办的方向。

建立慈善基金会，不但是改革在深化过程中的呼唤，而且为扶济贫困工作增添了一条新路子，给社会主义精神文明建设增加了一个新的思考内容。“慈善”的含义是什么?《辞源》上说是“仁慈、善良”，《现代汉语词典》上说是“对人关怀，富有同情心”。从字面上来看，这两个解释都有道理，但后一种解释似乎更符合当今世界对于“慈善”的实际操作情况。因为一个人慈眉善目、仁慈善良，只是外表，也许这是他品格与性格的一面，但更多地属于个人的素质。如果我们把这种善与慈的品格用于“对人”，则大大不同，是给他人带来爱与温暖及心灵上的抚慰，带来帮助和支持，也就是行动上的扶困济危与排忧解难。积德行善、救困扶贫是中华民族的传统美德，也是人类共同的精神财富。我们建立慈善基金会，与党的扶贫解困计划相吻合，与发扬中华民族的传统美德、向社会奉献爱心的活动相一致，与对行恶者的惩处相辅相成，由于慈善与人道主义、尊重人、关心人、爱他人等美德联系在一起，它必将成为维系人心向善从美的力量，成为推动社会发展的一种精神与物质的动力。

在沉寂了40年之后，随着市场经济的发展和人们思想观念的转变，“慈善”这个概念又被提起，并受到人们的重新认识，为人们所关注。现在慈善事业正在祖国大地兴起，各地慈善组织和活动如雨后春笋，从天山南北到黄海之滨，从白山黑水到天涯海角，都在萌动、成长。目前，已成立了中华慈善总会，上海、北京、天津、辽宁、吉林、山东、安徽、甘肃、新疆、宁夏等省（区、直辖市）已正式成立了慈善组织；黑龙江、河南、湖北、山西、浙江、四川、江苏等省正在筹备并将于最近成立。从市、县一级来看，广州、长春、哈尔滨、石家庄、重庆、湘潭、保定、嘉兴、赣州、吉林延边朝鲜族自治州、四川巴中地区、河北迁西、海南文昌已相继成立了慈善组织；郑州、绍兴、曲阜也在积极筹备之中。在江苏的常州市、苏州市的沧浪区已于今年成立了慈善组织，徐州市、扬州市正在积极筹备。我们镇江市也不能落后，要抓紧时间，积极筹备，把慈善基金会迅速地建立起来。

二、慈善基金会的性质与任务

慈善基金会与其他基金会既有相同之处，也有不同的地方。慈善基金会的特征可以用四句话概括：一是由热衷于社会福利事业的团体和个人自愿组成；二是以扶贫济困为己任；三是非营利性；四是民间。因此，它的性质是：由热衷于社会福利事业的团体和个人自愿组成、以扶贫济困为己任的非营利性的民间慈善社会团体。

（一）慈善基金会的宗旨是什么?

慈善基金会的宗旨是多渠道筹集资金，促进我市各项社会慈善公益事业的发展，发扬互助、共济和爱心，弘扬“人人爱我，我爱人人”的社会公德，进一步探索社会福利社会办的新路子，促进社会文明进步。

（二）慈善基金会有哪些作用?

慈善基金会的作用主要是通过广泛的社会集资，举办各项社会福利慈善事业，为各类有困难者提供社会福利慈善服务，为镇江人民排忧解难，为弱者和特殊困难者提供慈善性社会救助。

（三）慈善基金会的具体任务是什么?

慈善基金会的任务主要有五项：一是接受海内外及社会各界的慈善捐款，按捐赠人的意愿和基金会的宗旨，举办和资助各项社会慈善公益事业，协助市政府制定慈善事业发展规划。二是遵循为减轻人们因各种因素造成的困难，在扶危济困、敬老助残及其他方面协助市政府开展慈善性的助困活动的宗旨，通过资金资助，推动社会慈善公益事业的发展，为残疾人、鳏寡孤独、有困难的老人及儿童等弱者提供各种形式的帮助，积极促进社会文明、进步。支持兴办本市范围内的各种慈善设施，资助慈善性福利设施的更新改造。三是严格遵照慈善资金捐赠人或单位的捐赠意愿，实施各项活动计划。四是加强同海内外慈善组织的交往与合作，为海内外在镇投资慈善设施者提供咨询服务。五是筹集、使用、管理本会基金。

三、筹委会工作的初步打算

从现在开始，打算用三个月左右的时间为基金会的正式成立做好必要的准备。在筹备阶段着重抓好以下四个方面的工作：

（1）组织并开展一系列宣传活动。为了扩大慈善基金会的社会影响，从今天筹委会成立起，要狠抓宣传发动工作。发动宣传，使广大市民认识到，做好慈善工作，是改革开放的需要，是社会主义人道主义的体现，是社会主义精神文明建设的重要组成部分，是广大市民自身利益的需要，是社会文明进步和稳定的标志。使全市人民了解慈善事业，理解慈善事业，支持慈善事业，把搞好慈善事业当成自己的事情。我们要通过召开新闻发布会，发表电视广播讲话，发一封公开信，举办以“扬起爱的旗帜”为主题的宣传月活动等形式，广为宣传慈善工作，使成立慈善基金会的话题成为社会热点之一，为正式成立慈善基金会做好充分的舆论准备。

（2）发动各界人士募集慈善基金，组织义演、义卖等活动，为基金会募集资金。要先后召开若干类型的座谈会，邀请社会各界人士，包括企业家为基金会的成立和发展出谋划策，出钱出力。要组织文艺界人士举办义演和书画义卖活动。同时还要有重点地深入企业、单位去做工作，多渠道、全方位地募集资金。我们计划在筹备期间集资 200 万元以上，即可正式挂牌成立基金会。基金会运作的关键问题就是基金，没有基金，即使基金会成立了，也无法开展扶贫济困工作。因此，希望大家在募集资金问题上，多动脑筋，多做工作，多做奉献。

（3）酝酿协商产生第一届理事会组成人员。慈善基金会的领导机构为理事会，为体现基金会的民间性和社会性，要根据本会《章程》规定，根据资金募集情况，通过与社会有关方面共同酝酿协商，产生第一届理事会。在此基础上，产生本届理事会会长、副会长、秘书长和常务理事建议名单。

（4）筹建基金会日常工作办事机构。根据本会《章程》规定，基金会设立秘书处，负责处理日常事务工作。在筹备期间，筹委会成员要进行适当分工，做到集体领导，分工负责。同时要配备必要的工作人员，也可聘用一些热心、热爱此项工作，而又身体健康、有工作活动能力的离退休干部，以节省开支，有利工作正常有序地开展。

各位同志，慈善事业在中国人心中是一件积德行善的事业，是一项十分崇高而又伟大的事业，它上为政府分忧，下为百姓解愁，不仅体现了人类向往追求真、善、美的道德情感，而且是社会繁荣、文明与进步的标志。这与我党全心全意为人民服务的一贯宗旨也是一致的。经市委、市人大、市政府领导同志的一致推荐，要我担任慈善基金会筹委会的领导工作，我决心不负众望，与基金会筹委会所有同志一道，尽心竭力，团结各界人士，搞好与各方的协作，尽自己最大的努力把这项工作干好。同时，我也殷切地希望党和政府及人大对这项工作加强领导，经常支持、关心、指导，大家携起手来，同心同德，共同努力，共同开创镇江市慈善事业的美好前景。另外，我也随时准备让比我更合适的同志来担任此项重任。

我就讲这些，谢谢大家！

让爱心飞扬镇江城，把温暖洒向全社会[①]

全市干部职工同志们，尊敬的各大中学、中等专科学校、普通中小学教职员工和同学们，尊敬的各大中小型企业和非公有制企业的企业家们，尊敬的市民们：

经中共镇江市委、市政府批准，镇江市善基金会筹委会已于10月31日正式成立，并在11月26日召开了新闻发布会，在社会上产生了强烈的反响。广大干部、职工、市民认为，慈善事业是一项顺应改革开放、社会发展的进步事业，是一项富有强大生命力的善行事业，是一项扶贫济困献爱心的崇高事业，是一项利国利民、利人利己的光彩事业。

众所周知，改革开放给镇江带来了发展的机遇，市场竞争、产业结构的调整为镇江经济创造了活力。改革开放10多年来，镇江市的经济建设取得了很大的发展；与此同时，社会福利事业也得到了长足的进步。目前，全市慈善福利事业已初步形成了老有所养、幼有所教、孤有所靠、残有所助、贫有所济、难有所帮的社会福利服务网络和运行机制，解除了无数相关家庭的后顾之忧，促进了社会的稳定和发展。

应该充分肯定，改革开放、市场经济完全符合广大人民群众的根本利益。但也打破了原来的社会平衡。一部分新兴产业迅速发展，一部分老工业则面临改造；一部分人抓住机遇很快致富，一部分人则承受着社会变革时期的阵痛，这是一方面。另一方面，目前我市已步入人口老龄化阶段，60岁以上的老年人有31万，残障人12.9万；还有相当一部分丧失劳动能力的贫困户及其他多种原因造成的特殊困难者，他们亟须社会提供更好的保障与救助。李

① 本文为1995年12月1日电视讲话稿。作者时任镇江市慈善基金会筹委会主任。

鹏总理强调："要特别关心暂时还不富裕，甚至生活还相当困难的那部分群众。"而要解决这些群体的困难，单靠政府民政、社会保障部门的工作和财政投入显然是不能完成的，必须采取政府、社会、民间共同参与的方式来推动社会福利慈善事业的发展。成立慈善基金会，发展慈善事业，联络更多的人扶贫济困献爱心，将有助于体现这个"特别关心"。

慈善基金会是一个由热衷于慈善事业的团体和个人自愿组成、以扶贫济困为己任的非营利性的民间慈善性质社会团体。它的根本宗旨是发扬人道主义精神，弘扬中华民族扶贫济困的传统美德，帮助社会上不幸的个人和困难群体，开展多种形式的社会救助工作，促进社会文明进步。具体地讲，慈善基金会有六项基本任务：一是接受海内外和社会各界的慈善捐赠；二是担当捐助者的受托人，举办、资助、兴办慈善公益事业；三是协助政府制定慈善事业发展规划；四是加强与海内外慈善组织的交往与合作；五是组织热心慈善的志愿者队伍；六是开展多方面的社会慈善活动，为弱者和特殊困难者提供慈善性社会援助。我们认为：要兴办和发展慈善事业，要开展社会慈善活动，必须要有一定的物质基础和实力，因此，在筹备期间，必须抓好多渠道、多形式筹集慈善基金的工作。

慈善基金会募集基金的种类主要有以下三种：

第一，建立创始基金。为保障社会捐款全部用于社会救助并使本会永久长存，特设立"镇江慈善基金会创始基金"。该基金为永久性基金，不动本，只取息，以支付各项成本费用。创始基金的捐款人为本会的创始人。凡自愿支持这项工作并给予较大贡献，乐捐善款人民币 10 万元以上或相应价值实物（含 10 万元）的企业、团体和个人，经筹委会推荐并履行必要手续后，可担任基金会永久常务理事；凡在慈善基金会成立大会之前，认捐人民币 3 万元以上或相应价值的实物的企业、团体和个人，经筹委会推荐，并履行必要手续后，可担任基金会永久理事。

创始基金捐款人应有热心参与和支持公益事业的社会形象，以及为社会公认的经济成效。凡海外企业、社会团体或个人志愿成为创始基金捐款者的需捐款人民币 20 万元以上等额外币或实物。创始基金捐款人有权成为镇江慈善会创始人身份，参与国内外重要社会活动。

第二，指向性捐款。由捐款人指定使用方向，基金会担当捐款人的受托人，所捐款项按照捐款人意愿进行使用。

第三，非指向性捐款。由慈善基金会按照既定的捐助方向，发动社会捐赠，用于安老、助孤、助贫、助残、助教、助医、社区服务、社会工作等有关慈善福利事业。

慈善基金会将按照本会《章程》和《基金管理办法》建立一套严格的工作制度和管理制度，财务收支接受定期审计，并向捐款人和社会各界公布审计结果，确保各项活动符合基金会的宗旨和捐款人的意愿。

广大干部职工、大中小学教职员工、学生们，企业家们，市民们，建立慈善基金会，不但是改革在深化过程中的呼唤，而且为扶贫济困工作增添了一条新路子，给社会主义精神文明建设增加了一项新内容。它与党的扶贫解困计划相吻合，与发扬中华民族的传统美德，向社会奉献爱心的活动相一致，与对行恶者惩处相辅相成，必将成为维系人心向善从美、维护社会稳定、推动社会发展的一种精神与物质力量。俗话说："一人向隅，举桌不欢。"当我们享受改革开放成果的时候，我们不能忘记社会上的困难者。我们应该以自己的行动去帮助他们摆脱困境，用我们的爱去抚慰他们的心灵。这不仅是道德上的善举，也是一种社会责任。乐善好施，助人悦己，天下一家，爱心无价。让我们用真诚的心编织起爱的网络，用纯洁的情创造一个温馨的氛围，使每一位弱者与全体社会成员一起，生活在一个文明祥和、丰衣足食的社会大家庭里！我们殷切地希望，一切有能力帮助他人的人、一切愿意帮助他人的人，立即行动起来，主动与慈善基金会筹委会取得联系，我们将满怀热情地接待每一笔捐赠。善款不论多少，时间不分先后，可以捐钱，也可以捐物，我们一概热诚欢迎。让我们携起手来，为创造镇江市慈善事业的美好明天而共同努力！

在镇江市慈善基金会理事会成立大会上的讲话[①]

各位领导、各位理事和来宾：

我受镇江市慈善基金会筹委会的委托向大家做基金会筹备工作报告。

一、成立镇江市慈善基金会的构想

众所周知，改革开放18年来，镇江市的经济建设有了很大的发展，与此同时，社会福利慈善事业，在中共镇江市委、市政府的重视和社会各界的关心支持下，也得到了长足的进步。目前，我市有社会福利院、精神病康复医院、老年公寓各1所，有农村敬老院96所，初步形成了孤有所养、残有所助、贫有所济、难有所帮的社会福利服务网络和运行机制，促进了社会的稳定和发展。

随着经济的发展，人民群众的生活水平普遍得到了提高，一些人已经富裕起来，但鉴于种种原因，仍有少部分人存在各种各样的困难。同时，随着我市人口老龄化程度的不断提高和家庭结构逐步趋向小型化，一些社会问题也逐渐暴露出来。据统计，全市有60岁以上的老年人31万人，残疾人12.9万人，老年痴呆患者7700余人，慢性精神病患者2200余人，丧失劳动能力需要救济的贫困者4200户、13000人，鳏寡孤独4800户、5100人，优抚对象7万户、10万人，他们亟须社会提供更好的保障与救助。现阶段，在市场经济条件下，社会福利慈善事业单靠政府的财政投入显然已不能适应日益增长的社会需要，应该采取政府、社会、民间共同参与的方式来推动社会福利事

① 讲话发表于1996年3月22日。

业的发展。应当看到，我市社会福利设施虽然已经具备了一定的规模，但现有社会福利事业单位的设备、设施还很陈旧简陋，仍处于低水平的“救济型”阶段，设立民间性的社会福利慈善基金，正是为了进一步提高镇江市社会福利事业的水平，它符合社会福利事业发展的方向，体现了社会主义制度的优越性。

为多渠道募集福利基金、发展社会慈善事业，经省有关部门批准，决定成立“镇江市慈善基金会”，根据市委、市政府的有关要求，并借鉴上海等地的经验，于 1995 年 10 月 21 日成立了镇江市慈善基金会筹备委员会。

二、筹备委员会的工作情况

（一）组织并开展了一系列宣传活动

市场经济呼唤慈善事业，慈善事业既是一项崇高的社会公益事业，又是一项社会性、群众性很强的工作，要取得全社会的支持和参与，需要进行广泛、深入、细致的宣传。为了扩大基金会的社会影响，筹委会成立后，首先开展了一系列的宣传活动。通过宣传发动工作，广大市民认识到慈善事业是一项顺应改革开放、社会发展的进步事业，是一项富有强大生命力的福利事业，是一项扶贫济困献爱心的崇高事业，是一项利国利民、利人利己的光彩事业。为此，筹委会召开了新闻发布会，详尽地介绍市慈善基金会的宗旨、性质、任务，以及筹委会当前的主要任务和募集慈善基金的情况，邀请报社、电台、电视台等省（市）新闻单位的记者参加，得到了新闻界的广泛支持。

为了进一步唤起人们的慈善意识，动员大家共同参与慈善事业，新闻发布会后，市政协主席、市慈善基金会筹委会主任黄选能发表了题为“让爱心飞扬镇江城，把温暖洒向全社会”的电视讲话，再次向市民阐明了建立镇江市慈善基金会的重要意义和作用，要求多形式、多渠道筹集慈善基金，倡导全市人民积极参与、支持慈善事业，为创始基金的募集做了舆论准备。

市慈善基金会筹委会还先后编写了三期《慈善简报》，向关心和支持慈善事业的领导、从事慈善事业的同仁及热心慈善事业的人士传递有关慈善信息。

通过上述活动，特别是新闻媒介的广泛宣传，有关慈善事业及镇江市慈善基金会的话题又重新被人们提起，这不仅为“慈善”正了名，而且大大扩大了慈善事业的社会影响。

（二）积极募集创始资金

根据《镇江市慈善基金会章程》（以下简称《章程》）草案的有关规定，为保证社会捐赠全部用于社会救助并使本会永久长存，特设立“镇江市慈善基金会创始基金”。该基金为永久基金，不动本，只取息，以支付各项管理费用。创始基金的募集活动开展的顺利与否至关重要，这不仅关系到我市慈善基金会挂牌的时间，而且关系到慈善工作的开展，因此，筹委会在大力开展宣传活动的同时，把募集创始基金的工作始终放在头等重要的位置来抓，一方面通过新闻媒介向海内外广泛征集捐赠，另一方面基金会筹委会积极争取社会各界的支持。市政协主席、市慈善基金会筹委会主任黄选能在百忙之中挤出时间亲自带领筹委会其他成员一家一家上门宣传，同时还利用各种公务活动的机会广为宣传和募集善款。截至 1996 年 3 月 7 日，市慈善基金会共募集创始基金人民币 2061577. 10 元、港币 1 万元；已有 28 家单位捐赠了 3 万元以上的创始基金，其中捐赠最多的达 10 万元，此外，单位职工捐赠最多的达 3 万余元，社会个人捐赠最多的达 5 万元。全国佛协副会长、焦山定慧寺方丈茗山法师，市佛协会长、金山江天禅师方丈慈舟法师，同为市慈善基金会筹委会成员。他们除分别代表各自寺庙向基金会捐款 5 万元外，还以佛教信徒的名义个人分别捐款 1 万元。慈舟法师还利用到新加坡做佛事的机会向他在香港地区的信徒宣传慈善事业，募集港币 1 万元。市政协在自身办公用房十分紧张的情况下，为支持基金会工作，硬挤出一间小会议室作为基金会的办公用房。在市慈善基金会募集创始基金工作中，市政协的领导、机关干部、离退休干部和工勤人员共向市慈善基金会捐款 7000 余元，市政协原副主席、离休干部姚敦本代表家人捐款 1000 元。同时，市政协还利用八届四次全体委员会议的机会向包括港澳委员在内的政协委员进行宣传和募资，充分发挥政协与社会各界及海内外人士有广泛联系的优势。市人民银行行长康正平不仅为基金会的运作出谋划策，还从刚刚获得的“茅以升土木建筑工程奖”中拿出 800 元捐赠给了市慈善基金会。镇江市泰兴隆快餐食品有限公司常务副总经理、新加坡籍华人蔡悟生先生主动致信黄主席，结合新加坡的慈善事业对镇江的慈善工作献计献策。（中外合资）华东联合制罐有限公司热心支持和资助我市慈善事业，除单位捐款10万元外，公司党委和工会还发起了“为特困职工送温暖捐款活动”，连续两次向市慈善基金会捐款共计人民币33440元。市邮电局除向市慈善基金会捐赠专线电话外，还捐款5万元支持我市慈善事业。创始基金的募集过程中，得到了市委、市人大、市政府、市政协和有关部门的重视和大力支持，市级机关工会、团工委、妇委会还联合发出倡议，号召市级机关各基层工青妇组织和干部职工为慈善捐款；市个体劳动者、私营企业协会不忘慈善，在市区的京口、润州，以及大港、丁卯的个体私营企业协会中广泛宣传动员，为慈善募捐。捐资的行列中有年过八旬的老者，也有活泼可爱的“红领巾”；有本市的工人、企业家和机关干部，也有港澳同胞；有夫妇俩、祖孙三代，也有单身青年和独身者；有工程款、稿费、奖金，也有生活费和零花钱。捐款过程中涌现了许多感人的故事。

（三）酝酿协商产生了第一届理事会

镇江市慈善基金会是按照中华人民共和国国务院通过的《基金会管理办法》和《社会团体登记管理条例》成立，对国内外社会团体和基金组织及个人自愿捐赠资金进行管理的民间非营利性慈善性社团组织。本基金会的领导机构为理事会。为了体现基金会的民间性和社会性，根据本会《章程》规定和创始资金募集情况，通过与社会有关方面共同酝酿协商，产生了第一届理事会。本会首届理事会由下列人员组成：（1）本市社会知名人士；工商界、教育界、医学界、宗教界、民主党派代表；慈善事业的热心人士。（2）捐赠单位的代表。根据本会的《章程》，捐赠10万元以上人民币的海外企业、社会团体和个人，以及捐赠3万元以上人民币的境内企事业单位、个人，为本会当届理事。捐款10万元的单位有镇江市泰兴隆快餐食品有限公司、（中外合资）华东联合制罐有限公司、工商银行镇江分行、镇江市金河纸业有限公司、江苏索普集团镇江化工厂、镇江市烟草公司、长江水泥厂、中国银行镇江分行、龙山鳗业联合公司（其中5万元是刘和平总经理以单位名义的个人捐赠）。首届理事会还应有港、澳、台地区和海外的有关人士。由于时间限制，本次理事会议港澳台代表还未能产生，由下次理事会议增补。同时，经过多方酝酿协商，还产生了本届理事会会长、副会长、秘书长、副秘书长和常务理事建议名单。

根据简化会议的精神和在不违反《章程》精神的情况下，建议本次理事会议与常务理事会议合并进行。

（四）起草了基金会《章程》（草案）和《基金管理办法》（草案）

《镇江市慈善基金会章程》是基金会的根本大法，是今后行动的基本准则。《基金管理办法》是关于本会的基金募集、使用等的管理规定。筹委会借鉴中华慈善总会、上海市慈善基金会、广州市慈善会等慈善组织的经验，并结合本市的实际，广泛地征求了有关方面的意见，进行了多次修改，完成并提交首届理事会审议。

（五）为基金会成立及以后正常运转做了一系列准备工作

加强基金会成立前的各项基础工作，是使慈善会的各项工作尽快走上正常的快速运转轨道的重要保证，为此，筹委会首先完备了登记注册手续，使镇江市慈善基金会取得了法人社团的合法地位。其次，按照高效、精干、务实、廉政的原则，通过商借、聘用等办法，配备并逐步充实了工作人员。再次，办公室的工作人员做了大量行之有效的组织、协调和事务性工作，他们在任务重、人手紧的情况下，不计报酬，任劳任怨，较好地完成了繁重的日常工作。最后，确定了镇江市慈善基金会的会徽。中华慈善总会是由国内外热心慈善事业的社会各界人士、企事业单位、慈善组织和有关团体自愿参加的全国性民间社会组织。其会徽造型严谨、规范、庄重，能给人高度的信任感、权威性，具有较高的号召力。会徽的意象是四个方向不同的“心”，象征来自四面八方的爱心，四个“心”又重叠组成一个人的形象，犹如一朵盛开的花，展现一种在爱心之中的幸福的人的印象，同时又寓意这种爱来自四面八方；四面八方的关怀为着一个共同的心愿，弧形里隐含着一双捧着“花—人—心”的手，爱意、关怀、保护和援助之意赫然可见。镇江市慈善基金会是中华慈善总会团体会员，经过研究协商，镇江市慈善基金会决定沿用中华慈善总会会徽为本会会徽。

各位领导、各位理事和来宾，镇江市慈善事业虽然刚刚起步，但有了良好的开端，我们相信，通过大家的共同努力，镇江慈善事业这棵幼苗在各位的精心培育下定能长成参天大树。

镇江市慈善基金会 1996 年工作意见的建议报告[①]

各位顾问，各位理事，同志们、朋友们：

经过五个多月的筹备，镇江市慈善基金会今天正式成立，同时召开首届第一次理事会。慈善基金会的成立，标志着基金会的各项工作从现在起正式开始运转。在成立大会上，大家推选我担任慈善基金会会长，我衷心感谢各位理事对我的信任，我将竭尽全力和大家一起推动镇江市慈善事业的发展。

镇江市慈善基金会筹备以来，得到了市委、市人大、市政府、市政协的亲切关怀，得到了社会各界和广大市民的积极支持，在创始基金的筹集、舆论的宣传方面，都取得了一定的成绩。今天，许多德高望重的老同志、各界知名人士，还有关心慈善事业的热心人，出席了慈善基金会成立大会和首届理事会，充分体现了市慈善基金会广泛的社会代表性和深厚的群众基础；也说明了慈善事业是一项深得民心、积德行善的光彩事业。在此请允许我代表镇江市慈善基金会向在本会筹备过程中给予支持和帮助的各位朋友、同志表示衷心的感谢和崇高的敬意！同时，我非常感谢刚才市委、省民政厅领导讲话中给我们的支持和鼓励，感谢在筹备工作中市人大、政府、政协给予的关心。

下面我就市慈善基金会 1996 年的工作讲几点意见，请予审议。

一、进一步加强慈善工作宣传力度

慈善事业是一项社会性、群众性很强的崇高的公益事业，要唤醒人们的慈善意识，取得全社会的支持与参与，必须舆论先行，因此，从基金会成立

---

① 报告发表于 1996 年 4 月 3 日镇江市慈善基金会首届一次理事会上。

起就必须始终把宣传教育工作摆在十分重要的地位。首先，要在本市各新闻单位的大力支持下，逐步形成记者联络网，要经常主动与他们联系，提供信息，提出要求，组织采访，大力宣传报道基金会的各项活动；其次，要大力宣传热心慈善事业的好人好事，宣传积德行善、乐善好施、济困扶贫、乐于助人的美德，包括全市各大专院校及中小学在内的教职员工和学生，都应成为慈善事业的宣传者和参与者，使“送温暖、献爱心”成为每一个人的自觉行动，以推动全市慈善工作的开展和慈善事业的发展，真正成为社会主义精神文明建设重在建设、重在行动的体现；最后，要继续编印《镇江市慈善基金会简报》，及时反映工作动态，传递有关慈善信息。通过宣传，达到全体市民能够理解和支持基金会工作的目的。

二、扎扎实实地办好慈善实事，树立良好的社会形象

慈善工作是社会主义精神文明建设的一个重要组成部分，它是一项社会保障工作，如社会救济、社会福利和优抚安置的补充，主要工作内容是资助、兴办各类社会公益事业，为残障人、鳏寡孤独、处境困难的儿童等有特殊困难的弱势群体提供各种形式的帮助。考虑到市慈善基金会刚刚成立，是一项新的工作，需要全体理事共同摸索与支持，再加上目前人手不足，为此年内拟重点抓好以下四件实事：（1）开展助孤活动，争取募集 50 万元资助市社会福利院“恤孤楼”。迁建社会福利院是市政府为民办的实事之一，社会福利院由康复医疗活动中心、老人公寓、老人收养楼、儿童收养楼、办公楼等部分组成，其中，儿童收养楼（拟更名为“恤孤楼”）主体工程建筑面积达 2100 平方米，总投资 250 万元，市慈善基金会拟发动社会各界以指向性捐赠形式给予资助。同时，受至尊广告公司委托，向市社会福利院孤儿赠送 60 件新上装。（2）开展助学活动，为本市 30 户特殊困难家庭的学生提供助学金。（3）开展助困活动，与有关部门和新闻单位联合开设“慈善热线”，为本市 50 户特殊困难家庭提供经济物质资助。（4）开展助残活动。响应市政府银杏工程的号召，对特困残障人银杏种植给予资金上的扶持。这四件实事将根据实际情况陆续推出。

三、不断开辟基金来源，广泛募集慈善基金

多渠道、多形式地募集慈善基金，是兴办、发展慈善公益事业的物质基

础，是开展各项慈善活动的必备条件。为此，在大力开展宣传活动的同时，要始终把募集基金放在头等重要的位置上。（1）在适当的时候组织一次义演、义卖活动，进一步激发各界人士的爱心，扩大市民对慈善事业参与的广度与深度。（2）邀请企业家、各界知名人士参观本市的社会福利设施与机构，让他们了解镇江市社会福利事业的现状、需求与困难，以谋求进一步支持。（3）充分利用今年下半年举办的“金山之光”艺术节，广泛开展与海内外的交往与合作，联络感情，建立友谊，拓宽海外募捐渠道，争取更多的支持。（4）注重理事们的社会作用，通过召开常务理事会议、理事会议和邀请理事参加各种慈善活动，让大家沟通联系，以便大家了解基金会工作进程与开展筹款工作。

四、加强基金会自身建设

加强基金会自身建设是组织实施基金会工作目标的重要保证。（1）要加强基金会工作人员的思想政治工作，建立起一支觉悟高、纪律严、作风好、效率高的慈善工作队伍，树立起廉洁奉公的公仆形象。（2）要按照高效、精干、务实、廉政的原则，加强基金会的组织建设，借调或聘用必要的工作人员，逐步建立健全工作机构，使基金会的各项工作尽快走上快速、高效、健康运转的轨道。（3）要建立健全一整套的规章制度，规范基金会的工作程序，使基金会各项工作走上规范化、制度化的轨道，形成一个良好的工作循环系统。（4）要加强对善款、善物的管理，做到来源公开、投向公开，并随时接受社会各界和审计机关的监督和检查。

五、协助市政府有关部门制订市慈善工作“九五”计划

镇江市慈善基金会虽处在创办阶段，困难较多，但不能等待观望，要紧紧围绕我市“九五”计划和2010年远景目标，抓紧制定出“九五”期间镇江市慈善事业的发展规划，为镇江市慈善公益事业的发展出谋划策。

各位顾问、各位理事，慈善事业是一项十分崇高而又光彩的事业，它上为政府分忧、下为百姓解愁，不仅体现了人类最美好的道德和感情，还是社会繁荣、文明与进步的标志。镇江市慈善基金会首届理事会的成立，标志着镇江的慈善事业开始了新的征程，任重而道远，让我们携起手来，同心同德、共同努力，为开创镇江市慈善事业的美好明天而奋斗！

镇江市慈善基金会1996年工作总结和1997年工作计划的报告[①]

（征求意见稿）

镇江市慈善基金会于1996年4月3日成立以来，在中共镇江市委、市人大、市政府、市政协的高度重视下，得到了社会各界的关注和支持，开展了一系列的活动：

（1）助残。根据市政府做出的实施栽植400万株银杏工程的决定，向市残联捐赠10000元，解决茅山地区1110户特困残障人银杏种植苗木经费的困难，保证了种植任务的按期完成。

（2）助医。帮助特殊病患者、家庭生活拮据的句容市东昌镇姜盖村村民程祥宝的小女儿程旭蓉（5岁，患梗阻性脑积水、侧脑室星型胶质瘤）和江苏理工大学工商学院会计专业涉外会计班学生王震（患急性淋巴细胞白血病）就医，各资助医疗费用3000元，共计6000元。同时，对本市11名癌症患者、22名血透患者给予生活上的补助，分别资助3320元和11000元。

（3）救灾。受焦山定慧寺茗山法师、金山江天禅寺慈舟法师的委托，向1996年夏季江西、贵州、安徽、湖北、湖南五省遭受严重水灾的灾民捐款20000元，帮助灾民恢复生产、重建家园。

（4）助孤。受市至尊广告公司委托，向市社会福利院孤儿赠送了60件制作精良的新上衣。

对新建的市社会福利院“恤孤楼”工程给予大力支持，共捐赠50万元，保证了该工程土建任务的按期完成。

---

① 报告发表于1997年1月28日。

（5）助学。对本市 1996 年考取大学、高中，家庭生活困难的 30 名学生，资助 14700 元，帮助他们解决了部分学杂费用。同时，市慈善基金会常务理事、侨源房地产开发公司总经理、市第一中学校友赵新生向母校捐赠助学金 4000 元。

上述慈善活动的开展，不仅为慈善基金会的工作开了一个好头，更重要的是，通过慈善工作的宣传和举办慈善实事，对加强社会主义精神文明建设，尤其是思想道德建设，培养人们互助、互敬和奉献精神起到了一定的推动和促进作用；同时也为政府排忧解难，在一定程度上维护了社会的安定团结。

市慈善基金会从成立到 1996 年年底只有 8 个月的时间。8 个月来我们主要抓了以下三个方面的工作：

第一，加大宣传力度，增强市民慈善意识。

慈善事业在我国沉寂了 40 多年，人们对“慈善”两个字有些淡漠了，这就要求我们经常不断地、广泛深入地进行宣传教育。通过宣传，人们进一步认识慈善工作的重要性、必要性和可行性。

为了培育和增强人们的慈善意识，我们在工作中抓住各种机遇，利用各种宣传工具，运用多种宣传方式向全市人民进行宣传发动，以形成一定的慈善工作氛围。如在发动社会支持“恤孤楼”工程建设中，会长黄选能专程到电视台发表了题为“人人献爱心，资助‘恤孤楼’”的电视讲话，在《镇江日报》上刊登有关消息，同时还以慈善基金会的名义印发宣传材料，并召开有关部门负责人会议进行部署，狠抓这项系列活动的落实。由于宣传发动工作比较深入，仅“恤孤楼”指向性捐款就达 352099.69 元。与此同时，我们还加强了日常慈善活动的新闻报道，先后向新闻单位发稿 50 余篇，编印《慈善简报》4 期。由于加大了慈善工作宣传力度，人们对慈善的认识不断提高，意识不断增强，涌现了许许多多助人为乐、助人为荣的好人好事。这是我们开展慈善工作所必要的，也是十分重要的思想基础。

第二，加大资金募集力度，夯实举办慈善实事的物质基础。

兴办和发展慈善事业，开展社会各种慈善活动，必须要有一定的经济实力和物质基础。因此，多渠道、多形式地筹集慈善资金十分重要。基金会成立以来，我们主要搞了两种形式的捐赠：一是指向性捐赠；二是非指向性捐赠。在捐赠方法上采取了全社会普遍号召、市政协向委员和组成单位发倡议，市民政系统开展一日工资捐、组织三商家义卖，中、小学校学生开展节省零用钱活动等，使宣传发动、举办慈善实事、募集慈善基金三者有机地结合。此外，我们还注意充分发挥本会理事、常务理事、顾问的作用，向大家下达了募集基金任务，经过多方努力，8个月来，本会共募基金536469.93元，连同本会成立前募集的创始基金在内，合计拥有慈善基金2799182.03元。这就为开展上述慈善活动提供了保证。

第三，加强基金会内部建设，树立良好的社会形象。

慈善基金会成立以来，已逐步形成了廉洁、公开、奉献、直接的工作规范。

——廉洁。这是慈善工作的生命线。基金会所有工作人员都十分珍惜每一元捐款，严格自律，严格按照捐赠者意愿办事。即使对必要的行政开支，也做到精打细算，可花可不花的钱坚决不花，做到勤俭办慈善、廉洁办慈善。

——公开。任何一笔捐款，不管数目大小，不论是现金还是实物，都开出收据，发予捐赠证书，做到对每一位捐赠人员负责。对每一笔善款的使用都经过严格的审批并办理必要的手续，做到取信于民。

——奉献。目前慈善基金会的工作条件虽然较差，但从事慈善工作的同志能够不讲条件、不计报酬、勤勤恳恳、任劳任怨，充分体现了慈善工作者应有的素质。

——直接。慈善基金会工作直接面对工作对象。工作中，我们坚持调查研究，坚持一事一档，坚持与工作对象直接见面。对每一笔捐赠，只要条件许可，都举行一定范围的捐赠仪式，把每一笔善款送到捐赠人手中。

总体来说，8个月来，慈善基金会的运作情况是好的，善款的使用是快的（共支出善款569020元，超过了成立后的捐赠款），在社会上的影响正在逐步扩大。但是，要使慈善基金会工作更加蓬勃，还需坚持不懈地搞好宣传和发动，做好慈善基金的募集，更好地选择实施项目，进一步加强内部建设。为此，对1997年市慈善基金会工作提出以下意见：

首先，深入学习贯彻中共中央十四届六中全会精神，进一步搞好慈善工作宣传和发动。慈善工作是精神文明建设的一个组成部分。中共中央六中全会决定抓精神文明建设，尤其抓道德建设。今年的慈善工作宣传应纳入精神文明建设中去，为培养人们的奉献精神、高尚情操而努力工作。

其次，突出重点，量力而行，积极开展慈善活动。新的一年慈善工作的重点是安老助残、扶贫济困。在具体项目的确定上，要体现“小、少、快”的特点，即项目小，能够尽快收效；项目少，集中力量，办一个成一个；见效快，增加社会各界捐赠者的信心。在具体工作中，要选择那些社会关心，可能做到又容易形成热点的项目；要对社会特困家庭、聋哑学校、辅读学校给予尽可能的支持和帮助。

再次，组织志愿者队伍，开展社区服务和互助。要发动群众、依靠群众，组织志愿者队伍，开展社区服务活动。在具体实施中，先选择一个街道进行试点，取得经验后逐步推开。

最后，加强慈善基金会内部建设。要学习兄弟市慈善工作经验，进一步加强慈善基金会的组织建设、制度建设、工作作风建设，把慈善基金会建设成为廉洁自律、公开透明、可以信赖的社团组织。

市慈善基金会的工作已经有了一个良好的开端，并且正在社会主义精神文明建设方针的指引下加速前进，我们将加倍努力，为慈善事业的新发展做出新的贡献。

以上报告不当之处，请批评指正。

关于慈善基金会的宗旨、性质与任务

——在镇江市慈善基金会筹委会召开新闻发布会上答记者问①

记者：为什么要成立慈善基金会？

答：（1）成立慈善基金会是深化改革的需要。党的十一届三中全会以来，我市的慈善福利事业得到了长足的进步。目前，我市已有社会福利院、精神病康复医院、老年公寓各1所，农村敬老院96所，初步形成了孤有所靠、残有所助、贫有所济、难有所帮的社会福利服务网络和运行机制，解除了许多家庭的后顾之忧，维护了社会稳定，促进了经济发展。然而，在改革过程中并不是每个阶层、每个人都能同时得到相同的利益和实惠，李鹏总理强调："要特别关心暂时还不富裕，甚至生活还相当困难的那部分群众。"发展慈善事业，联络更多的人扶贫济困献爱心，有助于体现这个"特别关心"，也有利于将市场经济下的竞争保持在社会能够承受的范围内，使整个改革在稳定的环境中进行。发展慈善事业，就是要大力倡导社会事业社会办，改变过去政府包揽过多，但又包不了、包不好的状况，采取政府与民间相结合、共同参与的方式来推动社会福利慈善事业的发展。

（2）成立慈善基金会，将为扶贫济困增添一条新路子。乐善好施、扶贫济困是中华民族的传统美德，也是人类进步的共同精神财富。成立慈善基金会，与党的扶贫解困计划相吻合，与政府的社会福利工作相一致，与对恶者的惩处相辅相成。慈善基金会必将成为维系人心向善、向美的纽带，成为推动社会发展的一种精神与物质的力量。

（3）成立慈善基金会是时代的召唤。迄今为止，全国除成立了中华慈善

① 本文发表于《镇江日报》1995年11月27日。

总会外，北京、上海、辽宁、安徽等11个省（直辖市、自治区）已正式成立慈善组织。黑龙江、河南等省正在筹备成立。广州、哈尔滨等13个市（县）成立了慈善组织，郑州、绍兴在积极筹备之中。我省的常州、苏州沧浪区成立了慈善组织，徐州、扬州也在积极筹备。我们镇江不能落后，必须抓紧时间把慈善基金会成立起来。

记者：慈善基金会的宗旨、性质和任务分别是什么？

答：宗旨——发扬人道主义精神，弘扬中华民族扶贫济困传统美德，促进社会公平与人类进步。

性质——由热衷于社会福利事业的团体和个人自愿组成、以扶贫济困为己任、非营利性的民间慈善社会团体。

任务——动员社会各界力量募集慈善基金；资助、兴办各类慈善机构和社会公益事业；加强与海内外慈善组织的交往与合作；组织热心慈善事业的志愿者队伍；开展多方面的社会慈善活动。

记者：当前，慈善基金会筹委会的任务是什么？

答：（1）建立“镇江市慈善基金会创始基金”，凡自愿支持这项工作并做出较大贡献、乐捐善款10万元以上（含10万元）人民币的企业、团体和个人，授予“镇江市慈善基金会创始人”荣誉称号。（2）设立镇江市慈善基金会创始会员，凡在本会成立大会之前认捐3万元以上（含3万元）人民币的个人、企业、团体，授予“镇江市慈善基金会创始会员”荣誉称号。“创始人”和“创始会员”经筹委会推荐并履行手续后，可成为永久性的慈善会理事或常务理事。

为了加速基金的筹措，除募集上述两项基金外，凡愿意捐助本基金会安老、助孤、助贫、助残、助教、助医及社区服务、社会工作等各项慈善福利事业的单位和个人，不论捐多捐少，本会一概竭诚欢迎。

理论探索

关于社会主义初级阶段宗教理论研究的几点认识[①]

同志们：

我和宗教界人士接触不多，对宗教理论没有研究。参加这次讨论会，听了大家一天多的发言，很受启发，获益匪浅。我认为这次会议虽然是第一次，但实践证明组织这次会议是有必要的，讨论会开得也是很好的，大家在讨论中也充分肯定了这一点。大家提出以后要定期举行这样的讨论会，我表示赞成。过去我在政府工作时，曾有一段时期分管宗教工作，对宗教工作有所接触，但认识甚浅。现在我到政协工作了，应该了解和研究这方面的情况，关心这方面的工作。这次会议为我了解和认识宗教工作，提供了极好的机会，非常感谢大家。

大家的发言中一致认为，中共十一届三中全会后，中共镇江宗教工作取得了很大的成绩，特别是贯彻中共中央〔1982〕19 号文件后，在市委、市政府的领导下，宗教政策得到进一步落实，宗教活动也进一步正常开展，广大信教群众对党和政府的感情进一步加深，联系更为密切，热爱祖国、拥护社会主义的觉悟进一步提高了，一致表示接受党和政府的领导，拥护党和政府的政策。我认为这是符合镇江宗教工作实际情况的。正如大家发言中所说的，现在是宗教事业发展的黄金时期，上半年为修缮宝华山隆昌寺的问题，我与省、市宗教部门的负责同志去北京向赵朴初请示，全国政协副主席、中国佛教协会会长赵朴初等几位领导接见了我们。在谈话中，赵朴初对镇江的宗教

---

① 本文为“社会主义初级阶段宗教问题讨论会”结束时的发言记录，发表在《镇江政协》1988 年第 3 期，作者时任镇江市政协主席。

工作大加褒扬和鼓励，对镇江这几年宗教工作取得的成绩感到非常高兴，他说："镇江的寺院恢复得不错，镇江地方虽不大，但经国务院批准开放的寺观就有四个，如金山的江天禅寺、焦山的定慧寺、茅山的道院、宝华山的隆昌寺等，这充分体现了党和政府执行宗教信仰自由和保护宗教合法权益的工作做得是好的。这是镇江宗教界人士的福音。我是佛教协会会长，我与镇江也有缘分。"

我想，赵朴初这些话既是对我们镇江宗教工作的鼓励与支持，也是对我们宗教工作的重视与关怀，他对我们的工作予以充分的肯定。我任副市长期间，大部分时间分管城市规划、建设和管理工作，深知市委、市政府对宗教工作是十分重视的，对落实宗教政策是很坚决的，对有关部门与宗教部门的矛盾协调处理是及时的，这是一方面；另一方面，各宗教界领导人士也与党和政府充分合作，顾全大局，正视历史，面对现实，互相尊重和谅解，注重团结。这也是镇江宗教工作和宗教政策落实得好的重要原因。这是我要讲的第一点。

此外，我想针对大家发言中都讲到的几个问题，仅就我的水平，谈一些粗浅的认识，与大家来探讨求索，并请指教。

第一，关于爱国爱教的一致性问题。这个问题大家讲得很好。大家认识到热爱社会主义祖国是宗教群众必须坚持的大前提，没有这个前提，犹如"皮之不存，毛将焉附"。我想，这是最起码、最重要的道理。我小时读书的时候，就有"国家至上，民族至上"这句口号。就是说，把国家的、民族的利益放在首位。宗教和国家、民族的命运是紧紧联系在一起的。所以说，爱国与爱教是统一的、一致的。

无论在哪个朝代和社会制度中，如果这个人对自己的祖国没有深厚的感情，不把自己的命运与祖国母亲联系在一起，就没有道德之本，就失去了最基本的道德本源。我在幼年写大楷字的时候，常常写"国家至上、民族至上"这句口号，开始也不甚懂得其中深刻的含义，但随着年龄、学历、经历、实践的增长，就知道了它的深刻而重要的意义了。爱国主义的感情集中表现为民族自尊心和民族自信心，表现为酷爱自己的祖国和人民、土地、河山、语言文化、优良传统等，表现为为争取自己祖国的繁荣富强而贡献自己的力量。大概也由于这个基本因子，我走上了革命的道路。所以，对祖国的态度如何，历来为衡量人们道德水平的最基本标准。

爱国爱教不是一句空话，具体表现就是必须拥护领导和治理这个国家的党和政府，离开了爱国，当然不可能拥护中国共产党的领导和坚持走社会主义道路这个基本原则，就失去了与全国人民在政治上的一致。我们常讲的高举两面旗帜，即爱国主义的旗帜和建设有中国特色的社会主义的旗帜，就是这个道理。当然，接受共产党和政府的领导，并不是事无巨细都要经过党和政府有关部门批准，更不是由党和政府有关部门包揽一切，党和政府的领导是指路线、方针、政策上的领导。所以，我们希望宗教界人士、群众在爱国主义与建设有中国特色社会主义两面旗帜下团结起来，共同奋斗，为建设四化、振兴中华这个共同目标，在宗教岗位上，按党和政府的政策进行合法活动，政府坚决保护宗教的合法权益，发挥各自的力量。正如我市佛教、伊斯兰教、基督教、天主教等宗教界各位代表在发言中讲的，目标一致地为社会主义献出自己的力量。佛教积蓄自己的力量，这几年全力把金山的“大雄宝殿”和焦山的“天王殿”建设起来；基督教在对外开放活动中积极牵线搭桥，为外向型经济服务；天主教在农村积极为发展社会主义新农村、发展农村经济做出自己的贡献。总之，各宗教派别根据各自的情况，做出了各自的努力。正如丹阳县统战部门领导同志的发言中所说的，各教的教友群众，在两个文明建设中涌现出不少先进模范人物，这是让我们钦佩的。我们党和政府的工作人员及教外群众，必须懂得民族的团结和人民内部团结的重要性，进而懂得“世界人民大团结万岁”的重要意义。我们中国以“人口众多，地大物博”著称，但“人口众多”是在一小部分地区（即汉族地区），而在某种意义上，“地大物博”则在少数民族地区。如果只是人口众多，没有地大物博，则与伟大的中国不相称。所以要用唯物辩证的观点来认识自己国家的国情。但这样大的国家，少数地方、少数人闹事，不可能完全排除。例如，西藏从前以达赖喇嘛为首的一小部分人搞分裂活动，有什么好结果呢？背叛自己的国家、背叛自己的民族、背叛人民的人是不会有好结果的。无数的历史事实都证明了这一点。班禅额尔德尼主张祖国统一，在这个前提下把西藏自治区建设好，这是符合国家和民族利益的；而达赖寄人篱下，流亡国外，搞分裂活动，它能独立自治吗？不是爱国、爱民族的独立，永远是独立不了的。大家看过《末代皇帝》这部电视剧吗？末代皇帝想搞复辟而受日本帝国的“大东亚共荣”的诱惑，其实际结果是复辟皇朝的梦想破灭，连自己生存自主的权利也被剥夺得一干二净。是可忍，孰不可忍！为什么这样呢，这就是想做皇帝的愿望与爱国、维护国家主权相分离，则必俱亡矣！

第二，关于反控制、反渗透的问题。我国现有宗教，除道教外，都是由外国传入的。梁漱溟先生在逝世前说：“中国没有伟大的宗教，伟大的宗教都是外国传入的。”佛教产生于印度，经由中亚传入我国新疆地区，西汉末年传入内地；基督教于唐代初传入中国；伊斯兰教、天主教也先后由外国传入我国。在奴隶社会、封建社会时期，我国人民信“皇帝”而不信神，与外国相比较而言，中国人的宗教观念是淡薄的。中国人相信伦理，伦理思想比较深入人心。我国古代唯物主义哲学家范缜不信宗教，他撰写了著名的《神灭论》，通过严密的逻辑论证，将长期以来的“形神”问题，以朴素的唯物主义的无神论观点提高到一个崭新的水平。春秋时期的孔子是中国伟大的思想家、教育家，他是儒家伦理学说的最高代表。他在天道观方面是信神和畏天命的，表明他未能摆脱西周以来天命鬼神思想的影响；另一方面，他对天命鬼神又持怀疑态度，以“敬鬼神而远之”并认为“未能事人，焉能事鬼”，把探讨和解决人世间的问题放在优先地位，树立起儒家重视现实人世的一贯传统。梁漱溟先生论文《最后一次发言》中是这样谈的：“我从来说中国缺乏宗教，中国人淡于宗教。孔子说，‘未能事人，焉能事鬼’；又说，‘未知生，焉知死’。孔子就是注重现实人生。这是孔子的非宗教态度。”

有人将儒家称为儒教，这不对。儒学不是宗教。“子不语怪力乱神。”宗教与此相反，它恰恰要议论“怪力乱神”。儒家的精神全部放在照顾现实生活上，如父慈子孝，如兄友弟恭，关注的都是眼前生活。从前读书人供奉天、地、君、亲、师，五者并列，天地与君、亲、师同时供奉。宗教则不能如此，宗教中的“上帝”是“全知全能”、高于一切的，不能与人并列。中国传统的文化代表儒家总是在现实生活中毕恭毕敬于眼前，宗教则毕恭毕敬于“上帝”。

在上述情况下，外来宗教纷纷进入。中国的天主教、基督教、伊斯兰教、佛教无一不是外来的。中国也有些零零星星的迷信思想流行于社会，但那些都远够不上宗教。中国有的就是伦理。

“上帝”一词，古书上有，但不重要，而伦理在中国特别重要。伦者偶也，伦理内容的根本精神是“互以对方为重”。这与西方的“个人本位”和“自我中心”不同。“互以对方为重”，是双方的，不是单方的。此种精神在任何地域、任何情况下均合乎人情，是最行得通的。

宗教既然是从外国来的，那么它是怎么来的？我们应该加以思考。我认为无非三种情况：一种是对外开放，作为文化的形态交流传入；一种是以侵略的目的跟随战争而来，或侵略战争之后，作为侵略的工具以文化奴役我国人民而来；还有一种是我们主动取经而来。特别是1842年中国沦为半殖民地半封建社会之后，武装的、文化的侵略总是双管齐下，宗教作为社会意识形态的上层建筑，必然也为一定社会形态下的经济和政治服务，这是逃脱不了的，无数的历史事实证明了这一点。所以，中华人民共和国成立以后，对于作为中国上层建筑的社会意识形态宗教信仰问题，也进行了引导和改造，使所有的宗教都为社会主义的国家服务，为建设新中国做贡献。这里首先要解决的就是割断与帝国主义的控制与联系。所以从宗教的历史与现实要求看，必然涉及反控制、反渗透的问题。当然在过去的斗争中，由于我们指导思想上有过“左”的错误，在反控制、反渗透的斗争中也产生过某些“左”的行为。这在中共十一届三中全会之后已做出了认真而严肃的总结。鸦片战争以来的近一个半世纪，社会在发展前进，现代的资本主义与马克思时代所存在的资本主义从形式到内涵应该说有很大的不同。可是，我们在“左”的思想指导下，原先这个认识一直没有改变。如列宁曾经论断帝国主义是资本主义的最后阶段，即垂死阶段，帝国主义有垄断性、腐朽性、寄生性三大特征，因此，它没有生命力了，但现实情况如何呢？这值得我们反思。第二次世界大战以后，人类在争取和平、民主、科学化的斗争中大大地前进了，实践使我们得到沉重的经验教训。特别是十一届三中全会之后，我们认真总结了这方面的经验教训，使我们现在的宗教工作有了明确的方向，宗教工作也得到了正常的开展，我们自己独立和自治办教，摆脱了帝国主义的控制，对披着宗教外衣的渗透活动有了高度警惕性，这是基本的一面；当然也不排除国内国外某些敌对势力在这方面的干扰与继续破坏。所以，我们当前在开放改革的情况下，必须充分认识宗教方面国际交往的积极意义，热情支持宗教界爱国人士和爱国宗教组织与国外友好宗教团体和人士在平等、友好基础上的往来，为文化交流、维护世界和平、促进祖国统一、发展经济与友谊服务，不能用过去“左”的观点来看待当今的宗教信仰与宗教的国际性交往。因此，我们一方面要认识到过去宗教的历史性、外来性、渗透性、侵略性，它是一定历史条件下的一种社会意识形态和上层建筑，是为一定社会的政治经济服务的；但另一方面必须认识到，经过几十年来的社会主义革命斗争和建设的实践，特别是在十一届三中全会正确总结经验的情况下，有了一系列正确的方针、政策的指引，在爱国爱教一致性的基础上，社会主义时期的宗教，事实上也可以为社会主义的经济和政治服务。各位宗教界领导人士一天多的发言中提供了大量的关于这方面的事实。同时，我们也要认识到当今国际上某些敌对势力利用我国宗教，对中国继续进行不怀好意的渗透、控制乃至破坏活动，我们要经常保持必要的警惕性，绝不允许披着宗教外衣的敌对分子通过国际交往、利用我们的开放政策进行渗透和控制，干预我们的宗教事业，但也不要因此而影响我们宗教方面正常的对外交往活动。

第三，关于宗教消亡的问题。我认为宗教的消亡比之阶级、政党的消亡更为复杂，到现在为止，我还没有看到过关于宗教消亡的言论。我认为宗教最复杂的问题是与民族问题联系在一起的，可以说，各宗教信仰是各民族的重要特征，宗教与民族的生存联系在一起，所以不要担心其消亡，它将与民族共存。据最近《报刊文摘》上登载的资料，我国十多亿人口中有一亿人信教、56 个民族中有 20 个民族信教，可谓宗教信仰流传广而久，根深蒂固，它的某些方面又与民族的风俗和生活习惯融为一体，且有国际性。我国是一个多民族的国家，有些民族的政治、经济、文化和生活习俗都与宗教有着紧密联系，所以是不是可以说，民族的长期存在，也决定了宗教的长期存在。当然宗教的内涵与形式不一定与现在相同，它也是随着社会的发展而变化的，任何事物都不会一成不变。

充分认识宗教在社会主义初级阶段及整个社会主义历史时期存在的长期性、复杂性，并以此为出发点制定正确的宗教政策，进行人民内部的协调和团结教育，有利于促进祖国和各民族的安定团结和“四化”建设；反之，则不利于国家的安定、民族的团结，不利于“四化”建设。

第四，关于协调问题。协调应包括宗教内部的协调及宗教事业与社会主义事业间的协调。几十年的社会主义革命斗争与建设的实践已证明，虽然出现和发生过这样、那样的问题，但总体上来讲，宗教事业的内部及宗教事业与社会主义事业的协调都是好的。因为我们有爱国主义与建设有中国特色社会主义这两面旗帜及“一个中心和两个基本点”作为共同的目标和政治基础，根本利益是一致的。在这个大前提下什么事都好办。过去我们在“左”的错误思想指导下，过分强调了斗争的一面，总认为要把事物搞得纯而又纯、“清一色的好”。实践证明，这是形而上学的观点。现在我们认识到，过去做了许多可笑而可悲的蠢事。一个世界，从宏观的大千世界到微观的粒子、分子，都是包罗万象的，不可能搞绝对的“清一色”，所有事物总是互为条件、相辅相成的，人为地搞排斥，必然导致事业的失败。应该根据不同的事物，区别对待，扬长避短，各得其所（即协调）。如对“园林”概念的认识，必然是曲径通幽、亭台楼阁、小桥流水、花草树木、山水相兼的乐园。但一般来说，真正的园林必然与名胜古迹相联系，有文物方面的人文景观，有自然景观，有名刹古寺，这就使游人感到饶有情趣，尽管分属几个部门，但相得益彰。如果大家搞排斥，结果是大家都受损失。金山、焦山都是这种情况。几个方面容纳在一起，使这些名山风景锦上添花。相互间有矛盾可以协调解决，大家按规划办事，同心协力把金、焦二山建设好，使得金山、焦山公园大振威名。金山“大雄宝殿”和焦山“天王殿”的建设虽是以宗教寺庙为主，但对园林与文管部门都是有益的。宗教内部也是如此，天主教、基督教、伊斯兰教、佛教、道教在政治目标和根本利益一致的基础上，各按自己的教义、教规办事，教友之间互相团结协作、互相帮助、互相支持，协调配合，大家就都兴旺繁荣；反之则俱损。各宗教事业与社会主义事业也是如此，在爱国、爱教根本利益一致的基础上，共同为祖国统一、建设“四化”服务，而党和政府必然以正确的政策保护和支持宗教事业的发展。金山、焦山两个大殿的复建就是最有说服力的事实。宗教寺院方面提出办这件事，于宗教事业和人民都有利，方向正确，寺院宗教方面出了大力，但没有党和政府的支持也是不行的。所以，在政治目标一致的基础上，我们必须贯彻“求大同、存小异”的原则，制订各方协调的方案，不要搞人为的对立。如佛教讲“一日不作，一日不食”，这与我们社会主义所讲的不得不劳而获不是一致的吗？当然宗教也有其糟粕的东西，但要放到一定的历史条件下去认识。如波兰天文学家哥白尼的“日心说”，在当时被波兰的宗教势力视为异端邪说。而现在波兰是共产党领导下的社会主义国家，但天主教在他们国家信徒众多。社会主义与宗教同时存在了几十年，说明宗教与社会主义事业是能协调存在的。一个政党也是如此，承认共产党领导下，与各民主党派进行多党合作，使我们党的事业增加透明性，增强民主性和科学性，使党和人民的事业兴旺发达。

总之，正如宗教界人士在发言中所说，现在是宗教事业发展的黄金时期，是宗教事业和社会主义事业协调发展的有利时期，我们应该充分掌握、运用有利条件，推动宗教事业正常健康的发展，为我市的“两个文明”建设做出更多的贡献！

试论城镇行政管理体制与经济发展的关系[①]

根据过去的经验教训和个人的体察，我对如何科学地、正确地、适时地确定城镇管理体制及其与城镇经济发展的关系问题，谈一些不成熟的意见。

一、问题的提出

当前经济体制改革正在顺利进行，与之相适应的许多政策在逐步充实与完善，但悉心回顾一下我国几十年城镇工作的情况，城镇行政管理体制与经济体制是密不可分的，而且隶属的管理体制正确与否，对于这个城镇的经济发展有着直接的影响并起决定性作用。所以，仅有经济体制的改革，而没有与之相适应的城镇行政管理体制的改革，犹如手足分离，如能同步进行，则似如虎添翼，有利于开创社会主义现代化建设的新局面。

毛泽东同志在党的七届二中全会报告中曾指出："从现在起，开始了由城市到乡村并由城市领导乡村的时期，党的工作重心由乡村转移到了城市。"他要求全党"必须用极大的努力去学会管理城市和建设城市"。根据这个指导思想，在中华人民共和国成立后的一段时间内，对城市的生产、流通、财政、技术、教育、人口、副食供应、劳动就业等问题，做过细致的研究和安排，在城市的生产发展上取得很大的成绩。但由于"左"的思想指导，一方面在管理体制上集中过多、过死；另一方面在城市管理体制上又有撒手不管的情况，主要是指没有人去研究和掌握城市自身的发展规律。正如万里同志总结我们30多年来城市工作的经验教训时认为，其中最重要的一条就是没有认识

① 本文发表于1990年5月《市长谈城市》第一部，作者时任镇江市副市长。

到城市的重要性。因此，始终没有把城市建设、城市管理纳入近代科学的轨道。我认为，这个估计是符合实际的。总结30多年来的经验教训，城市管理体制不适应是城市工作的主要矛盾。中共十一届三中全会以来，城市工作有了很大的起色，党中央、国务院又重新开始强调抓城市的规划、建设和管理，还把城市政府的职能写进了《中共中央关于经济体制改革的决定》。近年来又开始重视城市科学的研究，探讨城市发展的规律和我国城市的特点，这些无疑是可喜的。但要使城市的发展不仅适应“四化”建设，还应为“四化”建设服务，使城市工作实现由量变到质变的飞跃，必须进行管理体制上的改革。从系统工程角度看，就是要解决决策层次，摒弃一切人为阻挠、束缚城市发展的因素，逐步制定出一套符合城市发展规律的政策措施和规章制度。

二、现实情况浅析

国务院决定，从1983年3月1日起，江苏省实行市领导县的体制。从而将镇江市升为省辖市，并管辖句容、丹徒、扬中、丹阳四县。这一体制的变革，对发挥镇江市的作用创造了极为有利的条件。为什么这样说呢？拟以镇江的实际情况加以剖析。

（一）从镇江的历史状况来认识

镇江是一个有三千多年历史的文化古城。历代的统治者都认为镇江背山面江，形势雄险，是镇守江防之要地，故先后设都、府、州、会、市、县建制。1929年镇江曾为江苏省会。镇江在中华人民共和国成立后，实行市、县分治，为镇江市与丹徒县，属镇江地区行政公署管辖，而江苏省军区长期驻在这里。

（二）从镇江的交通及地理位置来认识

我市地处江苏省中部，长江下游南岸，东邻常州、无锡、苏州和上海，西接南京，北与扬州隔江相望，为长江三角洲的江南富庶繁华之地。历来是南北东西的交通枢纽。沪宁铁路横贯东西，长江与运河交汇于此。通过长江与运河，可以西溯川、汉，东下大海，北连首都，南达钱塘；又可以通过内河支流，连接苏北的湖泊和苏南的水网。可以说是“东南西北、四通八达、江河湖海，源远流长”。目前，镇江拥有四大港区、80 多个码头，承担着皖、赣、湘、鄂、川、浙、闽、沪和苏北 40 多个县物资和旅客的中转运输任务，堪称“九省通衢”。

特别要指出的是，位于长江和京杭大运河两条黄金水道交汇口的深水港口——镇江大港一期工程已交付使用。它是我国内河中少有的适宜海、江、河联运的天然良港。四个万吨级深水泊位可同时停靠四艘两万五千吨级的海轮。它对缓和上海港的压力，减轻津浦、沪宁铁路干线的负担，起到了一定的作用。镇江势必成为水陆交通并举、内外贸易兼营、进出商品集散的一个运输中心。

（三）从镇江的工业发展状况来认识

镇江市区现有工业企业 420 个，职工 13 万人，拥有固定资产（原值）12.5 亿元。已有电力、煤炭、冶金、机械、船舶、化工、轻工、造纸、纺织、塑料等工业门类。

根据省内外搜集到的 20 个大中城市年统计公报资料，我市工农业总产值增长速度，在全省仅次于无锡市和苏州市，居第三位；在全国的 20 个城市中占第四位；1949 年至 1983 年的平均增长速度，在沪宁线上也是首屈一指。

历史上，镇江是军事要地，工业发展相对缓慢；中华人民共和国成立后，人民当家做主，生产有了迅猛的发展；尽管在体制上 34 年来镇江承受了极不合理的县一级的待遇，使其作用的发挥受到了制约，但始终能体现其本身有顽强的生命力，在工业生产处于先天不足的情况下一马当先。

（四）从城市的功能和城市的承载能力来认识

镇江市的城市性质被定为江苏省的重要内河港口、历史文化古城和风景游览城市。从这一性质出发所确定的城市功能，是多功能的带有综合性功能的城市。然而镇江的地位、待遇是县一级的，其所承载的任务却比江苏所有省辖市（南京除外）重得多。

一是党政、军机关多。30 多年来，镇江一直是江苏省军区及六十军的驻地，而且是陆、海、空三军都有，还有各军兵种共 8 个干休所。这是苏、锡、常所没有的。

二是大专院校多。沪宁线上除南京外，我市大、专院校及中等专科学校和科学研究机构最多。全市现有部属、省属高等院校六所，包括工学院、医学院、船舶学院、师专、财会学院等。高校现有在校学生近7000人；业余大学学生6000多人、教职员工4165人。近五年来我市为国家和地方输送了7000余名大学和大专毕业生。全市现有科研机构22个、各类专业技术人员26571人。

三是物资仓库多。中央所属单位及华东各省市驻镇江的物资中转仓库面积有120万平方米，常驻镇江的职工、家属达5.4万余人，给城市的供应和公用事业带来了沉重的负担。

四是中央部属、上海市及省属企业多。镇江共有141个大中型企业，计有职工家属5万余人。

综上说明：交通、地理位置和历史作用，确定了镇江必须面向全国和全省；评价一个城市，确定一个城市的管理体制，不能光看工农业的总产值，而应该全面衡量其贡献。

把镇江一直定为地辖市是不合理的。镇江市每上缴100元工商利税，市里只能留用0.8元，而省辖市上交100元工商利税，可留用5元。这样的体制政策差异，给镇江市造成了严重的后果。长期以来，镇江犹如“小马拉大车”，到了实在难以承载的地步。过去镇江市的全年机动财力只有200万元左右，城市三项维护费仅有300万元左右，只能进行城市维护，因此，城市基础设施较差。

（五）从上下组织关系长期存在的矛盾和干群关系的心理状态来认识

由于管理体制不合理，因而产生了各种矛盾。原镇江市相当一部分干部和群众总是“心不顺、气不服”，不利于积极性的发挥。而原来地区的主要精力放在农村，而不在城市。地区的一些财力和物资也主要投放在农村。

（六）从江苏现有的城市中所实行的两级管理体制的不合理状况来认识

江苏现有13个市，其中11个为省辖市，还剩下苏北的泰州市和苏南的常熟市，分别属扬州和苏州市管辖，这样的体制明显不合理。从区域范围来说，苏北的泰州市现有近20万人口，历史上就是靖江、泰县、泰兴县的辐射之地，而扬州市与泰州市原同为地辖市，人口与工业产值虽比泰州要多，但从区域经济的观点来看，扬州的辐射力不可能遍及现有的 10 县 1 市。因此，这样的体制对发展区域经济不利，对扬州自身的发展也无益。

三、对评价城市和体制意见的商榷

综上所述，及早研究确定城镇的行政管理体制和等级标准是有其重要的现实意义和战略意义的。

怎样评估一个城市的贡献与作用，是每个城市的人民，特别是城市工作者十分关心的问题。过去评价一个城市的贡献，基本上采用工农业总产值指标，辅之以提供的利润、财政收入指标。在没有实行市领导县体制的情况下，城市的农业比重很小，在评价城市的贡献时，大多只采用工业总产值指标，辅之以工业提供的利润、税收指标。每人平均工业总产值、工业利税较高的城市被认为是经济效果好、贡献大的城市，并且把它作为划分城市等级标准和确定行政管理体制的主要依据。特别是党的十二大提出了 2000 年的奋斗目标是工农业总产值翻两番，人均收入达 800 美元的小康水平之后，制定城市发展的长远规划时，着重研究落实这个指标，把它作为努力的方向。我认为确定这个奋斗总目标是对的，但要达到这个总目标，绝不能简单地用工农业总产值这个指标，这样不利于总目标的实现，不利于全面调动城市人民的一切积极因素，也不利于每个不同性质城市的发展和功能作用的发挥。其理由如下：

第一，工业是城市的主要职能之一，但不是城市的全部职能，也不是城市在经济方面的全部职能。城市在经济方面还有商业、交通运输、财政金融、建筑业、广播通信等方面的职能。除了经济方面，城市还有政治、军事、文化、教育等方面的职能。经济方面还有第三产业的经济，过去长期被我们忽视。因此，我国城市中工业职工占职工总数的比重很高，一般在 50% 左右。即使如此，还有占职工总数 50% 左右的劳动力在非工业部门工作，占职工总数 30% 左右的劳动力在非物质生产部门。用工业总产值和工业利润、税收等指标只能考核工业职能。考核的结果是，工业城市必然处于有利地位，综合性城市、文化城市、旅游城市、交通枢纽城市、政治文化中心城市，必然处于不利地位；还会促使每个城市不管性质如何，都致力于发展工业而不顾其他职能的发展。从战略上来讲，到头来也不利于工业经济的发展。

第二，由于价格政策和总产值指标体系的影响，使用工业总产值指标考核，与工业的实际情况有很大出入。首先，我国过去不承认商品经济和按价值规律办事，因此，轻、重工业之间价格背离价值的情况很严重，重工业的价格偏低，轻工业产品的价格偏高，矿产品原材料明显低于价值。1982 年，我国轻工业的平均资金利税率是 46.3%，重工业的平均资金利税率是 16.8%，采煤工业的平均资金利税率只有 2.2%。用现行价格体系，轻工业城市的产值偏高，重工业城市尤其是采掘工业城市的产值偏低。如徐州市有 10 万采掘工人，年产值只有 3.8 亿元，人均年产值仅有 3800 元。其次，在工业总产值中包含原材料、燃料等的物化劳动转移价值占工业总产值的 2/3。在采掘工业中，物化劳动的转移部分的比例很小。鉴于这两方面的原因，用总产值指标考核城市工业，对以采掘业为主的工业城市是不利的。再以徐州为例，采掘工业只占全市工业总产值的 1/8，而轻工业却占全市工业总产值的 1/2。所以，采掘工业城市往往不被人们重视，矿区城镇建设欠账较多。

可见，如果不从城市的综合效益来评价它的贡献，这种不合理的状况就很难扭转。全面考核一座城市，必须从它的历史地位和现实的综合贡献入手，考核它对整个地区在政治、军事、经济、科教、文化等方面的全面贡献；在经济方面，要考核工业、贸易、交通、金融、旅游、信息等方面。北京是我国政治、文化中心，工业总产值不到上海的 2/5，工业提供的利润和资金相当于上海的 1/3。绝不能认为北京对全国的贡献比上海小。然而，正是片面强调工业总产值指标，使北京集中那么多的工业，与政治职能，文化职能、京华名胜古迹、风景旅游资源的保护产生许多矛盾，至今没有很好地解决。

第三，再用发展的眼光来看，随着新技术革命的深入，经济结构的变化，工业在国民经济中的比重逐渐下降，工业人口在就业人口中的比重也随之下降，而第三产业在国民经济中的比重逐渐上升。如 1970 年纽约市的工业、贸易和服务业就业人口分别占全市职工总数的 20.9%、20.9% 和 20.5%，三者的比重是较近的。所以，用工业总产值指标考核一个城市的贡献和确定这个城市的等级及管理体制，失真的程度越来越大，不利于城市发展的因素越来越多。

应当说，我们过去对城市功能的理解比较狭隘。一提到城市，往往只想到它是工业基地，这种认识是不全面的。城市是商品经济发展的产物，它的功能是多方面的：它不仅是工业生产的基地，还应当是贸易中心、金融中心、交通枢纽、信息中心，有些城市还是科学、教育的中心。城市工作、城市的各项经济活动，都不应该局限于为本城市服务，更重要的是应该为它所辐射的整个经济区服务。当然大小城市不同，所辐射的范围也不同。所以城市改革的一项主要任务，就是要把城市的多种功能发挥出来，从而推动社会主义的有计划的商品经济的发展。如果城市只讲工农业总产值而忽视其他方面，那就会大大限制城市功能的发挥。对城市的功能、城市经济体制改革的重要意义，我们需要重新认识。要紧紧地把握这样一个指导思想和这样一个改革方向，来打开我们的思路，进一步解决城市改革中出现的新问题。通过改革，把我们的城市，改变成为开放型的、多功能的、社会化的、现代化的经济活动中心。

第四，人口城市化是一个必然趋势，面对这种情况，在城市化进程中应有我国自己的战略和策略。既要有利于大城市的人口控制，又要有利于缩小城乡差别，不违反人口城市化的客观规律，更好地发挥城市是前进的主要动力的作用。对于现有的小城市和县所在地的城镇管理体制的研究，应该迅速提到城市科学研究的议题上来。在制定这方面的政策时，不能只顾眼前，囿于局部，而应该注意掌握规律，放眼全局，应当有重点、有步骤地优先发展条件比较好的县（城镇）为市的建制。这个问题上我认为可以借鉴日本的经验：他们把人口 5 万以上的单位都列为市的建制。因此，日本的人口只有我们的 1/10，而城市却比我们多一倍以上。我们至 1985 年年底有 324 个市，而日本现有 652 个市。如果我们把 5 万人口以上的县（城镇）都改为市的建制，那么，人口城市化的进程和素质就会大大提高。同时，这也符合人们的心理要求，人们总是向往城市，而我们的传统习惯是把乡与镇联在一起，即使在县（城镇），人们的心理上总觉得是在农村。这对于控制大城市人口和城市领导农村都是不利的。城市和农村总是相互依存，农村以城市为中心，城市以农村为基础。因此，城市既要提高自我服务能力，又要为农民服务，这就要提高城市干群的素质，以及全县的政治、经济、文化水平。然而对城市工作要为农村服务往往认识不足，因而常常采取限制政策。例如，城市服务行业的千人指标一般只考虑本市的常住人口。所以，忽视城市为农村服务的观点需要改变。根据调查，我市 6 所医院的住院患者 80% 来自附近的农村，各县的城镇医院更是如此。缺乏为农村服务的意识，城市工作很难摆脱被动局面。

总之，回顾过去 30 多年城市工作没有纳入科学轨道的经验教训，在今天进行城市经济体制改革的同时，对城镇的行政管理体制和等级划分的标准，应尽快进行可行性的研究。对全国 324 个市和 2000 多个县（城镇），根据我们的国情，制定出有远见的管理体制，以使我国城镇相互配合，形成城镇体系，更好地适应城镇自身发展的规律，充分发挥城镇的功能，这是迫在眉睫的任务。

学习中共十三届七中全会文件札记[①]

刚刚告别1990年，迎来1991年新春的时候，我们960万平方千米的大地上，呈现出一派辞旧迎新的大好景象。

新年前夕，中国共产党召开十三届七中全会，审议并通过了《中共中央关于制定国民经济和社会发展十年规划和“八五”计划的建议》（以下简称《建议》），揭开了实现社会主义现代化建设第二步战略目标的序幕。元旦，全国政协举行了新年茶话会，党和国家领导人与政协、民主党派、工商联负责人及各界人士欢聚一堂，辞旧迎新，共叙80年代的伟大成就和90年代继续团结奋斗之志。新年伊始，就出现了一系列如此活跃的政治局面，再次表明我国在政治上安定团结，在经济上持续发展，举国上下对建设有中国特色的社会主义充满信心和希望。

现在正是举国上下传达学习贯彻十三届七中全会文件精神的时候，我认为首先要弄清楚的重要问题，就是十三届七中全会的重要意义。《建议》所总结的中共十一届三中全会以来我国改革开放与社会主义现代化建设的基本经验具有重要的现实意义和深远的历史意义。

一、其重大的现实意义

（1）《建议》表明我们的事业经受了考验。80年代，在以邓小平同志为核心的党中央领导下，我们党制定和贯彻执行了社会主义初级阶段的基本路线和一系列重要方针、政策，开创了社会主义现代化建设和改革开放的新局面，积累了丰富的经验，为今后十年取得新的更大的胜利奠定基础。尽管国

① 本文发表于《镇江日报》1991年2月10日。

际风云变幻，尽管我们在前进的道路上遇到这样、那样的困难，但是我们党、国家和人民经受住了考验，我们胜利地走过来了。

（2）《建议》表明治理整顿取得了明显成效。党的十三届四中、五中、六中全会，从政治、经济，思想和党的建设方面，总结过去的工作经验，坚持正确的，纠正错误的，不足的加把劲，研究和解决了一些紧迫问题。我们顶住风浪，维护了国家和社会的稳定。我们取得治理整顿、深化改革的明显成效，国民经济正在稳定地向好的方向发展。

（3）《建议》表明我们在对外关系上取得了重要胜利。我们坚持独立自主的外交政策，在发展对外关系上取得重要胜利。1989 年，以美国为首的西方国家对中国进行了制裁，我们在对外关系方面经历了一个相当困难的时期。由于以江泽民同志为核心的党中央坚持了正确的外交路线与方针，现在情况已开始逐步好转，并且有了一些新的突破。第一，我们在这一段时间内，重点发展了同周边国家，即我们的邻国和亚太地区国家的关系。中苏关系正常化以后又有进一步的发展。我们和蒙古、老挝恢复了正常的外交关系，和沙特阿拉伯、印尼、新加坡建立或恢复了外交关系。第二，西方对我国的制裁有所松动。第三，对外贸易和利用外资方面基本上也是一个发展的势头。第四，在发生了海湾危机以后，我们坚持了正确的立场，因此获得了国际社会的好评。

二、其深远的历史意义

（1）《建议》在充分肯定十多年来的成就、科学总结十多年来的经验、正确分析国际国内形势的基础上，根据建设有中国特色的社会主义的总要求，确定了今后十年和“八五”期间的奋斗目标、基本指导方针，确定了国民经济和社会发展的重点、任务、政策，确定了深化改革和扩大开放的部署、措施。

（2）我们在实践第一步战略目标的基础上，胜利实现第二步战略目标，这关系我们国家的长治久安，关系中华民族的振兴，关系我们社会主义制度的巩固和发展。

（3）第二步战略目标的实现，将为我国在 21 世纪中叶实现第三步战略目标奠定基础，进一步显示社会主义制度的优越性，增强社会主义的吸引力。

（4）在中国巩固和发展社会主义制度，不仅是我们党肩负的历史使命，是我国人民的共同愿望和根本利益所在，也是我们党、我国人民对世界社会主义运动和人类进步事业的重大贡献。

三、《建议》指出："在我国社会主义现代化建设的历史进程中，20 世纪最后十年是非常关键的时期。"为什么说是非常关键的时期呢？

（1）未来的十年之所以是非常关键的时期，这是由国际国内形势所决定的。从国际看，世界政治风云变幻，经济竞争更加剧烈；从国内看，经济和社会发展中仍然存在许多矛盾和问题。总之，90 年代我们既面临严峻的挑战，也有许多好的机遇，能不能抓住机遇，做好工作，迎接挑战，克服困难，"直接关系到我国社会主义制度的兴衰成败，关系到中华民族的前途和命运"。

（2）未来的十年是我们党提出的建设有中国特色的社会主义道路经受各种风浪考验的重要历史时期。近两年来，国际范围内的阶级斗争形势发生了重大变化，西方帝国主义把这种形势看作他们的"机遇"，正在加紧推行和平演变的战略，帝国主义的预言家们把"不战而胜"定在 1999 年，声称"社会主义在 90 年代将从地球上消失"。这就告诉我们，在未来的十年中，渗透与反渗透、颠覆与反颠覆、和平演变与反和平演变的斗争，将是十分复杂的，有时很可能是十分激烈的。所以，我们能不能始终一贯地坚持党的基本路线，彻底挫败西方帝国主义的"和平演变"阴谋，是"非常关键的"。

（3）中央明确提出，未来的十年关键是要把我们国内的事情办好，并要求集中精力，重点抓好经济工作这个中心。这不愧是高瞻远瞩的明智之举、关键之举。经济是基础，只有经济发展了，社会才能更加稳定，人民生活才能日益改善，其他各项事业的发展，才有雄厚的物质基础；只有经济发展了，社会主义制度才能巩固和发展，振兴中华和统一祖国大业才能早日实现；只有经济发展了，才能富国安邦，民族强盛；只有经济发展了，综合国力增强了，我国才会在国际事务和世界和平事业中发挥更大的作用。

因此，实现国民生产总值翻两番和人民生活由温饱达到小康，是这个非常关键的时期的必成指标，是非达到不可的。

（4）未来的十年我们的经济改革也进入了一个非常关键的时期。七中全会公报指出，实现第二步战略目标的基本要求之一，是初步建立适应以公有制为基础的社会主义有计划商品经济发展的、计划经济与市场调节相结合的经济体制和运行机制，是关系有中国特色的社会主义能否真正在中国大地上最终站住脚的关键问题。前十年的改革开放，为建立这种新的体制和机制创造了比较好的条件，取得了一定的进展；后十年的改革，任务更为艰巨。无论是对前一阶段各方面单项改革的配套、衔接，还是进行价格体制、分配体制、劳动人事体制等深层次的改革，都涉及上上下下、方方面面的利益调整，都会牵动整个经济生活、政治生活和社会生活的全局。

总之，在未来的十年里，我们的奋斗目标是宏伟的，任务是艰巨的，既面临严峻的挑战，也有难得的机遇，困难和希望并存。重要的是，我们要抓住有利时机，调动一切积极因素，专心致志地做好工作，首先把经济搞上去。一切工作都服从于、服务于经济这个中心。

中国共产党领导的统一战线和人民政协这一重要的组织，在这方面具有特殊功能，有着其他战线不可取代的作用。即充分发挥人民政协的优势，认真履行政治协商、民主监督的职能，围绕十年规划和“八五”计划的实施积极开展工作。人民政协在十一届三中全会以来，高举爱国主义和社会主义旗帜，不断巩固和扩大两个范围的广泛联盟，协调各党派之间的关系，协调各种社会力量与群体的利益、要求，加强团结，统一行动，为社会主义现代化建设和改革开放的顺利进行已经做了大量工作。在今后的十年中，爱国统一战线和人民政协，仍肩负着协调、团结的重要政治使命。我们相信，各级政协、各民主党派、人民团体和各界人士一定不负所望，在新的征途上继续发扬人民政协和统一战线的好传统，贯彻落实中共中央《建议》，力促政治协商、民主监督的经常化、制度化，充分发扬社会主义民主，健全社会主义法制，为实现祖国和平统一和我们共同的战略目标发挥更大的作用。

深入学习和领会邓小平南方谈话的意义与精神实质[①]（摘要）

学习笔记一

解放思想不能一劳永逸

在社会主义现代化建设的关键时刻，邓小平同志的南方谈话针对性很强，对我们在改革开放的实践中已经和可能遇到的一些问题或难题都做了很具体、很明确的回答，并对今后如何办也做了十分恳切的指点，是指导全党全国各项事业及工作的纲领性文件，具有十分重要的现实意义和深远的历史意义。正如江泽民同志强调学习小平同志重要谈话的意义时所指出的："最近，我重新翻阅了十多年来小平同志的一系列重要谈话和文章，包括尚未公开发表的同外国来宾的重要谈话。通过学习，对于小平同志的革命胆略、远见卓识和实事求是、勇于创新精神，对于他在新的历史条件下对马列主义、毛泽东思想的新发展和对科学社会主义理论的新贡献，有了更深切的认识。"乔石同志最近在中共中央党校学员毕业典礼上讲话，指出学习小平同志谈话的重要意义时说："小平同志的重要谈话，不仅对指导我们当前各方面的工作，而且对指导我国今后加快沿着有中国特色社会主义道路胜利前进，都有着极其深远的意义和重要作用。小平同志谈话在全党和全国引起如此巨大的反响，振奋了亿万人民的精神，解放了亿万人的思想，变成了亿万开拓创新、加快改革开放、加速经济发展的实际行动，它的意义和作用是难以估量的。"我们按上述认识去理解小平同志的重要谈话，其认识上和理解上的差距是不言而喻的；

① 本文发表于《镇江学刊》1992 年第 5 期。

同时，我又感觉到，解放思想不会一劳永逸。对“左”的东西，我们大多数同志是不赞成的，问题是在一定的气候条件下是否顶得住。因为“左”的惯性影响常常顽固地滞留在人们的意识里，继续束缚着人们的手脚。为了有效地将它消除，我们的各级领导干部特别是县以上的各级领导骨干，就要进一步学习和领会小平同志的思想实质，真正地把它吃透，把小平同志这次谈话及十一届三中全会以来的讲话系统地学一学，对深入、全面、正确地学习和理解好小平同志南方谈话的精神实质是大有好处的。

社会主义本质是解放生产力

通过深入学习小平同志的南方谈话，对于革命的目的与任务是什么，特别是在取得政权较长时间以后，根本任务是什么，我们从认识上比过去更明白了，理解更完整、全面了。一段时期内，“左”的思想占主导地位，对马克思主义理论的学习与认识蒙上了一层“左”的色彩，甚至有扭曲、变形和荒谬之处。我自己就有切身体会，我最初读马列，是在40年代末期学习“社会发展史”与《共产党宣言》时，当时给我的印象是，劳动者创造世界，但似乎不包括脑力劳动者，以后连续不断的政治风云使阶级斗争理论上升到严重脱离国情的高度。“文革”中我也受到冲击，说我是走资本主义道路的“当权派”，想来想去想不通，思想上的困惑、内心的痛苦、理论上的扭曲、实践上的糊涂交织在一起。究其原因，对革命的目的与任务到底是什么，没有也不可能从理论与实践的结合上真正弄清、弄懂，对马克思主义的科学原理的理解，也往往停留在形式上。

邓小平同志说，革命是解放生产力，改革也是解放生产力，可见我们革命的根本目的与任务是解放生产力、发展生产力；阶级斗争也好，无产阶级专政也好，都是为解放生产力、发展生产力服务的，是革命的手段与方法，并不是根本任务与目的。它始终是围绕革命的目的与任务的变化而变换的，并不是固定不变的。无产阶级在没有掌握政权以前，以阶级斗争为纲，阶级斗争年年讲、月月讲、天天讲是必要的；那么在无产阶级夺取政权很长时间之后仍然如此坚持，则是荒谬的了。“文革”的沉痛教训就是这样，我国的经济一度到了崩溃的边缘。直至十一届三中全会以后，我党实现工作重点的转移，标志着中华人民共和国进入一个新的历史时期，坚持以经济建设为中心，坚持四项基本原则，坚持改革开放，走出了一条建设有中国特色社会主义的路子，经济建设和各项事业都取得巨大成就，人民的物质、文化生活水平普遍提高，是中华人民共和国成立以来得到实惠最多的时期。实践证明党的基本路线是完全正确的。

小平同志的南方谈话中强调，社会主义的本质是解放生产力，发展生产力，消灭剥削，消灭两极分化，最终达到共同富裕。他多年来强调社会主义的根本任务是发展生产力，要消灭贫困、落后，实现共同富裕。这次又把生产力的问题讲得更完全。革命是解放生产力，改革也是解放生产力，小平同志把社会主义条件下，还必须通过改革解放生产力，提到社会主义本质特征的高度，这是非常深刻的，有重要的理论意义和现实意义。为此，他强调关键是坚定不移地长期坚持十一届三中全会以来的路线和方针、政策，坚持一个中心、两个基本点，在这个问题上绝不能有丝毫的犹豫、动摇。

我们要充分认识到，解放和发展生产力，是我们党领导人民建设社会主义的根本任务，也是我们社会主义的本质特征所在，我们要牢牢记住这个根本任务与本质特征就是一个中心、两个基本点。邓小平同志还告诫我们，要不断发展社会生产力，不断增强社会主义综合国力，不断提高人民生活水平。这就是从现在起，到 20 世纪末，我们必须利用一切有利条件，紧紧把握机遇，不失时机地加快改革开放的步伐，努力把经济建设搞上去，胜利实现第二步战略目标，并为我国在 21 世纪中叶进入中等发达国家的行列打好基础。

要顺利实现分三步走的战略目标，我们必须依靠全国各族人民的共同奋斗。党中央寄希望于广大的工人、农民、知识分子，也寄希望于爱国统一战线。党中央要求各级政协，都要根据自身特点，发挥优势，更好地团结全国各族人民，团结各民主党派、无党派爱国人士，调动一切积极因素，全力协助、支持各级党委和政府的工作，努力为加快改革开放步伐和经济的发展，为实现我国发展的战略部署，不断做出新的贡献。

学习笔记二

右是要警惕的，但当前主要是防“左”

可以说，邓小平同志这句话概括了我们建党以来的一条重要的经验教训，也把当前国内政治思想上的主要倾向，或者说值得注意的和要防止的主要问题很尖锐地提了出来，这是非常不容易的。

为什么邓小平同志在讲到警惕右时，特别指出主要是防止“左”呢？因为“左”是一种顽症，在各种历史条件下，都有重新泛滥的可能。我们长期批右，批得人们害怕犯右的错误，认为“左”是认识问题，右是立场问题，宁“左”勿右。当前“左”的东西仍有一定市场，不容忽视。主要表现为：或停留在过去对马克思主义的某些原则、某些本本的教条式理解上，或停留在过去对社会主义的一些不科学的甚至完全扭曲了的认识上，或停留在改革开放前那些超越社会主义初级阶段的不正确的思想和政策上，而不是用马克思主义的立场、观点、方法分析变化了的实际，因此，不容易接受改革开放的正确政策，甚至怀疑和否定改革开放，认为改革开放是走向资本主义道路，把改革开放说成是引进和发展资本主义，认为和平演变的主要危险来自经济领域，以此来影响乃至冲击经济建设为中心。有人还这样概括：三资企业是和平演变的温床，乡镇企业是不正之风的风源，农村联产承包责任制是集体经济瓦解的根源，这就从根本上否定了改革开放以来最基本、最实质的东西，是典型的“左”的表现。

由此可见，“左”和否定四项基本原则、搞资产阶级自由化的右，对建设社会主义现代化的事业所造成的危害可谓“殊途同归”，它们都会葬送社会主义，其根源都是主观唯心主义。我认为对“左”或右这一共性的认识，是我们学习邓小平同志南方谈话时的一个注意点。

要学会借鉴利用资本主义社会的先进技术、设备和管理经验

马克思主义从来认为，社会主义应该继承迄今为止人类社会的一切文明成果，包括资本主义社会先进的科学技术和科学的管理方法等。邓小平同志这次更深刻、更系统地从人类的文明成果及创造人类文明成果的是谁，以及社会主义应建立在什么基础之上的理论高度说明白了这一马列主义观点。

在过去长时期内，我们在对待资本主义问题上，往往只看到或更多地看到社会主义同资本主义对立、斗争的一面，而很少看到社会主义同资本主义还有可以学习、借鉴、合作、利用的一面。对于对立和斗争的一面，我们当然要看到，而且应认识到只要两种社会制度还同时存在，它们的对立和斗争

就不会消失，社会主义国家的执政党和参政党及人民就要保持应有的警惕性；但在看到对立和斗争一面的同时，也要充分看到可以学习、借鉴、合作、利用的一面。只看到前一面，而看不到后一面，就陷入了认识上的片面性，就会使我们的事业受到影响和损失。其实，20 世纪 50 年代中期我们在对资产阶级改造、限制、利用方面，也有过成功的经验，问题在于后来又被“左”的思想路线占了上风，使我们吃了像“文革”这样的苦头。实际上，资本主义国家或其他不同社会制度的国家，也同样无例外地吸取世界各国先进的对本国有用的经验来发展、建设自己的国家。如东南亚一些国家，对于中国的儒家学说与伦理哲学是十分重视的；西方对我国古代的“四大发明”的借鉴与利用，对“孙子兵法”军事科学的研究利用，都说明了人类的文明、科学成果，是没有国界的，不能因社会制度的差异而拒之以门外，正因为我们清朝政府数百年的闭关自守，我国在近代史上陷入了被动挨打的局面。

衡量姓“资”姓“社”的三条客观性标准

邓小平同志从政治经济学的理论高度提出判断姓“资”姓“社”的三条标准：是否有利于发展社会主义的生产力；是否有利于增强社会主义国家的综合国力；是否有利于人民生活水平的提高，都是以社会主义和人民为前提的，也就是说以四项基本原则为前提的，这不仅是对中华人民共和国成立以来的经验教训的客观总结，也是对国际经验的深刻总结。

邓小平同志深刻指出，近期内只要不打第三次世界大战，我们就集中全力把经济搞上去；真正打到中国头上来了，我们就全力以赴，抗击敌人，战胜敌人，但是打完仗以后，我们回过头来还是要集中精力搞经济建设。邓小平同志意味深长地说，“即使没有新的主意也可以，就是不要变，不要使人们感到政策变了。有了这一条，中国就大有希望。”邓小平同志为什么说到如此程度呢？归根到底，在我们的干部队伍中，特别是高级干部中存在“左”的思想，“左”的问题不是抽象的，也不光是历史上存在，当前的现实工作中也有，它是现实的、具体的。“左”的问题确实值得注意，相当顽固，一有机会就要冒。要知道现在出来的“左”与十一届三中全会以来党的基本路线方针、政策是对立的，跟建设有中国特色的社会主义道路是对立的。当然右也是有的，对右一定要警惕，要防止，右是同坚持四项基本原则相对立，集中起来讲就是反党、反社会主义，它比较容易识别。“左”就不同了，它有革命的、马克思主义的外衣，使人感觉到它是革命的，好像比别人更革命、更正确，引经据典一大堆，容易迷惑人，有欺骗性、蒙蔽性，而且特别顽固，具有历史根源，所以比较难解决。邓小平同志讲了三条标准以后，我们就有了思想理论武器，就更容易区别“左”和右的问题的出现，就容易识别姓“资”姓“社”的问题了。

学习笔记三

抓住机遇，发展自己

邓小平同志在南方谈话中强调要抓住机遇，发展自己。关键是要发展经济，绝不要丧失现在的好机会。

对这个问题的认识也并不是一致的，包括我自己的认识就是这样：当国际上一时间东欧剧变、苏联解体，多国部队对伊拉克战争的胜利，似乎对我们国家经济建设与发展形成相当不利的局面。担心从此开始西方力量主要对付我们中国了……总之，综观当前国际国内的形势，只看到我们面对着严峻的挑战的一面，而忽视发展机遇同在的一面，认为对我们加快改革开放步伐，加快经济发展来说，机遇与条件似乎很不利；但邓小平同志强调要抓住机遇，发展自己，加快改革开放的步伐，绝不要丧失现在的好机会。想当初我是与之完全相反的认识，这真如航海迷雾中拨正航向一样，光明就在前头，在于自己抓住它、争取它，如果丧失了机会，就会被历史的巨浪抛到后面，那将会后悔莫及，将会犯历史性的错误。

现在我们来冷静地观察分析一下世界形势。世界正处于新旧格局交替的过程中，虽然霸权主义和强权政治依然存在，和平与发展问题并未得到解决，但仍然可以争取一个较长时间的和平环境。东欧、苏联演变以后，西方大国面临许多棘手问题，既要应付东欧和独联体的危机，又要应付西方内部的新的政治矛盾和经济摩擦，因此，短时间内他们难于把攻击的矛头集中对准我国。对他们搞和平演变，我们固然要保持警惕，但总的来说，目前国际上对我们的障碍还不算多，我们可灵活利用的回旋余地还是大的。其次，世界新技术革命的进程正在加快，许多国家和地区正在进行产业和产品结构的调整、重新组合与升级，亚太地区经济发展出现良好势头；再次，我国尽力搞好周边外交及支持第三世界争取民族独立的斗争和反对种族主义的正义斗争、生存权利的斗争，使第三世界的国家和人民认识到中国是他们真正的朋友；最后，我们对西方国家在和平共处五项原则基础上又采取灵活的斗争策略，进行有礼有节的斗争；对东欧、独联体国家以和平共处五项原则作为国家关系的准则，经济上以平等互利的原则进行经济贸易与技术合作。这些都为我们扩大对外开放，加快经济发展和国际经济、技术合作，提供了有利时机。

就国内来说，一是十多年来改革开放的经济建设取得的巨大成就，大大增强了我国的经济实力；二是三年多治理整顿和深化改革，为加快改革开放和经济建设进一步创造了良好环境；三是1989年以后，国家更稳定，社会更安定。党的基本路线更加深入人心，改革开放已成为不可逆转的历史趋势，广大干部和群众在建设和改革中，积累了许多成功的经验。这次邓小平同志的南方谈话进一步鼓舞了全党、全国人民，各个方面的积极性空前高涨。因此，只要我们紧紧抓住和充分利用这些有利条件和良好机遇，完全可以把经济建设和改革开放搞得更快更好。如果我们放过了这种有利时机，没有新的发展和新的作为，那就会犯历史性的错误。

正确认识和把握经济发展速度

对于如何加快发展自己，邓小平同志强调指出，要靠科学和教育发展经济，靠科学才有希望。他指出，要力争隔几年上一个台阶，在某个阶段抓住时机，加速搞几年，发现问题，及时加以治理，然后再继续前进。他又说：在现代化建设过程中，出现若干个发展速度比较快、效益比较好的阶段，是必要的，也是可能办到的，要有这个雄心壮志。我们这个发展中的大国，经济发展快一点，不可能那么平平稳稳、稳稳当当。他是将经济效益与发展速度一起讲的，他认为，不存在不切实际的速度问题，要加快经济建设，必须有一个积极发展的速度；慢了不行，停顿不前更不行，否则便“逆水行舟，不进则退”。邓小平同志认为，如果总是以6%的速度，就会影响第二步目标的实现，而且会给第三步战略目标的实现造成更大的困难。这应引起我们足够的重视。过去在人们的观念中总有这样一种看法，认为经济发展不能有过高的速度，增长10%的速度很快，达到15%就太快了，超过15%就是经济过热。广东从1978年至1991年的经济发展速度，平均12.4%，近年来已超过

20%，并未出现混乱和不稳定现象。再则，如果只有6%～8%的速度，怎么能使一部分地区先富起来呢？中国这么大，自然条件、生产水平、科技教育、经济基础等方面有天地之别，所以这种传统观念的比例速度并不符合客观实际。对发展速度，应从整个经济的良性循环去认识，假如经济发展处于良性循环状态，资金投进去，生产出来的产品能很快销出去，资金迅速回笼，再投入生产，完成了这样的循环，速度再高一点也没有危险；资金投进去，产品销不出去，资金不能及时回笼，即使是5%的速度也是有风险的。所以，不能用一个绝对数字来约束我们生产发展的速度，束缚我们的手脚。我们苏南地区大多数县、市发展速度都在15%以上，它们也没有发生过危险。1985年至1988年期间，镇江乡镇工业年平均递增41%，在全省处在领先地位，当时与苏、锡、常的发展距离缩小了也没有产生什么危险；相反，最近三年我们乡镇企业的发展速度降低了，我们与苏、锡、常的距离又相对地拉大了，这应该说是不利的征兆。再如今年上半年1—5月，全国工业平均增长18%，利税增长14.8%；江苏1—5月工业增29.8%，高于全国近10个百分点。据全国经济专家分析，还是在我们主客观经济条件许可范围内的速度，并没有发生经济过热的情况，我国经济运行由平稳阶段转入较快发展阶段是符合经济发展周期性规律的。而就我们镇江的经济总量只占全省的5%～6%，根本用不着担心经济发展过热的问题；相反，与邻近市、县相比，显得速度太慢了，因此而感到不安、有压力。市委、市政府有鉴于这样的情况，向全市人民明确提出：要抓住有利时机，不断解放思想，走高起点、超常规、跳跃式发展的新路子。“八五”期间的主攻方向是，大力发展工业，多办、办好三资企业，加快城市建设，力争全市产值、销售、效益三年翻一番。总的要求是，团结奋进，顽强崛起，以港兴市，以外促内，“三业”齐上，实现小康。号召各行各业、方方面面，大家一条心，一股劲，为争取我市改革开放和经济建设的新突破尽心竭力，多做贡献。为此，我们希望全体政协委员发扬过去“知情出力办实事、肝胆相照共荣辱”的光荣传统，发扬1991年为灾区人民献爱心、齐心协力抗洪救灾的精神，进一步形成“参政多务实、议政多分忧”的共识，充分运用人民政协与海内外联系面较广、科技人才较多的优势，为镇江经济发展引进项目、资金和科技人才献计献策，出力流汗，为我市经济的崛起做出更大的贡献。

政协工作与解放思想[①]

政协工作自觉地服从和服务于经济建设这个中心，我认为要从以下五个方面克服旧的思想障碍，进一步解放思想。

一要从“政协要不要干实事”的疑惑中解放出来。

无论从党的统战工作产生、发展的历史，还是从新时期人民政协的地位、作用和面临的任务等方面来认识，答案都是不容置疑的：政协工作同样要真抓实干，不能只说不干，也不是干干歇歇。近年来，我市政协受市委、市政府委托，直接参与承担了华东制罐总厂、工人文化宫、宁镇公路、金山寺大雄宝殿等工程建设组织实施工作。1991 年，市委、市政府决定建立的“历史文化名城规划建设专家咨询组”，实际上就是要求政协从干实事中去更好地发挥基本职能的作用，更好地调动“智囊团”和“人才库”的潜在优势，更好地把委员的能量释放出来。整治古运河工程中，许多新老政协委员都愿为此出力并因此而自豪。有的政协委员、政协机关干部直接参与组织实施的具体工作，受到各方面的赞誉，政协工作的基本职能落到了实处。

二要从“无所作为”的精神状态中解放出来。

邓小平同志早就指出，政协工作大有可为。我们要清除“左”的思想对统战工作的影响，改变视政协工作为“可有可无”“软件”和“摆设”，只讲待遇而不愿多吃苦、多做贡献的错误观念；也要改变对政协这一职务的荣誉是要的，但不想也不愿多做政协的实际工作，不愿为政协争取荣誉的精神状态。特别是在现代化建设和改革开放的新的历史条件下，政协工作如何注意充实协商监督的内容，加强中共同各党派、团体和各界人士在政协的真诚合

① 本文发表于《江苏政协》1992 年。

作，是一个新的课题，我们应该总结经验，肯定那些经过实践检验行之有效的好做法，并逐步做到制度化。

三要从某些方面相互监督不足、肝胆相照不够的局限中解放出来。

在坚持共产党领导的多党合作这一基本政治制度实践中，不断加强相互合作共事的政治基础和思想基础，真正做到相互监督，肝胆相照，亲密无间，改变对人对事只讲情面、顾虑重重、相互放宽尺度、得过且过等状态。从党和人民事业的大局出发，真正做到荣辱与共，这是非常不容易的。做政协统战工作的共产党员领导同志，更要细心、虚心、设身处地去体察和调查这方面的情况，率先坦诚相见，以诚取信。

四要从坐等人家邀请、联系的被动状态下解放出来。

要发挥政协联系面广和人才库的两大优势，主动上门联系，为促进经济发展牵线搭桥，出谋划策。政协各专门委员会都要结合本职工作，与党和政府的有关部门保持密切联系，从“要人家联系我”的被动状态变为“我要联系人家”的主动状态，还要与有关基层单位长期挂钩，了解信息，提供服务，以第一手资料和信息更好地为加快经济建设献计出力，为改革开放保驾护航。

五要从“小统战”的狭隘观念中解放出来。

政协要和各统战部门、各民主党派、工商联等人民团体，互相支持配合，形成“大统战”态势，发挥更大的整体力量。政协是最广泛的统一战线组织，必须树立大统战的观念。如何更好地发挥政协的作用，是我们政治体制改革过程中需要积极探索和解决的一个重要课题。

把认真地学与实在地干相结合

——兼论人民政协坚持为人民干实事的认识与实践①

学习贯彻十五大精神，首先必须认认真真地学。要下功夫认真研读江泽民同志的报告，全面准确地领会精神实质，牢牢地把握这次大会的主题，明确这次大会提出的奋斗纲领、目标、任务和方针政策，增强高举邓小平理论伟大旗帜和坚持党的基本路线不动摇的坚定性、自觉性。

学习和贯彻十五大精神，还必须实实在在地干。要紧密联系本地区、本部门的工作与思想实际，多做艰苦踏实的工作，认真解决好当前经济和社会生活中的突出矛盾与问题，切实把改革开放和现代化建设事业向前推进。

要实现十五大确定的各项任务，坚定不移地高举伟大旗帜，卓有成效地推进伟大事业，需要我们从各个方面做好工作。人民政协、统一战线自然不能例外，应义不容辞地学习好、贯彻落实好这一跨世纪事业的伟大宣言和行动纲领所赋予我们的任务。党的十五大报告中也明确地向人民政协、统一战线工作指出了方向，这说明共产党不仅过去和今天承认把统一战线工作作为“法宝”，而且在跨世纪的伟大纲领确定的事业中，人民政协、统战工作仍然处于“法宝”的地位，为政协工作提供了新的机遇，展示了良好的前景。我们从事这项工作的人，岂能见“宝”不识“宝”或识“宝”而不用好“宝”呢？一定要努力为用好“宝”不懈奋斗，一定更好地发扬“法宝”的优势与优良传统，要使“法宝”在实现新世纪伟业中发挥出更好、更大的作用。

李瑞环主席指出，政协要尽职而不越位，帮忙而不添乱，切实而不表面，这是对政协如何履行职能、开展好工作的全面概括和原则要求。多年来，我

① 本文收录于1998年4月《江苏省政协第三次研讨会论文集》。

们在尽职、帮忙、切实上下功夫，在求实、务实、讲究实效上花力气，做了大量实实在在的看得见、摸得着的工作。

我们认为人民政协在履行职能中，应该包括干实事，而且要干好实事，这是我们两届政协工作实践的经验总结。在新的历史时期，人民政协进入一个新的发展阶段，不仅加强了政治协商、民主监督的制度建设，而且在坚持以经济建设为中心，为社会主义两个文明建设服务，促进祖国统一方面做了大量富有成效的工作，使政协的作用得到进一步发挥。但有些工作，如协调关系、化解矛盾、咨询服务、分忧解难、智力扶贫、培养人才、拾遗补缺、在党委和政府委托下为社会办实事等，这些工作中，有很多是难以用政治协商、民主监督的职能加以概括的，而归入“参政议政”职能比较恰当。所以，把“参政议政”作为政协职能的延伸与拓展是非常必要和十分重要的。可以说，这是新时期人民政协履行职能中探索总结出来的新鲜经验之一；也由此可以得出结论，为人民干实事，是参政议政的一个重要组成部分。老一辈无产阶级革命家乌兰夫同志在1983年2月26日全国各省、自治区、直辖市政协秘书长座谈会讲话中指出：“改革问题是与搞四化建设、实现翻两番的目标联系在一起的，各行各业、各部门都要改革，政协是否也要改革？恐怕也要改革……如何在宪法和政协章程有关规定的范围内搞好政协改革工作，这个题目很值得探讨。具体怎么做，这要在工作过程中摸索，要总结经验。”他又说：“我有两句话：只要对国家有利，只要对人民有利，就要放手去干，政协有这么多的知识分子，发挥他们的优势和作用，对国家有利，对人民有利。”正如李瑞环主席所说：“政协的工作同其他工作一样，也要随着改革开放事业的发展和社会主义市场经济体制的建立，在各方面有所创新、有所发展。”因此，履行政协职能，也要全面贯彻改革开放的精神。

把人民政协干实事与履行职能的关系理清楚之后，应该说关于这个问题的不同认识就解决了一大半，剩下的问题是要解决好想不想“干实事”、敢不敢“干实事”、会不会“干实事”的问题。我们所讲的人民政协干实事，主要是指在党委的领导下做实实在在、排忧解难的事情，也就是参与关心群众疾苦，实实在在地做他们所需帮助的事情，把实事办到党和政府所急、所想的合力上；是指群众所亟待解决而可以解决的问题，把实事办到人民的心坎上；而这些事，又是在党委领导下，政府支持下去直接参与办成的，这样可以使参政议政更加富有成效。如我市黄金市口的原中百二店拆迁后由于各种因素，一时间建不起来，群众议论纷纷，我们政协牵线搭桥，促成镇江与香港合资合作。从项目洽谈到受党委、政府委托直接参与领导这个工程建设就充分地说明了这一点（见《人民政协报》1996 年 12 月 10 日第四版《成如容易却艰辛》）。

我们从实践中认识到：首先，人民政协履行职能必须以全心全意为人民服务为宗旨，以党和政府的大局为重，以经济建设为中心，以党委、政府的支持为条件，以人民的拥护为基础，离开这些就不会履行好职能。也就是说，人民政协干实事中，加深同人民的血肉联系，加强同党委、政府的亲密合作，才能坚持党的宗旨、维护大局、服务经济、沟通感情、联系群众，从根本上履行好政协职能。其次，在干实事的过程中，人民政协与人民群众息息相关，与党政干部密切合作、频频交往，群众的喜怒哀乐，即社情民意，无不洞若观火，党风政风无不一目了然，使干实事的过程成为与党政干部融入共同政治基础的共识过程、与人民建立密切联系的过程，因而就能够产生高品位的意见、建议，成为党和政府的决策参考依据。这也使干实事成了履行政协职能的组成部分，也是服务党的基本路线的出发点与归宿。所以，履行政协职能与干实事两者不可分割，人为地或不自觉地加以分割，必然造成履行职能的削弱，一定要认识到，位置的超脱不应是置身事外的理由，干实事又不能脱离自身的职能位置，这两者是辩证的。我们在这个问题上，经常与李瑞环主席“尽职而不越位、帮忙而不添乱、切实而不表面”的原则要求作对照，使我们干实事更为心明眼亮。两届政协的实践经验告诉我们，在干实事中，还必须把握好以下几个方面：

第一，在政协工作的同志，特别是领导干部，首先要在思想观念、工作作风、工作方法上来一个大转变。解决这个问题很重要，如果身在政协工作，还是带着在党政岗位上任职的思想观念、工作作风和工作方法，去对待政协职能的履行和干实事，则是非碰壁不可的。必须以“甘当配角，拾遗补缺”的角色和位置出现；必须在没有实际人权、财权、物权的情况下，抓住自己履行职能的权力去干实事，要“把困难留给自己，把方便让给别人”，还要有甘为人梯的品格、百折不回的毅力、任劳任怨的耐力、忍辱负重的精神及与之相适应的领导艺术。这叫作找准位置、选好角度。必须记住不越位的尽职，才是党和人民需要的尽职。我们在这个问题上始终如一地坚持三点：一是主动争取党委领导。政协不能提“两头热”的要求，政协工作首先要“政协热”，“政协热”是不能附加条件的；主动去争取政府支持、配合，工作要做到使政协履行职能成为党和政府钢琴协奏曲上不可缺少的音符，这是我们工作的关键。二是积极组织组成单位和广大政协委员的参与，使政协联系面广和智力方面的优势逐步得到充分发挥。这才符合邓小平关于“人民政协是发扬人民民主、联系各方面人民群众的一个重要组织”的要求。三是从实际出发，实事求是、扬长避短、有所选择。既然是选择，就不是包打天下，更不是包揽一切。这就是选择群众迫切需要解决，党委、政府想解决或致力于解决但尚需帮助的问题去分忧解难。

第二，讲究实效，乐于奉献。政协干实事的目的完全是“为民造福，为党委、政府分忧解难”。但是，纯正的目的不等于自然而然地产生良好的效果，只有把革命热情同科学态度结合起来，才会“帮忙不添乱”。在现实情况中，帮忙反添乱的事时有发生。为了避免这种情况，我们的做法有三：一是吃透上情，做到与党和政府工作需求与政策要求合拍；二是摸清下情，做到与实际情况和群众关注的热点、难点、焦点相一致；三是掌握和了解党委、政府的意图，做到肝胆相照、同舟共济、齐心合力。

第三，求真务实，艰苦奋斗。干实事是吃苦的事情，是难事，要把实事干好，更难。问题在于善于总结经验，不断提高自己敢于和善于干的思想水平和工作能力。

十年来，我们在市委重视、市政府支持、各部门配合、政协主动的情况下，在重点工程的施工建设方面，如华东制罐总厂工程、工人文化宫工程、青年宫工程、宁镇公路工程、塔山路工程、古运河整治工程，芙蓉楼及其他景点改造工程的建设；在精神文明建设方面，从以爱国主义为中心的重大题材图书出版，到反映鸦片战争、激发爱国主义热情的电视连续剧《京江祭》（获全国“骏马奖”）和《大将军赵声》的放映等；从群众的上学、住房、就业、就医难等热点和难点问题的关注，直至配合政府部门共同努力解决，我们都与各民主党派、人民团体及地方知名人士一道，倾注了辛劳和汗水。所以，镇江市市长周大平曾要求政府部门要像沙漠吸水一样认真研究和吸取采纳政协的意见、建议。中共镇江市委书记方之焯在全市政协工作会议上说：

“政协始终是镇江经济和社会发展的重要领导力量，市委、市政府的一切重要工作，都离不开政协的积极参与和主动配合。”他还进一步阐释：“可以这样说，市委、市政府的许多重大决策都集中了广大政协委员的聪明才智；许多重大的工程项目、中外合资项目，都渗透着广大政协工作者的辛勤汗水。”当市委满意、政府满意、群众满意的时候，我们体会到了履行政协职能的一条崭新的道路已在拓展、在延伸。

我们干实事的经验概括起来就是四句话：维护大局的事情主动干，服务经济的事情积极干，为民造福的事情努力干，为党政分忧解难的事情争取干。这样，我们上下左右都感到在人民政协岗位上思想充实、心里踏实、腰杆硬实。中共镇江市委和市政府及人民群众都说我们政协在“举举手、拍拍手、握握手、招招手”的基础上加了一只手，即“动动手”。群众和委员这样评论市政协：在市里有位置，在电视里有形象，在广播里有声响，在社会上有影响，各界人士有难事找政协商量。我们深深体会到，有为才能有位，有位更应有为。人民政协必须在实干中深化和拓宽履行职能的认识，在奉献中塑造自己的形象，实现自我价值。这就是邓小平同志所说的“最广泛的爱国统一战线，前程远大，大有可为”的实质所在，这就是我们十年政协工作实践中坚持探索，开创政协工作的新局面的一点经验。我们为民办实事之所以能形成一大特色，除了政协主动，市委重视，政府支持，部门配合，各界、各方鼓励等因素外，还与政协有一个坚强有力、党内外团结合作、身体力行、务实创新的领导集体是分不开的。否则，即使有为民办实事的良好愿望，也终难成为现实。

文史笔存

在《桥梁专家茅以升》编辑工作会议开幕式上的讲话[①]

同志们：

第六届全国政协副主席、九三学社中央名誉主席、中国科协名誉主席、欧美同学会会长、著名桥梁专家、教育家、社会活动家茅以升同志走完了94年的光辉人生道路，于1989年11月12日在北京逝世，至今已快十个月了。今天我们在茅老的故乡召开茅以升纪念专辑编辑工作会议，并以此来纪念家乡先贤，这是十分有意义的，也是家乡人民所期望的。

现在让我代表家乡人民及到会同志对北京来的客人表示由衷的感谢和热烈欢迎！参加会议的除刚才的会议主持人、省政协常委、市政协副主席、市农工民主党主委姚敦本同志介绍的以外，还有省市新闻单位、科协、文化系统及其他有关单位的负责同志。现在让我代表这本书的主编单位——镇江市政协对所有到会者表示欢迎和感谢，并请各位赐教。

茅以升同志是江苏镇江人，他说："我为我是镇江人而自豪。"茅老思乡爱乡之情愈老愈浓烈，在他生命的最后几年里，曾两度亲临镇江，对故乡学子谆谆教诲，与家乡人民共度国庆佳节，为家乡多种出版物和古建筑题签、题字，弥留之际犹喃喃自语："快备车，我们回镇江……"作为茅老的家乡，镇江也为诞生、哺育了这样一位杰出人物感到光荣和欣慰。

为了弘扬中华民族的优良传统，展示炎黄子孙的聪明才智，激励广大群众尤其是青少年为振兴中华、建设镇江而勤奋学习和努力创业，为铭记、讴歌茅以升同志一生的业绩，我们得到全国政协主要领导同志的同意与支持，

---

① 本文发表于《镇江政协》1990年第5期。

也得到了茅老的子女及身边工作人员的大力协助，从今年三月起，着手编辑以了解茅老的同事、部属、学生、亲友为主要征集对象，以亲身经历、亲眼所见、亲耳所闻的“三亲”史料为特色的茅以升纪念专辑，现暂定书名为《桥梁专家茅以升——“三亲”史料纪念专辑》。经过半年的努力，编辑工作初告一段落。这次召开编辑工作会议主要是向关心、支持这本书征集、编辑、出版的各方面人员汇报半年来的工作情况；充分听取各方面（特别是茅老亲属、生前身边工作人员、出版单位）的意见，以便集思广益、博采众长，把《桥梁专家茅以升——“三亲”史料纪念专辑》编得更准确、更完善。

茅以升同志虽然离开了人世，但他的业绩、他的精神、他的品格给中华儿女特别是家乡人民留下了宝贵丰富的精神遗产，我们一定要编好、出好这本纪念专辑，将这笔精神财富传之于世并惠及子孙！

我的话讲完了。谢谢大家！

在松梅诗社雅聚时的讲话[①]

对于老同志在战争年代和在社会主义事业建设岁月的功绩，大家有目共睹，谁都不会怀疑，也不会否定；老同志自觉自愿地从工作岗位上退下来，满腔热情地支持德才兼备、年富力强的中青年干部走上领导岗位，这本来就对废除干部职务终身制的改革、实现新老交替和合作这一具有战略意义的决策做出了贡献。但是，老同志退下来以后又是以什么样的养老观对待自己的呢？这本小册子及其诗篇的内涵做出了响亮的回答！

养老观是人生观在晚年的表现，是晚年工作和生活的导向，因此，老同志多方面拾遗补缺，学习书画诗词，著书立传，培养和教育下一代，以自己的高风亮节垂范后人，应该为人们所理解、尊敬。大量的事实证明，我们的老同志虽然不在其位，但仍操富民强国之心，不是那样赋闲家居，也不是那样养尊处优。为什么？这是因为他们坚持以为共产主义事业奋斗终生作为自己养老观的核心，我们许多老同志所具有的高贵品质，是他们的独特经历所决定的。他们从小参加革命，革命队伍的长期熏陶，铸就了忠诚党的事业之心，冶炼了无私奉献的高尚之情。他们是从旧社会走过来的，经历了两个完全不同的时代，最懂得旧社会的苦难和新社会的幸福。在战争年代，战友在他们身旁倒下，艰难困苦他们已尝尽，他们最懂得创业的艰难，对共产党、共和国有特殊的感情，因此，他们热爱党和社会主义胜过自己的生命，不允许对毛主席的功绩有丝毫诋毁，犹如自己眼睛里容不了沙子一样。当伟大领袖毛泽东同志诞生100周年的日子来临之时，仍以深刻的缅怀之情去追随热谈。他们深深懂得毛泽东思想是科学，是值得我们这一代直至后人永远继承的法宝。

“莫道桑榆晚，为霞尚满天。”最后，希望松梅诗社的同志们为了祖国第二步战略目标的实现发挥应有的作用！

---

① 讲话发表于1993年6月13日。

《滂沱洗兵雨》序言[①]

1991 年夏季在我国历史和现实的备忘录中留下了新的记载——“两个罕见”，即这年夏季出现了百年罕见的洪涝灾害及随之而引发的历史罕见的党、政、军、民团结抗灾斗争的伟大壮举。这年夏季，镇江有 500 多个自然村被围困在洪水之中，有 308 千米江河堤坝险象环生、全面告急；在数月阴雨连绵与 6—7 月暴雨的冲刷浸渍下，历史上素具盛名的城市山林——镇江市内外山体 50 多处发生滑坡、塌方，一时间，危山、危石、危房，威胁着上千户居民家庭的生命财产安全，情况最严重的要数云台山和跑马山。这是镇江市与其他地区不同的特有的灾害。

话剧《滂沱洗兵雨》再现了当时云台山党、政、军、民共同“抗滑坡、夺全胜”的动人情景。艺术家以厚实饱满的笔墨和洗炼丰富的语言，向人们展现了一幅不久前发生于镇江市区域内的惊心动魄的抗洪抢险的壮丽画卷。这是一部不平常的剧作，它反映了当时凄雨浊浪、山崩土陷的危急情况下，人们同舟共济、生死相依，与灾害奋勇拼搏的悲壮气势和恢宏场面，其党群、军民之间的温馨之情永远值得我们回味。

市区云台山滑坡是威胁市民生命财产安危的大事，由于有中共镇江市委的坚强领导，事先科学分析、临战果断决策，及时动员和组织险区居民紧急撤离，从而使损失降到最低。当时形势十分严峻，犹如“黑云压城城欲摧”，因而住户撤离刻不容缓。市委、区委本着对人民生命财产高度负责的精神，通过强烈的思想政治工作，采取切实有力的措施，保证了居民在限定的时间内全部撤出，并且户户得到妥善安置，没有一人伤亡。灾后又迅速组织重建

① 本文作于 1992 年 3 月 21 日。

家园，使他们在春节前夕搬进了新居。人们普遍反映："真是新旧社会两重天啊！"

抗击自然灾害的斗争激励了人们的革命意志，锻炼了干部和群众。在这场斗争中首先奋起冲上前线的是中共党员，他们公而忘私、舍己为人，用实际行动实现了自己入党时的誓言，成为群众抗灾行动的"带头人"和"主心骨"。人民解放军、武警部队和公安干警不愧为人民子弟兵、共和国卫士、保卫祖国的钢铁长城，他们在抗洪斗争中发挥了巨大的作用，哪里有困难就往哪里去，表现出吃苦耐劳、连续作战、顽强拼搏的英雄本色，与政府和民众共同谱写了一曲响彻云霄的军政、军民团结抗灾的战歌；全社会都发扬了一方有难、八方支援、风雨同舟、战胜灾害的社会主义时代精神，充分显示出社会主义制度的无比优越性。人民群众从内心迸发出一个共同的强音："还是共产党好！社会主义好！人民解放军好！"中共江苏省委书记沈达人同志来灾区视察时说："还要加一条人民群众好！"的确，众志成城，人民群众是真正的英雄，是我们力量的源泉。在这次抗洪斗争中，有难众相助、有险共担肩的先进事例屡见不鲜，涌现出许多可歌可泣的人物事迹。《滂沱洗兵雨》正是其中的一个缩影。

同志们！我们取得了抗灾斗争的决定性胜利。抗灾斗争为我们凝聚了宝贵的精神财富：一方有难、八方支援；团结协作、顾全大局；不畏艰险、顽强拼搏；雷厉风行，敢于负责；艰苦奋斗、乐于奉献。这种"抗洪精神"是无价之宝，值得我们永久保持和不断发扬。它之所以高贵和重要，就在于它是在建设中国特色社会主义的历史条件下坚持四项基本原则，是坚持和发扬党的全心全意为人民服务的宗旨、党的密切联系群众的优良传统和作风的具体表现，也是我们的政治优势和特点。有了这种精神，我们就能在前进的道路上战胜任何困难，在改革开放中加快发展步伐，不断取得新的胜利。这也是我们编写这个剧本和演出这场戏的目的所在。

《为霞书画》前言[①]

正当纪念毛泽东在延安文艺座谈会上的讲话发表五十周年和《中共中央关于建立老干部退休制度的决定》颁发十周年、我市老年大学建立五周年的时候，《为霞书画》出版了。这是难能可贵的、具有历史性的、值得欣慰的纪念。

我曾记得《永不淡忘老同志的功勋》是《中国老年报》创刊社论的题目。这篇创刊社论满腔热情又实实在在地讲述了半个世纪以来，老同志们与党生死相依，顺境也好，逆境也好，始终维护党的领导，同党站在一起，为解放人民、造福人民奋战不息的精神。他们退出第一线以后，仍然遵照党的十一届三中全会所指引的航向，以适合自己的方式，继续为人民奉献。社论引用了南宋爱国名将文天祥的千古名句“镜里朱颜都变尽，只有丹心难灭”，来颂扬我们老同志忠于党、忠于人民的高尚情操。

许多老同志从火热的岗位上退下来，这是人生的一大转折，也有一些老同志有如大雁离群，产生失落感、寂寞感、自卑感。我们各级党组织和政府及所有从事老干部工作的部门与同志，充分认识建立干部退休制度的重大意义，自觉增强做好老干部工作的使命感、责任感、光荣感，帮助他们调节心理，使他们自觉地转变身份，消除“三感”，确立正确的养生观，写好人生最后一页的光荣历史。现在，展现在我们面前的《为霞书画》，就是这些部门与同志为老同志所做的精神服务的反映；是我市老年大学全体教职员工数年来的劳动成果；也是老同志们写好最后一页光荣历史的体现。我们还想通过这本《为霞书画》，向中共镇江市委、市政府及所有从事老干部工作的部门与同

① 本文作于1992年3月2—17日，作者时任镇江市老年大学名誉校长。

志，向所有老干部工作的热心支持者汇报我们老年大学的工作情况，恳切地希望得到党、政、军领导同志和同行们的批评赐教与监督帮助，务使我们在为老同志服务的实践中不断改进自己的工作，为中国特色的社会主义政治、经济、文化大厦添砖加瓦。

许多老同志选定书画作为老骥伏枥的生活补充，是因为书画是闪光于全球的中华文化瑰宝，是人类优秀文化传统的重要组成部分。每一个老同志都想继承它、发扬它，按照毛主席在延安文艺工作座谈会上的讲话精神，坚持继承与创新相结合，优良传统与时代发展紧密联系，使之古为今用，推陈出新。他们认识到，要使祖国书画艺术发扬光大，首先要老老实实、十分刻苦地学习历史传统。书画艺术并不神秘，但学到其中的优良传统并将其与现实融会贯通，也并非易事。因此，许多老同志数年来常常以大地作纸、树枝作笔，刻苦锻炼，两手都磨出了厚厚的老茧。他们夏季在家院里瓜架之下，不怕蚊叮虫咬，冬季在室内炉火之旁，废寝忘食，孜孜不倦，从不间断，真可谓："墨池笔冢砚磨穿，一艺功成费苦煎，尽有天才能应手，也无秘诀与仙传。"他们是这样说，也是这样做的。在这个领域内，他们从未感觉自己年老，他们深深懂得，书画艺术是人们的心境、功力、经验和艺术修养的综合反映，必须扎扎实实地常年坚持切磋、琢磨、苦练。若以这样的理解和认识去审视他们的作品，也许不是阳春白雪而胜似"阳春白雪"。

我不懂得书法、绘画艺术，但我有爱好之兴趣和自觉支持老干部工作的心愿，说了上述这些话，没有理由主张"版权所有"，大家完全可以批评指教。之所以这样说，目的是希望不断加强对老干部工作的领导，推进社会主义干部退休制度的日益完善，愿同大家以"莫道桑榆晚，为霞尚满天"的精神去努力而共勉之。

《艺海苦航录》序[①]

扬州评话，是用扬州方言讲说的一种曲艺样式，清乾隆年间就已盛行，数百年来，深受扬州、镇江等地群众喜闻乐见。

中国曲艺家协会副主席、扬州评话艺术大师王少堂（1889—1968）7岁学艺，9岁登台，12岁“过海”，17岁教场“打擂”，在从事扬州评话艺术实践的70多个春秋中，潜心悟经习道，磨炼技艺，融各方精华为己用，著就了由《武十回》《宋十回》《石十回》《卢十回》组成的500余万字的《水浒》评话，以其精湛技艺被广大听众誉为书台上的“活武松”。30年代，王少堂在上海滩即有“看戏要看梅兰芳，听书要听王少堂”的口碑，成为近现代扬州评话艺术的代表人物。

自王少堂之父王玉堂开始，王家已有四代人从事扬州评话演艺，并形成“王派《水浒》”的独特风格。以王少堂为代表的“王派《水浒》”，以其脍炙人口的代表书目和严格、科学的坐台等基本功，以其眼神的运用、情节的铺垫、人物的刻画、说讲的功力等方面表现的艺术特色赢得了广大听众的喜爱，成为扬州评话艺术中享有盛誉的一个流派，不但在国内影响较大，而且使美国、法国、日本、挪威等国的《水浒》研究学者产生了浓厚的兴趣。

“泰山不让土壤，故能成其大；河海不择细流，故能就其深。”“王派《水浒》”作为扬州评话的一个有造诣的艺术流派，其形成绝非偶然，探其缘由，除自身的因素外，还有以下四个因素：其一，较好地学习、继承了明末著名说书家柳敬亭的艺术精粹；其二，善于发现和研究本曲种中其他流派的长处，并将其消化吸收，融为一体；其三，善于探寻和借鉴戏剧、相声、武

① 本序作于1992年7月31日。

术等其他艺术门类中的精华，不是生搬硬套，而是结合自身特点，进行比较完美的嫁接；其四，善于和社会各阶层各行业的人们广交朋友，了解他们各具特点、各有规律的行规、行话、习俗、爱好、愿望及心态，并把这些进行艺术凝炼后，有机地糅合进话本之中。由于上述不懈的努力，“王派《水浒》”得以在百花齐放的扬州评话艺术众多流派中脱颖而出，并以其独特的艺术魅力推动了扬州评话的发展。

在中华人民共和国成立前的漫长岁月里，“王派《水浒》”的传人和广大艺人们一样，社会地位低下，横遭反动统治者、剥削阶级乃至黑社会恶势力的欺凌压迫，生活得不到保障，艺术发展艰难。中华人民共和国成立后，人民翻了身，当家做了国家的主人，王家说书人和所有文艺工作者一样，受到了党和国家的尊重，王少堂、王筱堂、王丽堂先后光荣地加入中国共产党，成为人民代表、政协委员，并在各级文化团体中担任要职。60 年代，党选派有关专家为王少堂先生录音整理了其传统保留书目并出版问世。80 年代起，王丽堂根据武、宋、石、卢四个十回演出本整理成书，并已公开出版两部。周恩来、陈云、陆定一、陈丕显、彭冲等党和国家领导人先后接见他们并给予热情关怀，社会主义制度为“王派《水浒》”的发展和提高提供了优越的条件和广阔的天地。

镇江与扬州一江之隔，同是国务院命名的历史文化名城。数千年来，镇、扬两地在政治、经济互助互补的同时，风俗民情水乳交融，文化类同源远流长。这些都为扬州评话在镇江的流行、发展提供了坚实的基础。古城镇江素为扬州评话最大的舞台，历代扬州评话艺术家纷至沓来，最盛时书场达 30 多家，有些街巷中，书场鳞次栉比，至今尚存地名“书场巷”即可见一斑，故历来有“扬州评话镇江说”的美谈。

1949 年以前长期在镇江演出、生活并在中华人民共和国成立后定居镇江的王筱堂先生为扬州评话艺术奉献了 60 多个春秋，长期任镇江市曲艺团团长，是“王派《水浒》”第三代传人，出于对“王派《水浒》”乃至对整个扬州评话艺术发展的使命感，他在古稀之年收集家族资料，回忆往事，口述了《艺海苦航录——扬州评话“王派〈水浒〉”回忆》书稿，并请镇江市政协给予帮助，编辑出版。镇江市政协欣然允诺，投入力量，历时两年，并经江苏省政协文史办审定，终于付梓。

《艺海苦航录——扬州评话“王派〈水浒〉”回忆》的出版，以第一手资料对“王派《水浒》”这一艺术流派的形成和发展做了总结，也为扬州评话乃至我国民族文化的历史史料库提供了一份可信的原始资料。同时，对于当前进一步改革开放、建设有中国特色的社会主义的形势下加强国情教育，加强爱国主义和社会主义教育，提供了一份生动、形象的参考教材。

在中国当代古建学人第三届“兰亭”叙谈会闭幕式上的讲话①

尊敬的组委会主任罗哲文先生、尊敬的组委会秘书长丹青先生，各位专家、学者，同志们、朋友们：

我受中共镇江市委、市人大、市政府、市政协的委托，在这里为参加第三届“兰亭”叙谈会的专家学者举行送别晚宴。回顾三天来的叙谈和相处，我感到非常高兴。一则因为在过去工作中我们曾得到过指教与帮助；二则我们都是受党和政府的委托主管或分管这方面工作，是工作与事业把我们联系在一起；三则这次如此多古建筑方面的学人聚会在镇江，对我市风景区的规划、建设、开发和管理经营方面给予了非常有益的指导和鞭策。因此，向你们表示衷心的谢意！

当今世界，规模庞大、人口众多已经不是城市现代化的标志，高楼大厦也不是当今城市现代化的标志，衡量城市现代化的重要标志是在为居民提供高质量的“硬环境”的同时，还能为居民提供高质量的“软环境”，使居民能过上文明、健康的生活，我们讲发展，无论是人的发展、经济的发展，还是社会的发展，从根本上来说，都离不开文化。文化是发展的摇篮，是发展的内在要素。现代化城市必须反映高层次的文化特色，反映美化、绿化、艺术化的社会环境。

《中共中央关于加强社会主义精神文明建设若干重要问题的决议》中提出的“公民素质的显著提高”“文化生活质量的显著提高”和“城市文明程度的显著提高”，主要内容都是社会文化环境的问题，通过这三个“显著提高”，

---

① 讲话发表于1997年6月11日。

才能“在全国范围形成物质文明建设和精神文明建设的协调发展的良好局面”。可见，“软环境”关系两个文明建设的重大问题。城市是政治、经济和文化中心，是人类活动的中心舞台，集中了人类的智慧和成就。城市的“聚集效应”，不仅表现在经济方面，而且表现在社会文化方面。高层次的社会文化氛围和良好的市民素质，不仅会为经济发展和社会全面进步创造重要条件，而且有巨大的辐射作用，会带动周围地区和农村的发展。

我们从《兰亭序》一文中也可领略这种感觉。《兰亭序》一文中说：“少长咸集、群贤毕至。”这是指聚会人士的素质，我们这次聚会也有相似之处。文中又讲：“此地有崇山峻岭，茂林修竹，又有清流激湍，映带左右，引以为流觞曲水，列坐其次；虽无丝竹管弦之盛……亦足以畅叙幽情。是日也，天朗气清，惠风和畅，仰观宇宙之大，俯察品类之盛。所以，游目骋怀，足以极视听之娱，信可乐也……”当然，那时没有工业污染，自然环境、人文景观、物产资源还是很丰富的。《兰亭序》本身就是文化瑰宝。因此，你们在镇江的聚会，虽是当今，但也会成为历史，在日益临近香港回归之时，在中共十五大召开前，第三届“兰亭”叙谈会在镇江召开，的确是第一、第二届会议所无可比拟的历史机遇，是一件值得记忆的事。

《国民经济和社会发展“九五”规划和2010年远景目标纲要》指出：“必须把社会全面发展放在重要战略地位，实现经济与社会相互协调和可持续发展。”十四届六中全会决议中提出“创建文明城市活动”，还提出一些具体要求，这些都是我们构筑城市“软环境”的重要指导思想。这次聚会就是要帮助、指导我们构筑城市“软环境”工程。我们将根据你们留下的宝贵意见，在实施我市“优美绿色环境”“创造高雅的社会文化环境和设施”“创建文明社区及卫生城市”“塑造城市特色工程”的过程中，予以逐步采纳实施，使你们的意见变为实践成果。

现在我们逐渐认识到，“硬环境”的建设是不易的，但“软环境”的建设比“硬环境”的建设更加复杂，任务更为艰巨。城市是文明的中心，也是多种矛盾的焦点。如果站在可持续发展的战略高度来处理城市问题，矛盾就会更多。因而更需要高素质的人，但不仅需要高素质的领导人和管理人员，还需要高素质的城市居民。所以，万变不离其宗，不断提高人的素质，提高人的政治思想素质和科学文化素质，促进人的全面发展，促进市民文化意识和文明程度的提高，确立文明、健康、科学的生活方式，是城市建设的一项根本的基础工程。我们将长期坚持在这方面多下功夫，使“硬环境”与“软环境”相适应和协调发展。

各位专家、学者在镇江的日子里，如果我们在接待上有欠缺之处，敬望海涵，我们的条件和其他兄弟城市相比，尚有不足，但我们的心是纯真的，情意是深厚的。最后，祝各位健康长寿，欢迎今后多来镇江指导！

我的讲话如有不对的地方，望各位给予指正。谢谢各位！

历史教训常铭记，爱国大旗擎万代

今年（指 1997 年）是侵华日军南京大屠杀 60 周年，也是镇江沦陷 60 周年。在镇江近代史上这一重要的历史纪念日，中共镇江市委党史办、市政协文史委、市关工委、《镇江日报》社、市革命历史博物馆、烈士陵园和地方志等单位共同在当年遭受日军飞机轰炸的镇江师范旧址召开纪念座谈会，回忆和控诉侵华日军暴行，悼念死难同胞，缅怀当年冒着生命危险撰写出版《镇江沦陷记》的张怿伯先生，交流开展用悲歌编织的不能忘却的历史。这是一次很有意义的活动，我想，今天这一活动本身也应该是镇江历史上一次重要的爱国主义教育活动，常留在镇江人民的记忆中。

众所周知，1937 年 12 月 13 日，日军攻破南京，侵华日军 5 个师团杀进南京，开始了长达 6 个星期的血腥大屠杀。被杀害的总人数达 30 万人以上。在日军占领后的一个月中，南京街巷积尸成垒，江河一片赤红，数万名妇女被强奸，成片房屋被烧毁，日军的暴行真是罄竹难书，遭到全世界人民的谴责。就在日军占领南京的前 5 天，即 60 年前的今天——12 月 8 日，日军先杀进了镇江，镇江沦陷。沦陷后的镇江早于南京成为人间地狱，日军在镇江疯狂地烧杀淫掠，城东、城西的房屋大部分被焚毁，许多妇女被奸杀，无数男女老幼惨死于日军屠刀之下，无数财物被抢掠一空。据不完全统计，镇江被杀民众万人以上，被烧房屋万间以上，被抢财物亿元以上，汪伪县政府曾在 1938 年 1 月至 3 月做过调查，当时原有近 15 万人口的镇江城区仅有 35418 人留在城内。历史永远记着，镇江所遭受的劫难是空前的，镇江屠城是南京大屠杀的前奏，所以南京、镇江的大屠杀规模之大，受害人数之多，持续时间之长，杀人手段之残酷为人类历史所罕见。张怿伯写下的《镇江沦陷记》，对日军暴行做了详细而真实的记载。这类文字在全国全省都不多见，十分珍贵。

张怿伯可算是中国镇江的“拉贝”。“12・8”应该是镇江人民永远不忘的民族蒙难日，“12・8”应该成为镇江人民世世代代进行不忘国耻、建设镇江、强我中华教育的纪念日。制止战争、保卫和平，这已经是中国、日本乃至全世界人民的共同心愿。历史是不能忘却的，尤其是在南京大屠杀 30 万同胞遇难，镇江 1 万余同胞遇难 60 周年祭奠日到来的时刻——12 月 8 日与即将到来的 12 月 13 日。千万千万不能忘却，正如列宁所说：“忘记历史就等于背叛。”

在举行镇江沦陷 60 周年纪念活动的时刻，我想以控诉侵华日军的民族激情和对死难者的悼念缅怀之情，讲几点认识。

一、了解历史，重温历史，抢救历史，充分运用本地历史教材进行爱国主义教育

这是我们的责任，也是我们的义务与权利。党中央《关于加强社会主义精神文明的决议》中，要求“运用重要纪念日、重大历史事件和重大社会活动”等，大力弘扬爱国主义精神。历史是一本生动的教科书。重要的历史纪念日是进行爱国主义教育的最佳时刻、最好教材。中国的近代史更应成为中国人民常读常新的爱国主义教材。镇江的历史上也留有许多重要的纪念日，蕴藏着丰富而生动的内容。但我们的年轻人对镇江近代史发生的重大事件并不了解，对镇江在近代史上蒙受的两次大劫难——1842 年 7 月 21 日（英国军队占领镇江）、1937 年 12 月 8 日（日本军队占领镇江）并不了解，这就需要我们充分利用一些重要的纪念日，开展这方面的教育，增强人们的爱国热忱，增强建设镇江、振兴中华的热忱。60 年过去了，当年 20 岁左右的亲历者，如今已是古稀老人，他们尽管侥幸逃脱了侵略者的刺刀、细菌和毒气，但最终也无法摆脱生老病死的自然规律，已有一部分大屠杀的见证人相继辞世，这些幸存的历史见证人要引起社会和我们教育工作者的关注，我们要运用各种方式和办法把这些历史证实下来，昭示后人，使其与“制止战争、保卫和平”的口号一同世代相传。

二、协同动作，相互配合，形式多种，常抓不懈，把爱国主义教育搞得更加生动活泼

爱国主义教育是全社会的一项重要工作。各部门、各地区要结合自身工作和本地情况，开动脑筋，组织开展活动，共同为爱国主义教育出力，特别是青少年集中的单位，要经常性地开展爱国主义教育，创造、积累爱国主义教育的经验。有的活动可以一个单位办，有的活动也可以几个单位联合办。今后，希望宣传、文史、教委、团委、关工委、工青妇、报社、广电等部门进一步团结协作，把我市爱国主义教育活动搞得更扎实有效。这次高专开展对亲身经历镇江沦陷的人和事进行调查、搜集资料是很有必要的，学校可以组织学生在附近范围开展调查活动，将宝贵的历史资料记录下来，教育后代。如果资料丰富，可以由地方志等部门集中编印，发挥更大作用。历史见证人饱含血泪的回忆震撼着后人的心灵，使寻访者对那些远离的历史有了更真切的体会，这就叫“前事不忘，后事之师”。这次南京市公证员协会接受侵华日军南京大屠杀纪念馆的申请，为南京市万名中学生寻访到的两千多名南京大屠杀受害者、幸存者和目击者办理公证。这也是一项历史教育的创举。为南京大屠杀幸存者办理公证，不仅可以永远教育我国人民，尤其是青少年一代，铭记中华民族被侵略、被屠杀、被奴役的屈辱历史，更重要的是向世人昭示侵华日军对南京进行大屠杀的历史事实、牢记落后就要挨打的道理，并且以此告慰遇难同胞的亡灵，也是为对日本军国主义的滔天罪行愤怒谴责留下法律依据。

三、逐年规划落实实施纲要，把爱国主义教育长期进行下去

爱国主义教育不是一时一年的事情，要贯穿社会主义现代化建设整个过程。市委有实施纲要，大家要按照纲要的要求认真实施，每年做好规划——上半年搞什么，下半年搞什么，活动要常搞常新，使全市爱国主义教育更有特色、更有成效，进一步推动社会主义精神文明建设。

同志们，我们今天举行纪念活动还有一个意义，就是要人们不忘历史，珍惜和平。中日两国人民是痛恨战争的，是友好的。但是，不能不看到，日本国内确有一小部分人，不仅无认罪悔过之心，反而千方百计歪曲历史，美

化侵略战争，肆无忌惮地为复活日本军国主义制造舆论。重温这一历史真相，可以永远牢记历史的惨痛教训，推动两国关系沿着正确的方向发展，可以教育人民承担起维护世界和平、反对侵略战争的历史责任。

同志们，60 年前的镇江在日军的铁蹄和屠刀下，成了火海废墟，60 年后的镇江则是高楼林立的崭新气象。我们要进一步高举爱国主义这面伟大旗帜，努力奋斗，建设镇江，将一个现代化的欣欣向荣的镇江带进 21 世纪。

最后，我以一首为镇江沦陷 60 周年创作的《镇江沦陷 60 周年感怀》结束我的讲话。

镇江沦陷六十载，腥风血雨怎忘怀？
历史教训常铭记，爱国大旗擎万代。

在各界人士观看影片《鸦片战争》座谈会上的讲话[①]

各位同志、各位朋友：

香港已经回归祖国的怀抱。7 月 1 日是中国政府恢复对香港行使主权的日子，是我们举国上下一洗百年耻辱的好日子，是中国人民扬眉吐气的日子，也是全世界瞩目的日子，是将永垂史册的日子。在这个好日子到来之后的第二天，市政协邀请大家来座谈《鸦片战争》的观后感，回顾香港问题的由来，重温前人浴血奋战的悲壮史实，对于我们认真总结历史经验，发扬爱国主义光荣传统，进一步加强各界人士的团结合作，巩固和发展新时期的爱国统一战线，促进镇江两个文明建设的发展和社会全面进步，是很重要，也很必要的。

“知耻近乎勇。”只有当一个民族真正强大起来时，才能有勇气对耻辱的历史进行反省。

香港地区被英国逐步侵占的过程，也是近代中国社会逐步沉沦的过程。鸦片战争使中国饱受耻辱，在香港回归祖国之际推出此片，尤其具有深刻的现实意义和历史意义。

因此，我希望大家认真组织好各民主党派、工商联和人民团体及各族各界人士观看此影片，接受历史的再教育。我们要以香港回归祖国的怀抱这一举世瞩目的历史性事件为契机，广泛开展爱国主义教育。

为获得白银来购买他们所需要的中国商品，扭转贸易逆差，英国的东印度公司开始了一项罪恶的贸易活动：大力向中国输出毒品——鸦片。英国对

---

① 讲话发表于 1997 年 7 月 2 日。

华鸦片贸易是由两部分组成的，一部分由东印度公司负责收购和制造，并批售给投机商人；另一部分由投机商人转交给所谓“港脚”的走私商人，由他们贩运来中国并进行销售。“港脚”商人是指来往于我国广州、印度、东南亚沿海的英国私人商船上做贸易的人。

鸦片贸易给鸦片贩卖者带来了巨额利润。以 1813 年为例，这一年每箱鸦片的成本是 237 卢比，其拍卖价格（包括印度的鸦片税在内）为每箱 2428 卢比，超过原来成本的 9 倍，两者差额为 2191 卢比。东印度公司约获得其中的 2/3。由此可见，鸦片贸易给英国殖民主义者带来了丰厚利润，这也就难怪当时英国政府为何如此急于打开中国市场了。

鸦片的大规模输入，给中国人民造成了极为深重的灾难。首先，吸食者日益增多，19 世纪初，吸食鸦片的一般是殷实富有之家，到了 19 世纪 30 年代，几乎各个阶层都有人染上这种恶习，沿海地区尤其严重。据估计，1836 年进口鸦片的数量可制成 3320 万盎司备供吸食的合剂，可以满足 1250 万吸食者需要。其次，鸦片的输入导致中国白银外流不断增多。据有关学者估算，19 世纪 30 年代每年中国耗在鸦片消费上的白银高达 1633 万多元；折合纹银为 1175 万多两；而 1830 年至 1838 年的 8 个年度，清政府的关税总收入才只有 1227 多万两。最后，鸦片摧残人们的身心健康，致使不少年富力强的劳动力变成无所事事的游民，甚至成为不法之徒，严重影响了社会生产和社会治安。正因为如此，鸦片贸易引起了清政府中林则徐、黄爵滋、王鼎等一些有识之士的忧虑，从而有了禁烟之举。

英国作为一个老牌殖民主义国家，在对外扩张的过程中，很早就图谋占据中国沿海岛屿，作为对华侵略的基地。1793 年，英国全权大使马戛尔尼到承德会见乾隆皇帝时，要求割占舟山附近的一个小岛，遭到断然拒绝。1830 年，47 名旅华英商向英国下议院呈交请愿书，要求“取得邻近中国沿海的一处岛屿”。

鸦片战争爆发后，英军于 1840 年 8 月打到天津白河口。道光皇帝派琦善到广东议和，并将林则徐革职。在谈判过程中，英方提出割让香港岛的要求，并突然发动进攻，于 1841 年 1 月 7 日占领位于珠江口的大角和沙角炮台，对琦善施加压力。琦善答应代英方请求皇帝将香港给他们“泊舟寄居”。谈判尚在进行，英军就于 1 月 25 日强行在香港岛登陆，后又发布文告，谎称已与琦善达成割让香港岛的协议。

1842 年 6 月，驻华全权使臣兼商务监督璞鼎查，指挥英军北上进犯长江。英军攻占上海后，采用了极端残酷的手段攻下长江、运河交汇处的重要城市镇江，占据了清朝的漕运枢纽。接着长驱西进，兵临南京城下。此时清政府已无力阻止英军的进攻。当双方还在长江沿岸交战时，道光皇帝就密令钦差大臣耆英、伊里布，按照璞鼎查提出的要求，与英方讨论议和问题。8 月 18 日，他下令说："香港准其赏借。""赏借"即割让。8 月 29 日，清政府被迫同英方签订中国近代史上第一个不平等条约——中英《南京条约》。该条约规定将香港岛割让给英国。这是英国侵占香港地区的第一步。

咸丰皇帝在位时，清朝政治更加腐败，内外交困。先是南方爆发太平天国起义，接着英法联军发动了第二次鸦片战争。1860 年 3 月 18 日，英军强行占领九龙半岛南端。3 月 21 日，英国驻广州领事巴夏礼强迫两广总督劳崇光将九龙（九龙半岛南端和昂船洲）租借给英国。同年 8 月，英法联军攻占大沽炮台，10 月，攻入北京安定门，并放火焚烧了世界名园圆明园。咸丰皇帝早已逃往热河，命令 28 岁的恭亲王奕䜣留在北京议和。1860 年 10 月 24 日，清政府被迫与英国签订中英《北京条约》，将九龙割让给英国。这是英国侵占香港地区的第二步。

19 世纪末，英国趁列强在中国瓜分势力范围之机，以法国借租广州湾为借口，再次扩展香港界址。

香港的回归有着艰难曲折的历程。150 多年来，中国人民从来没有放弃过对香港的主权，从来没有承认过帝国主义、殖民主义强加在我们身上的不平等条约，从来都把祖国这一领土的被强占视为民族耻辱，也从来都坚信香港一定会回到祖国的怀抱。但是，中华人民共和国成立前，收回香港只能是全民族的一个梦想。中华人民共和国成立后，中国政府一再表明将在适当时机通过谈判解决香港问题，但是由于国际国内条件不成熟，香港的回归未能提上日程。进入 20 世纪 80 年代，我国政治稳定、经济生机勃勃，邓小平同志顺应民族愿望，果断地做出了收回整个香港的决策。1982 年，他在会见英国首相撒切尔夫人时，坚定地宣布："1997 年中国将收回香港。"他严正指出，"中国和英国就是在这个前提下进行谈判，商讨解决香港问题的方式和办法"，中英双方如果根本谈不拢，"中国将重新考虑收回香港的时间和方式"。我们今天重温邓小平同志的这些话，深深为他崇高的爱国情怀、维护国家主权和尊严的坚定立场所感动。邓小平同志是一位坚定的爱国主义者，是坚定地维护我们国家利益的民族英雄。

江泽民总书记在邓小平同志追悼大会上致悼词时说："祖国的完全统一是全中华民族的共同心愿。用'一国两制'方式实现和平统一，是邓小平同志的伟大创造。"邓小平同志在总结我们党历史经验的基础上，为解决台湾和香港、澳门问题提出的"一国两制"构想，是他创立的建设有中国特色社会主义理论的重要组成部分，对解决国际上类似的历史遗留问题也有重要意义。按照邓小平同志的这一构想，我国的主体部分实行社会主义制度，香港、澳门、台湾实行资本主义制度，长期不变。邓小平同志指出，这完全是从实际出发，照顾到历史和现实情况，为了保持香港、澳门和台湾的繁荣与稳定，和平地、合情合理地在各方都能接受的情况下解决祖国统一问题。邓小平同志的这一构想，是运用辩证准物主义、历史唯物主义解决现实问题的典范。邓小平同志一再提到，这也是为世界上存在的许多争端找出路。因此，这不仅是他对中国统一大业做出的特殊贡献，也是他为世界解决历史遗留问题、维护局势的和平与稳定做出的重大战略思考，是一位热爱和平、深切关注人类命运的伟大政治家对人类做出的重要贡献。

二、牢牢地把握经济建设这个中心

腐败遭耻辱，落后被欺凌。这是历史带给我们的教训。因此，我们什么时候也不能忘记经济建设这个中心。从"以阶级斗争为纲"到"以经济建设为中心"，是邓小平同志领导我们在指导思想上实现的最根本的拨乱反正，是他在建设有中国特色社会主义的伟大实践中，对科学社会主义理论的新发展、新贡献。围绕经济建设这个中心，我们党形成了"一个中心、两个基本点"的指导思想；围绕这个中心，我们提出了衡量各项工作是非得失的"三个有利于"标准；围绕这个中心，我们制定了一系列正确的方针、政策、法规，使我们的社会主义改革开放和现代化建设事业在前进的道路上，避免了"左"、右两个方面的干扰，取得了举世瞩目的成就。也正是因为这些，邓小平才成为全业界公认的世纪伟人。

坚持以经济建设为中心，带给我们的是综合国力的增强，国际地位的提高，人民生活的富裕。它不仅使我们国家在20世纪80年代末、90年代初国际国内形势中经受了考验，而且使人们重新焕发了社会主义热情，对建设有中国特色社会主义事业的灿烂前途充满了信心。我们尝到了以经济建设为中心的甜头，也没有忘记“十年动乱”中空头政治冲击经济带给我们的苦头。我们更加不能忘记从鸦片战争开始使中国沦为半殖民半封建社会的可悲历史，有了正、反两方面的经验，在前进的道路上，不论遇到多少干扰、多少艰难和风险，我们都会坚定不移地坚持以经济建设为中心。即便发生大规模的外敌入侵，在可能的条件下，也还是要尽力搞建设；打完了仗，更要搞建设。

为了保证以经济建设为中心，必须坚持四项基本原则和改革开放这两个基本点。四项基本原则是立国之本，为经济建设和社会全面进步提供强有力的政治保证；改革开放是强国之路，为经济建设开辟着康庄大道。只要我们紧紧把握经济建设这个中心，谨慎地处理好各个方面的矛盾和关系，在建设有中国特色社会主义伟大事业中，我们就能不断取得更大的胜利！

三、求真务实，推进精神文明建设

在发展社会主义市场经济和对外开放条件下建设社会主义精神文明，是一项伟大而艰巨的历史使命。历史是一面镜子。鸦片大量输入中国的事实告诉我们，精神文明是何等重要，提高人们的素质是何等重要。在新的历史时期，我们能否搞好精神文明建设，关系我国跨世纪宏伟蓝图的全面实现，关系社会主义事业的兴旺发达。人民政协、各民主党派、工商联和人民团体及各族各界人士，应当一如既往地服从党的总目标、总任务，服从和服务于大局，把为精神文明建设服务当作自己的一项重大战略任务，找准位置，发挥优势，做出贡献。在社会主义精神文明建设中，我们应当做，也完全可以做好很多事情。例如，积极参与协商讨论，为精神文明建言献策；认真履行民主监督职责，为消除腐败现象贡献力量；努力做好本职工作，为精神文明建设谱写凯歌；主动参与“四有”教育，开展思想政治工作；充分发挥自身优势，尽心竭力为群众办实事；广泛开展联谊活动，促进中外文化思想交流。精神文明建设的每一项工作，对象与任务、手段和方式、困难和问题，都是实实在在的，容不得半点虚假和漂浮。任何形式主义、表面文章、一窝蜂、一阵热，对工作的健康发展都有害而无利。人民政协为精神文明建设服务，应当继续发扬脚踏实地、注重实效的良好作风，把目标定实、任务落实、工作做实，一桩一件，都要具体抓、抓具体，量力而行，循序渐进。

四、发挥优势，服务大局，维护稳定

团结、稳定、发展、振兴是中华儿女的共同愿望。我国正处于建立社会主义市场经济体制的深刻变革之中，会出现一些经济利益的摩擦、思想观念的碰撞，出现一些不公平、不合理的事情，出现一些消极、腐败的东西，我们的工作也会出现这样、那样的问题甚至失误。尽管这些是难以完全避免的，但是，它确实给一些人带来生活上的困难、心理上的失衡、情绪上的不顺。对此，绝不能忽视、回避、敷衍、推托。我们必须面对现实，负起责任，真心实意地关心群众疾苦，尽心竭力地解决各种问题，耐心细致地做好思想工作，这是保持团结稳定局面的重要基础。维护团结稳定，必须讲大局、讲历史责任感。从香港被占到香港回归，历经 150 余年。在中华人民共和国成立前的一个多世纪里，我们的民族蒙受了多少屈辱，遭受了多少苦难，令人痛心疾首；在中华人民共和国成立后的几十年中，我们的国家经历了多少曲折，付出了多少代价，真是刻骨铭心。为了把一个半殖民地半封建的旧中国变成独立自主的新中国，无数志士仁人前仆后继，浴血奋斗；为了找到一条符合中国国情的正确发展道路，我们的党和人民百折不挠，艰辛探索。今天的局面确实来之不易！我们这一代人正处在我国发展的重要时期，肩负着重大的历史责任。我们这一代人所处的也是历史发展过程中的一个阶段，也有一个上对祖先、下对子孙交代的问题。今天我们评价历史，将来历史也会评价我们。只要我们都想想这些，就完全应该同心同德，团结奋斗，共同创造更加美好的未来。

邓小平同志深深关注着祖国的统一事业，以极大的热情和精力为祖国的统一事业奋斗。他说："中国的统一是全中国人民的愿望"，"我们是要完成前人没有完成的统一事业"；"大陆同胞，台湾、香港、澳门的同胞，还有海外华侨，大家都是中华民族子孙。我们要共同奋斗，实现祖国统一和民族振兴"。邓小平同志为祖国统一事业做出的卓著贡献将永垂史册。

以江泽民同志为核心的党中央坚持邓小平建设有中国特色社会主义的

理论，在抓好经济建设增强综合国力的同时，按照“一国两制”方针，强有力地领导了香港的回归工作，排除了各种干扰，为香港实现平稳过渡和繁荣稳定做出了巨大贡献。我们相信，祖国统一事业在跨出这重要一步之后，我们一定能按照邓小平同志指引的方向妥善地解决台湾问题，实现祖国的完全统一，为中华民族的振兴开创新的契机，以告慰伟大的爱国者邓小平同志，告慰 1840 年以来为祖国统一、民族强盛而前赴后继的千万先烈。

《岁月沧桑古运河》序[①]

《岁月沧桑古运河》一书出版了，这是一桩值得欣慰的好事。这本书主要写的是古运河镇江段。一般意义上古运河镇江段可分为两部分：一是城区古运河，由谏壁三岔河经丹徒镇、新区、老城区入长江，全长16.7千米（老城区段约5千米）；二是大运河，北接长江，由谏壁三岔河入口，经丹徒，过丹阳，再入常州、无锡……

古运河是镇江人民的一笔宝贵历史遗产和现实财富，它本身也可谓历经沧桑，几度圮废。历史上运河曾带给镇江很多发展的便利条件，直接促成了古城昔日的辉煌。近百年来，由于种种因素，运河已不复旧时风采。改革开放后，随着社会经济的快速发展，至20世纪90年代初，整治古运河又提上了重要的议事日程，成立了专门的领导组织和整治机构。所以，镇江城区段古运河的整治，我本人是主要参与者之一，切身感受到镇江市民对这条城中母亲河的关注及参与的热情。大运河以交通功能见长，经过迄今数年的整治，镇江段运河面貌得到了很大改观。古运河则以风景文化取胜。自1992年始，经过10年的整治和建设，目前城区内古运河风光带已初具雏形，河道三弯九曲，直线顺直，曲线优美，绿化面积近20万平方米，沿河的河滨公园和宝塔山公园等一批景点也得以改造和扩建，古运河风光带初步具备了城市防洪、环保、休憩、游览等功能，而新实施的亮化工程和水上旅游开发也使得这条古河更展现出其独特的神韵和魅力。大运河镇江段的整治自1990年至1997年，已治理了40余千米的河道，交通功能和河道面貌得到了很大改善，受到了省和国家有关部门领导的充分肯定。

---

① 庐山主编:《岁月沧桑古运河》,北京:中国文史出版社,2002年。黄选能为该书作序,本文后发表于《时代学报》2003年3月3日。

由镇江市政协文史委和古运河管理处委托庐山主编的这本书，既收录了有关古运河历史沿革变迁、轶闻逸事和近年来综合治理情况的文章，也有文采斐然的抒情感怀佳作，其述往思来，不仅是对镇江文史资料的丰富，也是对运河文化内涵的挖掘，对于每一位关心和爱护古运河的人来说，其阅读价值自不待言。

第二部分（附录）

反响与回应

要干就干出个样来

——镇江市政协主席黄选能印象①

李　刚

从镇江火车站走出来，一条宽阔的柏油路映入眼帘。接站的友人告诉我："这条路叫中山路，我们镇江的'长安街'，是黄选能当年带领扩建的。"

刚到住处，跟着一串电话铃声。

"喂，明天金山江天禅寺佛像开光……什么？你要采访，找黄选能，没错！"一位同行的电话。

"又是黄选能。"我寻思着。

夜已深，住处地居闹市，街上依旧熙攘。

我禁不住镇江"三怪"（香醋摆不坏，肴肉不当菜，面锅里煮锅盖）的诱惑，溜达到附近的一家小酒馆，老板娘见来了外地人，便和我搭讪起来。

"你说黄选能？晓得，他当副市长时修了十几条马路呢。"甭小瞧这位老板娘，她还真知道些事呢！

回到住处，服务员告知，一位政协的同志来看过我。走进房间，茶几上有一便条：黄选能主席得知你来采访，嘱我通知你，明早 7 点 40 分在饭店等他，一起参加金山寺佛像开光仪式。

黄选能……黄选能……

入睡前，我极力想象着，来此不过半天的时间里，灌输在脑海里的名

① 本文原载于《人民政协报》1990 年 11 月 27 日。

字——黄选能，他是怎样一个人呢？

见到他的那一瞬，我得到最初的印象：个子高高的，不瘦，也没“发福”；双目炯炯，透着精神；浓密的黑发中夹带着几丝银发，看出岁月留下的痕迹；一身得体的中山装，衬出几分干练的神态。

眼前的他，是一个实干家的形象。

“请您谈谈自己的政绩吧。”最初的印象使我几次向他提出这个问题，但他要么摇摇头，要么摆摆手，总是微笑着回绝。难怪后来听说《镇江日报》的一位同行在黄选能家泡了两天，对此也收获甚少。

在镇江短短的两天中，有意无意地，从侧面，我听到、看到了关于黄选能的事。凭借印象，剪辑了一些片断。

片断之一

1990 年 10 月 6 日，记者在金山寺大雄宝殿佛像开光仪式现场。慈舟法师——镇江江天禅寺第 81 代方丈，看到焚毁 40 余年的大雄宝殿金碧辉煌地矗立在眼前，大佛慈眉慧目地安详地端居大殿中央。老方丈双手合十，在海内外僧众面前，称颂黄选能“功德无量”。何出此语？这要从五年前说起。

据说，毛主席他老人家在世之时，每每观看戏曲《白蛇传》，都要激动地落下泪来。故事的发源地——镇江金山寺，作为历史古迹，佛家圣地，40 多年前的一场大火使该寺大雄宝殿等数百间房屋顷刻化为灰烬。1949 年后，虽不断修缮，但大雄宝殿一直无力重建。1985 年的一天，镇江市的“父母官”们围坐在一起商议：重建大雄宝殿，既体现了党的宗教政策，又有利于国家，有益于镇江，为“官”一场，造福一方，干！

任务落在了时任副市长的黄选能肩上，作为重建领导小组组长，他拿出了自己的工作作风——要干就干出个样来。

施工现场狭小，游人如织，易出事故。

黄选能指挥若定，妥善安排交叉施工，做到施工、游览两不误。

资金紧张，需要大量的平价建材。

黄选能多方筹措，大量的平价钢材、木材、水泥送到了施工现场。

重建工作牵扯部门多，易出现矛盾。

黄选能现场办公，每两周开一次协调会，施工顺利，一路绿灯。

在重建大雄宝殿的日子里，他的肩上同时还有另外几个大工程的担子压着呢。

片断之二

1988 年，黄选能担任了镇江市政协主席。市领导知道他的脾气，希望他把未搞完的几个大工程干到底。

他二话不说，一边熟悉政协工作，一边又重操旧业。

金山大雄宝殿落成了。

华东制罐总厂投产了。

镇江工人文化宫竣工了。

沪宁公路镇江段验收合格了。

……

要干就干出个样子来，耳闻不如目睹，还是眼见为实呀！

我乘车由镇江到南京，正好走的是宁镇公路，有了这条路，用不了一个小时，就到南京了。司机恰好曾为黄选能开过车。路上，我们聊开了。“跟他一起工作，就不能计较八小时工作制，黄主席为宁镇公路的竣工，可吃苦了。三伏天，多热呀，他坚持每周两次到施工现场办公。今年 9 月份竣工了，验收一次合格。”司机显得有些激动。

“跟他一起工作，你不累吗？”我问。

“我认了。”他答。

片断之三

他有大刀阔斧的一面，更有细致入微的一面。参加焦山定慧寺佛像开光仪式后，接待部门请部分来宾吃斋饭，为照顾来宾中的老同志，接待的同志拿来了白酒，记者看到黄选能把管接待的同志叫到身边，严肃地说：“这是佛家之地，请把酒拿下去。”

片断之四

当了政协主席的黄选能，就任伊始就把政协的秀才们聚到一起，他认为历史的经验值得借鉴，在他的主持下，《镇江政协四十年》编辑成册。

“乡情，是一个多么美好而富有魅力的字眼。特别是镇江乡情，它使无数‘独在异乡为异客’的游子魂绕梦牵；更使无数‘乡音无改鬓毛衰’的赤子心驰神往。”黄选能在《镇江乡情》一书的前言中如此感叹，在海外游子中引起了强烈共鸣。

黄选能认为，海外联谊，镇江的历史文化是优势，为此，他又做了些什么呢?

不说他主持和支持编辑的《多景诗词选》《镇江名胜印痕》《镇江名胜诗词选》，也不说他如何帮助办好中泠印社、镇江诗词协会、老年书画协，就说说他如何为镇江的历史文化增添新内容吧——

片断之五

镇江，是我国著名的桥梁专家茅以升先生的故乡。黄选能走马上任后，意识到在镇江建立茅以升纪念馆和编辑《桥梁专家茅以升》的重要性。他带领一班人马，风风火火，北上首都。

黄选能来到王任重同志家，和这位全国政协领导恳谈。一拍即合，王任重支持出版《桥梁专家茅以升》和筹建纪念馆工作。

黄选能找到中国文史出版社，恳请他们帮助镇江市政协文史办编辑《桥梁专家茅以升》。看他那劲头，出版社领导拍板敲定：行。

黄选能手下这班人马又在京城四处奔波。很快，两卡车茅以升先生的遗物运抵镇江，保存在镇江博物馆。

后来听说，茅以升先生学习和工作过的杭州、西安有关部门和单位，也曾派人到北京收集先生的遗物，只可惜他们晚了一步。

一部《梦溪笔谈》记载了我国古代的许多科技成果。宋代学者沈括晚年在镇江修筑梦溪园，在园中写下此书。黄选能又闪现出一个念头：要在沈括著书之地建一座纪念馆。

还有中国现代大教育家马相伯，这位百岁老人毕生为中国的教育事业呼号。老人是镇江丹阳人。老人的教育思想应该作为文化遗产留给后人。一个计划又让黄选能又运筹在心，他要编一部《马相伯文集》。

记者写此文之前，听闻黄选能又带着一班“秀才”进京了，他们和中国文史出版社再次协商，争取1991年元月出版《桥梁专家茅以升》。

要干就干出个样来，看来黄选能又要大干一番了……

要干就干出个样来！

这就是我得到的黄选能印象。

镇江掠影[①]

5月中旬，我回到了故乡——江苏省镇江市，发现镇江正在建设中。

在镇江市侨办办公室主任陈畅达、副主任马骥良的带领下我们去了大港。

谏壁发电厂

自镇江市区到谏壁镇的公路上，便到了谏壁发电厂，外貌高大雄伟，是华东地区第一个百万千瓦发电量电站。

位于镇江东郊的大港，是长江下游新建的深水良港。1982年建设，1985年11月竣工投产，已建成万吨级深水泊位4个，当年3月21日才开港。第二期工程正在进行中。大港的特点是“江阔水深浪不大”，既是木材的中转站，又使玉米、细粮可以南北交流。煤自东北、秦皇岛运来，镇江谏壁发电厂每天烧煤一万吨。

江滨住宅区

第二天，镇江市副市长黄选能带领我，先到江滨新村住宅区观看：全新的五层楼房，在去年一年中建造了40多幢，还有商店、幼儿园、小学校等，共分三期建造。黄选能在镇江的绰号是“马路市长”，他主张“路要拓宽，围墙要新建”。去年一年，他主持建造了6条水泥路，最长的1300米，最短400米。

汽车经过镇江三号码头，黄选能说他要把这里的江边“搞成上海外滩那样”，在南边建设高楼大厦，在北边（江边）拆旧改造。

---

① 本文原载于《香港文汇报》1987年7月4日。

马路市长

黄选能，南通启东人，现年 55 岁，1981 年任镇江市副市长。汽车经过京畿路，黄选能说，1950 年他 18 岁时，曾坐黄包车经过这里，那时这里全是石子路。1985 年 5 月，镇江市批准了城市规划，他就开始为镇江市修街、造路。在去扬州的公路上，他说，路面有 20 米宽，路树是广玉兰和雪松。我们到了镇江渡口，一艘载满汽车的渡轮刚刚开出。自镇江过江到扬州，只要 18 分钟。

我问黄选能："大家称你为'马路市长'，你有什么感想?"

他说："'马路市长'是一种美称、一种荣誉，我做得不够，还赶不上。"

种树筑鱼塘

今年 4 月 1 日开始，镇江将中山东路（大市口以东）拓宽，全长 4000 米。黄选能的主要工作是负责镇江市由东到西的主要道路的大改造及建造自南至北的主干路解放路，计划于 1990 年完成。

黄选能特别强调要加强镇江市城市绿化，多种树木，多建鱼塘，他也是镇江市钓鱼协会的会长。

古运河畔

——镇江市政协参与市政工程建设纪实①

杨　格

由镇江市委书记钱永波任总指挥、市政协主席黄选能为常务副总指挥的整治古运河工程指挥部就设在市政协。

古运河，镇江市区段5.16千米，从平政桥至鼎石山，横跨着10座桥梁。昔日的古运河两岸是“舳舻转粟三千里，灯火临流十万家”。而近代以来，由于缺乏规划和管理，古运河成了“残堤枯木埋荒草，长年垃圾聚河床”的“龙须沟”。市人大代表、市政协委员对此一直呼声不绝。1992年，中共镇江市委、市政府顺应民心，开始了对古运河的整治。

原为镇江市分管市政工程副市长的黄选能，担任政协主席之后又挑起了这副重担。他亲自了解工程的情况，听取专家及有关部门的意见。那年3月连续下了20多天的大雨，使刚刚上马的古运河工程陷入困境。三处大面积滑坡致使一些地段出现险情，古运河岸边的第五中学的围墙也被土方压垮。一支抢险队伍出现了，冒雨站在现场指挥的就是黄选能，由他亲自出面组织交通、市政等部门的汽车，连续奋战了20多天才把积压的土方拖至低洼地带。黄选能看到最后的一车土方拉掉才放心地离开。没想到，过度的劳累却使他晕倒在回家的路上……

记者站在已经整治好的一段古运河岸边，沿堤的长廊“寄奴居”“万岁

① 本文原载于《上海联合时报》。

楼”“鹤林女神”雕像跃入眼中，日渐美丽的古运河将把镇江历史上的名人、名亭、名桥、名楼按历史顺序排列，集中展现在风光带上，以反映古城镇江悠久的风貌。

镇江市水利局马万顺副局长告诉记者，黄选能主席集中政协委员和各界人士的意见，最近又有了新思路，即把运河风光带的改造与房地产的开发结合起来，“以房带河，以河养河”，因此，他们又忙着筹建古运河综合开发总公司。

芙蓉楼是镇江的历史名楼，原为东晋时期京口守将王恭所建，因盛唐诗人王昌龄的诗“寒雨连江夜入吴，平明送客楚山孤。洛阳亲友如相问，一片冰心在玉壶”而蜚声中外。该楼几经兴废，终毁于道光、咸丰兵燹而楼址埋没，而内外人士屡有垂询，市委、市府决定重建芙蓉楼，黄选能主席又挑了重担。7 个月后，一座开创该市古典园林建筑史上奇迹的芙蓉楼耸立在金山寺的对面，原市园林局长胡其舫说：“黄主席是这个工程的强有力的协调者和坚强后盾。”

首家镇江与香港合资的重点工程镇江商业城正在大市口工地打桩兴建。这项工程的指挥是市长方之焯，常务副指挥就是黄选能主席，整个工程指挥部负责人中，政协有关人员就占了 5 名。今年 4 月 18 日，在该工程奠基仪式上，市长方之焯说，“镇江商业城”的合资兴建，是全国政协委员、香港香江国际集团董事长杨孙西先生和江苏省政协委员、镇江市政协常委香港盛迅企业有限公司总经理胡国祥先生等关心镇江、建设镇江、真诚合作的一个良好范例。

镇江市政协参与市政工程建设的例子还有很多。有人说这些都是黄主席原来分管市政的缘故。由于委员们的努力，市政协在镇江成为一个为民办实事的象征。

大有可为的十年

——两届市政协主席黄选能工作剪影

下班走出机关，一位年轻女子叫住了我，笑盈盈地说："我上班了！就在前面那家银行。真得好好感谢黄爷爷！"她小小年纪，却经历了太多的坎坷，在她濒于绝境时，黄主席帮助了她。

在黄选能同志身边工作，此类事见得太多了。

黄选能，1932 年 1 月生于启东，1948 年 8 月入伍，在苏北区党委和江苏省委机关工作 16 年后，历任县委副书记、书记，地委常委、副专员，镇江市副市长，1988 年 1 月起任镇江市政协主席。

政协是干什么的？黄选能到任之前便做了一番调查研究。有人说："到政协是休息的。"有人说："政协嘛，一个土牌子，一些老头子，没事找岔子。"选能同志不以为然，在以政协主席身份出席的第一次全委会上，他坦然地道出心声："我不是来休息的，我是来工作的！"

这句话被他每天的工作实绩所印证。

9 年之后，1996 年 2 月 13 日，在镇江市各界人士迎春座谈会上，他更完整地阐述了自己的思想："有人说，政协是四只手，举举手、拍拍手、握握手、招招手。我要把政协的四只手变成五只手。举举手、拍拍手、握握手、招招手固然也是政协工作的需要，但还要动动手，需要动手干实事，要为古城办好事，要为人民办实事，要为市委和市政府分忧、分挑一些担子！"

话音刚落，在场的来自全市各条战线的 162 位杰出代表立即报之以雷鸣般的掌声，这经久不息的掌声是对选能同志和他领导的市政协工作的认可。

1991 年夏，镇江发生百年未遇的洪涝灾害，损失惨重。市政协主动请战，在市委、市政府统一分工下，政协领导和委员有的亲临一线指挥，有的深入灾区视察慰问，有的带领医疗队到灾区防病治病，有的为灾区恢复生产、重建家园开展咨询服务，有的为赈灾义演编写剧本、组织演出，无不尽心尽力；市政协牵头组织赈灾义演七场，募捐人民币 68 万多元、粮票 3.8 万多斤，影响遍及全市城乡乃至海内外。

这些都是为巩固和发展安定团结的政治局面而开展的工作，选能同志以高度革命责任感将其摆在重要位置。

1990 年 11 月 27 日《人民政协报》在头版头条发表了记者李刚的署名文章《要干就干出个样来》，副标题是“镇江市政协主席黄选能印象”。文章从记者的街头采访展开，通过小饭店老板娘、招待所服务员、汽车驾驶员等市民的介绍，“一个实干家的形象”跃然纸上：当副市长时修了十几条马路；驰名中外的金山寺的大雄宝殿重建领导小组组长，因其劳苦功高在海内外数千僧众参加的开光仪式上被金山寺第 81 代方丈慈舟法师称颂“功德无量”；担任华东制罐总厂的工程总指挥、镇江工人文化宫的工程总指挥；质量要求很高的 312 国道镇江段竣工，验收一次合格，其中蕴含了工程总指挥黄选能的几多艰辛！

其实，选能同志为镇江人民办的实事、好事远不止这些。

不少海内外宾客对此感慨、赞许，选能同志笑道：“不是我本事大，是我的朋友多！”

选能同志广交朋友，远非今日。

在担任党政领导的漫长岁月中，他把为人民服务分解成既处理好宏观工作，又尽可能多地和基层干部乃至社员群众多接触、多谈心、多关心。他担任丹徒县委书记时为修建长山翻水工程一倾心血，现在这一工程为镇江南乡数万丘陵山区群众的旱涝保收做出了贡献，当年为工程熬过多少不眠之夜的选能同志，也同时交上了许多民工朋友，至今来往不辍。即使是在十年浩劫中受到不公正待遇时，选能同志仍然尽自己的努力关心和帮助周围的群众。前年我曾接待过一对来自句容山区的老夫妇，他们就是专程来看望当年的老友选能同志的。

到政协工作以后，选能同志从交朋友入手，把党的统战工作搞得有声有色，交友面更为广阔，有各界人士，有各民主党派的成员，仅政协委员而言，既有镇江市及所辖四县二区的委员，也有外市外省的委员，甚至有香港的政协委员。

选能同志交朋友，总是满腔热忱地给予关心爱护，尽其所能地帮助解决困难。若干年来，居民住房问题一直是个难题，在政协委员中也是如此。老委员杨方益89岁高龄，多年来住在南京的几个儿子家中，他为省市文史资料先后撰稿数十万字，腹中还有不少选题在酝酿之中，他需要回老家镇江，这里有他许多老友可以交谈，可以互相启发、核实史料，但是他在镇江的儿子家里住房太挤，他无法来住。选能同志得知事情后，立即找到其子系统的主要领导，商请设法解决，其后，他又经常提醒、敦促。今年春节刚过，杨老的儿子欢天喜地地来到市政协致谢："感谢黄主席，房子问题解决了！"目前，老当益壮的杨老正在向撰写文史稿件百万字奋进。扬州评话《王家水浒》的传人、国家一级演员王筱堂在黄主席帮他解决房子之后，70多岁高龄仍不断有新的艺术作品问世，还不远万里，去丹麦讲学，为弘扬历史文化名城镇江再做新贡献。经黄主席亲自帮助解决住房问题的政协委员究竟有多少，恐怕他自己也记不清了。然而帮助解决住房问题，还仅仅是选能同志关心同志的众多方面的一个方面。

"以心换心""投之以桃，报之以李"，受到选能同志关心和帮助的人反馈给社会的，是以他们各自的才智，为镇江的两个文明建设做出的贡献。1992年年初，位于镇江大市口的中百二店开始拆建，不久遇到中央宏观调控措施出台，黄金闹市的地皮晒太阳，社会各界群众怨言四起，有人提出要追究责任。选能同志主动出面，为市委市政府分忧解难，耐心进行宣传解释工作，说明对在一定政治气候下想办好事大事的人或组织，不能用消极的办法追究责任；进而提出，市政协要发挥政协优势，引进外资，全力以赴地参与中百二店的重建扩建工程。通过在香港的镇江市政协委员协助，引资进展很顺利。港方出于长期交往中对选能同志的了解和敬重，提出了引资的条件——要黄选能担任工程总指挥。资金基本落实后，被命名为镇江商业城的浩大工程开工了。担任工程常务副总指挥（总指挥为市委方书记）的选能同志请来建筑专家、民革镇江市副主委尤敦立共事，他处处尊重老尤，关心老尤，放手让老尤工作，两人配合默契，为高质量、高速度地建成商业城做出了各自的贡献。1996年5月1日，宏伟壮观的镇江商业城隆重开业时，大市口被涌来一睹其芳容的十多万市民围得水泄不通，导致交通一时阻断，海外客商褒赞频频，民主党派的同志称商业城的成功是多党合作的硕果！

选能同志为什么能在镇江办成功一件又一件大事、好事，首先是中共镇江市委的正确领导，其次是选能同志善于团结人、用人。中华人民共和国成立初期参加创建镇江民主党派的伏镇钧老先生曾语重心长地说：“选能同志总是把关心群众放在重要位置，所以他不管出现在哪里，都会形成一股凝聚力。”中国人民大学茅于美教授说：“黄主席身上有三气，即正气、才气、帅气。”镇江民主建国会的老顾问胡鲁潘先生一生耿介，他以一副对联送给选能同志：“如一条中山路，坦坦荡荡；似三处风景点，郁郁葱葱。”镇江的三处风景点是指中外闻名的金山、焦山、北固山，中山路是指横贯镇江市区东西的主干道中山东路、中山西路，这是选能同志领导修建的18条马路中最长的一条，也是难度最大、影响最大的一条。此联对选能同志的赞许，尤其是从一位民主党派老同志口中道出，可见选能同志的为人。

作为市政协主席，选能同志始终不忘，要尽最大努力，为市委、市政府分忧，尽职不越位，共唱一台戏。

病残弃儿、孤老问题是全世界共同的难题，不能由市政府全部包下来。镇江市政协从发扬社会主义制度优越性、发扬革命人道主义的角度，牵头发起“送温暖、献爱心、帮助病残弃儿回归社会”活动，收到全市单位、个人捐款9万多元。活动中，医务工作者免费施治，5名病残弃儿手术后恢复健康，同时还开展接“病残弃儿”回家过一天幸福的家庭生活的活动，效果很好。

在此基础上，市政协受市委、市政府委托，牵头组建了镇江市慈善基金会。根据市委、市政府主要领导意见而担任了会长的选能同志，白手起家，全凭为人民服务的真心实意，一家一家地上门拜访各大企业，共筹集基金280万元。目前，慈善基金会已为社会的稳定发挥了作用。

对于人民来信来访，虽然市政府有专门机构负责，但主动到政协来寻求帮助的人的也很多。选能同志认为，大量的来信来访既说明人民群众对政协的信任，也体现人民政协肩负着稳定社会的重任。除安排一名处级女干部负责信访日常工作外，选能同志坚持有信必阅，阅后必研究或批转市政协有关委办对口调查处理，或与市委、市政府有关单位共同处理。我每次随选能同志外出工作，总见他一上车就打开公文包，取出厚厚的一叠群众来信，一封一封地看，并随时写上处理意见。

丹徒镇青年小陈自幼酷爱美术书法，作品颇见功力，通过杂志上的交友栏目与湖北女青年小祝相识，很快由相爱到谈婚论嫁，然而祝家父母因小陈是无正式工作的农村青年而坚决反对，两青年多次出逃，以死抗争。小陈和小祝在走投无路时，给黄主席写了封求救信。

对此事法院认为没出人命不好管，妇联也只能说服调解，毫无结果。选能同志认为绝不能让这对颇有才气的青年重蹈当代的梁祝悲剧。为了社会安定，他从百忙中挤出时间过问了此事，通过与湖北、镇江两地人事等部门的反复沟通，悲剧终于变成了喜剧，已在镇江一家银行上班的小祝高兴地说："从黄爷爷身上，我看到了共产党干部真心实意为人民服务的感人精神!"

多年来，镇江政协的文史资料工作一直受到各个方面好评，应该说，这和黄主席的关心和扶持是分不开的。1989 年 11 月，祖籍镇江的全国政协副主席、桥梁专家茅以升逝世，文史委提出要抢时间，把茅以升资料征集到手。选能同志听到汇报后，意识到这是镇江精神文明建设的一件大事，立即指示选调得力人员，安排经费，投入工作。当第一批人员赴北京工作返镇后，黄主席召开主席会议，听取集体汇报，然后亲自带队，在一年多时间里，六上北京、二上南京，争取全国政协领导和省政协领导的支持。他们走访茅老的亲属、同事、部下、学生、朋友百余人次，把茅老遗物 800 多件运回镇江，征集有关茅老的资料 60 多万字。编辑出版《桥梁专家茅以升》一书的工作在选能同志领导下，紧张而有序地进行。先后两次召开有茅老子女、两任秘书及有关专家参加的编辑工作会议，经初编、精编、复编后定稿，并于 1991 年 1 月 5 日由中国文史出版社出版。同年 1 月 9 日，他又主持召开了纪念茅以升诞辰 95 周年暨《桥梁专家茅以升》首发式。镇江政协所做的工作得到了积极的反馈，茅老生前曾任校长或院长的北方交大、西南交大、东南大学、河海大学的现任校长们在会上明确表态，对镇江市为老校长茅以升所做的工作表示感激和钦佩，愿为镇江经济腾飞发挥作用，做出贡献。茅老曾任院长 30 年的中国铁道科学研究院现任院长在会上听选能同志介绍镇江市扬中县人民为改变长江中小岛的交通封闭状况，决心自力更生建造扬中长江大桥的情况后，当即在扬中县委书记的陪同下，驱车前往现场踏勘地形，为建桥有关问题提出了许多重要意见，会后很快派来由该院高级技术人员组成的大桥建设工程监理组，并在经济上给予支持，从而给文史搭台、经济唱戏开了个好头。

不久，茅以升教育工程基金会筹建，选能同志抓住契机进行延伸，以茅老家乡的身份参与该会领导工作，并通过争取增设了茅以升家乡工程奖和教育奖等奖项，为镇江工程技术人员和师生的更好成才创造了新的机遇。

经过多年努力，镇江政协已征集文史资料 760 万字，编辑出版 510 万字。在选能同志到政协以来就出版了《镇江乡情》《桥梁专家茅以升》《嫘祖传人》《艺海苦航录》《镇江宗教》（上、下册）等专辑 18 本、综合辑 4 本。

成果是人干出来的，为组织和造就镇江文史队伍，选能同志投入了许多心血。他强调要致力于优化小环境、调理小气候，让文史干部能定下心、蹲得住、干得好。优化小环境就要创造一个协调和谐的空间。领导对文史干部一要放心、放手，二要理解文史委（办）兼有行政机关和专业学术机构的双重特点，理解文史干部既是机关干部也是专业科研人员的特点。应允许并鼓励文史干部有一定的自学、进修、加强文史基本功训练如练字、阅读并研究各类资料、文章乃至练笔实践的时间安排；鼓励文史干部努力创造性地完成工作任务，尽快成为精通一个历史人物、一个历史事件、一个历史时期的专家；在入党、晋职、调资、分房、评选先进等问题上，实事求是地及时给予考虑。

对在职的文史干部是这样，对离退的文史工作者更应给予特殊关怀。镇江政协文史委有顾问 13 位，且大多是文史委的老主任和文史专家。伏镇钧老主任 80 诞辰时，选能同志动大手术刚出院，在家继续治疗，他特地把文史委的同志找去，叮嘱他们安排好伏老 80 华诞庆祝活动。几天后，“伏镇钧文史生涯五十年茶话会”隆重召开，一台高档收录机送到伏宅，为老人的生活增添乐趣，当晚在家的几位副主席还为伏老举办了晚餐会。坐在餐桌首席的伏老夫妇双双站起举杯，热泪盈眶地表示要继续为政协工作多做贡献。与会的市县区文史干部尤其是老顾问无不激动不已：重病之中的选能同志还在如此过细地关心文史干部！

此后，凡 80 岁的文史顾问都得到了这份殊荣。

和同年龄的人相比，选能同志的身体是比较好的，他年轻时勇挑重担的作风至今不改。但是，他毕竟已是 65 岁的人了。

穿城而过的京杭大运河历经沧桑，逐渐变成一条巨大的臭水沟，整治古运河成为全市人民急切的愿望。选能同志根据市委、市政府决定，担任古运河整治工程常务副总指挥后，在抓好政协工作的同时，日以继夜地忙碌在工地上，晴天一身灰和汗，雨天一身水和泥。

工程挖出的河泥要运出城区。选能同志考虑到白天运泥车队会影响正常交通，而且有碍市容，决定白天挖、晚上运。谁知就在他去省里开会期间，工程商重挖轻运，河泥越积越多，压垮了市第五中学的围墙220米，还危及南京军区通信楼的安全。选能同志从省里赶回后，面对严重塌方，他看在眼里，急在心头，但他没有批评有关人员，而是立即想方设法，调集大批卡车夜间突击抢运。抢运河泥的20多个夜晚，他每晚都在现场指挥到深夜，四五万方河泥终于被运走了，南京军区通信楼脱险了，五中的围墙修复了，时年58岁的选能同志身体也被拖垮了，长时期的过度劳累，使他的心脏承受不住了。一个繁忙的夜晚，他刚刚离开工地，就人事不知，晕倒在街头……

虽然绝大多数人报以感动和称赞，但也有个别风言风语。选能同志从病榻上站起来，什么也没说，又战斗在工地上。现在，经过两期工程整治，濒于死亡的古运河已恢复了青春，岸柳成行，清水畅流，为历史文化名城增添了美景。

去年春节，选能同志上午带队去慰问节日坚持生产的工厂职工，他一个车间一个车间地看望，一位工人一位工人地握手。当他在一个班组嘘寒问暖时，得知几个工人对厂领导有些看法，就马上请人把厂长找来，情真意切地说："共产党的干部从来不怕群众，和群众在一起，听听他们的心声，努力把问题解决好，就行了嘛！"

果然，工人见厂长来了，互相越谈越融洽。

接着他又赶到焦山索道，掏出香烟送给管理人员，向他们祝贺新年之余，关切地要他们千万注意为节日期间的旅客加强安全保障。

下午，他带着夫人和小孙子去焦山公园。"平时太忙，今天陪你们玩玩！"谁知道刚进焦山，夫人就找不到他了，原来他是去拜访茗山方丈，研究为焦山重建宝塔的有关问题了。

夫人发火了！小孙子不高兴了！

然而，镇江人民无不欣慰，他们为有这样一位实干的政协主席而高兴。

一曲风流歌

——记镇江市副市长黄选能①

宁 青 王娟容

1980年5月，市政府召开了城市总体规划讨论会：1982年9月，省建委组织了有关专家进行技术鉴定；1983年根据市管县体制行政区划分的调整，又对城市总体规划做了新的修改后，上报到省政府。

1984年12月初，黄选能率领由市建委主任孙国柱及规划处领导、工程技术人员组成的代表团，赴省里汇报镇江市城市总体规划。这对于刚抓城建工作不到半年的黄选能来说，是一副沉重的担子。代表团的同志们也为他捏了一把汗。汇报能否通过，关系镇江的命运和前途。黄选能为熟悉情况，整整用了一个星期的时间翻阅和思考所有规划材料。他深深地知道，规划技术人员花了整整十年的工夫，可谓“十年寒窗苦”啊！能否把这份规划的主要精神和问题的症结、要害向省规划委员会的专家们阐述清楚，得到他们的承认，真是非同小可的事。在到达南京的当天晚上，他一夜未合眼。他要向全镇江人民宣告，“不仅楼板响，人也下楼来了”；他要在省里来一个漂亮的亮相，首先赢得汇报的成功。

这里是宽敞明亮的省政府第二会议室；这里聚集了南大、南工等大专院校的专家教授和中科院南京地理研究所的研究员；这里在座的有副省长张绪武、省政府副秘书长许京安、省建委副主任梁浩群等有关领导同志。严肃的

① 本文原载于《中国市容报》1987年10月22日。

气氛、敏锐的头脑、挑剔的眼光，再加上汇报控制在两个小时左右的限制，使汇报人如同上了考场。

镇江打头炮，黄选能走上讲台，真诚而坦率地微笑着点点头，眼里闪烁着期待和自信的神情。像山间的泉水，像小溪流淌，他滔滔不绝地讲开了。他谈古论今，引经据典，深入浅出，联系城市的性质，把镇江的布局、规模和发展蓝图一起描绘出来。他不时用简练的语言叙述有关镇江古迹的传说、当今的新闻人物，言辞生动，娓娓动听，向人们展现出了一幅秀丽明媚又富于时代气息的画卷。更确切地说，他是在向省里领导和权威们，向全镇江人民展示出一颗赤子之心。

时间一分钟一分钟地过去了。台上，侃侃而谈，有声有色；台下，聚精会神，津津有味。上午整整 4 个小时过去了，会议主持人破例让黄市长下午继续汇报。整整用了 7 个小时。当黄选能讲完最后一句话时，会场上一片寂静，片刻之后，爆发出一阵热烈的掌声。省政府副秘书长许京安问规划处的同志："你们的副市长原来是哪里的？讲得很有水平。"

有的专家说："你们的市长熟悉镇江的过去和现状，讲得透彻，讲得流畅！"

也有的人交头接耳："是抓城市建设多年了吧？有经验。"事实上当时黄选能分管城建工作才 5 个多月！有谁能知道为了这 7 个小时的汇报，他熬过了多少不眠的夜晚！直到镇江总体规划的蓝图深深地印在了他的脑海里。

1985 年 5 月 27 日，省里正式批准了镇江市城市总体规划。镇江人民奔走相告，镇江有了蓝图，从此镇江振兴大有希望了。

紧接着，黄选能又在市委、市政府召开的汇报会上大力宣传了这个城市总体规划。紧接着，大市口通往中山桥的宽 40 米大道、通往焦山风景区的镇焦路全面竣工；紧接着，中山路建成无黑烟区，使京口天更蓝；东门广场绿岛工程完工；火车站广场象征镇江三山的雕塑和声控喷泉建成；临街旧平房和百年老屋以摧枯拉朽之势被拆除……在旧城的废墟上，贺家弄、永安路、观音桥巷、腰刀巷的住宅楼一幢幢拔地而起，一切都以惊人的速度进行着。

对于积压在人民心中的多年呼声和迫切愿望，仅仅带着一般的责任心去工作，是完成不好任务的。

——黄选能

镇江家底薄，市长难当，分管城市建设的副市长更难当，在“以粮为纲”的年代里，镇江地区把工作的重点和有限的资金投向了所辖的十个县。市政建设和住宅建设没有应有的地位。尽管地、市之间是一种领导和被领导关系，但实际上存在若即若离之现象。作为一个地辖市，镇江的经济待遇和地位与作为省辖市的苏、锡、常无法相比。即使1983年镇江上升为省辖市之后，各项待遇有所提高，但1985年镇江的城市维护费也只相当于常州市的1/3。在改革开放的形势下，镇江如不加快步伐搞好城市基础设施建设，势必影响经济的发展，那就意味着要落后。市委、市政府核心领导团结一致，在总体规划还未批下来时，镇江市的“四套”班子就开始了大市口至中山桥地段马路拓宽标准，市委书记孙秉谦同志果敢决定，中山路拓宽至40米，并提前动工。这给了黄选能无限的勇气和力量，他大刀阔斧地干开了。

黄选能深深懂得，他将遇到的拦路虎不是一只，而是一群。这是旧体制带来的弊病，长期吃大锅饭造成了一部分人懒散、官僚、惰性。部分领导随心所欲，上级的正确决策无法贯彻执行。施工单位提出拓宽大市口至中山桥这段长648米的道路需要1年零4个月。黄市长严肃地反驳道：“按你们进度，拓宽中山路工程要达6年时间，这不是80年代的速度！”

第二次汇报方案改为10个月。黄选能没有正面表态，而是一针见血地问：“这6个月是怎样压缩出来的？我相信科学，要说出道理。”

第三次汇报方案决定要7个月完成。黄市长没有再说什么。

困难重重啊！这些困难往往并非技术性的，而是人为造成的。多少年的封闭状态和小生产的经营方式，使人们工作起来缩手缩脚，畏葸不前。黄选能深深感到，必须和官僚作风、懒散、惰性做不懈的斗争。他开始从另一个侧面做工作，他动员交通局准备力量参加中山路拓宽工程；他向部队求援，他走家串户，武警支队、某军政治部主任、后勤部长家中都有他的身影，最后，硬是凭一颗建设镇江、造福子孙的决心，赢得了多方支持。他再次召集有关部门和施工单位的领导开会，郑重地宣布：“我以中心路拓宽工程总指挥的名义，要求你们4个月完成任务。”在场的人都吓了一跳，又压缩了3个月，这可不是1958年吹大牛、放空炮的时代，民房要一幢幢地拆，路要一锹锹地挖呀！

黄市长微微一笑，平静地说：“市政工程处，你们实事求是，限期4个月，能承担多少就承担多少，剩下的任务由解放军和交通局去完成。如果你们要创一创奇迹，全部自己干，我更欢迎！你们干好了，黄选能代表全市人民向你们鞠一躬！人民也会感谢你们的！”

真厉害，两手准备，软硬兼施。他绝不是搞阴谋诡计的政客，而是为了让千百万群众早日踏上平坦的通途；使用手段，仅仅是为了对付懒散惰性和落后意识。真诚的话语、果断的决策、犀利的言辞，使昏昏欲睡的责任感苏醒了，麻木的自尊心被震撼了。

工程开始了。黄选能和指挥部的其他同志日日夜夜地工作在工地上。两班开工，他班班到场。开夜工的第三天，黄市长听说工地因没有石子不打算开夜工了。他一身正气地冲到施工现场指挥面前，双眼似乎要喷出火焰，大声呵斥道：“今天你拖不到石子，我这个市长就撤你的职！”

好啊，黄选能！这是一个堂堂男子汉的阳刚之气，这是一位市长的气魄，这是一个真正的共产党人在行使神圣的权力！干事业怎能有丝毫软弱？这不是请客吃饭，无须文质彬彬，无须讲“人际关系”。当今不是有人扬言“有权不用，过期作废”吗？不是有人利用手中有限的权力，满足个人无限的私欲吗？可你，是在用神圣的权力与官僚作风、随心所欲和惰性做坚决斗争！人民欢迎你，需要你，感谢你！

当天晚上，石子迅速运来。

一个工作踏实勤恳的老筑路工发出疑问：工程进度这么快，下半年喝西北风吗？同志啊同志，你难道不懂“发展中求生存”的真理吗？镇江市政建设发展了，还愁没饭吃？

运工程垃圾，交警大队机械地执行规定，客观上形成“刁难”；供电局有时不供电，施工打桩，有关单位干涉，难啊！条块分割，各自为政。一驾驶员运工程垃圾时，因装得太满抛洒碎砖，交通警拖住他不准开车，要他扫掉马路上的碎砖。驾驶员一气之下，抛出了挡箭牌：“是黄市长叫我拖的，你叫黄市长来扫。”便把卡车停在大马路上拂袖而去。

听了汇报，黄市长一面安排环卫处做好马路清扫工作，一面连夜在京江饭店召集有关部门和分管领导开协调会，恳切希望各条口团结一致，为共建镇江出力。

他还亲自找来驾驶员，笑颜协商：“小伙子，白天不行夜里干，我和你在招待所租一个房间，夜里我叫醒你去开车，怎么样？”

驾驶员被深深感动了：“黄市长，我从心里佩服你，有你这句话，我能不豁出去干吗？”

“力拔山兮气盖世。”在市建委和城市改造指挥部的密切配合下，在全市人民的大力协助下，648 米的道路硬是如期建成了。

中山路的建设速度和建设者们的风貌，成为镇江人称誉的“中山路精神”。这是奋发图强的精神，也是开拓改革的精神。它极大地鼓舞着镇江人民的士气。其经济效益和社会效益，远远超过了这条路的本身，是无法用金钱来衡量的。

随后，经过一年零两个月的艰苦奋斗，中山西路在 1986 年 7 月 1 日也胜利通车，向党的生日献了一份厚礼。

今年 4 月，中山东路的拓宽工程又拉开了序幕。建设者们表示，一定要发扬“中山路精神”，争取 1988 年元旦通车，为振兴镇江再做贡献。

以正压邪，以礼对人，以诚取信，以干取胜。

——黄选能

也许有人会问，镇江不是底子穷吗？是的，但黄市长有一大法宝，就是坚持“人民城市人民建”的方针，不断推进体制改革。在他的宣传和推动下，目前镇江已有 9 个房屋开发公司，这些公司先向单位收工程预付款，后盖房。大大缓和了资金短缺的矛盾。具有现代化设施的江滨新村、桃园新村、花山湾、李家大山等住宅区都是这样建成的。

胜利永远属于强者，但强者的路从来就不是一帆风顺的。

镇江城市总体规划公布后，受到绝大多数人的拥护，但也有人出于本位观点或缺乏发展眼光，提出种种非难，把宏伟蓝图当成束缚。市交通局反对苏北路重建江滨公园；有人给省长写信，反对船厂搬迁；火车站搞抽象派三山喷泉，相当一部分人反对，认为花钱多、无意义；南山风景区大搞圈地风，开山采石炮声隆隆，禁而不止。规划局拍了几十张圈地照片交给市委书记孙秉谦。孙书记斩钉截铁地说：“南山再开炮，有一个抓一个，圈地围墙统统推倒！”

黄市长一马当先，不等上班就赶到南山，亲自指挥推墙，有的乡长站在本位立场企图对抗，黄市长声色俱厉、义正辞严地说：“不能再干愧对前人、遗患后代的事了。你们糟蹋镇江大好风景旅游资源，是对镇江的犯罪！你是共产党员，就得下级服从上级，在限期内把没有报批的圈地围墙统统推倒。”随着围墙一堵堵被推倒，各自为政、以权代法的势力被冲垮。为了精心雕琢南山这块天然璞玉，黄市长每星期都来一两次南郊。由于工作太多，往往他驱车赶到南山时，已经是下午五点多钟。他仔细过问工程进度、质量，甚至连墙壁粉刷等细节也不放过。

矛盾重重，困难重重。在中山西路拆迁的554户民房中，有一个难缠的“钉子”户。这家的女人刚巧要生孩子，黄市长就安排用汽车接送。可是男人依然胡搅蛮缠，就是不肯搬。于是，黄市长请市公安局长等人来到他家，采取法律手段终于强行拔掉了这个“钉子”户。“以正压邪，以干取胜，以诚取信”，这是黄市长对待人民内部矛盾的宗旨和座右铭。

来自上层，也同样有一股落后势力。他们对开放改革、高速度发展适应不了，惊呼：“镇江经济实力不够，市政建设速度可以放慢点了。”还有人说：“黄选能步子跨大了，要摔跤的！”

黄市长据理力争：“我相信科学，镇江三年来经济发展向前跨了三大步，市政建设也跨了三大步，是协调的同步发展，没有冒进。”

有人说：“80年代的市长必须具有大学学历。”于是，市委领导让黄市长去了中央党校市长学习班。在学习的5个月中，黄市长刻苦学习业务知识，挤时间写了6篇有关城市建设的学术性探讨文章，先后发表在《中国房地产》《中国城镇》《城市问题》《城乡建设》等全国性报刊上。

回镇江后，市级机关到处风传他将调至某学院任党委书记。按说调学院任党委书记是升官、加薪的好事，可是，黄选能愿把有限的时间献给镇江的市政建设。

就这样，他跨过了前进道路上的重重障碍，继续走自己的路。

三年来，繁忙的事务、精神的压力、过度的疲劳，每天十几个小时的连续工作，常常使他难以入眠。睡不着，他就起身挥毫练字，强迫自己镇静下来。今年6月的一个夜晚，他竟在家中晕倒在地，温柔贤淑的妻子孙慧看着他三年来新添的白发，心疼地说：“你太累了，休息一阵子吧！”

他深情地凝视着多年来同甘共苦的妻子，说：“这些年，让你一个人挑着家庭重担，真是问心有愧啊！”

有人说，强者的背后一定有个贤内助。是的，在黄选能身后，确实是有一个难得的贤内助。这个典型的东方女性，文静娴雅，体贴入微，具备中国知识分子的优秀品质，在外对自己的事业一丝不苟；在家她是贤妻良母。在丈夫被打成“5·16”分子关押在牢时，她曾郑重地向省委写信：“我以党性担保黄选能没有做任何有损于党的事。”多好的妻子、多好的伴侣，她理解丈夫，理解丈夫的事业。有什么能比理解更重要、更可贵呢？镇江的变化，人所瞩目；市长的业绩，有口皆碑。他赢得了镇江民心，1986 年 10 月，省委、省政府领导视察镇江时，高度赞扬镇江近三年来的经济发展和市政建设，可是，黄选能总是十分冷静地对待取得的成绩。在和大专院校学生们的对话中，他做了题为“镇江的过去，现在、未来”的发言，他真诚地说：“不排除过去领导中有庸人，但不能单纯地指责他们，主要是体制束缚了手脚，资金缺乏……”

他把取得的一切成就归功于体制改革，归功于市委、市政府的核心领导，这是多么博大的胸怀，多么宽广的胸襟！

为镇江人民呕心沥血，我心甘情愿！

——黄选能

80 年代的市长，不再是戏剧舞台上“一唱三叹踱方步”的官吏，黄市长来也匆匆、去也匆匆，一切都高速度、高效率。

他身兼多职，担任镇江 6 个重点工程的总指挥。一个炎热的夏日，上午他一连视察了三个工地，下午又驱车去参加茅山自然风景区开发会议，晚上又有外事接待任务。他像一架上足发条的机器，高速地旋转着、旋转着。

有人劝他：“你何苦这样忙？副市长已定，还要怎样？”

他微微一笑说：“定我当局长我也拼命干，我的动力来自人民。近三年来，每年春节，我都收到许多由市政府转给我的不相识的普通群众的感谢信。我们的民众多么朴实，多么善良，你只要为他们干一件实事，他们都会永远记在心上。为镇江人民呕心沥血，我心甘情愿。”十年浩劫中，他因倔强的性格，在牢狱里关了整整三年，牙齿被打掉三颗。当他担任副市长分管文教卫生工作时，一个青年女工因身份问题而不能报考电台记者，闯进他家诉苦，他语重心长地劝导她要相信党不会埋没人才。几年以后，这位青年女工成了小有名气的业余作者，并被推荐到某机关工作。然而留在黄市长身边的小儿子，却至今还在火车站行李房工作，尽管小儿子在书法、绘画、摄影等方面都颇有成就。近四年来，镇江建造民用住宅 109 万平方米，人均居住面积由 1983 年的 4.6 平方米上升到 1986 年的 6.2 平方米，可黄市长至今仍住在市政府行政处分的老楼里……他是启东人，却深深地热爱着镇江，眷念着镇江的每一寸土地。

“何处望神州？满眼风光北固楼。”为了镇江更美好的明天，他用自己的心血精心绘制着镇江未来的宏图。

离而不休　乐奉社会

——记镇江市政协离休领导黄选能同志①

庐　山　徐炳辉

黄选能同志，1932 年 1 月出生于江苏启东一个教师兼农民家庭。1948 年 7 月从东南中学师资训练班毕业后参加革命工作，1950 年 3 月入党，1951 年 1 月调苏北区党委宣传部工作，1953 年 1 月苏南、苏北合并成立江苏省后，任省委书记、组织部文书、秘书；1965 年到镇江地区工作，在党校学习 6 个月后，即留区党委任县委副书记，书记，地委常委、副专员，副市长，市政协主席等职。1998 年 4 月离休。

他在任县委书记与副市长期间，以其优秀的认知能力、独到的处事方法、特有的政治优势，开创了工作的新局面。在分管城市建设工作中，被誉为“马路市长”，称为“中山路精神”。在两届政协任职十年中，坚持充分发挥政协职能作用及其整体优势，务实求真，大力为民办实事；主持编辑出版了《沈括——梦溪笔谈全注》《爱国老人马相伯》《桥梁专家茅以升》《陆小波纪念文集》《艺海苦航录》《爱国统一战线综论》《镇江乡情》《镇江宗教》《镇江市志》等 10 余部颇有影响的图书。由于工作出色，他被赞为宁静致远的“领头雁”。

离休 10 多年来，黄选能同志依然十分注重理论学习，坚持做到与时俱进，始终与党中央保持高度一致，严格要求自己。在党员先进性教育活动中，

① 本文原载于《镇江政协》2008 年 5 月。

他带头敞开思想，敢于剖析自己。他以党员的高度责任感和对人民群众的深厚情怀，充分发挥自身政治优势和社会影响力，积极参与社会公益事业，情系弱势群体，推进文化发展，努力为构建和谐社会无私奉献。

身体力行，积极履行政协委员职责

“维护大局的事情主动干，服务经济的事情积极干，为民造福的事情努力干，为党政分忧解难的事情争取干。”这是黄选能同志担任镇江市政协主席期间提出的关于政协工作的理念。从领导岗位上退下来以后的他，作为一名政协特邀委员，坚持身体力行，积极参加政协会议和政协活动，继续努力履行一名普通委员参政议政的职责和使命。

政协专家组是市委、市政府专门发文成立的一个高层次的智囊机构，旨在发挥政协人才荟萃、智力密集的优势。黄选能同志积极参加专家组的活动，认真调查研究，谋求发展之策，为推进镇江经济社会发展献计出力。

提案是政协委员建言献策的重要渠道。黄选能同志十分注重调查研究，注重思考问题，积极撰写提案，反映社情民意。2002 年，他通过提案呼吁社会关注特殊教育，提议在福利彩票中拿出一些资金用以添置市特教中心的集体语训设备。该提案得到了有关部门的积极响应并得以落实。他应邀兼任市特教中心名誉校长，为特教事业的发展四处奔走，多方协调，筹资 200 万元，用于改善办学条件。在他的大力帮助下，经过数年努力，该校获得省文明学校等各种荣誉。2003 年，他个人出资 15000 元，并联系有关单位资助 15000 元，帮助 3 位聋哑学生完成大学学业。2007 年，为帮助该校 10 周年校庆活动正常开展，黄选能同志又多方集资 10 万元。他还倡导开展“一对一扶残助学”活动，在他的鼓励下，新区巡警大队 10 年间不懈努力，帮助吴倩完成学业，使其成为我省第一个走进中残联的聋哑女孩和镇江闻名的“千手观音”。

技精日劳，情助宗教事业

建设焦山万佛塔和重修定慧寺山门，一直是著名高僧茗山法师的心愿。茗老凭借自己的佛门大德，并用自己的书法作品广结良缘，筹集到了一大笔建设善款。有了启动资金，还需要有人来帮助建设，他想到了老领导黄选能，茗老专程登门力邀他来领导万佛塔的建设。黄选能同志多年来一直关心支持宗教事业，他被茗老的挚诚所感动，应邀参与工程建设并担任总指挥。不管是烈日炎炎的酷夏，还是寒风凛冽的严冬，在建塔工地上都能见到他顶着花白银发的身影。他坚持起早贪黑坚守在工地上，万佛塔工程十分艰巨，而且技术要求很高，一砖一瓦都要运过江，再运上山顶。黄选能同志不是这方面的专家，但他善于听取专家意见，广泛调动各方面的积极性，因此能够在关键问题上做出正确的判断和决定。有一次在高资加工好的650吨石料要运到山顶工地，按传统的做法既费时、费力又费钱。有人建议动用登陆艇，但前提是必须能够借到登陆艇。他立即先后赶到大港海军基地和船艇学院登门救援，在他们的支持下，两艘登陆艇从舟山基地被紧急调回了，18名官兵冒着酷暑奋战了三天两夜，黄选能同志戴着那顶褪了色的草帽，一直守在焦山码头，直至安全地完成了任务。万佛塔工程建设从1998年5月5日奠基开工到1999年9月11日落成开光，仅用了16个月的时间，比原计划缩短了近两年时间，完全体现了茗老提出的“金碧辉煌、与众不同”的建塔理念。成为我市旅游年推出的旅游新景点。重建定慧寺山门于2001年3月始建，黄选能同志继续担任工程总指挥，在工程开工3个月后，茗老圆寂。在此关键时刻，黄选能及时召开会议，善做思想工作，使工程顺利竣工。为焦山风景区增添了一道亮丽的风景线，获得宗教界人士的敬佩和全社会的好评。

倾其所能，积极推进社会事业发展

黄选能同志在职期间，竭尽所能，关注本市社会、文化事业的发展，为我市批准为历史名城立下汗马功劳。他为市老年大学的创办、发展，在多方面做出了杰出的贡献。他关心文艺界的朋友，帮助他们解决生活、工作上的实际困难，赢得了他们的敬重。

离休后，他皓首穷经，保持优良传统，一如既往地关注我市的城市建设工作，关注社会事业，关爱弱势群体，倾其所能，发挥余热。10多年来，他先后应邀担任市老年大学名誉校长市老年书画协会名誉会长、市老年体协名誉会长、市诗词楹联协会名誉会长、市硬笔书法协会名誉主席、市残疾人联合会名誉会长及茅山老区兴教助学协会顾问等社会职务。虽然多是名誉虚职，但他都认真对待，积极参加社团的活动，并力所能及地为社团开展活动创造条件。他始终坚持“言必信，行必果”。

如我市茅山老区兴教助学协会是一批离退休老同志自发组建的民间助学组织，1997 年成立以来，经过十几年的努力，有了长足的发展，集资范围已从老区拓展到全国 24 个省（市、自治区），累计收到各类捐款达千万元。协会领导每谈起协会的发展历程，就十分感激老领导黄选能的鼎力相助。黄选能同志担任顾问，不仅经常出席协会的一些重要会议，并身体力行，发挥他的人格魅力和影响力，做宣传鼓动工作，为壮大协会基金四处奔波，卓有成效。特别是在其家属生病期间，他仍坚持不懈。他还亲自撰写文章，扩大协会的社会影响，弘扬扶贫济困的传统美德。协会顾问黄选能曾站在创新发展的高度，十分动情地对协会工作人员说："每次参加你们的会议都有一种深切的感受，除了在丹徒工作过七八年，对这里有特殊情结外，重要的是你们协会所有人员不求索取，只讲奉献，为政府排忧，为民解难，成绩显著，所以我高兴来、愿意来!"在谈到改革开放以来的慈善事业大发展的形势时，黄主席讲："协会工作定位要正确，慈善是政府的事，也是民间的事，是政府民心工程有益的重要补充，发展空间大，兴教助学大有作为，发展前景广阔。"在讲到协会创建历史时，他充满激情地说："当年创业者的胆识和勇气固然可敬，但你们从创建者手中接过来后，用你们协会全体同志的实际行动，将基金从 120 万元发展到 1000 余万元的事实，向世人交了一份满意的答卷，更是可喜可贺！这对我们协会不能不说是亲切的教诲和不竭动力。"

作为市级老领导，黄选能同志德高望重，但他从不居功自傲，从不对后来的领导随意指责，而是以新理念给予充分理解、支持，并帮助其做些疏导工作。在继承发扬党的优良传统作风方面，他身体力行，要讲话就讲真话、心里话。回顾过去，总结经验，无保留地和各界朋友推心置腹地交流，这一切都是为了大局，促进各项事业的实质性发展。

老骥伏枥，壮心不已，黄选能同志虽届耄耋之年，但精神依旧，仍以另一种形式忙碌着，他乐在其中，发挥着别人无可替代的作用，也为后来者做了好榜样。

"莫道桑榆晚，为霞尚满天。"黄选能同志从青年时期到镇江工作至今，已有 46 个年头，他几十年如一日，视镇江为第二故乡，对镇江的一草一木怀有深厚的感情，满腔热情，无私奉献，硕果累累，成为镇江人民群众心中的骄子。

“柳墓”迁建记[①]

冠　东

镇江本邑名流、国学泰斗、当代海内外著名学者柳诒徵先生墓迁建工程历时14载，经全国政协、全国人大、中共镇江市委、市政府、市政协领导同志的重视、关心、支持，以及市政府历史文化名城规划建设保护专家咨询组（以下简称专家组）、市文管会、园林局、规划局的通力合作，终于完成了。为迁建一位名人墓而历时如此之久、关注的领导和部门层次如此之高，参与其事的专家、部门负责人、技术人员如此之多，在镇江历史上是罕见的。14年迁一墓的历程，本身已成为镇江地方史上的一段史迹，故有必要记录下来，留存于后世。笔者作为自始至终亲身参与其事者记述始末，该“迁建记”当可属于史料，而史料贵于真。

柳诒徵先生夫妇合葬墓原葬于柳氏家墓茔地，位于本市三山乡（现润州区官塘乡）朱家岗。因历时久远，沧桑变迁，墓址已处僻仄之地，环境杂乱，墓区狭隘，封土已损，路道不便。1980年，时任全国政协副主席的茅以升先生首先提出应对柳墓加以保护，因为这涉及对待历史上有贡献的著名知识分子（大学者）的态度，也是对待祖国文化历史的态度。于是，柳诒徵先生之长孙、复旦大学中文系教授（博士生导师）柳曾符先生赴镇江，先后寻访当时市园林管理处规划建设科王亚南、市博物馆馆长陆九皋等，进行联系商谈，共同向市文保部门反映茅以升先生的呼吁和柳氏后裔对柳墓进行保护的请求，

---

① 本文原载于《镇江政协》1995年第3期。

得到了市有关部门的重视，并组织人员到墓地现场视察，同时申请把柳墓列入文保单位。时至1983年，全国政协委员张复生、卢庆骏等在全国政协会议上又联名提案，提出对柳墓应进一步保护、治理，并可作为历史名胜景点来对待，提案转至镇江市文化局，市文化局又责成市文博系统处理。又时隔5年，1988年，全国人大副委员长严济慈亲笔致函当时镇江市市长陈壁显，提出对柳墓应加速落实保护整修措施。市政府对此十分重视，但因受种种现实条件的限制，虽由文保部门做了一定的工作，但进程甚慢。时光如流水，瞬间又过去4年。至1992年春，各方面时势大好，柳墓的保护、迁建事宜已可具体地提到市政府的办事日程。于是，1992年4月27日，由市文管会提请由市政协黄选能主席领导并主持的专家组会议论证通过柳诒徵先生墓为市级文物保护单位，接着上报市政府，获得市政府及时批准并同意迁址重建。随即，市政府委托市政协主迁墓事。至此为迁建柳氏墓的第一阶段，即起因与启动阶段，共历时12载。

自此市政协黄选能主席为迁建柳墓事宜，组织召开了多次专家组会议，做了大量的前期具体准备工作，随着工作的深入，至1994年，进入紧锣密鼓阶段，仅1994年4月6日到同年11月间，就前后召开了三次专家组全体会议讨论迁墓各项事宜，并不断与柳氏家属代表——柳曾符教授联系商议。专家组会议先后主要议定了下述诸项内容。（1）迁墓规模。迁建柳诒徵先生夫妇合葬墓的同时，根据柳氏家属要求，诒徵先生之父母合葬墓迁建于侧。（2）墓址。定于南山风景区树木观赏园后岗南坡，占地半亩许。部分专家组成员赴选址现场踏勘。（3）墓志铭。初稿由柳曾符教授撰写，然后定稿由专家组成员——镇江师专杨积庆教授撰写，共三易其稿，获专家组讨论通过，同时征求了柳教授意见，上碑书由师专宋潜深先生书写。（4）新墓工程设计。由专家组成员、市园林设计室主任王亚南高级建筑师承担。设计方案共进行了两次论证并通过。（5）迁墓经费。主要由市文管会筹集（人民币3万元）。（6）迁墓时日。定于甲戌年冬进九之后动工。前后参加这几次迁墓事宜会议，踏勘墓址，设计方案论证，墓志铭稿讨论的专家组成员有黄选能（组长）、张信澄、戴瑛、陆汝纯、尤敦立、陆九皋、杨积庆、刘承、张凤、王川、王亚南、杨靖波、刘昆、王长明、孙风翔、朱庚成、王厚明、袁克瞀、范然、胡其舫、蒋宁、肖梦龙、杨瑞彬等诸位先生。1994年12月的专家会议上决定了具体落实办理墓棺迁葬与新墓施工的计划，指定由市政协副秘书长、城乡委主任袁克晵、政协城乡委副主任胡其舫、文管会办公室主任蒋宁三位具体负责。至此迁墓工作的第二阶段即具体筹备阶段结束（开始进入具体操作过程），历时两年有余。

1995 年 1 月 4 日，袁克晵主任等负责迁墓实施人员对柳氏旧墓巡视后，赴南郊初选墓址处踏勘放样，发现该处山坡均系硬石，基域又占地广，道路崎岖，石方开挖与材料运输困难，且无水电，造价会骤增。于是向黄选能主席汇报，要求专家组复勘选址。1 月 7 日，黄选能主席召集部分专家组成员和规划局沙振镇副局长、园林局曹文德局长同赴南郊复勘墓址，当场定夺，另选墓址于夹山西侧山麓即树木观赏园内腊梅园中（马家坟对面）。1 月 9 日，按新址地形及经费定额对新墓原设计图纸做了局部调整。1 月 11 日，市古运河管理处工程技术人员进行墓地测量放样。1 月 16 日，园林局南山风景区管理处迁移基地内蜡梅百余株。1 月 18 日，与溧阳建筑安装总公司四分公司签订施工协议，定于 1995 年清明节前新墓竣工。1 月 19 日，施工队进场施工，至春节假期前，墓域基本轮廓形成。2 月 13 日，墓穴定线定位。2 月 22 日，黄选能主席赴现场检查施工，提出进一步完善的意见及墓道墓区绿化配植问题。与此同时，通知柳曾符教授作为柳氏家属总代表来镇商议具体迁墓操作细节（因柳教授当时在香港故未及时来镇）。3 月 9 日，柳教授抵镇，黄选能主席主持专家组及各方面负责人会议，柳教授与会，袁克晵主任介绍了新墓建造详况，并到现场察看。会上黄主席提出 1995 年 3 月 28 日迁棺木入穴，会议做出如下定论：若棺木完好则迁棺，若棺木已朽则按传统做法拾骨装瓮迁葬；迁葬时不举行仪式；墓包封顶后组织专家组成员视察瞻仰；柳教授作为柳氏家属总代表，迁葬中其家属内部事宜由柳教授自行协调解决。基建完成后由文管会立市级文物保护单位标志牌。会议同时督促赶制两方墓碑。

1995 年 3 月 22 日，柳教授再次抵镇与袁克晵主任、蒋宁主任等会晤，商定开挖旧墓与迁葬日程表及操作细节。为使工作顺利，24 日同赴官塘乡及严岗村，与当地政府部门进行联系并取得当地政府与群众的密切配合。25 日，由市博物馆考古队按考古发掘顺序对原墓开槽勘探。26 日，原基正式开挖，发掘结果显示：柳诒徵先生的棺木尚好，可连棺迁运；但其夫人的棺木已完全腐朽无存，经细勘后，拾骨入瓮；诒徵先生之父的棺木朽甚，经加固措施始可运送；其母棺木巨大，木质上乘，完好如初，棺头朱色封号名讳清晰，迁远无碍。同时根据出土棺木体量，对新墓墓穴及时扩围并加深达一米。28日为原定迁葬日，时雨时歇，天气预报次日将有中到大雨，故28日当天必须完成棺木迁运、上山入穴封茔平土。工作量巨大且繁杂，时间异常紧迫。自晨起朱家岗与树木观赏园内两处两支施工队伍同时紧张地操作，至下午三时许，棺木及骨瓮全部运抵新墓地，穴塘扩深亦同时完成。新墓施工队与原墓开挖（考古）队通力合作运棺上山。仅柳太夫人巨棺就由16人抬大杠上墓道，30人四周吊棺下穴，场面壮观。柳诒徵夫人骨瓮由柳曾符、柳曾兴两位孙子在呜咽恸哀中抬捧入穴。下午四时许棺瓮全部入土，原墓墓碑包裹红绸和原墓土块一起傍伴棺木进入新穴后，回填黄土至地平，燃放爆竹，至此迁葬事毕。

当日，政协袁克啓、胡其舫，文管会蒋宁、杨瑞彬，园林局王亚南等于新墓现场督工至事毕。当晚柳氏家属代表四人齐集镇江。次日赴新墓凭吊，对新墓位址、规模、造型、施工均表示十分满意，与他们所知的已迁葬的其他名人墓相比，无论是墓地形胜、环境、占地，还是墓茔形式、投资金额等方面，柳墓均胜一筹，深感这是镇江领导层与社会贤达们对有贡献的先贤和民族文化的重视。为此，柳氏家属在离开镇江前夕对各有关方面都表达了真诚深切的感谢和敬意。

1995年3月31日，柳墓的基包墓圈施工完毕，新墓竣工。4月3日，市政协主席黄选能与副主席尤敦立会同文管单位、设计单位、施工单位、政协城乡委的负责人对新墓进行了工程验收。4月4日，市政协和专家组部分成员到新墓扫墓，市政协和市历史文化名城规划建设保护专家咨询组献了花圈。4月5日清明节，市文管会至新墓扫墓，献了花圈。至此，柳诒徵先生墓迁建工程如期完成。这第三阶段的工作，即营建迁葬阶段，共用时三月余。

柳墓新墓的设计者王亚南先生，亦是茅以升先生墓的设计者，柳墓的设计构思是中国的传统墓茔典型形式，符合中国高等级墓葬文化的底蕴，亦符合墓主生前业绩、品行名望及“文化巨匠”的品位。以传统墓茔特定建筑构件组合营造整个气势、氛围、外观与内涵。原设计中整个墓域由中轴线贯通，地势由低至高，于山坡中开出墓道台座，三面围以石驳挡土。入墓区先见巨型仿古线装书形白色石材墓志铭竖碑，然后折入墓道，甬道分级设台，迎面两侧是天禄灵兽居首的方形石质望柱一对，并镌刻挽联于上。再拾级而上正对回纹冠、笔架座的墓主坟碑，碑前是花岗岩铺装的凭吊平台。坟茔为正园斧斩石圈，围以黄土起垄，形成半球形墓包面植青草，尤显古朴。垄下为沉降于地表之下的砖砌双棺墓穴，素混凝土筑底防水，墓包四周留有悼念环道，后侧对称设置花草纹券式冠“赠碑”四块，衬托整体墓茔，墓台四周围绕白石栏杆，数十挡栏板均为开卷式书型，既象征墓主生前著作等身，又祈祝其冥中仍坐拥书城。整体墓区高居半山，白色为基调，以显氛围高洁、墓四周遍野林木，以自然绿屏形成肃穆，而今又依梅林，更觉书香幽深。柳诒徵先生父母墓紧邻南侧，亦有台座，但标高稍低，以突出主墓。瞻仰者读铭观碑，傍柱凭栏，环坟追思，当可进入意境。惜因经费所限，现书形墓志铭未置，铭文改刻于墓碑阴面，望柱挽联亦暂未立，栏杆用材也改为水刷白云石，墓碑简化免冠，地坪铺装改用水泥，但仍不失其壮观典雅、静穆大方，且功能齐全，景相、意境俱佳，可为南郊又一景点。

柳墓已告竣，整个迁建过程中还应记下几笔：文管会筹集资金不易，筹至 3 万元而告技尽时，得市建委资助 1 万元，犹如雪中送炭；规划局破除常规，现场勘定，当场拍板；园林局提供墓区用地，又无偿迁移成形蜡梅百余株，还捐赠松柏 30 棵；园林设计室及时赶绘图纸，技术人员亲临施工现场指导；古运河管理处免收测量费和工程管理费，其施工队随召随到；官塘乡政府和严岗村党支部、村委会积极配合支持，做了大量群众工作；专家组老年成员拄杖翻山履坡踏勘现场；文管会离休干部杨瑞彬先生不顾年高体弱，骑自行车奔波于朱家岗与南郊，自始至终坚持在原墓开挖与新墓安葬的现场；整个迁建工作中市政协主席、专家组组长黄选能同志有力地全盘统筹领导，事无巨细地谋划……正因为有了这一切，筹划了 14 年的柳墓迁建之事，才能一锤定音般地于 1995 年清明前夕告成！

安老助残、扶贫济困

——访市慈善基金会会长黄选能①

徐肖东

镇江市慈善基金会自1996年4月3日正式挂牌，至今已有大半年时间。“慈善”，人们对这个既熟悉又陌生的名词，有了更深刻的了解。新年之际，记者采访了市政协主席、市慈善基金会会长黄选能。

黄选能说，现代慈善事业是一项具有强大生命力的社会福利事业，它体现了一种互助和互敬的关系，即“一方有难，八方支援”，顺应了社会文明的进步和发展。我市慈善事业基金会自成立以来，得到社会各界的关心支持，目前已拥有慈善基金近280万元。在1996年的8个月里，先后开展了五项活动。一是助残。协助市残联解决非茅山地区1110户特困残疾人银杏种植苗木经费的困难。二是助医。帮助特殊性的危重患者解决了部分医疗方面的困难。三是救灾。对1996年夏季赣、黔、皖、鄂、湘5省遭受严重水灾的灾民，帮助其抗灾、重建家园。四是助孤。受社会捐赠者和有关单位委托，对市社会福利院的孤儿生活方面和“恤孤楼”工程建设做了必要的支持。五是助学。对家庭有困难的在校大学生、高中生，与学校、教委共同帮助，解决他们的学费困难。

谈到新的一年我市慈善基金会的工作，黄选能介绍，今年慈善工作选择项目的重点是安老助残、扶贫济困。在具体项目的选择上要体现“小、少、

---

① 本文原载于《镇江日报》1997年1月10日。

快”的特点，即项目要小，能够尽快收效；项目要少，集中力量，办一个成一个；见效要快，增加社会各界捐助者的信心。本着上述指导思想，今年着重从四个方面开展工作：一是对我市特殊教育，如聋哑学校、辅读学校给予尽可能的支持帮助；二是对特困学生家庭给予必要的帮助；三是走探索、开拓创新之路，即发动群众、依靠群众，组织志愿者队伍，开展社区服务和互助，在试点的基础上全面推开；四是加强内部建设，树立慈善基金会的良好形象。

“泰兴隆”愿为我市慈善事业做贡献[①]

蔡悟生(新加坡籍华人)

镇江泰兴隆快餐食品有限公司常务副总经理、新加坡籍华人蔡悟生先生，日前致信政协主席、市慈善基金会筹委会主任黄选能，表示愿为我市慈善事业做贡献，并对我市开展慈善活动提出建议。

作为镇江市慈善基金会筹委会的成员，本人颇感荣幸，也深觉责任重大。在此，我想结合我所了解的一些新加坡的情况，对镇江的慈善工作谈一些想法，供参考。

1. 注重宣传发动工作

开展集中性的宣传活动，如新闻发布会、公开信、倡议书、广播电视讲话等。还应采用一些较长期的固定的宣传形式，如电视公益广告、公益广告牌、宣传画等。

在宣传内容上，一定要注意创意新颖，感染力强。在美国有这样一件事，一个盲人在大街上请求行人捐助，捐助者较少。一个诗人将一块牌子挂在盲人身上，牌子上写道：“先生小姐们，春天来了，可惜我看不到她的美丽!”巧妙的语言，强烈地激起了人们的同情心，这比整天叫“帮帮忙”等之类的话，效果要好得多。

此外，可在慈善广告中请急需资助者现身说法，呼吁捐助；也可请已接受捐助者说明捐助对其摆脱困难所起的巨大作用，并向社会致谢。

---

① 本文原载于《镇江日报》1995年11月29日。

2. 基金筹募方式

在新加坡，慈善基金的募集是经营性的，方式是多样的，对象是广泛的。在组织上大致可分为两类：其一，公益金由官方组织募集，所筹捐款，可分配给各专项慈善机构，亦可直接分配给福利团体；其二，专项慈善机构，亦可直接进行专项筹募，如肾脏基金会则不时写信给公司、个人或团体，通过患者现身说法呼吁捐款。当然，所有筹款方式均需获得有关当局的批准。

新加坡的筹募方式有以下几种：

（1）售旗。筹募者用募捐箱募捐，他们发给捐款者一枚用粘贴纸做成的“××组织捐助纪念”，可贴在衣服上。

（2）售卖节日贺卡，如圣诞卡、新年贺卡等。卡上可注明有关慈善捐助的标志或字样，这些卡的售价可比市价稍高一些。

（3）电话捐款幸运抽奖。举办综艺表演晚会（也可结合义演），晚会现场设电话，捐助者可打电话给晚会，电信局做好记录，并给每次电话一个号码。这些电话费用由电信局结算作为捐款，另抽取中奖号码给予重奖。新加坡最近一次的筹款表演首奖是一座价值 75 万元的公寓，筹募到的款项达 300 多万元。

（4）书信捐款。即慈善组织给各公众写募捐信或物品订购函，如果同意捐助则寄出划线支票即可，募集者凭其划线支票到其银行个人账户上划账。

3. 慈善基金的使用

基金的增值不应通过风险性投资，而只能通过存入银行或购买国债，以确保基金增值。对基金的使用范围应做出较明确的界定。基金使用不应仅为解决困难者的物质生活急需，而应偏重于培养其自食其力和提供其自食其力所需的条件，如培养他们谋生的手段和技能的“特教”事业，或为他们提供谋生的劳动条件等。

4. 对慈善捐助的团体或个人给予政策上的鼓励

如对团体捐资给予免税，从其应税项目金额中扣除捐资金额以计税；对个人捐资部分在计缴个人所得税时，从其个人收入中扣除；等等。

镇江有个慈善热心人[①]

钟　山

在江苏省镇江市，有位年过花甲的老同志，自担任了慈善会筹委会主任之后，他带领筹委会的同志走东家串西家，不到两个月竟募集了 200 多万元善款。为此，他自冠为“高级叫花子”，他就是镇江市政协主席黄选能。

1996 年年初，镇江市决定筹建慈善会。为了保证基金会的长期生存和公正行善，他们决定学习国际惯例，募集 200 万元善款作创始基金。但是，在一个 30 万人的城市中，残疾人、丧失劳动能力的贫困户及其他多种原因造成的特殊困难者亟须社会提供更好的保障和救助。因此，募集慈善资金既有可能性，同时也具有一定的艰巨性。

募集慈善资金的种类大体上有三种，即创始基金、指向性捐赠、非指向性捐赠。所有捐赠都不搞摊派，主要靠做工作。只有把工作做到家，才能把钱拿到手；钱拿到手了，才能办慈善实事。

要募集到 200 万元创始基金并不是一件轻而易举的事，难度很大。市政协主席、基金会筹委会主任黄选能知难而上，他不顾自己年过花甲，在公务十分繁忙的情况下，硬是挤出时间，亲自带领基金会工作人员深入机关、企事业单位，不厌其烦地进行宣传。黄选能说：“市四套班子推荐我，各位理事一致选举我当市慈善基金会筹委会主任，我是一名共产党员，我应该把慈善工作作为党的一项事业来抓。”他还风趣地说：“我是一个高级‘要饭花子’，

① 本文原载于《中国社会报》1997 年 5 月 31 日。

是一个光荣的‘要饭花子’，‘要饭’不是为自己，而是为了慈善事业，为了那些需要社会帮助的人。”由于黄选能同志在市里的威望很高，又能真抓实干，平易近人，他先后跑了 40 多个单位，所到单位的负责同志无不为黄选能为慈善事业倾注的热情和扎扎实实的工作作风所感动，95% 以上的单位都慷慨解囊，共募集到创始基金 220 万元，其中，有 11 个单位各捐款 10 万元，有 25 个单位捐款在 3 万元以上，超额完成了 200 万元创始基金的募集任务。

和两位主席相处的日子里[①]

栾学和

屹立在我市黄金市口的镇江第一“城”——镇江商业城今年5月1日已经正式对外营业了，它以一流的设施、一流的服务赢得了消费者的青睐，为促进我市对外开放，重振商埠雄风吹响了前奏曲。

作为建设单位的代表，沈礼总经理和我及参加商城工程建设的全体同志，看到两年多来大家用辛勤劳动的汗水换来的丰硕成果都十分激动，感谢参与商城建设的全体建设者！更感谢市委、市人大、市政府、市政协的领导对商城建设的关心和支持！人们不会忘记和我们一起战斗在工地上，度过了700多个日日夜夜的常务副指挥黄选能主席和指挥部成员、政协副主席、工程结构专家尤敦立，他们的一言一行都给大家留下了极为深刻的印象。

1994年春节小年夜，市委、市政府召开专门会议，成立了镇江商业城建设工程指挥部，黄选能主席担任常务副指挥，尤敦立副主席是指挥部成员之一。春节刚过，黄主席与尤副主席就来到工地，和大家一起在简陋的工棚中开始办公。工地现场办公条件差，冬天寒风刺骨，夏季闷热潮湿，蚊虫又多。他们两位主席虽年过花甲，却不论刮风下雨，总是亲临一线指挥施工，他们为工程建设呕心沥血，日夜操劳，大事、小事都时时刻刻放在心上。晚上还经常到工地上察看施工情况，解决施工中遇到的难题。在土方开挖过程中，黄主席刚刚病愈出院就来到了工地。为了解决施工中出现的险情，他与尤副

---

① 本文原载于《镇江政协》1996年5月26日第3期。

主席经常连续工作到深夜。我们非常感动，也很担心他们的身体健康，多次催促他们回家休息。他俩却一直到将工作安排好、问题解决后才肯离开。两位主席都很讲原则，作为指挥部的领导，他们对工作认真负责，坚决抵制人情风。黄主席是我市的老领导，威望很高，知名度也高。在工程建设过程中，找他的人很多，他却从不带长官意志来加以干预。他说："我是代表指挥部来抓工程建设的，其他的事要由商城董事会来决定。"他帮助我们排除了外界干扰，严格按照有关规定履行职责。正因为如此，这么大的一项工程才能够进展顺利。在两位主席的严格要求下，我们对商城的设备选用，材料选购等建立起一整套完整的制度，建立台账，做到有根有据，采购中货比三家，比质比价，择优选用，为商城建设节约了大量的建设资金。参与商城建设的领导和同志从没有介绍过一吨钢材或一支施工队伍。

在建设过程中，两位主席对关系工程进展的问题，事无巨细都要亲自过问。他们多次参与施工中的招、投标活动。听取有关专家的见解和意见，科学决策，周密地部署施工方案。在抢险过程中，他们多次邀请省内外专家来工地察看，对出现的问题进行会诊，献计献策，并综合专家意见，确定施工方案，及时采取措施，组织最精干的施工队伍进场堵漏抢险，遏制了险情的扩展并最终排除了险情，保证了工程建设的顺利进展。两位主席还经常亲自到供电、公安、邮电、质检、银行等有关部门，上门做工作，取得他们的理解、支持和帮助，为商城建设解决了一个又一个难题。在拆迁过程中，他们都先后去邮电局、京口区政府商量大市口邮局、牌坊巷幼儿园的拆迁问题，共同做协调工作，得到了有关方面的大力支持和配合，很快就达成协议，使商城建设拆迁工作中的两大难题全部解决。

两位主席不仅对施工速度和质量要求很严格，而且对工地建设工人的生活也十分关心。他们经常和指挥部的同志说："不能单纯地从建设单位考虑问题，还要从对人民群众负责的态度来考虑问题，对工程负责与对人民群众负责应该是一致的。"他们教育我们要时时刻刻地把职工的利益放在心上。1994 年夏季，我市出现罕见的高温天气，黄主席亲自过问施工人员的健康，要求我们把工人从工棚中安排到附近的民房中居住，改善他们的生活条件，做好防暑降温工作，保障施工人员的安全。1995 年除夕之夜，两位主席还带领我们一起看望节日加班的施工人员，慰问有关工程技术人员，到他们的家中向他们拜年，感谢他们的家人对工程建设的支持，深夜才回家。

两位主席考虑问题都能从全市大局出发，常常要求我们对商城建设的认识要提高到促进对外开放的高度，鼓励我们解放思想，放开手脚。商城东立面玻璃幕墙原先采用斜面设计，没有中庭，我们提出采用直立面，增加中庭，这就要修改原设计单位的图纸，难度较大。两位主席就召开专门会议，和设计单位反复进行协商。设计人员在两位主席的感召下，对原方案进行了精心的修改。现在证明，增加中庭对改善购物环境起到了很好的作用。没有两位主席的支持，这是很难实现的。在抢险期间，地下开挖造成周围房屋出现开裂，两位主席心急如焚。特别是黄主席曾长期担任市里的领导，他说："商城竖起来了，可如果旁边的建筑倒了，我怎么向全市人民交代呢?"他们多次邀请上海、南京、常州等地有关专家会商，研究方案，科学决策，终于顺利地排除了险情，从而向全市人民交出了一份优良工程的答卷。

那不平常的700多个日日夜夜过去了，两位主席和广大建设者一道，一腔热忱洒商城，原计划四年的工程提前两年完成。这既是市委、市政府的领导有方和人大、政协的大力支持，也是商城的决策者和领导者集天时、地利、人和各方综合因素于一体之大成，是领导者、设计者、施工人员群体智慧和劳动的结晶，是全市人民全力支持的结果，也是镇江人民精神面貌的一个新缩影。

"待到山花烂漫时，她在丛中笑。"两位主席辛苦了！

成功容易却艰辛

——一位市政协主席和商城[1]

陈泰龙

江苏省镇江市大市口的“市口”很大，这一天——1996 年 5 月 1 日，却显得很“小”。

自行车没地方搁了，人行道上摆了里三层、外三层，人行道外也摆了里三层、外三层，商业城地下室 1000 辆自行车泊位和 80 辆的汽车泊位全满了，还是不够放。于是跳过十字路口，向东、向西、向南一溜边又排了几十米，也是里三层、外三层，连来客的车辆都停在了解放路、中山路的快车道上。

人也没地方站了。东南西北通向大市口的慢车道上，远远地就见人流在涌。离市口越近，人越涌；越涌，人越往里挤。

他们挤啥？

他们要挤进去饱一饱眼福。今天，一座现代化的购物场所——镇江商业城在这里隆重开业。

（一）

追溯到 10 年或者 20 年前，大市口并不大，却很繁华。逢年过节、婚嫁迎娶，镇江人总要到这里走一走，逛一逛中百二店，这里，穿的，从头到脚，从棉布到毛料，一应俱全；用的，从居家必备到出门旅游，应有尽有。看一

① 本文原载于《人民政协报》1996 年 12 月 10 日。

看南北货商场，这里，红枣、桂圆、莲子、橘子、香蕉、苹果，样样不少。还有浴室、旅馆、饭店、书店、剧场、照相，只要你到大市口逛上一逛，从物质到精神都能得到满足，都可得到享受。

忽然有一天，大市口变大了。南来北往的路又宽又广，别的不说，单单那十字路口，以前红灯一亮也就30秒，现在一等就是六七十秒。大市口是大了，但它商业中心的地位不突出了。原因是几个“骨干分子”被“清除”出去了——有的是马路拓宽时“拓”掉了，有的面对变大的“大市口”嫌自己“寒碜”了，中百二店就是其中之一。秦砖汉瓦，老式楼梯，三尺柜台将买与卖隔得死死的。就像一位男子，在西装、休闲服风行的今天，却穿着过时服装招摇过市，难免有些土气。

过时的东西就该扔。中百二店不能扔，但可以拆。

拆是一次涅槃，一次新生。拆完之后，代之而起的该是一座摩天大楼，一座现代化的商城。

只是拆得太急、太快、太匆忙。稀里哗啦拆了之后，那片黄金宝地却很不情愿地在大市口晒太阳。那盖高楼的事连“纸上谈兵”还没有来得及，就被搁在一边了。为什么？此一时，彼一时也。宏观形势发生了莫大的变化，可谓是非莫测，风云突变……

人们在惊诧、在议论、在指责，议论纷纷却又莫衷一是，惶惑着急而又不知所措，因为他们在繁华的市口看不到往日的繁华。

商人是不会让黄金市口晒太阳的。高楼盖不起来，那就搭个简易房子，做点小买卖，到底能赚几个钱……有的好心人提出这样的点子、动机并不坏；但是，这里是大市口的黄金宝地啊！犹如南京的新街口、北京的王府井、上海的南京路。在“东方风来满眼春”的改革开放的形势下，王府井变了，南京路变了，新街口也变了，变得更加繁华，更像个与黄金宝地身价相称的商业中心了。而我们的大市口却陡降三级，做起了小买卖，这对得起素有商埠雄风的镇江的父老乡亲吗？

如果说，当初拆迁中百二店是“傻子”，那么今天决定下这个项目就是“疯子”。市政协主席黄选能在一次高层决策会议上套用当年陈云对宝钢是否要上马说的一句说，阐明了这个项目只能上、不能下的简单而又复杂的道理。好一个“傻子”与“疯子”的比喻。这对于急着要把蛋糕做大却又找不到合作伙伴的“中百人”来说，对于希望大市口成为南京新街口的镇江市民来说，是何等的鼓舞和令人信心百倍啊！万丈高楼平地起，这一简明而又通俗的比喻，就是今天的商业城这座现代化商厦的第一块基石。

（二）

这是一个迷人的十月。

天高云淡，秋风送爽。

镇江城披上了节日的盛装，鲜花簇簇，彩旗猎猎。

按市委、市政府的分工，黄选能主席领着香港工商界友好旅游观光团游览了“天下第一江山”北固山后，绕道大市口，在那片空地上介绍着大市口的过去和未来……

这一“绕”，便引来凤凰栖宝地，从此，那片空地不再寂寞，不再晒太阳。这一“绕”，绕出了大市口新辉煌，现代商埠之梦从此处圆起。

有人说，这是一次偶然。当初，邀请他们来镇仅仅是观光、游览，没有丝毫的合作意向和企求。

先哲们说，任何一次偶然都存在于必然之中。

这一次偶然，也没有跳出先哲们的高见。

这一行人中，只有一个是镇江人，他就是市政协常委、香港维京印刷有限公司董事长胡国祥先生，是他牵头组织了这个友好旅游观光团。这可是一个高层次的观光团。成员中，有全国政协委员，有江苏、广东、福建等省政协委员，有香港特别行政区筹委会委员、港事、区事顾问等。

邀请到这样高层次的代表团来镇观光，并不是一件偶然的事，这就不能不谈到黄选能。

黄选能主席看上去很威严，一副老革命的风度，内心却极细腻。有一次，他接待一个由合肥市政协主席、副主席、秘书长、副秘书长组成的考察团。他早早地来到会议室，一张椅子一张椅子摆整齐。客人落座之后，他把空椅子一张张抽掉，让客人宽坐。客人用自带的杯子沏茶，他又将客人面前多余的杯子一一撤走。这就是我们的政协主席，他常常从一些细小的事情，展示着镇江的热情、镇江的文明、镇江的规范和礼貌。

作为政协主席，黄选能就是用这样的热情、礼貌和文明对待包括胡国祥先生在内的海外市政协委员。

一年一度的政协全委会，黄选能并不是简单地让工作人员发个通知，而总是要亲笔写信，附上政协开会的文件，邀请他们来开会。政协会议不设主席团，但是对海外远道而来的市政协常委，黄选能以一位共产党人特有的胸襟和气度，以礼仪之邦特有的文明和修养，以人民政协广交朋友的责任感和使命感，尽地主之谊，邀请他们上主席台就座。事情虽细小，件件暖人心。胡国祥等海外的政协委员与黄选能的交往多了，距离近了，感情亲了，建设家乡、报效祖国的愿望一天天强烈了。于是，当他接到黄选能的邀请信和市政府的邀请函，便积极奔走，牵头组织了这个旅游观光团。你说，这是偶然吗？

再说，当初黄选能若没有一番“傻子”与“疯子”的高见，这批本该往金山观光的客人会被他领到大市口，特意“绕”一“绕”吗？

（三）

居庙堂之高，则忧其民。

然而高高在上又怎能了解社情民意？历史上曾有这样一个故事：某朝某代的皇帝听说老百姓没有饭吃，不少人都饿死了。他不解地说：“没有饭吃，为什么不能吃点肉呢？”

不深入实际就不了解实情，不了解实情就必然要出笑话。

正因为如此，当黄选能主席从市委、市政府手中拿过“镇江商业城工程建设指挥部”常务副指挥的帅印时，他是下决心要沉下去的。

沉下去是艰苦的。

工程指挥部搬过四次家，第三次黄选能和他的助手们搬进了一座条件比前两次好得多的“小楼”办公。那是怎样的一座“小楼”啊！红砖裸露着没有粉刷，窗户没有油漆，也没有玻璃，白身子上贴着一层塑料薄膜，地面铺的是开锯后木材的原坯，坑坑洼洼的锯齿清晰可见，楼道是窄窄的，两人不能同时通过。办公室有六人办公，却放不下四张桌子，两张老式的、两面都有抽屉的、油漆已剥脱的桌子呈“T”形放下之后，室内就没有回旋的余地。瓦下面是一层芦席，外面热它热，外面冷它冷。黄选能和他的助手们在商城将近两年的日子里，绝大部分是在这里指挥着工地的建设者们。炎炎的酷暑在这里度过，凛冽的寒冬也在这里度过……

第四次办公地点是由幼儿园的教室改造而成的。那是商城即将开业，原先的那个“楼”占着人行道，必须拆掉。进门是个大厅，十几张桌子一起办公。此时的工地上，砌楼的主力还未撤，各色人、各种信息都汇聚在这个大厅里。黄选能的办公桌就与这个大厅一窗之隔，没有挡驾的，有时还得接“驾”。打听个事，寻找个人，一脚就闯了进来，由不得你不接待。还有电话是合用的，指挥员常常当起“话务员”：“×××，电话!”常常从这位主席的嘴中传出。看外面的世界，一个小厂的厂长也有一间豪华的办公室，一张老板桌，一把太师椅，高档的沙发放上圈。电话一部嫌少，两部不多。相比之下，黄选能的办公条件是多么简陋而又艰苦啊!

条件艰苦，却与施工现场近了。每天一早，黄选能走进工地办公室的第一件事，就是戴上安全帽，到施工现场转一转……

转一转，就能掌握最新的信息；转一转，就能掌握第一手资料；转一转，就能了解问题的症结所在；转一转，就拓宽了加快施工进度的思路。

一位“钉子户”就是在转一转之后被拔掉的。镇建二公司的施工进度就是在转一转之后加快的。启动资金在黄主席的周旋下迅速到位，工人的积极性大大地调动起来了，工程进度一天一个样……

在商城工地，没有一排一排的搅拌机，没有许多工人推着小车奔跑。他们大面积采用商品混凝土，不但施工质量好、工期短，而且大幅度减少了施工现场的粉尘污染和噪音，节约了大量的钢材、木材，减少了施工用地。主楼基础浇筑工程，其混凝土量约4000立方米，要求一次性连续浇筑。原计划需要六昼夜，结果四昼夜就完成了。行家称这是我市建筑工程中采用商品混凝土新工艺的重大突破。

然而，这项重大突破也是黄选能沉下去转一转之后取得的。不过这一次黄选能转得更加仔细认真，他与尤敦立副主席一次又一次地算经济账、算环境效益账、算工程质量账，千方百计地把建设单位、施工单位的思想工作协调到“多、快、好、省”上来。因为建设单位主张上商品混凝土，施工单位却要自己搅拌混凝土。前者的理由是用商品混凝土，时间上可大大缩短，商品混凝土只要浇六天六夜，而自己搅拌则要20个昼夜，而且没有保证，缺点是价格上略贵一点；施工单位却说“搅拌机一响黄金万两”，这方面的利多，但现场小，管理难，周围群众受到严重的噪音影响，工人辛苦程度大。两位领导与商品混凝土公司协调后决定，让一部分利给施工单位来解决问题。至此，两位主席还不放心。因为商品混凝土公司是第一次使用大量的商品混凝土，从技术到人员操作到供应是否有百分之百的把握？能否做到万无一失？他们又先后两次从商城工地转到南郊脚下的市商品混凝土公司，实地考察设备的运行情况。为防止万一，黄选能决定让设备供应厂方派最强的技术力量来坐镇指导。因为这种连续浇筑一旦中断超过两个小时以上，将严重影响工程质量以至于报废。后来，设备真的发生了故障，幸亏维修人员在场，及时予以排除。为了防止万一，两位主席又提出在现场施工单位要有 3 ~5 台搅拌机备用，如一旦发生故障且在两个小时排除不了，即用搅拌机来代用。两位主席就是这样来研究制定作战方案，使工程的每一个重要环节不出现万一的情况。真是成功容易却艰辛啊！

按照常规，像商业城这样地下二层、地上八层，建筑面积达 42000 平方米的建筑工程需四年左右的时间才能建成，而实际仅用了两年时间就竣工开业，很大程度上得益于黄选能的沉下去转一转。如果没有他的沉下去转一转，商业城或许和许许多多的半拉子工程一样，至今还留着尾巴，这对我们搞技改、抓工程的同志来说该有一些启示啊！

（四）

李瑞环主席说，我们正在为建设有中国特色社会主义而奋斗，这是一项宏伟的、复杂的系统工程，大事多、新事多、难事多。

在这项宏伟而复杂的系统工程中，人民政协面临的新事与难事，恐怕就是如何将立足宏观参政议政的“大事”，与着眼局部解决具体事项和具体问题的“实事”有机地统一起来，而且使后者的分量在人民政协工作中的比重越来越大。在人民政协领导岗位上辛勤耕耘多年的市政协主席黄选能对此做了有益的探索。他说：“很多人把政协工作形容为拍拍手、举举手、握握手、招招手，我看做好政协工作还得靠动动手。”

动动手，就是为群众办实事。黄选能在干实事中又赋予了新的时代内容。

那是一个除夕夜，黄选能刚刚在工地与工人一道吃了年夜饭后，又带着三束鲜花出发了。一束送市政协副主席、市民革副主委、市建委总工程师尤敦立；一束送市建工局总工、市政协委员王新民；一束送镇建二公司总工林宏坤。这三位高级知识分子手捧鲜花，异常惊喜和激动。是啊！他们没有想到这个在工地上操心最多、劳神最多的黄总指挥在除夕夜还惦记着他们。尽管除夕夜是寒冷的，但他们的心是温暖的——不仅仅为鲜花而温暖。他们想起了与黄主席相处的日子，每一个重大项目实施前，每一项重大措施出台前，黄主席都先要开一开他们几个专家的会，听一听他们的意见之后，再开拍板会。他们有多少好的建议和意见通过黄主席一一付诸实施。1996 年 4 月 28 日，在镇江商业城一期工程竣工暨开业新闻发布会上，市政协副主席、市民革副主委尤敦立深有体会地对众多新闻记者说："这项工程充分体现了我市各民主党派、群众团体及各界人士之间肝胆相照、荣辱与共的精神，树立了一个合作共事的杰出典范。黄主席将各民主党派合作共事、肝胆相照与办实事融为一体。"

市某银行应贷资金在市政府分管秘书长的多次催促之下还是迟迟不到位。那天，黄选能带着尤敦立副主席来到了这家银行，他对行长说："今天，我是以市政协主席的名义、尤敦立以参政党的身份到你们这里来参政议政，即催要市长、市政府明文规定你行对商业城的贷款。此计划已过几个月了钱还没有到位，直接影响到工程的建设，所以，我和参政党的副主席来恳求你们执行市政府的贷款计划，也是镇江的银行支持镇江的建设，这就是我们今天的来意。参得不对，可以批评；议得不对，可以反对。"结果自然比预料的要好。他们两位还未回到工地，银行已电话通知商城财务人员去提款了。事后，黄选能深有感触地说，如果不是在这里办实事，而是走马看花地视察一下，听一听汇报之后，提一些意见，必要是必要，但效果不及这个好。黄选能在办实事中不忘参政议政，拓宽了政协工作的新思路。

（五）

商城开业了。开业当天逾 16 万人次参观购物，全天营业额高达 200 多万元人民币，创造了镇江市大型商场日营业额的最高纪录。

一颗现代化的商业新星在名城冉冉升起，为了这颗升起的新星，黄选能还有政协的其他三位同志尤敦立、徐震、蒋渔俊无偿奉献了 160 多个休息日。如今他们要走了，商城的员工无以奉送，将他们在工地常戴的安全帽赠给他们，并授以镇江商业城的名誉员工称号，工号从 0017 到 0020。

坚冰已经打破，航道已经开通。黄主席的希望，不，全市人民的希望一定能够实现。

创出“中山路精神”①

众所周知，城市建设和城市规划与道路建设紧密相连。当高德正于1984年8月到镇江市履任时，市区连一条像样的马路和主干道也没有，整个城市建设滞后，严重阻碍交通运输和经济发展。中共镇江市委、市政府已发现这一问题，而且已开始规划改造中山路。但因对马路改建的宽度、一幢规划在马路中间的公寓房如何处置这两个问题意见不一，改造工程暂时被搁置起来。高德正针对这些问题做了大量的调查研究，广泛听取意见，心中基本有了数。在此基础上，他提请市委召开四套班子领导和有关部门负责人及专家会议。孙秉谦书记很快采纳了高德正的意见，在南山一个小宾馆召开了会议。在孙秉谦说明了会议主题和重要性后，就由专家按照挂图进行解说。与会者围绕中山路拓宽至30米还是40米，以及中山桥一公寓楼怎么办两个问题展开讨论。大家发言非常热烈，会议开了三天三晚，实际上是争论了三天三晚。最后终于统一了认识，以改造中山路40米宽为骨架，通过了城市建设规划，就此迈开了镇江城市建设的新步伐。

市政府常务会议认真贯彻落实市委会决策的意见，大家情绪高昂，异常兴奋，对如何搞好中山路改造事宜，研究得相当充分，并形成了决议。会上决定由高德正任城市建设总指挥，分管副市长黄选能任常务副总指挥。高德正说：“今天的常务会议开得特别顺畅，标志着镇江城市建设大有希望。万事开头难。改建中山路是镇江城市建设中的大事，一旦通过民主决策，余下的问题是市政府按决策意见，一心一意，大刀阔斧，科学施工，精心建设，不再允许任何与决策相悖的言行来干扰建设的进程。这是镇江市城市建设史上

① 本文节选自孙柔刚:《厚德为民——高德正传略》,江苏人民出版社,2009年,第139－143页。

值得记载的大喜事。市政府一定要以实际行动抓好节骨眼上这件事，否则对不起市委，对不起老百姓。前一段时间，这件事拖下来了，我们还有客观原因可言，而从今往后，中山路改建任务抓得紧不紧、搞得好不好，一切责任全在我们市政府，就在我们这班人身上，相信黄选能同志有胆有识、有经验、有魄力，一定能担当起这一重任。市政府全力支持你老黄的工作，高某全力支持你老黄的工作。万一工作中出现闪失，责任由我高某承担。”

中山路改建工程一炮打响，全城震动，盼望已久的市民们为此高兴，干部们也为此鼓掌。黄选能副总指挥天天盯在第一线，觉少睡了，脸晒黑了，但精神饱满，脸上常挂着笑容。高德正非常信任黄选能，全力支持黄选能工作，意在使黄选能更好地、大胆地开展工作，丝毫无推卸担子之意。为了更好地支持黄选能，高德正经常现场办公，听取工程进度汇报，解决一些难题，他的踪影几乎每天晚上都出现在工地上。因此，中山路改建的进度、质量，工人们的劳动情绪，指挥部的工作情况，全都了然于胸。然而，也有少数群众一时想不通，有的因为拆迁无法满足他们过分的要求，出现了一些谩骂政府和市长的情况，甚至还有人在高德正的住处门口摆了一个花圈，以此诅咒。对此，高德正心胸坦荡，坚信唯物主义，不理睬这一套。

在工程进展中，高德正发现正对大会堂西大门的广场上突立着一个厕所，不但影响市容，而且直接影响大会堂开会人员的疏散，高德正感到很奇怪。通过了解，他很快弄清了其中的原委。这个厕所是地市合并前原镇江市建的。实行市管县体制后，因地市矛盾，没有人敢碰这个钉子。高德正想，有矛盾一定要妥善处理，矛盾不能结在厕所上。弄清缘由后，一天时间就把这个厕所拆掉了，不仅大会堂前的集散地通畅了，而且确实改善了市容。

京口桥堍的马路拓宽了，但有一棵五百年的古银杏却横在路中间。有人主张处理掉，而高德正不同意，他当机立断将这棵古树保护下来。而今这棵高龄“活化石”保存完好，已成为中山路上一道亮丽的风景。对此，镇江市民反响甚佳，人们说：“拆厕所，保古树，这一拆一保，正好彰显了高德正敢于护宝、敢于碰硬、科学主政的精神。”

被镇江市民称为“马路市长”的黄选能分管城建很得力。初次接触，就发现他是一位干练而又资深的老干部。他曾经当过丹徒县委书记。回忆到与高德正共事特别是拓宽中山路的情景，他感慨万千，激情昂扬。黄选能介绍说：此前，对于中山路扩建为30米还是40米一直有争议，市委孙书记征求我意见，我以扬州市因未一步到位而导致两次拆迁为例，表明态度。高市长到任后，支持拓宽至40米，经市四套班子讨论，才定了下来。说心里话，中山路改建成功，是与高市长的有力指挥分不开的。高德正有能力，有水平。若无高市长的有力领导，在镇江市休想拓宽中山路。他的工作作风是既讲民主又敢于决策，把大会堂前的厕所这个老大难问题一举解决了，市民无不拍手称快。当时，市区中山桥桥龄已50年，该如何处理？一种意见是老桥不拆；另一种意见认为老桥可不拆，在拓宽部分建新桥，但不匹配。我认为老桥还得拆，但把四根大梁拆下来造新桥。高德正完全同意我这个意见。现在的中山桥是一座完整的新桥。”有人说，在电视上常见黄选能，怎么不见高德正。对此，高德正回答说：“黄市长经常深入一线，而我各项事务特多，怎么能见到？”这话说明高德正很谦虚。市民们哪里知晓，高市长经常在夜里去中山路工地现场办公，检查工程进度和质量。发现好的地方就予以肯定和表扬，发现问题就随时指出。高德正有意让媒体多宣传黄选能同志，更好地建立黄副市长的威信。而今，市民们常说镇江市城建改造的基础是高、黄两位领导打下的。黄选能由衷地说：“我与高市长合作得相当好，很愉快，他有能力，也有魄力，品行正派，更有一套领导艺术。”

黄选能常说：“工作中如果遇到麻烦，我给你们撑腰，大胆地干，出了事由我承担。”他雷厉风行，布置的任务，一定会及时检查贯彻落实情况，任何人休想在他面前敷衍了事。现在镇江社会上传颂的“中山路精神”，既是一种标志，也是一种求真务实的好作风。“中山路精神”成为推动全市工作的精神财富，这是一种政绩的标志、形象的标志、精神的标志。

4千米长、40米宽的中山路既是镇江市的主干道，又是镇江市容的标志性工程。工程竣工后，市容旧貌换新颜，市民欢呼雀跃，连曾为此发牢骚骂市政府、市长的人也不得不称赞中山路改建得好。当时，全市经济形势欣欣向荣，城市建设蒸蒸日上。市民中流传着一句话：“镇江市镇江市，三天两头有喜事。”中山路通车那天，全市锣鼓喧天，老百姓喜气洋洋，一片叫好声。

分管市长地方志工作日制的首创者[①]

镇江市地方志编纂委员会于1984年年底成立时，已经比江苏省沪宁线上其他省辖市晚了两三年，一块修志办的牌子挂在一幢旧楼的楼梯拐角处，这儿很清冷。镇江市副市长、编委会主任黄选能同志（后被选为镇江市政协主席）来到这儿。他站在这儿看了看牌子。不知道他是怀着怎样的心情。但我后来拜读由他亲自执笔的《镇江市志·跋》时似有所悟。跋文云："我们对市志的编纂工作，应向作者（各修志单位众多的撰稿人）、读者（成千上万）负责，向古人、今人与后人负责。因此，必须具有强烈的历史使命感，否则，将辜负组织和人民的信任，愧对前人，贻误后代。"由此可以想象，那时候的他定是在想："在齐太史简，在晋董狐笔。"

黄选能在全国修志界是颇有名气的。他的名气主要来自他与董一博的一次通信。说起那次通信，他与那位全国修志界的权威素不相识，是黄选能在镇江领导修志的一些做法引起了董老的兴趣。那就是后来风传全国修志界的名言："软件硬抓、冷门热坐。"

说起来，这就是黄选能的与众不同之处。

按照常规，一个正在抓全市交通干线工程，并身兼现场总指挥的人，再抓修志这样的"软工作"，是很难兼顾的。但他合理安排，运筹有方。白天在工地上奔波忙碌，晚上灯下看修志的材料，照样也是聚精会神。有人劝他："老大的年纪了，去抓修志，那有什么好修的？顺带问问就算了。"所谓"顺带问问"，那就是讲讲话，鼓动一番，然后交给职能部门去做。但黄选能的回答是："修志是大事，而且还是关系子孙后代的大事，一定要抓实。"

---

① 本文节选自《当代中国志坛群星集》，中国古籍出版社，1995年，第149－157页。

这位不愿墨守成规的领导，做什么事都有自己的风格，那就是从官样文章里讲出新的套套来，从墨守成规、按部就班的程式里琢磨出与众不同的招式来。当中国地方志协会副会长董一博先生听到镇江市副市长黄选能专门为修志定下市长工作日、采用编委责任制等一系列具有相当实际作用的措施来推动修志工作时，便欣然提笔，十分动情地写了一封信给这位黄副市长。他在充分肯定了“分管市长地方志工作日制”和“编委责任制”后，感动地写道，有如此好的领导和措施，“必期前贤愧后贤”这一做法，被传为志坛的一段佳话，也为一些市、县的领导所效法。1990 年 3 月出版的《高原古城》地方志通讯全文转发了黄选能的文章《“软件”当“硬件”抓，切实把修志工作抓上去》，而且特别加了编者按。黄选能在文章里反复强调：“由于人们认识的不平衡，加上各单位存在这样、那样的实际问题，仅仅靠一般性号召，面上发动是不够的，还要领导亲自动手做深入细致的工作，不断地解决他们的认识方法和实际问题。为此我们每隔一个季度或半年都要对修志进度认真进行排队分析，对后进单位，逐一分析原因，然后召开座谈会，同他们共同研究改变后进的措施；会后还亲自登门，与部门和有关县（区）主要领导及分管修志的领导面对面地研究落实措施。”“你不来讲情况，我就主动上门去找你。”这就是著名的“分管市长地方志工作日制”“编委责任制”的产生由来。由于黄选能的努力，镇江市及有关县（市）、区的修志工作逐步纳入政府工作的日程，还排上了市人大、政协的视察日程。从这里，我们看到的不仅仅是黄选能“历史不能割断，史志不能不修”的观点，更看到他比别人高出一筹之处，即在中华人民共和国成立 30 多年后，重修地方史志的工作终于提上了各级政府的议事日程。但是，提也就是提。提了以后怎么干，却不是所有人的认识都是一致的。政府的工作千头万绪，老百姓的吃、住、行都得管。修志是为前人树碑立传，真正要能抓好抓出成效来，并非易事。黄选能深知个中甘苦。他说：“上对得起历史，现对得起今人，下对得起后代。我自己是外行，但我是领导。既然让我领导这个工作，我就要做到两点，一是自己变‘内行’，二是摆正自己与专家的位置。我在他们面前是什么位置呢？一要做修志办的‘公关部主任’，二要做专业人员的‘后勤部长’！”

说到这些，许多同志会说：“黄主席不仅仅是他自谦的那样，他还是个勇于挑担子的好领导。”《镇江市志》记述的地域范围情况比较特殊，在临近定稿的时候，省志办对镇江市志记述范围提出疑问。这的确是个重大问题。修志开始时，镇江市还是个地辖市，可在定稿时，镇江市已是省辖市了。怎么办？推倒重来，时间不允许；另辟蹊径，难度更大！对此众说不一，而在此时此刻，有的同志却在过多地想着自己承担的责任，有的同志不赞成省志办的意见，有的同志不知如何是好。黄选能听完汇报说："出现问题，是我作为领导的责任。现在，你们的任务是从实际出发，拿出切实可行的修改和完善方案，修出一部无愧于镇江人民的市志才是正经事！"一席话，驱散了人们心头的迷雾……

黄选能同志不仅在修志工作上勇于承担责任，还关心修志的编辑人员。正因为这样，当政协换届选举时，年过六旬的他竟以全票再次当选。

"十年磨一剑。"最终出版的《镇江市志》（上海社会科学院出版社，1993 年）编辑人员中有 3 位的名字打上了黑框。可以说，他们 3 位每人的事迹都可以写一篇催人泪下的文章。孙金振老人出身于书香门第，家学渊源。他终身未娶，矢志献身于地方文献的积累与研究，几十年中收集和保存了大量宝贵的地方资料。他被聘请到市志办工作，每月只有 50 元补贴，这点钱实在算不了什么。这一点，黄选能比谁都清楚，他在每个月的"分管地方志市长工作日"里，坐镇市志办，与耆老们促膝谈心，这些老人都很自重，并不轻易去增加领导的麻烦，哪怕是举手之劳的事。1991 年初冬的一天，市志办的同志突然发现孙金振老人上楼很艰难，便陪他到医院检查，不料竟已是癌症晚期。当黄选能看到老人寄寓在姐姐家，生活十分清贫时，泪水在眼眶里打转。老人寄寓的一间破旧的平房中，除了一张用板凳支起的木板床外，几乎到处都是书——连床的里边一半也被书占据了。面对这一情景，黄选能感慨万千：如果我们能够真正地早几年尊重人才，如果我们能够真正地正视现实，如果我们早早地发现和启用这些人才，如果我们……是啊许许多多的事都在"如果"之中……许许多多的事又都与"如果"擦肩而过。黄选能并没有过多地注意孙金振老人的眼睛里流露出的感激之情，他只想到自己的能力太小，无法为知识分子们多做一点事。

一个市领导造访一处破旧民居，在一个普通市民的病床前久留，老人去世后他又亲自去吊唁。邻居和孙家亲友们都不禁唏嘘感叹。

黄选能的做法，深深地印在每一位市志办的工作人员心中，激励着大家。

当另一位编辑张自划病危住院时，他还不肯放下手中正在修改的志稿，硬是把六本分志稿带进医院，说是一旦身体好一点，在病床上就可以写。别人劝他，他不听，他说："我有幸能在晚年遇上黄主席这样的好领导，就想多干点事啊!"张自划与孙金振一样，为修志一直工作到生命的最后一刻。黄选能说："尊重人才本来就是我们党的优良传统，现在却被人们认为不正常了，这难道不值得我们深思一番吗？孙老一生坎坷，直至晚年才有幸得到发挥才能的机会，他日夜操劳，致使他过早丢下自己热爱的事业，这怎能不使我们每个活着的有良知的人好好深思呢?"

黄选能的这些举动怎能不引起别人的议论？有的人说这样的领导如今不多见了。可是，也有人硬说他是出风头，是为自己捞取政治资本。

黄选能知道后一点也不生气。他坦然道："我已经年过六旬，又是市四套班子的领导，你说我还要捞什么资本？要说资本，我倒是要有点真正的资本，那就是这部在江苏省 11 个省辖市中第一部问世的、后人认为值得看的市志！号称'西部歌王'的王洛宾说，我们正在做着五百年以后的事。我想，我们修志不更是做着五百年、五千年以后千秋万代的事吗？要做好这样的事，首先就是要求我这个当主修的人从人格、领导艺术、政治素养、学识、品质上做到，修志之要，在于得人，我觉得首先是我'自己'是否得到了党和人民，以及历史的承认，够不够格来当这个主修。我们不是常常说，组织上够格了，思想上够不够格呢？只要我自己思想上够格了，我所抓的这一班人的工作就好做了，要人就会有人，要材料也会有材料。"

黄选能同志是无愧于历史重任的合格的修志人。他不但关心修志人才，而且亲自动手修志。如果翻开《镇江市志》，读一读"总述"，一定会为作者的那种高屋建瓴的气势所动。如果得知这并非出自专家之手，而是由黄选能所作时，您会怎么看呢？也许，您会说那是专家写好，他签个名罢了。事实上，此稿最初是由别人起草的，讨论后大家认为要动大手术，但又都觉得要改好又无从下手。黄选能踟蹰再三，最后还是自己花了几个通宵拿出了一稿，连同那原稿一起交给编委会去讨论、交给全省的专家们去决定取舍，专家们一致通过以黄选能的这一稿作为主框架进行修改，三易其稿而后成。在说到这些事时，黄选能说："毛主席说，我们要善于向一切内行的人学习。我的习惯、也是我参加工作的最初十几年在省级机关养成的作风，那就是每做一件事，只要是接受了，我就要认真地学习，利用一切机会认真地学习。”

在他分管地方志工作的这些年里，他挤出时间，硬是啃下了数以百万字计的有关修志的书籍与文章。厚积薄发，如此才有了这篇字字珠玑的“总述”。

黄选能以身作则亲自动笔写，更以“冷门热坐”来推动修志工作，方志办一年一度的辞旧迎新茶话会，可谓清茶一杯，别人看不中，常常是请而不到，而他却“不请自到”，还事先打招呼，唯恐漏掉了他。因为一个市的领导年底要参加的活动非常多，几乎一天就有好几项，所以市志办领导看他特别忙，就想让他免了。他说：“你们的会我是一定要参加的，而且还要说话。”他在茶话会上说了什么呢？面对着一群地方耆老，他侃侃而谈：“镇江著名书法家李宗海 90 岁高龄进入无所求之境界，从无所求而必有所为，耆老们为地方志的早日修成呕心沥血的精神，应当成为后人永远不应舍弃的宝贵财富！”茶话会，他绝不单单是务虚的。针对那些不重视修志，或者对修志采取敷衍态度的人，他在会上大讲“无私无畏”和“无知无为”，这么一来，修志这个“冷门”一下子热了起来，热到了有个部门在春节后上班的第一个会就是关于修志工作的主题，局长亲自抓“冷门热坐”，做出了由后进变先进的榜样。

“冷门热坐”要能够让进了冷门的人肯用极大的热情，做到“板凳要坐十年冷”。要做到这一点，领导不仅要礼贤下士，还要真正当好“后勤部长”，为修志人员解决切身的困难。

讲起黄选能关心市志办工作人员的事，听者无不动容。突出的是调入人员的住房问题。黄选能为市志办人员解决住房问题，真是费尽了心机，吃尽了辛苦。在修志开始以后的十年间，他先后为志办人员解决了 10 套住房，做到人人“安居”。

地方志办公室的小翁结婚后一直住着一间既是卧室又是会客厅、厨房、卫生间的小屋里。孩子出生以后，需要请保姆，却因为无法安排保姆的住处而在工作中分心。她的丈夫是驻镇某高校的青年教师，按条件他还不能在学校分房。黄选能知道后，放下手中正在起草的文件（他喜欢自己动手写报告、起草文件，这是他早年任省领导秘书 10 年养成的习惯），对志办主任说：“要我做什么？”

“去高校说说，看能不能破个例……”高校不归地方管，这事很难办，所以主任说了一半就没有再说下去。

黄选能想了想，站起来说：“那就去碰碰看。”

外面大雨滂沱，黄选能说着就要去，倒叫主任为难起来。黄选能诙谐地说：“此时去，说明我们心诚嘛！成不成是另一码事，去不去可是我们的态度问题。”

当黄选能这个不速之客站在该高校领导面前时，他们为之一惊，忙说：“您在任主管城建副市长时，给过我们学校很大帮助，有什么事，只要你一个电话就行，何劳亲自登门？何况是这种天气！”当他们听说是为了一个普通工作人员的住房时，该校的领导十分感动。黄选能毕竟是市政协主席啊！但感情归感情，原则归原则。这也许正是知识分子的可贵之处。该校领导再三说明为难之处。

黄选能用商量的口气问：“政策中有没有可以用活之处？一个市领导连这样的一件小事都解决不了，能把镇江人民交给的修志大事办好吗？”他开始说起自己对修志的看法：“如果你让一位有文字能力的人去当市长的秘书，他一定是会乐意去的。而让他来修志，他就得考虑考虑，这是一个冷行当，不要说奖金，连茶叶都没有。人不是生活在真空里，人也不是没有七情六欲的机器。我要在这几年里完成修志工作。我靠谁？靠我这个市领导的牌子？靠我自己动手吗？不，我得靠他们，靠他们的奉献，唯此而已。”

“那就研究研究吧！”

该校的研究结果很快出来：由市志办补贴极少的建房资金，该校破例为小翁家分了一户小套住房。屋虽小，情却深。每每说到此事，人们感动的不是黄选能利用职务去说情，而是他那冒雨之行的务实精神！

我不知道上述这些文字是否说到了黄选能的“冷门热坐”学上，怕是不着边际。但我觉得，这些零碎的记载倒是可以把读者引到黄选能的“冷门热坐”学的门坎前，既然如此，那就请你自己向里面窥探吧。因为只有这样，你才能品味他这一理念的真味，你也才能有真正的体会和发言权。不到西天，岂能取到真经？当然，也只有他本人，对于“冷门热坐”才可以说出一套完整的理论。

我细细地把他说的“冷门热坐”咀嚼一番，突然发现，黄选能这一套理论并不是专门针对修志，它竟然是放之四海而皆准的“真理”！

你说，“大呼隆”的运动式工作方法，给我们带来的教训还少吗？在建设具有中国特色社会主义的过程中，我们是不是真的需要“热门冷坐”，好好地思索一番，然后再下结论？对于那些事关民族前途大业的学问，如民族精神、民族素质、民族文化等，我们是否也应该“冷门热坐”，以极大的热情去支持呢？

万事万物，都在宇宙定律的掌握之中，如何寻找到宇宙的规律并掌握它，使它能够为人类造福。这需要极大的热情，更需要坐较长时间的“冷板凳”，一冷一热，一张一弛，以此锤就精湛的领导艺术。

只有深究其道者，方可如庖丁解牛，刀行肋间，游刃有余！

丹徒三任县委书记人人立功受奖①

新华社南京7月26日电，丹徒县自1980年以来的10年中，三任县委书记都因关心支持部队建设，重视做好民兵工作而立功受奖。

1980年，原县委书记黄选能到任不久，就听到部队反映少数兵员素质不高。带着这个问题，他与县人武部的同志深入乡村调查。在黄选能的建议下，全县推广了三山乡的经验，全县兵员质量逐年提高，每次征集新兵时，都有10余种经过一定训练的民兵和专业技术兵源让接兵部队挑选。为此，黄选能被江苏省军区荣记三等功。

接任的县委书记蒋惠中上任后，注重抓民兵、预备役人员的思想文化素质。经过反复论证，县委推广了大港镇赵庄村创办“民兵青年业余综合学校”的做法，组织民兵、预备役人员学文化，学政治，学科学。在不到一年的时间里，全县的289个行政村全部办起“综合学校”，有2.8万民兵、预备役人员参加学习。1984年4月，江苏省政府、省军区在丹徒县召开现场会推广了他们的经验。蒋惠中也荣立了三等功。

现任县委书记徐鸣1985年上任后，及时采纳县人武部的建议，在全县开展了争当“子弟兵好家长”的活动。今年年初，徐鸣又建议县人武部把支持部队的工作，从军属扩展到社会，并提出了在全县开展当好部队“后方政治部”的活动，帮助解除了军人及其家庭的后顾之忧，为此徐鸣被江苏省委、省政府评为“兼职尽责的好书记”并受到了通报表彰。

① 本文原载于《新华日报》1980年7月28日。

“两张皮”融为“一张画”[①]

江苏省镇江市正确处理经济建设与城市建设的关系，坚持“两个建设”一手抓，做到“两只翅膀”一齐飞。四年来，全市工农业总产值翻了一番，城市建设取得了突破性进展。

镇江市近几年来一改过去“重生产、轻生活”“先生产、后生活”的状况，在抓好经济建设的同时，注意把城市规划、建设和管理工作作为重要职能紧抓住不放。市长高德正和副市长黄选能亲任城市改造指挥部正副总指挥。

该市打破条块分割的状况，进行计划体制和建设体制同步改革，抓好城市规划与国民经济计划的衔接一致。该市采取让计划经济部门参加城市规划的编制、修订；让城建规划部门参加计划经济部门拟订五年计划和年度计划的制订，使规划和计划由“两张皮”融为“一张图”，有效地保证了经济建设和城市建设同步协调发展。

紧密结合经济建设，城市进行基础设施的建设，为经济建设搞好配套服务。与此同时，经济建设部门和企业也主动为城市建设多挑重担。按照城市改造规划的要求，自行拆迁单位用房，自行安置动迁户，还尽可能地组织职工参加义务劳动。他们坚持自己动手谋福利，自铺门前路，自治门前脏，自栽门前树。四年来，各单位自己铺装人行道10多万平方米，植树160多万株。

镇江市委、市政府注意帮助计划经济或城建部门正确处理相互制约与支持的关系，树立“一盘棋”的思想，减少和杜绝扯皮现象。市委、市政府在

---

① 本文原载于《中国城市学报》1986年10月30日。

进行经济或城建工作决策时，都请经济和城建部门参加，做到集体定项目，审批“一支笔”，领导“一个头”，各方保工程。经济与城建部门还共同建立工作例会制度和定期的工作联系制度，部门负责同志经常主动上门互通信息，商量工作。经济、城建部门互相支持、互相配合，全市经济建设和城市建设都取得了好成绩，受到了省委、省政府领导同志的表扬和鼓励。

人民公仆自应勤奋地工作[①]

徐 溯

1988年3月18日，京口饭店小会议厅，君子兰花散发着淡淡的馨香。镇江市政协主席黄选能按约准时来到这里。

黄选能是年初当选市政协主席的。他说：“凡事要讲个认真，我总想尽快进入角色，把工作做得更好些。政协工作我是外行，两个多月来我一直在学习和思考：政协在新时期应如何加强参政议政等功能，如何为我市的经济发展献计出力？政协人才济济，集中了各方面的出类拔萃之士，确实是个综合人才库。我作为‘库长’，首先要珍重这份无价之宝。有人说有关部门要在发展镇江经济，特别是在发展外向型经济中，充分发挥政协人才库的作用。我认为，作为政协，首先应主动发挥自身作用，表现出优势，不能坐等咨询和人家的邀请。我们自己要加强参政议政自觉意识，要有荣誉感、责任感、紧迫感。”他还说：“委员们至少每月能拿出一两天时间考虑考虑政协工作。当然，他们大都是兼职，另有本职工作，这是个矛盾，政协要与各方协商。拿出些措施，以保证委员们能有个考虑政协工作的适当时间，为他们参政议政创造必要的条件。”

政协应如何为沿海地区经济发展战略做出贡献呢？黄选能告诉我们：“学习了中央近期有关文件后，我下决心要和政协委员和全体机关的同志一道，进一步解放思想，真正放胆实干。发展外向型经济，我们不能观望和等待，

① 本文原载于《镇江日报》1988年3月31日。

要更新观念，尽快设法搞些经济实体。对外开放了，外语人才不足是个矛盾，我们准备与民主党派及有关高校合作，多培养些实用型外语人才。如办高级班条件不够，先搞些初中级的也好嘛！事物总是从无到有，从低到高，从小到大。一切从实际出发，贵在行动。”

在谈到政协与外界的协同关系时，黄选能认为：政协统战部门要有经济观念，凡事要主动地站在政府的全局上考虑问题，主动献计出力；政府部门要有“政治协商、民主监督”的观念，即决策在协商之前，在研究一些大政方针时，要继续发挥政协、统战部门的参议咨询作用。两相结合，事情一定会办得更好。

采访中我们注意到，这位曾分管过城建工作的前副市长至今还关心他的“旧业”，就名城建设和发展问题谈了不少有见地的观点。他注视着面前那一捧淡淡的君子兰花，缓缓地说道；“我对镇江人民，对镇江这块土地感情很深……”即将分手时，黄选能动情地讲了下面一段话：“巍巍京口，天下名城，为名城争名，岂敢解怠！我坚信，在市委的领导下，镇江的工作将会跃上一个新的台阶，作为人民的公仆，我愿与市人民一道，全力为振兴名城镇江而更加勤奋地工作。”

把历史文化名城装扮得更美丽

——记镇江市副市长黄选能①

肖 隼

1986年10月间，中共江苏省委和省人民政府的领导同志在镇江视察时说：“镇江不仅经济建设走在全省的前列，而且城市面貌变化也很大。”镇江城市建设为什么能跨出一大步？干部群众说：这是党的正确路线和方针政策指引的结果，是市委、市政府集体领导的功劳，是全市人民辛勤汗水的结晶，也是与城市建设有一位好指挥员分不开的。这位指挥员就是副市长黄选能。

“我佩服李瑞环市长”

“恭喜！恭喜！”1986年春节上午，黄副市长到中山西路拓宽工程指挥部工地办公室给大家拜年。同志们见黄副市长从市长研究生班回来了，就围住他，想听听见闻。黄副市长感慨万端地说：“在市长研究生班，我听了许多精彩的报告，天津市市长李瑞环的讲话是难忘的一课，我佩服李瑞环市长，他抓城建有气魄，有狠劲，有办法。他拟订工程计划从竣工期往前排，早晨三点就叫醒老顾问一同上工地，建设一条食品街只三个月。我们要用天津速度建设中山西路，建设历史文化名城。”中山西路位于火车站北侧，虽然只有1.3千米长，可是路窄、弯多、坡陡，将原来只有9米的道路拓宽成40米，要将三座小山削去一半。按照市委、市政府的部署，过了春节，黄副市长在

① 本文原载于《城乡建设》1987年8月。

中山西路拓宽工程指挥部定下两条“规矩”：中山西路拓宽工程要从预订通车日期的 7 月 1 日起向前安排计划，施工要实行两班制，昼夜奋战。很快，倒排的施工计划像作战图一般挂满了指挥部工地办公室的墙壁。两班制也推开了。工地上施工人员轮班上，黄副市长却班班到现场。白天他在工地现在指挥，晚上又接着上，常常到深夜才走进家门。职工们看到黄副市长皮肤晒黑了、眼睛熬红了，仍然和大家一块儿在工地上，劲头更足了。在他的带领下，经过全体设计施工队伍的努力，中山西路拓宽工程提前 8 天完成了任务，向党的生日献了礼。

与群众一起舞“龙头”

“建设好镇江，必须将城市规划交给群众，与群众一起舞龙头。”黄副市长深切地感到这一点。镇江市城市总体规划已经省政府批准，必须大力宣传，将规划交给群众。在他的建议下，市委、市政府召开了城市总体规划报告会。他打开市长研究生班里曾经反复学习过的城市规划论著，伏案执笔，连续开了两个“夜车”写好讲话稿。在千人大会上，他从城市的起源、规划的产生一直讲到在镇江如何实施规划。他有声有色、富有感染力的讲话，深深拨动了在座干部群众的心弦。市委书记孙秉谦和市长高德正立即表示支持黄副市长的讲话。会后，黄副市长组织规划宣传小分队深入南山风景区采石塘口传达城市报告会的精神。采石公司的同志惭愧地说：“我们在轰南山风景区，确实是在糟蹋镇江大好的风景旅游资源啊！今后我们不能再干愧对前人、遗患后代的事了！”原来违反禁令竞相在南山风景区内开山采石的 10 个单位立即撤出了塘口。在旧城改建中，黄副市长和建设部门的同志深入动迁单位和居民家中宣传规划，8 天动迁了 165 户居民。市少年宫旁边一户几年不服从规划的“钉子户”，经过反复做工作，终于动迁了。市区和城郊乱搭乱建、圈地建厂的歪风也很快刹住了。

依靠集体的智慧

“名胜古迹的修复、保护，风景区的开发建设，心肠要热，头脑要冷，要听听多方面的意见再动手。”黄副市长始终恪守这一原则。

镇江火车站北侧的中山西路拓宽改造后，一些干部群众建议在火车站广场兴建一个广场绿岛喷泉，将镇江的“窗口”打扮得更加漂亮一些。黄副市长觉得这个建议很好。要将广场绿岛喷泉建成一个风景点，关键在于设计。设计任务交给谁呢？他想听听城市改造指挥部同志的意见。工程技术科长陈明春认为，江苏工学院前几年设计的东门广场绿岛，群众反映不错，建议将设计任务仍然交给江苏工学院。黄副市长采纳了这项建议。江苏工学院定出了三个方案，有一个方案准备将广场喷泉设计成体现镇江“城市山林”的特色。黄副市长和城建指挥部的同志都倾向于这个方案，就让设计单位设计。设计方案拿出来后，黄副市长向市委、市政府做了汇报，又听取了市人大、政协领导同志的意见，还邀请部分专家进行了评议。在征得了多方面的统一意见后，他拍板道：“就按照江苏工学院的设计方案施工！”1987 年春节前，象征镇江金山、焦山、北固山，四周松柏环绕，用小喇叭花组成“欢迎”字样的“城市山林”音控喷泉建成了。这一景观和车站钟楼交相辉映，每天都吸引着无数的游人。《人民日报》海外版“祖国风貌”专栏刊登了镇江火车站绿岛喷泉的大幅照片。

少花钱，多建设

黄副市长处处注重抓增产节约问题。有些城建单位的负责人，往往较多地考虑企业的经济效益而不顾城市建设的整体利益。他们到处争项目、摆摊子，可是项目争到后，又拖拖拉拉上不去，还常常借故向建设单位“敲竹杠”。黄副市长深刻地意识到：“时间就是金钱，基本建设拖延工期，将会造成巨大的浪费！”他决定整顿一下“拖拉风”。他对施工单位的负责人说：“镇江基础差、财力弱，一年能用于城市建设的经费才几百万。我们起步迟，要上得快，必须少花钱、多建设。要一分钱当着两分钱使用，可不能将几个钱糟蹋了，什么事也办不好！”他亲自审定施工队伍的施工计划，经常了解进度情况和施工问题。在他的严格要求下，许多施工队伍都改掉了“拖拉风”。

在中山西路拓宽工程中，大批旧房被拆除了。黄副市长表示，这里的断砖旧料能派上大用场，要利用起来。他组织征地拆迁办公室和房屋开发公司等单位做好旧料回收工作。仅征地拆迁办公室就利用旧料砌了 530 平方米的拆迁安置周转房，安置了十多户动迁居民。

治理“龙须沟”

焦山、北固山是闻名遐迩的风景点，来镇江的游客无不慕名而至。但是去年年初通往这两个风景点的苏北路和镇焦路还是垃圾遍地、臭水横流、路人掩鼻的“龙须沟”。有一批苏北人在镇江看到苏北路脏得不堪入目，曾经提意见，认为将这样脏的路命名为“苏北路”实在有损苏北的声誉。外宾来镇江，也只能安排从江上游览焦山、北固山。为了让名城名副其实，必须重新修造好这两条旅游路线。黄副市长向市委、市政府汇报了这个意见，立即得到了支持。他组织城建部门做沿途单位的工作，解决了建设资金问题。他又调动拆迁、施工队伍开进了工地。当时正值盛夏，他不顾烈日晒、气温高，天天到工地指挥施工，仅用三个多月的时间，两条宽阔平坦、绿树成荫的旅游线路建成了。

告别“上厕难”

镇江市区有 30 多万人口，可是直至前年，只有 80 多个公共厕所。而且这些厕所既小又破，分布又不均衡。不少地方群众上厕所要排队，有时甚至要骑自行车上厕所。为了解决群众“上厕所难”的问题，市长办公室会议决定 1986 年要新建 40 个厕所。黄选能副市长立即组织建委和京口区负责同志研究，提出一定要精心设计、精心施工，建设 40 个美观、配套、卫生的厕所。厕所人人需要，可是无论建在哪里，附近的群众都会有意见，为了让厕所布点合理，黄副市长亲自到现场实地考察，并做群众的思想工作。他逐个审查了厕所的设计方案，经常检查施工情况，现场解决问题。1986 年春节前夕，40 个设计新颖、造型别致、光亮通风的厕所建成了，镇江群众称赞说：“市政府又为群众做了一件好事。”

焦山万佛塔图记[①]

丁观加

去年（指 2000 年）10 月间，我应约赴黄选能先生府上。叙谈间，他出示一把扇子。展扇，只见茗山大法师书自撰诗一首，诗云："浮图高耸七层楼，八面风光满目收。一塔摩云临北斗，双峰如柱砥中流。千万佛手来朝觐，历代人群竞旅游。夜放灯光便航运，永留胜迹在山头。"

茗老以"佛之心境"书写出沉穆空寂、清明平淡、质朴离俗、圆深神化的极其高逸的书法。他的行楷书"笔笔自然而然，字字绵里藏针，可谓柔中见刚、刚中有柔"。（见《茗山书法作品选》序）大法师书此诗后又书跋曰："焦山万佛塔于 1998 年春动工，1999 年冬建成，全靠市政协前主席黄选能先生指挥有度，茗深感其无量功德，特撰书《万佛塔诗》，以留纪念。选能先生雅正。2000 年秋，茗山撰书。"

原市政协主席黄选能先生离任后，遵照市委、市政府之委任，操办两件事：一是改造一泉宾馆两万平方米，新建两万平方米，一年完工，"一泉礼堂"四字即为黄先生所书；二是建造焦山万佛塔，建塔经费由定慧寺自筹，但因运输、施工及其他情况，难度很大。

在茗山大法师的恳切请求下，黄先生欣然允承，并尽心尽力投入此项工作，终于两年内顺利落成，从而"夜放灯光便航运，永留胜迹在山头"，故茗老感激之情溢于言表，此乃代表佛界心声：功德无量。

---

① 本文原载于《京江晚报》2001 年 1 月 22 日。

选能先生出示此扇之因，是嘱余在扇背作万佛塔图也，余当遵命。为此，我于去年11月初专程赴焦山速写。时隔近两月才动笔完稿，遂落款：“焦山万佛塔图，丁观加敬绘”。又书小记：“茗山大法师为感谢黄选能先生建造万佛塔之功德，特于扇面撰书一诗以赠。黄先生嘱余于扇背作万佛塔图，余受命并渡江观察、写生。12月中旬，余自北京归来构思再三，一日，风静天净，暖意满室，余沐手于镇江东郊华山楼之学山书屋敬绘是图。乞请黄选能先生鉴正。庚辰岁冬至后三日，公元2000年12月24日，崇明丁观加又记。”

书毕，钤印。心平气和，将扇插于原信封内，遂送主人审阅。

焦山建塔记[①]

袁克晉

《至顺镇江志》卷九载：

焦山普济寺旧无塔，元大德二年，江浙佥省周文英渡江，阻风不能济，遂许建塔于寺，有顷风止，果得渡江，是岁乃捐己资建塔，及九年而成。后以倭乱塔毁至今，五百余年未能复建。茗为供奉诸佛菩萨，便利佛弟子及游人瞻礼供养，广种善根消灾植福，并为恢复文物古迹，增添镇江风景，方便长江航行，发愿重建此塔并名为万佛塔。公元一九九五年冬，茗至新加坡居士林讲经，并为建塔举办书展。承李木源居士等热忱赞助经费，并有海内外法师居士各界人士随喜乐捐，共襄此举；又得中国佛教协会赵朴初会长亲书谨当随喜四字，乃于公元一九九六年二月以书面向镇江市政协提出建议。蒙政协领导召集专家讨论全力支持，随即又向镇江市政府申请，得迅予批准。具此种种殊胜因缘，乃得动工与建。

公元一九九八年六月

镇江焦山定慧寺住持茗山识

建塔缘起

镇江焦山峨崖峭壁，碧波环抱，林木蓊郁，被人誉为“江上浮玉”。山上有古刹、古树、古碑、古炮台，古朴幽雅，闻名于世。

---

① 本文原载于《镇江政协》2002 年 4 月。

原来，山的顶峰还建有宝塔一座，这不但在有关史志中可以查阅，而且也被建塔时用的塔砧所证实。据《至顺镇江志》卷九记载：“元大德二年（公元1298年），江浙佥省周文英渡江，阻风不能济，遂许建塔于寺，有顷风止，果得渡江。是岁乃捐己资建塔，及九年（1307年）而成。”后因倭乱塔毁（约在1488年前后）。据此记载，宝塔从建成至毁，保存了约181年。从毁至今，已有五百余年。现在焦山定慧寺仍保存着当时建塔用的元代塔砧，塔砧上刻有“佥江浙等处行中书省事，周通施舍焦山塔砧”字样（周通即周文英）。这些塔砧，也是以证明焦山过去确实建有宝塔。

时任中国佛教协会副会长、江苏省佛教协会会长、中国佛学院栖霞分院副院长、江苏省暨镇江市政协常委、焦山定慧寺92代方丈的茗山法师，自1979年党的宗教政策落实，焦山定慧寺重新修复并初具规模后，就想接着重建焦山宝塔，以恢复名胜古迹，结束焦山500多年来没有宝塔的历史。后终因经费不足，力不从心，未能如愿。直至1995年冬，茗山方丈应邀往新加坡佛教居士林讲经弘法，仍不忘重建焦山宝塔之事，他随身携带一批自己的书法作品，举办书法作品展览和义卖活动，为建塔募集资金，当地居士们无不为这种精神所感动。

在新加坡期间的一天下午，茗山方丈在居士林司理李木源居士的陪同下参观了当地光明山的万佛塔。茗老被这一雄伟壮观的万佛塔所吸引，勾起了重建焦山宝塔的夙愿，竟脱口而出：“我也想在焦山建一座万佛塔。”李木源司理听在耳里，记在心上，并告诉茗老：“这座塔就是我帮助宏船老和尚修建的，法师想建塔，我也愿意尽力帮助。”接着，茗老又将信将疑地问李木源司理：“建这座塔需要多少经费?”李木源司理胸有成竹，毫不犹豫地回答：“不论多少，我想每一尊佛像，由居士们发心供养一千元，不足之数，由我们始终帮助建成，法师尽管放心。”茗老听到这一承诺等于吃了定心丸，从而更加坚定了加快复建焦山宝塔的信心。

回国后，茗山法师乘势而上，抓紧时间于1996年2月写了一份“恢复文物古迹，增添本市景点，便利长江航行，复建焦山宝塔申请书”。在2月27日市政协八届四次（现改为三届四次）全委会报到时，直接送交市政协黄选能主席手中，并亲自委托黄选能主席主办此事。

黄选能主席对茗山法师递交的申请十分重视，随即在申请书上做了批示：

“此件是在市政协三届四次全委会报到之时，茗老亲手交与我，并口嘱要我全力支持协助筹办。我意待全委会结束迅即召集‘专家咨询组’先讨论，并邀集有关部门负责人参加，然后正式向市政府提出建议意见。”

专家咨询

市政协三届四次全委会于1996年2月28日隆重开幕，至3月4日上午完成了既定的议程胜利闭幕。按大会秘书处规定，参加全委会的同志可以调休一天，可是，黄选能主席没有忘记茗老的重托，他走出会场直奔市政协城乡建设委员会，授意城乡委的同志立即通过市规划局、园林局、宗教局、地矿局等部门负责人明天上午去焦山山顶共商焦山建塔事宜，同时实地考察地形地貌。

在掌握第一手资料的基础上，1996年3月14日，黄选能主席以组长的身份亲自召集并主持了市历史文化名城规划、保护、建设专家咨询组全体成员会议。会上，他首先宣读了茗山法师“复建焦山宝塔申请书”；接着，要求与会专家、学者畅所欲言，各抒己见。

专家咨询组会议开得非常热烈，发言十分踊跃。与会者一致认为，茗山法师已是耄耋老人，仍关心城乡建设事业，似乎没有理由对他的夙愿不予支持。但专家们也认为，只凭这一点是远远不够的，必须有充分的理由说明建塔的必要性，才能具有说服力。于是，大家广征博引，从历史谈到现在，从焦山要不要建塔，谈到焦山能不能建塔、焦山应建什么样的塔、焦山建塔后会不会影响“山裹寺”的特色……黄选能组长全神贯注地听取各位专家的发言，并做了详细的记录。最后，他以高度的概括能力做了小结性发言。黄选能组长说，归纳大家的意见，专家咨询组全体成员，一致同意茗老“复建焦山宝塔申请”。其理由有四：（一）焦山历史上就建有宝塔，复建焦山宝塔实际上是恢复古迹之举；（二）焦山定慧寺是1986年国务院首批批准对外开放的寺庙之一，建塔不仅仅是恢复一处人文胜迹、增添一处旅游景点，同时也是尊重佛教传统习惯，落实党的宗教政策，吸引中外佛教人士和游客，带动本市经济繁荣，为历史文化名城锦上添花的一件好事；（三）茗山法师身为全国十大名高僧之一，深受国内外和海内外信徒的尊崇，近年来又多次应邀赴新加坡、马来西亚、斯里兰卡、日本、美国及香港、台湾等地区讲经弘法，他利用这些机会广筹建塔资金，尤其是得到新加坡佛教居土林众僧、信众的支持和乐意始终帮助的承诺，应该说建塔资金不成什么问题，况且启动资金已落实到位；（四）茗山法师一贯爱国爱教，近年来看到一江之隔的扬州市已先后建成栖灵塔、天中塔，更是殚精竭虑实现自己的宏愿，为镇江名寺古刹增辉添彩。现在复建焦山宝塔恰逢“政通人和，国运昌隆”，更是机不可失。

立项定点

专家咨询组会议一结束，于当天就写出了《关于重建焦山定慧寺宝塔的咨询报告》。以镇城咨〔1996〕1 号文上报市政府。市民族宗教局根据专家咨询组的意见，也于 4 月 4 日以镇民宗〔1996〕4 号文向市政府正式提出《关于焦山定慧寺重建宝塔的请示》。市政府办公室收到报告后，及时送给周大平市长及应国根、张吉生、滕子明三位副市长阅示。周大平市长于 4 月 23 日对报告做了指示：“我同意。请市计委抓紧立项。”5 月 3 日按照市长指示，市民族宗教局以镇民宗〔1996〕7 号文向市计划委员提出了《关于焦山定慧寺宝塔重建工程的申请报告》，市计委于 5 月 9 日以镇计投资〔1996〕68 号文予以批复，同意立项。5 月 22 日茗山方丈主持召开定慧寺僧职会议，专题研究了塔址、塔名、塔形问题。为便于筹募资金，吸引中外佛教界人士来此参拜，将宝塔正式定名为万佛塔。

为了募集建塔资金，茗山方丈于 1996 年 7 月底向全国佛教协会及海内外诸山长老印发了《重建定慧寺万佛塔缘起》，全国佛教协会会长赵朴初于 8 月 31 日在《缘起》上签注了“谨当随喜”，以示支持。

万佛塔塔址，考虑到原塔塔址和定慧寺的布局，在焦山东北顶峰吸江楼处较为适宜。但这里的地质情况如何？能不能建塔？这需要做科学论证。这是因为《三山志》卷一中有这样一段记载：周文英建的宝塔“历 9 年而成，耆旧谓山不宜建塔，后寺或多事遂废”。当时有些耆老认为“焦山其形若龟”，且筑塔又掘得石龟数枚，塔建成后又寺扰攘，塔毁印了当初之言。

定慧寺僧职会议后，为解决焦山能不能建塔的问题，于 6 月初定慧寺委托有色金属华东地质勘查局镇江八一四勘查新技术研究所对万佛塔地基地质情况进行勘查。八一四勘查新技术研究所根据选定的万佛塔塔址所占面积，选择吸江楼、别峰庵、新吸江楼楼址（迁移到焦山东北坡，离原址 100 多米处3个点进行地质测绘、岩心钻探、采样、测试等一系列勘察工作，仅机械钻探就有8个孔，总深162.7米；静力触探2个孔，总深41.1米，合计10个孔，总深203.8米。其中最深的孔33.1米，最浅的孔8.7米。钻探结束，于7月完成了《工程地质勘察报告》。

接着，定慧寺又委托市地质环境研究所对万佛塔的地质环境稳定性做出评价。研究所先后进行了大比例尺地质测量，对地层、构造、工程地质、水文地质等进行了认真细致的测绘，同时对建塔地段地下50米以内的岩石完整性进行测试。通过上述一系列的地质物探工作，为建塔的地基及周边的地质稳定性做出了可靠的、客观的分析，于9月16日完成了《镇江焦山万佛塔工程地质环境稳定性评估报告》。地质资料认为，塔基下面的基岩为火成岩及沉积岩，基岩稳定，强度大，地下50米以内的岩石完整，未发现断裂带、破碎带及软弱带存在，从而做出了“在吸江楼位置构筑万佛塔，其地质环境是稳定的”结论。

万佛塔工程地质条件稳定，解除了人们的疑虑，故以此和有关材料迅速向规划部门办理了规划定点手续。

精心设计

镇江是一座有三千年历史的文化名城，自然风景优美，文物古迹众多。就塔而言，仅市区就有四座，而且塔的位置、建塔年代、建筑结构各不相同，各有特色。具体说就是，北有宋代甘露寺铁塔；中有元代昭关石塔；南有明代鼎石山僧伽塔（砖塔）；西有清代金山寺慈寿塔（木塔）。现在焦山建万佛塔可填补市区东部无塔的空白，但建什么样的塔，却是人们所关心的问题。

1996年5月召开的定慧寺僧职会议虽研究过塔形问题，会上茗山方丈也谈了自己的设想，听取了僧职们的意见，但总觉得不深不透，考虑得还不够全面。为此，茗老和市民族宗教局领导找了上海同济大学、南京东南大学、镇江市建筑设计研究院进行商量，并决定委托三家分别为万佛塔拟订方案。同济、东南大学接受委托后，迅速组成工作班子，在路秉杰、潘谷西教授的参与和指导下，从搜集焦山有关资料入手，根据业主要求，先后拿出了各有特色的设计方案；市建筑设计院更以“知情”这一得天独厚的优势，也在较短的时间内拿出了方案。

1996年11月7日，市民族宗教局和定慧寺按时召开万佛塔设计方案评审会议。茗山方丈、市佛教协会会长、金山江天禅寺慈舟方丈、市建委、市规划局、市地矿局、市文化局、市园林局、市文管会等部门负责人和专家学者参加了会议。会上，三家设计单位分别向与会同志详细介绍了各自的方案，并对与会人员提出的问题做了认真的解答或说明，大家认为各家方案都很有特色，如能取长补短合并为一个方案那就更加完美了。会议经过评审，最后决定，以镇江市建筑设计研究院方案为主，参照东南大学“2号方案”造型，吸取同济大学方案中的长处完成万佛塔施工图设计。而这一任务，又具体地落实到曾经负责复建金山大雄宝殿设计任务的高级建筑师袁林涛、高级工程师尹霞文的肩上。

通过这次方案评审，大家对建成后的万佛塔有了大体了解：

（1）万佛塔建筑风格。焦山定慧寺现有天王殿、大雄宝殿、藏经楼都是大式斗模拱建筑，品位较高，气势不凡。万佛塔的建筑风格品位必须与全寺建筑相互协调。为此，定为具有江南风格仿明清楼阁式佛塔。

（2）万佛塔塔址。经过反复比较，宝塔位置定在吸江楼处。塔中心定在吸江楼偏西南9米处，与别峰庵最小水平距离有20米，有利于保护别峰庵后山陡坡安全。宝塔中轴线顺应山势一端朝东北，一端朝西南，而宝塔四门正朝东南西北，轴线与塔中心错开45度，使宝塔正门中心线正对定慧寺大雄宝殿，使偏于东北相距250米山顶目的万佛塔与定慧寺保持内在联系。

（3）万佛塔结构。为满足建筑要求和焦山山顶预防风雨、抗震等情况，同时也区别于其他四塔，选用钢筋混凝土框架结构，悬挑回廊。塔中心设柱，从地宫直至七层再穿过天宫，塔刹固定在中心柱上。万佛塔七层八面，上有天宫，下有地宫，层层回廊，飞檐翘角，斗拱重花，碧瓦朱栏。万佛塔内设两套楼梯上下分流，每层回廊相通，外有栏杆相倚，八面有景。万佛塔内供奉菩萨像、佛像一万余尊，中柱伞状佛座上有玉佛、木雕、铜铸贴金的大、中、小三种佛像环绕中柱，层层向上，逐层放大，直至天花。塔内墙面的佛座上，第一层为大愿地藏王菩萨，第二层为大悲观世音菩萨，第三层为大行普贤菩萨，第四层为大智文殊菩萨，第五层为弥陀佛，第六层为药师佛，第七层为释迦牟尼佛。

（4）万佛塔体量。万佛塔塔基标高海拔70.4米，塔体总高42米（其中塔身高 33 米，塔刹高 9 米）。建筑面积 583 平方米，总重量约 3500 吨，宝塔体量与环境协调、山体平衡，具有稳重感和俊美感。塔院因地制宜做成腰鼓形，包括南北门厅和裙房四间，建筑面积 127.88 平方米。两个门厅和四间裙房以褶形围墙相连接，围墙竖立在经过装饰的挡土墙上，内有碑廊。门厅、裙房高低起伏，前后错落，与塔相映成趣。

（5）万佛塔建成后山体状况。万佛塔建成后使焦山更加壮观，更加体现了它上接苍冥、下连洪流的雄伟气势。山上以万佛塔为中心，东有吸江楼，西有别峰庵，山下南有定慧寺，北有古炮台，中有国家级碑林，将成为焦山顶上一个新的景区。“金山寺裹山，见寺见塔不见山；焦山山裹寺，见山见塔不见寺。”其特色犹存，而景色更美。

为了加强对万佛塔工程的领导，市政府 1997 年 5 月 21 日发文——《关于成立焦山定慧寺万佛塔筹建领导小组的通知》，市政协主席黄选能任组长；副市长贡家荣、滕子明，市政协副主席、享受国务院特殊津贴的中青年建筑结构专家尤敦立任副组长；茗山方丈、慈舟方丈为顾问。领导小组下设办公室（人员从市政协、市民族宗教局和定慧寺抽调）。

1998 年春，市政协按照《政协章程》进行换届，鉴于年龄的原因，黄选能从领导岗位上退了下来，感到自己再担任组长有所不妥；再加上随着工程的进展，筹建领导小组已不适应工作需要，为此，他主动向市政府提出，组长应由在职的分管领导担任，筹建领导小组应改为建设领导小组。市政府采纳了他的意见，并于 1998 年 5 月 12 日发出了《关于成立镇江市焦山定慧寺万佛塔建设领导小组的通知》，决定领导小组组长为张克敏（常务副市长）；常务副组长为黄选能；副组长为解信鹏（副市长）、尤敦立等；顾问为茗山、慈舟。

领导小组及其办事机构建立后，就十分强调，要搞合法工程，不搞违法工程；要搞廉政工程，不搞腐败工程；要搞优质工程，不搞豆腐渣工程；要搞善举工程，不搞铺张浪费工程。大家在领导小组的领导下迅速开始了万佛塔开工前的各项准备工作，如施工图设计、吸江楼拆建、工程招标及定向议标、聘请工程监理、签订工程合同、解决三通一平问题等。整个工作进入了紧张而有秩序的阶段。

三通一平

水通、电通、路通、现场平整，是施工现场必须具备的条件。而万佛塔施工现场隔江过水，又在海拔71米的山顶上，因此，“三通一平”的难度较大。

（1）水通。在焦山藏经楼后，现有深井一座，原来山上供水就是靠这口唯一的深井。为保证工程施工用水，建塔办公室利用现有条件，在深井处增设水箱一座、深井泵一台，同时铺设上山输水管道，想以此来解决工地用水困难。但随着工程逐步铺开，用水量增加，水仍供不应求；接着，建塔办公室在深井处建12平方米泵房一间，采取气压罐供水方法，使最大扬程达到75米，本以为这一问题得到解决。但实践证明，扬程虽然超过了山的高度4米，但扬程指的是直线距离，而供水管道是斜线。山高71米，它的斜边肯定大于71米，因为，一个直角三角形，斜边大于任何一条直角边。因此，其水压仍不够理想，特别是在高峰供水期间，更为明显。为了彻底解决工程供水问题，建塔办公室又将800毫米气压罐的五级泵改为六级泵来增大水压，使最大扬程一下子提高到95米。这样不仅满足当前施工的需要，也为塔建成后，山上生活、绿化、消防等用水排除了后顾之忧。

（2）电通。焦山原有50kVA变压器一台，为解决万佛塔施工及万佛塔建成后的供电问题，建塔办公室与市供电局联系，并委托供电局将原50kVA改为160kVA，通过增容，从根本上解决了用电（包括亮光工程）问题。

（3）路通。焦山前山、后山虽各有一条路通往山顶，但路面狭窄曲折，坡很陡，想通过此路把大量的建筑材料运上山是不现实的。对此，领导小组经过多次研究，反复与施工单位商量，最后做出决定：对材料过江、上山运输费，根据实际情况，按吨计算，由建塔办公室给予适当补贴；焦山定慧寺抽出水泥船一条，负责象山码头至焦山码头之间建筑材料运输，并做到随喊随到；焦山山下至山顶的运输由办公室与施工单位——镇一公司项目经理部研究，拿出最佳方案。对此，一公司由领导、技术人员、工人组成三结合班子，五次上山勘察地势。经过认真计算，在确保运输安全的前提下，终于设计建成位于南山坡依山架设的钢管排架轨道一条，轨道总长83米，角度为45度。车斗每趟可运输1.6吨材料。轨道车的建成和投入使用，确保了宝塔及塔院土建材料近一万吨（最大日耗材料60吨以上）运输任务的完成。

（4）一平：平整施工现场的关键是迁建吸江楼。这个问题如不抓紧妥善解决，下面的施工也就无法进行。对此，黄选能组长及办公室同志先后找了吸江楼原设计单位——市园林设计室；原施工单位镇江市古典园林绿化工程公司；产权单位镇江市园林局负责人了解情况。之后，领导小组又先后六次召开会议进行研究，最后终于做出决定：① 因万佛塔定点在原吸江楼处，原吸江楼必须拆迁，建筑面积为 106. 8 平方米；② 新吸江楼定点在万佛塔北坡离原址 100 米处复建；③ 新吸江楼基础由建筑设计院重新设计，并按新设计的基础图施工，其他部分按老图原拆原建；④ 原吸江楼图纸由市园林局负责提供；⑤ 吸江楼迁建工程由领导小组负责，承建单位镇江市古典园林绿化工程公司负责施工；⑥ 在吸江楼迁建期间，对原吸江楼六名职工生活由建塔办公室给予补偿（每人每月 1000 元，按月计算，新楼交付使用时止）；⑦ 吸江楼迁建必须在 1998 年 6 月底前完成。吸江楼迁建工程于 1997 年 12 月 6 日正式开工，至 1998 年 6 月 12 日建成，前后只用了半年时间。6 月 15 日领导小组召开新吸江楼验收交接会议，在验收合格的基础上，由园林局接收使用管理。

桩基开工

万佛塔桩基工程由市岩土基础工程公司负责施工，采用人工机械凿岩挖孔灌注桩。按设计，万佛塔基础共需灌注桩 17 根。其中：中心桩 9 根，每根长 15 米左右；周围桩 8 根，每根长 10 米左右，桩径为 1. 5 ~ 1. 8 米。要求每桩尖必须嵌入基岩 6 米以上的中微风化层。桩基工程从 1998 年 3 月 1 日开始，至 4 月 19 日桩孔与护壁完成。在施工中，工程监理自始至终采取旁站的办法进行质量监督。桩孔、护壁完成后，领导小组为了保证工程质量，特地请南京建工学院对桩底端岩石的抗压强度进行测试；请华东有色地质局八一四队对桩基以下岩质进行物探检查。两个单位的测试结果表明：桩底端岩石抗压强度高于勘探报告验定的强度，符合设计要求，在桩基以下深度 50 米范围内不存在岩石破碎、断裂构造及软弱带夹层所产生的磁异常；岩石风化程度较小，基本上为微风化。两个单位的科学结论为下一道工序顺利进行提供了保证。接着，制作钢筋笼，从 4 月 25 日开始混凝土浇捣，至 5 月 9 日 17 根桩基全部完成（实际浇筑总桩长 215. 18 米，混凝土总量 232. 37 立方米）。在制作钢筋笼、浇捣混凝土施工过程中，工程监理严格把关，从基底清理，钢筋质量、配置，钢筋笼绑扎、焊接、长短、直径、吊装，到混凝土标号、捣震等都提出了具体的要求。特别强调了每根基桩浇筑必须一次性完成，以避免断桩发生。为保证桩基质量，建塔办公室于6月2日又请了江苏理工大学（现江苏大学）对17根桩基分别进行低应变和高应变动力检测，结果表明，所测桩符合A级桩要求。又经市质监部门验收，鉴定为“优良工程”。

佛塔奠基

1998年5月5日，焦山定慧寺在大雄宝殿门口广场举行藏经楼落成庆典活动，同时举行万佛塔奠基仪式。参加这一活动的约有2000人，其中有关领导、嘉宾就达300多人，规模宏大，盛况空前。活动由市佛协会长、金山江天禅寺方丈慈舟法师主持，中佛协会副会长、省佛协会会长焦山定慧寺方丈茗山法师向大家简要介绍了工程情况。镇江市常务副市长张克敏，省宗教局副局长袁普泉，中佛协咨询委员会副主席、九华山祇园寺方丈仁德法师，台湾台北弥勒内院方丈宽裕法师，新加坡佛教居士林司理李木源居士，镇江健力宝公司董事长林裕敏先生等先后在庆典大会上讲话表示祝贺。庆典大会结束后，领导、嘉宾、佛教界人士及佛教徒和居士等登山，在万佛塔工地举行万佛塔奠基仪式，有25名领导、嘉宾、佛教界人士为万佛塔奠基培土。

土建上马

万佛塔土建工程由镇江建筑公司一公司项目经理部中标承建。工程除已解决运输难点外，还有三个难点：一是施工场地狭窄，作业面小；二是工程结构复杂，特别是要保证宝塔的垂直度和防震抗震性能；三是工期紧。为了保证施工任务高质、高效地完成，施工部门在“精、细、巧、实”上做文章。

为保证塔身垂直，对塔中心柱采用了双控办法，用高精度经纬仪，从两个方向测量校正，同时又用大锤铊两侧挂线，保证中心柱的垂直。

为保证高空吊装，特别是塔刹的吊装，采取加固井字架架身刚度，用双层八道缆绳、五道附墙拉结加强杆，改制增加中吊点式扒杆，以满足1000千克起重负荷，保证塔刹最重件760千克的吊装。

为了保证工期，制定科学的工程网络进度表，使各工种、工序按作业流水线交叉施工，做到工序、环节间的互相配合。

此外，工程监理部门还根据万佛塔工程的特点，建立了以施工技术人员为主体的质量控制体系，根据结构的重要性设置了控制点，对重要施工环节采取旁站监督措施，发现问题及时解决，对隐蔽工程还请有关专业部门逐项抽检，确保万无一失。

由于采取了上述种种措施，工程进展比较顺利。土建工程从 1998 年 6 月 25 日承台开工至 1999 年 1 月 2 日天宫完成，包括节假日在内只用了 213 天，为整个工程赢得了时间。

接着，工程进入塔刹安装阶段。塔刹高度为 9 米，总重量为 6 吨，从下而上，由复钵、下宝珠、露盘、相轮、上宝珠、天王板、宝盆、葫芦、避雷针 9 个部分组成，结构复杂，技术要求高，不仅仅要做到金光闪闪，更重要的是能抗十级台风和七度地震。经过与安徽芜湖造船厂比较，最后确定由南京晨光集团艺术制像公司用锡青铜制作。1999 年 1 月 7 日制成、验收。1 月 9 日运到焦山对面的象山渡口。由于当时正处枯水季节，定慧寺水泥船靠不上岸，在此情况下，建塔办公室当机立断，去附近的润州船厂联系求援，得到厂方的支持，利用船厂码头、吊装设备将塔刹装上船运抵焦山。在塔刹装卸过程中，组长黄选能和建塔办公室同志冒着严寒，坚守在吊装第一线，直至吊装结束才回家。

1999 年 1 月 12 日塔刹开始安装至 26 日完成，实际只用了半个月的时间。在塔刹与中心柱对接中，为保证焊接质量，建塔办公室特地向省镇江船厂借来一名高级焊工直接操作。就在塔刹和中心柱对接的这一天上午，天空飘着雪花，施工无法进行。午饭后，焊工师傅和建塔办公室部分人员爬到宝塔的天宫伺机等待，所幸就在他们登上天宫时，天空突然雪止转晴，焊工师傅抓住时机冒着刺骨的寒风，一气呵成，圆满地完成了焊接任务。

环境整治

俗话说，花好还需绿叶扶。万佛塔建成后，必须要有一个与之相适应、相配套的环境。对这个问题黄选能组长早有考虑，并于 1999 年 1 月 15 日在领导小组会议上正式提出。领导小组认为，对焦山山体及周围环境进行综合治理，是防灾抗灾的需要，是美化环境的需要，是景点配套的需要。为此，领导小组于2月12日召开扩大会议，对这个问题做了专题研究并做出决定：焦山山体综合治理方案以地矿局为主；山体绿化由市绿化委员会和园林局考虑。3月9日领导小组会议又专题研究了山体治理的有关经费问题，组长张克敏（时任镇江市常务副市长）在会上表态，按总造价，由市政府和定慧寺各承担50%（后按预算95万元计算，政府明确拨款45万元）；属于园林绿化方面的由市建委和园林局统一安排。

1999年4月9日，领导小组对地矿局提出的边坡及周围环境综合治理工程方案进行论证。4月16日，领导小组在市长会议室召开办公会，会上决定：万佛塔边坡及周围环境综合治理工程采用定向议标办法，由市岩土基础工程公司负责施工；市招标办免收甲方有关费用。4月16日，综合治理工程正式开工，至11月25日竣工，用了将近6个半月的时间。共计完成工作量如下：为保持万佛塔边坡的稳定，防止滑坡现象的发生，塔院墙基础灌人工挖土灌注桩14根，计88.9米；边坡治理段灌人工挖土灌注桩30根，计180米；砌筑毛石拱形护坡1177.4平方米，砌筑毛石砼挡墙1060.2立方米。为防止山体水土流失，兴建排水沟二条计387米。为改善登塔道路，拆除了焦山顶Ⅱ等测量标志，封闭了后山登山道路，铺设万佛塔至索道站、万佛塔至别峰庵、万佛塔至新吸江楼三条花岗岩道路及台阶369.6平方米，铺设塔院外花岗岩走道1187.46平方米，同时铺花岗岩平台5个，计703.83平方米，并在南大门三级平台安装了石栏杆。此外，在万佛塔北门西侧建票房一间，连体建了档次比较高的男女公共厕所一座。在万佛塔前平台设置260cm×85cm、由中英文刻制的建塔缘起碑一块（中文由茗山亲笔书写）；在塔院外墙设置90cm×60cm工程碑一块；在通向别峰庵的路旁设置石刻万佛塔图一块。同时，见缝插绿，种草、种花、植树。通过一系列的综合治理，山体面貌焕然一新，特别是南大门增设了三级平台，使万佛塔更加庄严、美观。

金碧辉煌

茗山方丈对宝塔的装饰非常重视，并明确提出了“金碧辉煌，与众不同”的要求。根据这一要求，建塔领导小组除了要在建筑风格、建筑结构设计上做文章外，还必须对万佛塔的装饰采取不同凡响的手法。由于万佛塔的装饰、油漆彩绘、佛像、菩萨像的加工制作等寺庙建筑有着特殊的要求，领导小组经反复研究，并与茗山方丈多次商量决定：油漆彩绘、佛像、菩萨像的加工制作由定慧寺具体负责；装饰工程由设计人员拿出具体方案，先交茗山方丈审定，再按照茗山方丈审定的意见办理。经过反复研究，最后决定：万佛塔地宫的八根柱子，原为混凝土浇筑的五棱柱，为提高档次，改为用河南南阳鲁山绿玉石进行包饰，地宫及塔身外墙用唐三彩装饰画砧进行包装。地宫八面墙面积近 80 平方米，绘制“万方礼佛图”，反映佛教从诞生到世界各地传播的概况。塔身外墙部分面积 400 多平方米，共 56 个面，每层上有 4 个门和 4 个龛，绘制二十诸天，分别拱立于门和龛的两边，在龛内供奉四尊天王。在这些诸天上方檐间，左右各飞翔着一尊飞天。以上这些壁画由中国美术家协会会员、镇江高等师范专科学校王川老师设计绘制，由洛阳繁盛美陶工艺品有限公司用唐三彩陶板烧制而成，再贴饰到墙面上。在八层（含地宫）天花板上还绘着美若天仙的飞天，一层八位。上述这些壁画的设计和制作得到了茗山方丈的高度称赞，他亲自为每尊护法诸天题写名号，还为“万方礼佛图”题写了标题，做成铜牌粘在画面上，使万佛塔壁画提高了档次。

万佛塔的栏杆、栏板及前后拱门采用著名的山东白制作，其颜色、硬度、韧性等综合性能较好。整个石料加工、雕刻由丹徒县高资三合大理石工艺厂承制。在制作过程中，按照设计图纸，全部栏杆、栏板及 48 只小石狮、28 个中心佛座达到了风格统一、协调一致的要求。

匾额、楹联、抱柱是万佛塔的一个主要组成部分，工程都做了精心的安排。万佛塔匾额由全国政协副主席、中国佛教协会会长赵朴初亲笔题书，塔院内墙“庄严国土，利乐有情”由茗山方丈题书，特别是由茗山方丈撰联、中国书协名誉主席启功书写的“一塔摩霄邻北斗，双峰如柱砥中流”抱柱，道出了万佛塔直上云霄的雄伟气势。

当万佛塔工程进入装潢、装饰阶段时，组长黄选能带领建塔办公室和工程监理去丹徒县高资检查石材加工制作情况，发现要将堆积如山的石材及时运到焦山，有相当的难度。黄选能当时虽心急如焚，但他镇定自如，二话不说，回镇后，立即到解放军五峰山船厂、解放军镇江船艇学院及丹徒交通局求援，得到了船艇学院和高资港务处的大力支持。从 1999 年 6 月 29 日至 7 月 2 日，由船艇学院每天派出二艘登陆艇和一辆汽车吊抢运石料，在三天的抢运过程中，建塔办公室同志兵分两路，一路在高资，另一路在焦山，相互配合，冒雨抢运。黄选能每天穿梭于焦山和高资进行督促检查。石材运到焦山码头后，为保证及时运到施工现场，组长黄选能又与镇建一公司商量，由镇建一公司项目经理部每晚组织20人，加班4小时，建塔办公室人员值班，连续干了24个晚班，终于完成了任务。这20多个日日夜夜，黄选能一直坚守在第一线，每天很晚才回家，作为一个68岁的老人来说，这是非常不容易的。

7月中旬，正当工程进入冲刺阶段时，茗山方丈提出万佛塔要在9月11日佛像开光，这无形中给施工带来了压力，领导小组为了尊重茗老的意见，从7月18日起，采取多单位、多任务种交叉施工的方法，在两个月的抢工期间，黄选能现场办公，与工人起战高温，现场解决问题。9月11日，焦山定慧寺在万佛塔前如期举行"万佛塔落成、佛像开光"仪式。镇江市委、市人大、市政府、市政协；江苏省人大、省政协、省委统战部、省宗教局领导和新加坡居士林代表团、上海市宗教局、上海市新闻界考察团、上海市旅游界考察团及诸山长老出席了开光典礼。参加开光典礼的外宾来自7个国家计128人，开光典礼由慈舟方丈主持。茗山方丈致欢迎词，中佛协副会长、秘书长刁述仁，镇江市副市长解信鹏、江苏省宗教局局长周家才、新加坡居士林司理李木源讲话祝贺。

亮光工程是美化万佛塔，使之成为镇江标志性建筑的一个重要环节。为此，根据设计方案，在塔顶安装航空标志灯和投光灯5盏，在天宫内安装塔灯4盏，在每层外走廊安装照明灯16盏，在每层外佛龛内安装照明灯4盏，在每层中心柱佛坛安装照明灯4盏，在每层内佛龛安装照明灯16盏，在每层安装花灯12盏。同时，在塔院安装反光灯32盏，在前后平台安装石灯笼4盏，在门厅安装宫灯6盏，在塔院外安装草坪灯5盏，总亮度达5万多瓦。经过装饰后的万佛塔，更加雄伟壮观、光彩夺目，特别是夜晚灯光齐明，照得整个万佛塔晶莹剔透、金碧辉煌。

1999年11月25日，领导小组召开市质监站、设计院、抗震办、消防支队负责人会议，对万佛塔工程进行总结验收，验收后又在精细上做了一番努力。2000年6月8日，焦山万佛塔工程被市建设工程质量监督站评为市优良工程，并向工程施工部门颁发了《建筑安装工程质量优良证书》。

在万佛塔工程建设中，领导小组充分发挥集体的作用，先后召开工程例会40多次，专题性会议近10次，在解决工程重大技术性问题中副组长尤敦立发挥了重要的决策作用。12 月 13 日建设领导小组在市长会议室召开全体成员会议，对工程进行总结，副组长尤敦立向与会同志汇报了工程情况和工作情况，与会同志对此表示十分满意，随后，组长张克敏宣布领导小组完成历史使命。会后经过 5 天的准备，万佛塔于 1999 年 12 月 18 日正式对社会开放。

写到这里，人们可能会问，整个万佛塔一共花了多少钱？据我个人所知，整个工程大约耗资 1412 万元。其中：主体工程 684 万元，附属工程 116 万元，设备购置 20 万元，配套工程 32 万元，佛像 240 万元，底座 55 万元，玉佛 5 万元，油漆彩绘 49 万元，边坡治理 201 万元，其他 10 万元。上述款项除市政府拨款 45 万元用于山体综合治理外，其他均由茗山方丈和定慧寺自筹解决。

万佛塔建成对社会开放后，茗山方丈十分喜悦，他在《我的宿愿实现了》一文中发自内心地写道："承蒙市领导大力支持，建塔小组各位同仁日夜操劳，各有关部门密切配合协作，各建筑单位职工们辛勤劳动，以及海内外的教友和各界同仁乐善好施，共襄盛举，聚沙成塔，建成了一座高质量的庄严宝塔，实现了我的宿愿，使我喜出望外！使我非常激动！使我难以用语言表达心中的感激！"1999 年 12 月，茗老生病在无锡太湖华东疗养院住院期间，还为参加建塔的每个工作人员亲笔题写了奖状。另外，还专门为我题写了"与佛有缘，建塔立功"扇面一张，此扇面成为我参加万佛塔工程建设的永远留念。同时，茗山法师也为黄选能主席庆功书写了扇面诗一首：

浮图高耸七层楼，八面风光满目收。
一塔摩云临北斗，双峰如柱砥中流。
千万佛子来朝觐，历代人群竞旅游。
夜放灯光便航行，永留胜迹在山头。

诗后落款："焦山万佛塔于 1998 年春动工至 1999 年冬建成，茗深感无量功德，特撰书《万佛塔诗》以留纪念。选能先生雅正。2000 年秋，茗山撰书。"并加盖印章。2001 年春，茗山法师再次为黄主席撰书对联及横批。对联："言行当选有关公益，作事安能尽满人心"，横批："选贤任能"。从这幅嵌字联中，我们可以领悟到茗老对黄选能主席内心的深刻理解和由衷的敬佩。

画塔记①

王 川

塔是一种奇妙的建筑。在佛教徒的眼中，塔是无比神圣的，它是释迦牟尼的象征，佛子拜塔即礼佛。美学家说，中国建筑讲究的是平面展开的整体复杂结构，而不是一座座独立自足的向上堆起的比较单纯的尖顶。然而塔来到东土之后，虽然它以一种纵向的结构打破了中国以横向结构为主的统一建筑趋向，然而塔的存在却并不是作为中国建筑的对立面，而是渐变为一种协调，它是东西方文化互相结合的成功典范，它终于完成了自己中国化的进程。哲学家眼中的塔，是一种直指向上、高耸入云的形而上的理念，是一种永恒的时空概念，也是一种从空间意识向时间进程的物化。对于建筑学家来说，塔是一种可以提供纵向空间架构的实体，它将宗教性和装饰性巧妙结合，是东西方建筑文化交相融合的一个成功实例，更可以供人研究这种相互叠加的高层建筑的力学原理和构造关系。数学家眼中的塔已不是一种体积的任意堆积而繁复重累，而是一种逐级变化异常明朗的整数式的构成，它所提供的节奏变化之美和比例差异之美及在量上所具有的震慑力都提供了一系列令人感兴趣的数学公式。民俗学家的眼中，人们对塔的崇拜其实是远古性崇拜的一种孑遗。如果说古印度的窣堵坡是一种地母崇拜，覆钵式的结构是乳房的象征物的话，那么，到东土后的浮屠则是象征着阳具的生殖崇拜的一种转移。当然，对于堪舆学来说，塔还具有扶正祛邪的作用，于河流湍急处建一塔，

① 本文原载于《中华散文》和《镇江政协》2002 年 4 月。

可以煞水流、祛邪气、镇风水。塔形瘦长，尖端指天，外形似笔，于是塔又成了文风的象征物，倘若一地多年无人中举，士风衰颓，就会有人出资建造一座文笔塔。对于军事家来说，塔的作用就是瞭望台、烽火台，可以供将领登临俯瞰敌情、远方的烽火狼烟、斥候铁骑，一一了然于目，所以边境之塔往往被称为料敌塔。倘若拓展开去，音乐家可以从塔的数变中感悟到旋律节奏，雕塑家可以从塔上发现量感之美……但无论如何，塔之所以为塔，之所以屡屡被人们所赞叹，却更多地出于形而下，塔是中国两千年历史中最具诗情的一种建筑物，它并没有因为是舶来品而被人歧视，反而与中华文化最为融洽地结合起来。塔是中国古代建筑中万众瞩目的大哥大，它的这种至高无上的地位足以矜夸，也是任何建筑都无法替代的。

梁思成先生曾经指出："一个东方老国的城市，在建筑上，如果完全失掉自己的艺术特性，在文化表现及观瞻方面都是大可痛心的。因这事实明显地代表着我们文化衰落，至于消灭的现象。"所幸的是，塔在中国之演变表明：尽管它是外来之物，然而在长期的历史进程中，它并没有"化于胡"，而是"化胡于我"。

多年来，我只是一名塔的旅游者。在阅尽了天下名塔之后，我突然和一座塔非常接近。塔从我的眼中走入了我的笔下。

相信绝大多数画家都没有机会来为整整一座塔画壁画。米开朗基罗和达·芬奇虽然为教堂画过天顶画，然而，那并不是佛塔。张僧繇、王维、吴道子和阎立本曾经有过这个机会，然而他们已是古人。日本的当今画圣东山魁夷以为唐招提寺画了大幅障壁而闻名，但他终生没画过佛塔。古调虽自爱，今人多不弹，我为这个任务的罕有而自豪。

邀我画塔的是当今的一位高僧——中国佛教协会副会长茗山大法师。画塔对我来说纯属偶然，然而造塔的缘起于他来说却是一生的夙愿。茗山法师是焦山定慧寺的方丈。焦山位于江苏镇江东北的长江中，一岛孤峙，四面环水，交通不便，不利舟楫。但对于有心参禅悟道的隐者来说，这里江声四面，朝看秋水共长天一色，晚观落霞与孤鹜齐飞，宜樵宜渔，是再好不过的清静之地。从东汉起，这里就有了佛教的茅棚草庵，有了高僧隐士的竹杖芒鞋，一千八百年来一直是佛家的香火宝地。此寺内原本无塔，直到元代因官员周文英渡江时为风浪所阻，发愿建塔，焦山从此才有了佛塔。但塔建成后仅百年就为入侵的倭寇所毁。茗山法师对此沧桑了然于心，为了弘扬佛法而重建佛塔就成了他骨鲠于喉的一个夙愿。

建造七级浮屠，是佛家的头等功德大事。为了筹集到建佛塔所需巨资，茗山法师顾不得身体羸弱，数度亲赴台湾和新加坡。他是佛教高僧，又是书法名家，讲经说法，举办书法展览，四处募化。赤道日暖，南洋风热，已是80岁高龄的老法师竟亲自手捧着自己在“文革”中泣血抄写的《金刚经》，默然坐在街头义卖。最后，得到新加坡居士林司理李木源的协助，由居士林的众檀越来筹集建塔所需的资金，老法师的夙愿才得以实现。

万佛塔是一座仿明清式的建筑，用中国传统的手段来装饰。除了在塔内供养着三世佛四大菩萨共一万余尊外，还在塔上遍饰壁画。这些壁画的面积极大，遍布整个塔身，包括塔的外部、天花藻井、地宫和玉柱。万佛塔有7层，加上地宫共8层。壁画面积共500多平方米，除天花藻井用重彩绘制外，全部烧成唐三彩陶板来贴饰，从而形成一座江南地区少见的琉璃塔。整座万佛塔的上下内外满布的佛、菩萨、护法诸天、飞天、供养人和僧众信徒的画像大约共有600身，壁画的面积超过了500平方米。它们七彩斑驳，各具神态，构成了一个独特的佛教世界，也构成了一个独特的艺术世界。

山将塔举到70米的高空，塔又将我举到42米的高空，于是，我便凭临着这百米高的栏杆俯瞰长江。鳞次栉比的城市在我的眼中隐去，日夜不息的江涛声在我的耳边消失，嗡嗡嘤嘤的人声也已离我远去。暮色如染，长江如带，笼罩我的，是一种超脱似的岑寂和白日飞升般的快意。包围我的，是四垂的浓重紫灰色。云隙里几道追光泻下，给万里江山平添了一种神秘的宗教色彩。江风冷且烈，横着吹来，令人悚然，然而也令人清醒和兴奋。巨塔的檐角上，56只青铜铸成的悬铎发出悦耳的丁零声，塔下寺院里，晚课的山僧敲得暮鼓鼞鼞，与铎声遥相应和，悠远而清凄，似是发自天界。

一个人所处的空间位置对于他的心理有相当大的影响。人是匍匐于地的侏儒，面对着参天的大树、巍峨的山岩和高翔的飞鸟，往往会有一种发自心底的自卑和愧怍。而一旦他被举到百米半空中时，一切都会因空间位置的提升而有所改变。诸物臣服，我如君临，指点丈山尺树，寸马豆人，崇高感自从心底产生，便会凭借自然的伟岸将自己物化，既会有“荡胸生层云”的豪迈，也会有“一览众山小”的狂妄。当然，因此而生发的还会有宗教感。因为身在高处，与凡尘拉开了距离，与自己习惯所见的景象拉开了距离，而与不可知的溟濛靠得更近，人的精神就必须有所依托。几乎世界上所有的宗教都相信神栖于高处，为了达到神人共语、天人相通，高耸的宗教建筑也就此产生：埃及有宏伟巨大的金字塔，古巴比伦有阶梯通天的庙塔，天主教有锋芒毕露的钟楼塔，伊斯兰教有尖细瘦长的宣礼塔，而佛教则有头角峥嵘的佛塔，它们无一不是直指苍穹、凌虚欲飞的巨灵族。嵯峨的建筑物压迫着信徒的自尊心，使他们变得渺小，使他们心生恐惧，使他们在震慑之余的灵魂得以皈依和飞升。

然则，在此刻凭栏纵目的却并非只我一人，在我的背后和身边，猛瞳炯炯地瞪着这水天一色世界的，至少还有一万多尊非凡的神祇。它们群栖于这座七层的万佛塔之上，一个个神采奕奕，毛发飞动。或是手作印相，或是捧持法器，或是静坐打禅，或是讲经说法，或是盘膝而坐，或是相拱而立。嗔而笑，怒而飞，手之舞，足之蹈，向这静穆的大千世界做尽万状千般样。

孤高耸峙的万佛塔，是暮色四合的江天中最具情韵的风景。

一座塔而使一位画家和佛教亲近，这不能不算是一种缘分。我虽非佛子，然而却以佛子之心，花了整整一年的时间来成就了这一绚丽的伟业，完成了这一斑斓的功德。北魏时昙曜开凿云冈石窟，依拓跋氏五帝的面容来造佛。武则天在洛阳龙门奉先寺造卢舍那大佛，模特儿就是自己。五代时贯休画十六罗汉图，最后位竟是自己。我也东施效颦，将自己画成一个供养人，一位红衣白发的老喇嘛，正虔诚地对着佛塔合掌顶礼。如果五百年后有谁开掘了这座万佛塔的地宫的话，我也成了文物。

水从长山来[①]

景广权

旱！旱！旱！

连续70多天高温，大片焦灼的田地盼水，大片焦渴的心灵盼水！百年未出的旱魔，似乎存心要让万千个生灵一睹它狰狞的面目。

然而，巍巍十里长山仍是一派葱郁，长山脚下数万亩农田仍是层层青绿。

昨日11点20分。我们站在长山北麓的马鞍山山坡上。山下，机房内，随着站长徐军的一声“开机”，只闻千米之外，一种细细的声音由远而近，由细而粗、由轻而重地爬上山来。初始，被盖子压住的水流从两侧喷出，细密的水柱在日光的照耀下，形成一道美丽的彩虹。7分钟后，水的跫音渐成越来越急的雷声鼓声，“咚，咚，咚”，数声震动地面的巨响之后，急喷的水流冲开水盖，在闸口卷起堆堆白雪，欢快地环山而去。

昨天我们赶到长山提水站时，恰好是该站开灌15周年纪念日。忙于紧张的抗旱工作的丹徒县水利局党委无暇顾及搞什么庆典，决定到长山提水站开一个特别的党委会。我们上午10点半在提水站机房时，还是机声隆隆，不巧的是，半小时后突然停电，陪我们上山看闸口的徐站长匆匆说了声“对不起，失陪”，便忙着与省供电部门联系，忙着重新开机。

是的，这救命水不能停，不能停，万千亩田、万千口人等着它，盼着它。

自今年6月27日老天飘过一阵地皮雨后，一场旷日持久的大旱便笼罩着

---

① 本文原载于《镇江日报》1984年8月21日。

广袤的大地。7 月 4 日，市县两级政府做出决定，长山提水站开机放水。命令下达后，到任两个月的站长徐军只说了声："给我一天的时间准备，7 月 6 日开机。"提水站的 20 名职工知道，灌区范围内，西麓、上党、上会、石马、三山、蒋乔、官塘 7 个乡镇，还有小力山、古洞煤矿的田与人盼着长山的水。提水的机声 7 月 6 日准时轰响，提水站的职工一个个便如冲上战场的勇士，夜以继日地紧张作业。70 多天来，每日连续 24 小时不停机，每人每天至少工作 12 小时以上。人手不够，新站长徐军和退居二线的老站长陈宝芳轮流顶班；担心拉电，市领导现场拍板保证；遇到难题，三天两头来一次的副县长张长爱鼎力解决；供电、公安等部门更是主动配合，保证正常提水。到昨天，长山提水站已连续开机 3596 个台时，出水近 1300 万立方米。这是建站 15 年来从未遇到的一次最大的旱情，也是建站以来开机时间最长、出水最多的一次运作！

15 年，15 年了。提水站资格最老的高级工程师汪宪武回忆起当年的情景，依然是如此的激动："1978 年的大旱，河塘甚至水库里可以徒手捉鱼。当年为了解决西麓乡人民的吃水问题，花了 400 万元，靠丹阳的一个二级站，通过十八级翻水才没有渴死人。今年的大旱比 1978 年严重得多，如果没有长山提水站，一根火柴就可以点燃大火烧到丹阳。正因如此，为了畅通渠道正常供水，西麓乡党委书记范小荣带领人员，四天内炸掉了堵在山洞里的1.7 米深的石头，挖掉了 80 多平方米的淤泥，不容易啊！现在想起来首先得感谢当年的县委书记黄选能，是他一抓到底的魄力，带领大家克服种种困难，硬是建成了长山提水站。"

站在高高的马鞍山，远处悠悠 18 千米长的引水河道上，运粮河的水被牵到这里，扬程 40 米高的山坡，再奔波 18 千米的干渠，源源不断地流进凌塘、回龙等水库，润泽着大片的农田、大片的心灵。面对这一切所思所想，我们不禁向着长山肃然致敬。

一部丰富多彩的政协史[①]

王 骧

近年来镇江市出版了不少有关本地历史或现况的书刊，这是新时期地方学术文化繁荣昌盛的可喜现象，是十一届三中全会后，在党的领导下，我市社会安定、民心图治、精神文明和物质文明同步发展的丰硕成果，在众多的地方性著述中，我对最近编印成书的《镇江政协四十年》[②] 特别感兴趣，认为它是镇江解放40年来人民参与政治生活的生动记录，不但具有地方文史资料价值，而且无论在文章内容，还是编排形式上均有其别开生面之处。它的出版问世，也从一个侧面反映出市政协现领导的事业心、远见和魄力。

记述一个地方的政治协商史实，自然是一个严肃的政治课题。作为一部专书，如果仅仅简单地开列一些历届政协的组织机构、人员名单、会议概况等，固然是必需的，但也容易流于程式化、概念化，单有骨架而无血肉，缺少生动的具体描绘，一般读者总不免会感到枯燥乏味，难以引起活泼的联想、深刻的思考，从而等闲视之，从而对政治协商会议的实际职能不能深切理解，甚至误会为一种形式主义的摆设。有鉴于此，《镇江政协四十年》的编者在本书的内容和编排上动了脑筋，除去必不可少的庆祝讲话、会务记载、史志初稿以外，还安排了“工作回顾”“委员忆旧”“政协人物”“工作研讨”等栏目，以及委员诗词、书画、雕塑、篆刻作品选等，这就使得这部政协史册在内容上既庄严又生动，有血有肉，在形式上图文并茂、丰富多彩，不是一般

---

① 本文原载于《镇江日报》1990年12月7日。

② 《镇江政协四十年》一书由时任镇江市政协主席的黄选能组织编写。

的刻板公文书，而是值得浏览和保存的政治读物，是第一手的地方文史资料。

“委员忆旧”的许多文章都是现身说法的珍贵资料。有镇江解放初期的老市长回忆当年如何在此地开辟统一战线工作，以及交朋友、联系和尊重“镇江三老”的生动情景；有白发苍苍的老干部回顾他 40 年来同统战与政协工作结下了不解之缘，感慨系之，内容也比较全面而具体；有些文章是老委员们分别就工商经济、文教医卫、妇女工作、文史资料工作、宗教活动、诗词结社等各个方面如数家珍般地追述其亲身参与的经过。有几篇文章同时都谈到了市政协的前身——各界人民代表会议协商委员会的情况，复现了镇江解放初期那种党群一体、亲密无间的优良革命传统。《风雨同舟四十春》一文的作者以富有感情的笔触自述其大半生历经坎坷而始终相信和依靠党的领导，不断自我改造、追求进步与光明的事迹及心愿，读来颇为动人。

“政协人物”中按在政协任职届次的先后顺序对已过世的 7 位政协元老——陆小波、夏佩白、杨公崖、夏遹声、李西侯、吴惠民、赵建平做了生平传略，追述他们生前对政协工作所做的贡献，缅怀其高风亮节，其中前6 位均为非中共党员的政协副主席。这一安排深切地体现党对党外民主人士团结与尊重的诚意，不分畛域；党外有识之士只要始终与党同心同德，对国家、地方、社会有过重要贡献，党绝不会忘记他们的功劳。身为中共党员的前市政协主席赵建平同志，一生忠于党的事业，历经坎坷，身患癌症，担任市第六届政协主席，也是第一任专职主席，他工作负责，态度谦虚，作风正派，不愧为新时期政协工作的开拓者，其事迹是十分令人感念的。

《镇江文史资料》连同本辑已经出了 16 辑，前 15 辑侧重于近现代资料，而这本第 16 辑《镇江政协四十年》则纯为当代资料，这又为我市的文史资料工作开辟了新的局面。中华人民共和国已经成立 40 年了，有许多风云激荡的地方历史，有许多各条战线的新生人物，有待于我们文史工作者去搜集采访，编为信史，踏实地留下时代的足印。

喜读《镇江政协四十年》①

郭维庚

《镇江政协四十年》的出版，无疑是镇江史志方面一项可喜的成果。《镇江政协四十年》的各种文字资料和照片，并有“工作回顾”“委员忆旧”“政协人物”“工作研讨”等栏目，还刊载了《政协志》初稿，堪称琳琅满目、美不胜收。

我国有修方志的传统，方志起存史、资治、教化的作用。封建社会的地方官到任第一件事就是“入境问俗”，所谓“县太爷下马看方志”，清朝还规定一个甲子（60年）修纂一次，我们党的老一辈无产阶级革命家毛泽东、周恩来、刘少奇、朱德、董必武等都一贯重视我国的地方志，在战争时期，每打下一个县城，毛主席总要找当地的县志认真翻阅，据说1954年，毛主席从武汉来，经过镇江时，曾问当时的镇江党政负责人“镇江为什么叫丹徒?”，并指出“地方官不读地方志怎么行?”。

《镇江政协四十周年》收录的文章，为写志提供了极其丰富和宝贵的资料，《政协志》可以说是地方志的一部分，这些资料同样起着存史、资治、教化的作用。

《镇江市政协志》（初稿）比较全面、真实、准确地记载了镇江政协40年各方面的情况，具有很好的存史作用。不少文章也真实地记载了一定时期的三亲”资料。如《四十春秋话政协》分三个不同时期对40年的政协工作做了

① 本文原载于《镇江日报》1990年2月14日。

实事求是的回顾和公正确切的评价，有正面的经验，也有反面的教训。由于党的统战工作是个宝，深入人心，在抗美援朝运动中，人人保家卫国、争相捐献，在镇江这个小地方，仅工商界就一举捐献了三架飞机的款额。从史料价值来看，这些资料是极其可贵的。

许多文章对今天和今后都会起到很好的资治、借鉴作用。《风雨同舟四十春》虽然写的是 40 年来个人经历的风风雨雨，但这其中提到的很多事情，不正是一面镜子吗？不但值得我们反思，而且可以资治、借鉴。毛主席非常重视宋司马光编纂的《资治通鉴》，一生看了 17 遍，恐怕正是这个原因。

许多文章对今天来说，确实有一定的现实意义和教育意义的。《忆解放初期参政议政一二事》提到，镇江解放初期，市长何冰浩同志为了一座普通小学校舍的修理问题，亲自到校察看，及时地解决问题，充分体现了全心全意为人民服务的精神。《夏佩白先生生平事略》提到，身为镇江政协副主席、政府副市长的夏佩白先生不搞特殊化，“不到食堂开小灶，平时从不借用公物，到南京开会期间看病的医药费从不报销”，“晚年患哮喘病，各种重要会议仍坚持准时参加，来往一般都是步行”，这些优良传统和作风对我们今天打破衙门化、坚持清正廉明起很好的教化作用。

纵观全书，资料翔实，内容丰富，确是一部起着“存史、资治、教化”作用的好书。

各界人士及群众书信（22 封）

陈志博来信

黄主席：

您好，几次去镇江，未能晤面。有一事，至今未能向您打招呼，老觉得过意不去。去年 11 月份，蒙您安排工作的那个孩子，已如愿地上班几个月了。现在他在单位工作得不错，深得领导和同志们的好评，我们也得以安慰。他家长让我代为转达深深的感激之情。

您马上就要因年纪渐高而离任了。以您的性格，我想，您不会完全休息，社会活动还会有很多。最近，我和陈本健、赵朋生等同志每次议论起您，您的人格魅力、敬业精神都使我们十分感佩。在您境遇坎坷之际，在陈武工作的 10 个月，完成了通电、通路、架桥、绿化、种植改制等一系列工作，这是别人无法想象的。时光已逝去了近 30 年，陈武的有识之士无不对您怀有敬佩之情。在您离任之后，能否回到旧地走一走？这是众多乡民的心愿。我想一个人有如此晚节、晚情，实在是难能可贵。

在您 60 岁那年，我在您赠阅的一本书的扉页上，曾写过一首小诗，让我抄寄给您，作为这封信的了笔。

贺黄选能同志六十寿辰

栋材已绕六十轮，唯幸劫后再逢喜。
殚精为报强国梦，竭虑固系裕民魂。
昂首不计炎或凉，奋蹄无异晨与昏。
我识长少后官者，几及黄公名实真。

陈志博上

1998 年 1 月 6 日

刘二刚来信

黄市长：

承蒙您的关照，王世飞同志已让我搬进李家大山二区楼房借住。我将努力工作、学习，不辜负你们的期望。谨致衷心的感谢。

颂安康！

刘二刚 上

1985 年 3 月 18 日

郑光复来信（一）

黄主席：

您好！

劳您徒然往返，我适出差未归，有拂佳意，至感歉然。

本月下旬，我可专程往镇拜望您，请您安排时间。我可乘火车去，以免您专派车接之烦。好在近，来去方便。

不知文化宫工程进展情况如何？质量怎样？设计公司负责人久匿未见，未免有损于工作，因小失大，殊感可惜。今去倘未能有所补益则幸甚。

对您的工作与为人，我是始终敬佩的。不知近来进展如何？拉罐厂是否已投产？

敬颂：秋祺！

郑光复

1988 年 11 月 9 日

郑光复来信（二）

选能主席：

您好！

返宁后两天即去沪，前晚回来。

昨天同两位朋友谈了报道介绍镇江新貌及风景区建设之事，他们慨然应允，并对您深表赞佩。我们拟以建设实绩为主，并介绍您。打算在两家杂志上发表，一是香港的《中国旅游》，一是《桥》的英文版和俄文版。后者是中国新闻工作者协会出的杂志。他们今去广州，十来天后回来。估计12月15日可去镇江，拍些照片，同您见见、谈谈，连我共三人（一位是中国旅游的女编辑，另一位是《桥》在宁的负责人，他是《中国质量报》的记者，这两位是夫妇）。

至于香港两家建设杂志报道，拟待文化宫落成时进行。

工人文化宫所需红面砖，我已在上海找到，此种砖已用于上海“城市宾馆”，可请他们去看看，并速告我有多少平方米（半截小塔，估计不多），我设法弄弄，数量不多的话，有可能从香港解决。当然力求便宜，不用外汇。请速通知总工会，如实提供数字。

同您交朋友我很高兴。我衷心希望您多发光和热，至少也在政协的条件下多做些事业！我拥护您！

年底我拟去特区一行。

敬祝冬安！

光复

1988年11月29日

郑光复来信（三）

黄主席：

您好！

烦请您通知镇江市总工会给予我在镇江市内工作方便，仅一天。我及助手专程去市工人文化宫现场看看，在建成后看看实际情况，对有何优缺点或弥补之处做一初步的观察并摄影。旅费我们自己解决，火车往返，晨去夕归。倘工会能提供火车站与现场之间的交通方便及代购（款见面即付给）返宁火车票，则不胜感谢。我拟本月15日（如天气好）乘火车去，另电告。

原议组织记者采访镇江城市建设成就及风景名胜区新貌，在国内外宣传（已预约香港《中国旅游》及向国外发行的《桥》两本杂志，其他报刊待议）一事，前函请您安排合适时间，我偕记者前往。不知是否尚有必要，或暂缓？

倘能拨冗赐复，幸甚。

敬祝暑安！

郑光复

1989 年 6 月 10 日

郑光复来信（四）

黄主席：

虽不巧未晤，却得知近况，听说您日前疗养约两月，遇到一点小麻烦。我相信您仍然是生气勃勃，勇于事业，必将大有成就！

总工会说，文化宫拟在国庆开放。完工时再去镇江，并拜望您。

前曾约，我邀一两位朋友专程去镇，拟对城市建设新貌做一良好的报道，重点是向国外宣传，或者国内宣传并重。内容：一是市政建设，包括宁镇公路；二是新的建筑工程，包括工人文化宫；三是风景建设区与保护，包括南山、北固山等。不知合适否？具体时间是否在宁镇公路通车时？（这样）可以多一个完整的项目，并对此路沿线的风景名胜也一并介绍，使路的价值与宁镇扬的整体性更加鲜明生动。有关事宜、分寸及宣传重点，均尊重您的意见（包括去镇的时间、发表的重点在国外还是国内，或并重之类，请指示）。

顺颂暑安！

郑光复

1989 年 6 月 26 日

刘次八来信

黄主席：

近悉当选市第七届政协主席领导工作，甚为欣慰。

前在市府工作，是做出显著成绩，素有才智，工作学习勤奋，为人厚道，待人热诚。今后市政协工作在党的十三大精神指导下，对政治协商，民主监督，和协助党和政府推进改革开放及统一祖国，振兴中华等工作，做出新的贡献。特此函达阁下，表示衷心贺忱。

本人现在镇江老年大学，主学山水国画，兼学书法篆刻，虚心学习、探讨，以期不断提高。顺此告慰，再见！

匆此，祝愿工作顺利，身体健康！

谨致

敬礼

中国船舶工业总公司镇江船用柴油机厂　刘次八

1988年元月11日

许图南来信

黄主席：

违教又数日，至为钦念！

中秋国庆之会，开得很好，简单隆重，生动活泼，热情洋溢，同深愉悦。

杨逸塘同志前送来空白画册，传达尊意嘱意，已依意题成，计册面题签《镇江画家作品集》一条，又题序一篇，除将画册送还杨君外，兹先录拙题断句抄稿送备参阅，如有不妥，并请指正。

前在双节会上面陈一条，为住房事，请即与开发公司一谈，问问贺家弄东部建房结构情况，如有必要与可能，即请按尊意，让我就近改住中营，感谢照顾情殷，唯有永铭心腑也。

匆匆书奉，即祝

节日康乐！

许图南谨启

1988年9月28日

如有信息，请示知，或嘱办公室袁克晵同志转告。

又及：抄序稿两页。

《镇江画家作品集》序

《镇江画家作品》乃镇江画人为黄选能同志作，类皆精心结撰，或即兴挥毫，融深情于笺素，托雅意于丹青，藉为他日雪鸿印记，以志永好。选能同志从政吾邑，历有年所，宵旰辛勤，政声称是。自分司文教，以至改任城建以还，习亲文化知识界人士，乐于书画人交，留连欣赏，敬老尊贤，情深水乳。故此集之作，盖所以寄深情与系挚爱也。老拙衰朽无能，晚岁逢君，深有知厚之感，兼亦画坛诸君子，爱尚相同，爰为叙其梗概如此云尔。

戊辰之岁中秋佳节，许图南叙于京口东城老屋，时年七十有八。

又题绿竹补白小景，本不善书，兼不善画。补白数竿，放他不下。奉选能同志，博笑。

图南又笔

八八年中秋

王党安来信

黄主席您好：

“选能同志”，这是您就任市政协主席第一次全体干部会议上嘱咐的称呼，即亲切又朴实，我今天就这样称呼一声，聊表我的心愿。退休以来，未能有恰当的场合向您吐露心声，道谢知遇之德。君子受人滴水之恩，必当涌泉相报。

回忆 1988 年家母生前百岁生日，荣亲赐墨宝添寿，1989 年去世之时，又荣赠送奠以致唁。两度亲临寒舍慰问，使寒舍蓬荜生辉，阖家敬仰。

主席礼贤下士，对我倍加关怀，做出难得的模式，更重要的是送来了党的温暖。此情此景举家永世不忘。每见家母慈容佐以主席墨宝寿字条轴，心中不能平静，亲朋见之，无不感慨万分，深感党之所以伟大、光荣、正确，绝非偶然。目睹真实境况，生动事例体现出黄主席的无产阶级胸怀，无不赞称党和群众是血肉关系的优良传统又回来了。我深深感到跟党走了 40 年，党没有忘记我，阖家感激，亲朋颂扬，黄主席为党的干部树立了光辉榜样，温暖了群众的心。直接受热的我，又将热量传给了我的子孙后代，使之永远铭记。

主席关心群众、爱护干部的事例又体现在我的身上。我从事财会工作 40 年，在报评技术职称问题上，一波三折：不是遗漏上报，就是机构调整；不是遗失材料，就是错过机遇，同情者无权，有权者推诿，一直拖延推脱，未获解决。退休之前，经主席亲自过问，指定专人，层层落实，方取得报评资格。经过评审合格始取得技术职称，总算聊以自慰。回顾过去，对照目前，评审条件相同，个人经历未变，可是执行过程中难度之大，犹如古代侯门。若非主席关怀催办，恐怕要等身后追认了。没有主席的重视，就没有我的职称。

回顾往事，感慨万千。我虽是无党派干部，接受党的教育数十年，接触过各种领导若干人，您是我心目中印象最深的一位。我已退休，既不为官，又不为职，一无所求，不是对领导歌功颂德，纯是出于肺腑之言，道出心声，以报知遇之德。最后我将投您选能同志一票。

信赖您是一位称职的政协主席。

敬佩您是一位好领导。

赞成您是一位合格的共产党人。

再祝您身体健康，工作顺利!

退休干部王觉安谨上

1990 年 5 月 15 日

许宏儒来信

尊敬的黄主席：

茅于美姐妹归来，为告茅老葬事经过，一切均在指导下进行，妥善周详，同声赞美，闻者敬佩！玉麟交来厚赐，参枝新荣，极为珍贵，眷顾之深，铭感靡。

顷于美来告：镇江市人每每以您主修公路及亲临灾区抢险二事，传为美谈，极盼一读有关报刊纪实之作，不知能蒙寄否？

宏历世八十年，近年得见我公行事感人至深，为此时时神驰左右也。

专此申谢。敬颂

暑祺

许宏儒

1992 年 6 月 17 日

铁流、孙云珍来信

谢黄主席

晚年住新房，全赖主席黄。

官为民造福，恩深永不忘。

祝您：新年快乐，健康长寿！

铁流、孙云珍

1992 年 12 月 31 日

我们的新居在宝塔巷 15 号 103 室（底楼），共 2 室半一厅，条件和要求完全符合，真是不容易啊！

郭飞来信

敬赠市政协黄选能主席

花开日丽柳笼烟，百啭莺啼万象妍。

政治协商兴大业，创新改革颂尧天。

文坛盛誉千秋笔，墨海流香百锦篇。

谦虚平易人心暖，华厦欣欣雨露源。

咏韩信

兴汉扶天日，奇谋破楚功。

功成烹大将，千古暴君同。

咏岳飞

威震中州武穆风，安邦矢志捣黄龙。

昏君媚敌杀良将，天日昭昭气贯虹。

原镇江医学院副院长 郭飞

1993 年 4 月 29 日

开万来信

黄主席：

怀敬仰之情，写上几句恭颂之词，虽几易底稿，但仍不成样子，限于水平，就此呈上请指正。

牛

岁岁年年为农忙，从不思自短和长，

食粗吐精寻常事，归西献身供人享，直被世人称颂。

文中直言因贤能，提拔为任大任的州府官，不仅能文善武，而且对人民事业恭敬谨慎。丹心一片（赤诚）改为丹心拳拳。拳拳，古释忠诚，也稍文雅些；将“开创局面岁月新”改成“开创新局垂英名”，垂者流传也，英名能流传，是改变了山河面貌，岁月新了，因此，人民牢记功臣之英名。齐颂是大众，独赞是个人，也是为了对称，不知妥否？请首长批评。原意为赞您：德、能、勤、绩，不知可曾能表达一些大意。请指正。

开万

1998 年 1 月 25 日

梅汝恺来信

选能主席：

您好。此次挈弟携友访镇，蒙使君优渥款待，拨冗相陪。使君礼贤下士，台湾亲友咸五内皆热，遑论我了！陈教授为台湾权威之“观察家”，当我们看了您的部分政绩，所到看到之处，人们对您充满由衷的敬意，陈教授和我说：“大陆干部都如黄主席，中国就好了。”他这是由衷之言。使君形象所显示的正气，对他们是无言的启示。教授还说，跟黄主席看了那许多建设，比看风景收获大多了。这都是他跟我说的。已和沙、周部长联系，将详细汇报这一切。

昨天听说，您又去了下蜀，没有闲歇的时候。不过恕我建言，毕竟上年岁了，注意劳逸结合是幸。昨天上午我也未外出，沉思默想半天，觉得材料相当丰富了，当然是要写一篇《镇江行》的。

听说驾驶员小沈累病了。谨致慰问。祝百事顺心！

梅汝恺

1993 年 8 月 28 日

沙一鸥来信

黄主席：

久不聆教诲，每从电视上得瞻风采，悉健康状况良好，至为欣慰。九六年新春佳节即将来临，在此万象更新之际，特向您拜个早年，祝全家幸福，吉祥康泰！同时向您汇报一个消息，即小儿沙立调市中医院之事，今日悉已各项手续齐全、落实。他于九五年夏初接自考办最后一门课程通过的通知后，接着在市中医院实习了半年；阳历年底以前，又在南京通过临床考核，发给毕业证书，即申请调动。由中医院通知接受，市卫生局批准，昨已由编委办批准通过。总算现已手续齐全。此事由老领导春风嘘拂，使沙氏十世家传又多延续了一代，也了却我一大心愿，真正是存殁均感！知关锦注，特此奉闻，并发无限谢意！春节期间，怕影响您的休息，就不到府拜年了。在此再祝春节快乐！

请代问候孙老师！

沙一鸥拜上

1996 年 2 月 14 日下午

王淑梅来信

黄主席：

新年好！首先向您拜个早年，祝您身体健康，万事顺心！

上次见到您的时候，因您工作很忙，由于时间的关系，有不少该讲的话却没有讲，那些无关紧要的倒讲了不少。后来打过电话到您办公室也未找到您。今天写此信的目的，第一是向您拜年，第二是把没说完的话继续讲完。不管是有用还是无用，供您参考吧。

您手术后已将近一年半时间了，刀口若恢复得不太好的话，可采取热敷的方法使硬结的刀口软化，也就是促使周围组织较快地把刀口硬结的部分吸收掉。热敷时可用热毛巾，但热毛巾很快就会变凉，我想热水袋可能更好一些。不过最好用一条新毛巾做一个袋子，将热水袋套起来，这样可避免太烫；而且热的时间也可长一点，用起来也比较舒适。

关于您的吃饭问题，在家吃当然好。第一卫生，第二避免高脂肪、高蛋白过量（可能是医生说您不能继续胖，是吗?)。医生的话要听，但还要根据自己的身体、自己的感觉来定，不能说断就断，还要让身体有个适应的过程。您千万不能让身体明显瘦下去，只要达到不继续发胖就行。因为您已到这样的年纪，而且还在工作，每天总要消耗不少精力，需要蛋白质补充，有的场合不到也不行，因此自己适当注意就可以了。另外，在家吃饭也要注意蛋白质要有充分的量，还要多吃新鲜的蔬菜和水果，如血脂不高的话，也要吃点牛奶或其他奶制品，适当吃一些粗粮，如玉米粉、大麦粉或小米等。说这些的目的就是，一句话，希望您健康。

在我最后的几年工作之中接触到您，感觉到您对人十分真诚，没有虚假的客套，话语虽然不多，但都是实实在在的，这是最可贵的。

现在我们已经放了寒假，春节即将来到，也没有什么礼物送给您，只送上贺年卡一张和小小的书签一只，表达对您深深的敬意，感谢您对我工作的支持。

上学期我虽然退到二线，但还在学校每周上五节数学课，下学期开始，也就是春节以后我就内退，要彻底离开学校。因为太累了，健康状况也不好，需要好好地休息。

黄主席，再见！

祝您身体健康，工作顺利！

王淑梅

1996 年 2 月 8 日

另及：您一定要注意身体，千万不能长期超负荷工作。

一群普通市民来信

黄主席您好：

您是抓我们城市建设的老市长，我作为市民永远不会忘记您过去工作中的丰功伟绩。我们都知道大市口工地是由您抓的，工地上管理得井井有条，也没有损害老百姓的利益。但我们现在德辉广场工地环境被污染得一塌糊涂，在不得已的情况下想请您帮我们说几句公道话，不要再让它破坏我们国家卫生城的光辉形象。市民花了大量的时间和金钱镇江才被评上卫生城，少数人为了个人的利益，给市长脸上抹黑，如得不到解决，我们将向上一级部门反映。

一群普通市民

1996 年 3 月 28 日

乐木千来信

黄主席：

因为您太忙，平时不敢打扰。今天给您写信，一是拜年，二是祝贺您功成身退。

这么多年，您无论做副市长还是政协主席，工作都十分出色，分内的、分外的事，只要有意义、有需要，您都积极参与，竭尽全力，对镇江市的建设和发展确实做出了不少贡献，大家有目共睹。“为官一任，造福一方。”能做到这两句话的人并不多，您倒是确确实实做到了这两句话，即使退下来也是功成身退。

希望您退下来以后，能发挥余热，继续关心镇江市的建设和发展。

以上仅仅是我作为一个普通市民的看法，虽然我的看法无足轻重，但作为一个普通市民，我还是想向您表示敬意、感谢和希望。

祝您晚年健康，幸福，万事如意！

乐木千

于正月初一

许金达来信

黄市长：

您好！

我已于7日上午11点钟安全抵达苏州广济医院，请放心。

黄市长，在我认识您以前就闻听您是一位热心干事业的人。在我们相识的两年左右时间里，我耳濡目染了您的伟大品格。

您总是那样神采奕奕，那样精力充沛，一丝不苟地从事您的工作。只要是对国家、对镇江市人民有益的事，您都大力支持，不辞辛劳，全力以赴，真是老骥伏枥、志在千里。为了镇江市人民都能烧上煤气，您不听医生的劝阻，带病奔赴东北。您的腰椎在“文革”中受伤，一侧臀部肌肉萎缩，头部受伤，经常头痛，我坚持要给您治疗，您和孙老师（指黄选能的妻子孙慧）却怕给我添些麻烦，反倒关心我的身体，真叫我无言以对……您严谨的工作作风赢得了全市人民的赞颂。在您的主持下，狭小的马路变成了宽敞的大道，一座座拔地而起的高楼大厦取代了低矮、阴暗、潮湿的小屋。城市布局规整如画，而您却仍住在陈旧的小楼中。每当夜幕降临，华灯齐放，登高俯瞰，镇江市犹如一张五彩缤纷的画卷展现在眼前，到处星罗棋布，繁星闪烁，让人眼花缭乱。您的开拓精神，您的创造性工作，使镇江市人民受益匪浅，永远铭记在心。

您对工作严肃认真，对同志却关怀备至，谆谆教导，您是我心目中崇敬的一位领导、长辈。

前不久，我抽时去看望您，向您汇报了一些我的想法：中国是一个伟大的文明古国，我们有自立于世界民族之林的决心和能力，在各方面我们有自己民族独特的东西，在医学上也不例外。那我们为什么不能让我们民族的东西在世界上大放异彩？让外国人也来瞩目一下我们中国人的光辉形象，壮壮我们的国威？同时，也可以取得相当可观的经济效益，此种好事，何乐而不为？

您听后颔首赞同，并当即表示大力支持。有您这样的知音，使我信心倍增。您告知我，日本大阪江苏同乡会会长许先生与您感情甚笃，两相无猜。来苏州前向您辞行，您告知我叫我到苏州后写信给您，并注明地址和电话号码。故今遵嘱，特来信禀报。

地址：（略）

电话：（略）

黄市长，如接您的电话，通知我许先生已来镇江，我当即返回镇江同您一起与他商讨，然后再返苏州继续学习，如何？

问孙老师及全家好。

许金达草上

1988 年 5 月 9 日

镇江市特教中心学生来信

敬爱的黄爷爷：

我们是镇江市特教中心的学生，在您的亲切关怀下，我校的造桥工程得到初步解决。11 月 8 日是我校 60 周年校庆暨挂牌的喜庆日子，您虽然业务繁忙，没能来与我们一起参加活动，但您的题词却给了我们鼓舞和力量，您历年来对我们的关怀、帮助，我们都将铭记在心。我们决心好好学习，用优异的成绩来回报您对我们的关心。

祝您新年愉快，工作顺利！

市特教中心全体学生

1998 年 1 月 12 日

王骧来信

黄主席、孙老师大鉴：

敬启者上月 24 日上午，荷蒙屈尊亲临舍间慰疾，嘘寒问暖，情深谊厚，又复惠赐珍食，更为感愧不安。

念二十年来，屡承关爱，点滴在心，无以报德，甚自惭也。谨先献呈拙诗一律，聊志事实，并希教正。一俟贱躯复原，稍能健步，即当拜府面谢。先此布达，即祝

俪安！

王骧敬呈

感谢政协黄选能主席暨夫人孙慧老师光临寒舍问疾

病腺多余心已芟，体衰尚复怯春寒。
喜迎贵客登楼健，愧歉蜗庐让席悭。
敬老怜才公有德，感怀知遇我何安！
偕临伉俪传邻右，胜似亲朋岂等闲。

京口老民王骧草

斜桥街部分居民及教师来信

尊敬的黄主席：

我们是斜桥街45#、47#部分居民及“八小”部分教师和学生家长，向您反映德辉广场工地噪音和粉尘环境污染情况。

近来，位于斜桥街附近的德辉广场工地，两台大型混凝土搅拌机（见照片），近日一天24小时连续工作，震耳的噪声整天不绝于耳，许多人晚上睡不好觉，白天又心情烦躁，严重影响了我们居民的正常生活，小学生的上课效果也受到了很大的影响。该工地设置的大型搅拌机不仅产生噪音污染，还产生大量的粉尘污染，我们居住的地方周围的空气中灰尘飘飘扬扬，不仅晾晒的衣服上落满灰尘，还影响到居民的身体健康，有关卫生人士认为，如此大的粉尘污染，待施工结束后，会有一些人患上矽肺并非危言耸听。

再说，创建全国卫生城，居民区的环境长期污染问题需要解决，短期污染问题也应受到有关部门的关心和重视，也应得到妥善解决。偌大个镇江，仅市区施工的工地就有好几处，如个个工地都像德辉广场工地一样，强噪声整天不断，大量灰尘满天飞扬，我们镇江还能成为全国卫生城吗？汇江公司如此置有关法规于不顾，置附近的居民身心健康于不顾，附近居民怨声载道。在市“两会”期间，我们已向部分代表反映了这一情况，许多人也向“主人与公仆”热线电话反映了我们的要求，但一直未得到任何回音和见到施工单位有任何整改措施，污染依然如故。忍无可忍，我们只好向您呼吁：请关心一下我们吧，为了我们这里的老人、妇女、儿童的身心健康，过问一下这里严重的噪声和粉尘污染事件，尽快结束这一状况，还我宁静，还我清洁，还我健康！我们在等待处理结果，不想麻烦上一级领导，包括即将来我市参加全国医改工作会议各位代表和领导。

此致

敬礼

斜桥街部分居民及教师

1996 年 3 月 25 日

跋

——当官应该留下些什么

从古至今，为官一任，总要留下些什么。

辛弃疾任镇江知府时，已经65岁，面对金军的咄咄逼人，他满怀抗金复国的激情，上任后，招募壮丁，建立劲旅，积极进行军事准备，并常常登临北固山，把对国家兴亡、民族命运的关切和忧虑，寄于诗词创作中，留下了千古传颂的《永遇乐·京口北固亭怀古》《南乡子·京口北固亭有怀》等十数首名篇，辛弃疾也被后世和镇江百姓永远怀念。

历史已经证明，官员只有满怀家国情怀，勤勉务实，为百姓做实事，留下过硬的功绩，百姓才会记住他，历史才会记住他。

本书作者黄选能同志担任江苏镇江市副市长和政协主席20年，他思想解放，思维超前，大胆探索，开拓进取，真抓实干，敢于碰硬，曾被誉为“马路市长”“草帽市长”，为镇江的城市建设和经济社会发展做出了诸多贡献。

从领导岗位上退下来后，他仍关心和参与地方社会事业建设，发挥余热，奉献社会。近年他收集整理当副市长和政协主席期间的一些重要讲话、理论文章和创新实践，汇编成这本《实践集》。从“实践与心声”“反响与回应”两个部分，反映他在城市建设、政协工作、慈善事业、理论探索、文史笔存等方面的工作实践，以及关心群众，为群众解决实际问题后的社会反响。通过这些文章和史实，我们既可以看到曾经发生在镇江大地上的一些重要活动，也可以看到镇江经济社会快速发展的进程，更能够了解那一段中国大地上波澜壮阔的历史背景。而我们看得最多的，还是他为官一任，所做的具体工作、所解决的实际问题，这正是一个“官”能留下来的东西。

正如黄选能同志在自序中所说：“做官是一时一地的事，我们要珍惜这个难得的机会与挑战，理所当然，敢于担当，多干些创造性的工作，多解决些难办而又亟须办的事情，多发挥些主动性，真正做到为官一任，造福一方。”

所谓金杯银杯不如百姓口碑，唯口碑不因风雨而灭。其之所以不灭，就在于官员把功绩德政留在了百姓的心坎上。历史一再启示，你留下为民的实在业绩和精神财富，人民群众就会把你留在心里。

钟南山的父亲钟世藩曾对儿子说：“一个人要给世界留下点什么，才算没有白活。”钟南山秉承着这句话，将自己所学精进并发扬，带领团队，造福社会，经历了无数磨难，甚至自己染上了病毒，仍然一次次攻坚克难、创造奇迹。

“君子不贵无欲，而贵欲何；君子不贵无求，而贵求何。”在这个社会发生深刻变动的转型期，作为领导干部，不一定非要有“为天地立心，为生民立命”的抱负，也不一定非要有“先天下之忧而忧，后天下之乐而乐”的情怀，但为官一任，德音留一方，能立志于留下造福百姓的好基业、风清气正的好传统、功利长远的好前景，当是最受百姓欢迎，也终将被历史铭记。

最后，要感谢为这本书的整理、校对付出汗水的卢小芳女士、马学颖女士、夏学斌先生、张晨霞女士、夏梦华女士，感谢本书的责任编辑林卉老师。

蔡永祥

2020 年 7 月 20 日